Rechtsfragen des Crowdfunding

Saarbrücker Studien
zum Privat- und Wirtschaftsrecht

Herausgegeben von Johann Paul Bauer,
Michael Martinek (geschäftsführender Herausgeber)
und Helmut Rüßmann

Band 94

PETER LANG

Michael Josef Braun

Rechtsfragen des Crowdfunding

Eine zivil- und aufsichtsrechtliche Untersuchung der Schwarmfinanzierung über das Internet

PETER LANG

Bibliografische Information der Deutschen Nationalbibliothek
Die Deutsche Nationalbibliothek verzeichnet diese Publikation in der Deutschen Nationalbibliografie; detaillierte bibliografische Daten sind im Internet über http://dnb.d-nb.de abrufbar.

Zugl.: Saarbrücken, Univ., Diss., 2017

D 291
ISSN 1433-8866
ISBN 978-3-631-74415-4 (Print)
E-ISBN 978-3-631-74461-1 (E-PDF)
E-ISBN 978-3-631-74462-8 (EPUB)
E-ISBN 978-3-631-74463-5 (MOBI)
DOI 10.3726/b13217

Peter Lang – Berlin · Bern · Bruxelles · New York ·
Oxford · Warszawa · Wien

Diese Publikation wurde begutachtet.

www.peterlang.com

Meinen Eltern
Marianne und Josef Braun

Im Gedenken an meine Mutter
Marianne Braun

Vorwort

Die vorliegende Arbeit wurde im Sommersemester 2017 von der Rechtswissenschaftlichen Fakultät der Universität des Saarlandes als Dissertation angenommen. Tag der mündlichen Prüfung war der 13. Juli 2017.

Mein Dank gilt zunächst meinem Doktorvater Herrn Professor Dr. Georg Borges für die Betreuung meines Promotionsvorhabens. Herrn Professor Dr. Dr. Dr. h.c. mult. Michael Martinek danke ich für die Erstellung des Zweitgutachtens und die Aufnahme in die vorliegende Schriftenreihe.

Tief empfundene Dankbarkeit gebührt meinen Eltern, Marianne und Josef Braun, die mich auf meinem bisherigen Lebensweg stets auf jede erdenkliche Art gefördert und unterstützt und auch meine Ausbildung wohlwollend und großzügig ermöglicht haben. Ohne sie wäre die Realisierung der vorliegenden Arbeit nicht möglich gewesen. Meinen Eltern, insbesondere dem Gedenken an meine Mutter, die kurz vor Abschluss des Promotionsvorhabens nach kurzer schwerer Krankheit verstarb, ist diese Arbeit gewidmet.

München, im Oktober 2017
Michael Josef Braun

Abkürzungsverzeichnis

a.A.	andere Ansicht
a.a.O.	am angegebenen Ort
Abb.	Abbildung
Abs.	Absatz
AcP	Archiv für civilistische Praxis
a.F.	alte Fassung
AGB	Allgemeine Geschäftsbedingungen
AktG	Aktiengesetz
Alt.	Alternative
Anl.	Anlage
Anm. d. Verf.	Anmerkung des Verfassers
AO	Abgabenordnung
Art.	Artikel
Aufl.	Auflage
B2C	Business-to-Consumer
BaFin	Bundesanstalt für Finanzdienstleistungsaufsicht
BB	Betriebs-Berater
Bd.	Band
beispielsweise	beispielsweise
BFH	Bundesfinanzhof
BGB	Bürgerliches Gesetzbuch
BGH	Bundesgerichtshof
BKR	Zeitschrift für Bank und Kapitalmarktrecht
BT-Drucks.	Drucksache des Deutschen Bundestages
CBLR	Columbia Business Law Revue
co. Hdb.	Das co:funding Handbuch
c't	Magazin für Computertechnik
ders.	derselbe
dies.	dieselbe(n)
DB	Der Betrieb
DNotZ	Deutsche Notar-Zeitschrift
DStR	Deutsches Steuerrecht
ECL	European Company Law
EFTA	European Free Trade Association
EL	Ergänzungslieferung
et al.	et alii
EuGH	Europäischer Gerichtshof
EUR	Euro
f.	folgende
FAZ	Frankfurter Allgemeine Zeitung

FAQ	Frequently Asked Questions
ff.	fortfolgende
FinVermV	Verordnung über die Finanzanlagevermittler
Fn.	Fußnote
FS	Festschrift
GbR	Gesellschaft bürgerlichen Rechts
GewO	Gewerbeordnung
GewArch	Gewerbe Archiv Zeitschrift für Wirtschaftsverwaltungsrecht
GG	Grundgesetz
GmbH	Gesellschaft mit beschränkter Haftung
GRUR	Gewerblicher Rechtsschutz und Urheberrecht
GwG	Gesetz über das Aufspüren von Gewinnen aus schweren Straftaten (Geldwäschegesetz)
GWR	Gesellschafts- und Wirtschaftsrecht
Hdb.	Handbuch
HGB	Handelsgesetzbuch
Hk-BGB	Bürgerliches Gesetzbuch Handkommentar
i.H.v.	in Höhe von
Ikosom	Institut für Kommunikation in sozialen Medien
insb.	insbesondere
InsO	Insolvenzordnung
ITRB	Der IT-Rechts-Berater
i.V.m.	in Verbindung mit
JURA	Juristische Ausbildung
jurisPK-BGB	juris Praxiskommentar zum Bürgerlichen Gesetzbuch
JZ	JuristenZeitung
KG	Kommanditgesellschaft
K&R	Kommunikation und Recht
KWG	Kreditwesengesetz
LG	Landgericht
MaBV	Verordnung über die Pflichten der Makler, Darlehensvermittler, Bauträger und Baubetreuer
MDR	Monatsschrift für Deutsches Recht
Mio.	Million(en)
MMR	MultiMedia und Recht
Mrd.	Milliarde(n)
MüKoBGB	Münchener Kommentar zum Bürgerlichen Gesetzbuch
MüKoHGB	Münchener Kommentar zum Handelsgesetzbuch
m.w.N.	mit weiteren Nachweisen
NJ	Neue Justiz
NJW	Neue Juristische Wochenschrift
NYT	New York Times
OHG	Offene Handelsgesellschaft
OLG	Oberlandesgericht

P2P	Peer to Peer
Pkt.	Punkt(e)
RdF	Recht der Finanzinstrumente
Rn.	Randnummer
S.	Seite
StB	Der Steuerberater
TMG	Telemediengesetz
u.a.	unter anderem
UG	Unternehmergesellschaft (haftungsbeschränkt)
USA	United States of America
Var.	Variante
VC-Magazin	VentureCapital Magazin
VermAnlG	Gesetz über Vermögensanlagen (Vermögensanlagengesetz)
vgl.	vergleiche
WiWo	Wirtschaftswoche
WM	Wertpapiermitteilungen
WpHG	Gesetz über den Wertpapierhandel
WpPG	Gesetz über die Erstellung, Billigung und Veröffentlichung des Prospekts, der beim öffentlichen Angebot von Wertpapieren oder bei der Zulassung von Wertpapieren zum Handel an einem organisierten Markt zu veröffentlichen ist
WRP	Wettbewerb in Recht und Praxis
ZAG	Gesetz über die Beaufsichtigung von Zahlungsdiensten
z.B.	Zum Beispiel
ZBB	Zeitschrift für Bankrecht und Bankwirtschaft
ZinsO	Zeitschrift für das gesamte Insolvenzrecht
ZIP	Zeitschrift für Wirtschaftsrecht
ZVertriebsR	Zeitschrift für Vertriebsrecht
ZVglRWiss	Zeitschrift für Vergleichende Rechtswissenschaft
ZUM	Zeitschrift für Urheber- und Medienrecht

Inhaltsübersicht

Inhaltsverzeichnis

3. Kapitel: Zivilrechtliche Beziehungen im Plattformverhältnis

4. Kapitel: Aufsichtsrechtliche Untersuchung

§ 1 Einführung

A) Der Gegenstand der Untersuchung

Der Gegenstand dieser Untersuchung, Rechtsfragen des Crowdfunding, betrifft die Frage, wie die Einwerbung von Finanzmitteln durch Crowdfunding innerhalb der Bundesrepublik Deutschland rechtlich zu bewerten ist.

Beim Crowdfunding werden über das Internet Finanzmittel zu bestimmten Zwecken eingeworben. Hierzu eine Auswahl von vier Fallbeispielen:

Fallbeispiel 1: Zur Realisierung eines Bildbandes über US-amerikanische Oldtimer werden EUR 20.000,- benötigt.[1] Dieses Finanzierungsvorhaben wird über eine Internet-Plattform veröffentlicht und es werden für die Teilhabe an diesem Finanzierungsvorhaben unterschiedliche Leistungen in Aussicht gestellt. Diese unterscheiden sich nach der Höhe des zu gewährenden Geldbetrages. Für eine Teilhabe an dem Finanzierungsvorhaben in Höhe von EUR 10,- wird beispielsweise eine persönliche Dankeskarte in Aussicht gestellt, für EUR 50,- der zu realisierende Bildband, für EUR 75,- eine signierte Version des zu realisierenden Bildbandes sowie eine namentliche Nennung bei den Danksagungen im Buch. In einem vorab definierten Zeitraum konnte so ein Betrag in Höhe von EUR 21.710,- bei einer Teilhabe von 202 Personen eingeworben werden. Der so realisierte Bildband ist zwischenzeitlich im Buchhandel erhältlich.[2]

Fallbeispiel 2: Eine gemeinnützige Organisation auf dem Gebiet der christlichen Kinder- und Jugendsozialarbeit bietet einen warmen Mittagstisch für bedürftige Kinder und Jugendliche in verschiedenen deutschen Städten an. Über eine Plattform im Internet wird unter anderem das Ziel adressiert, 500 warme Mittagessen für Berliner Kinder zu realisieren. Die erforderliche Finanzierung in Höhe von EUR 1.750,- konnte hierdurch erfolgreich eingeworben werden.[3]

Fallbeispiel 3: Ein Unternehmen in der Rechtsform einer GmbH benötigt zum weiteren Ausbau seiner Geschäftstätigkeit EUR 400.000,-.[4] Über eine Internet-Plattform schaltet es hierzu einen öffentlichen Aufruf und stellt für die Teilhabe am Finanzierungsvorhaben partiarische Nachrangdarlehen in Aussicht. Das

---

1 www.startnext.com/us-cars, zuletzt abgerufen: 14.10.2017.

2 *SWAY Books UG (Hrsg.)*, US-Cars – Legenden mit Geschichte: Fotografien von Carlos Kella und Hintergrundstories von Peter Lemke, 2015, Hamburg (Verkaufspreis: EUR 49,90).

3 www.betterplace.org/de/projects/7910-die-arche-mittagstisch-fur-bedurftige-kinder, zuletzt abgerufen: 14.10.2017.

4 Es handelt sich um ein Crowdfunding der *Kernenergie GmbH* (ein Anbieter exklusiver Nussmischungen), welches über die Plattform *www.seedmatch.de* erfolgreich durchgeführt wurde, https://www.seedmatch.de/startups/kernenergie, zuletzt abgerufen: 14.10.2017.

Finanzierungsvorhaben verlief erfolgreich und binnen eines vorgegebenen Zeitraums konnte die Zielsumme von 446 Personen eingeworben werden.

Fallbeispiel 4: Für eine Wohnungsrenovierung werden EUR 5.150,- benötigt.[5] Dieses Gesuch wird auf einer Internet-Plattform veröffentlicht und wird für eine Teilhabe am Finanzierungsvorhaben neben der Tilgung ein Zins in Höhe von 13,90 Prozent in Aussicht gestellt. Binnen eines vorgegebenen Zeitraums konnte die Zielsumme bei einer Teilhabe von 62 Personen eingeworben werden.

B) Problemstellung und Meinungsstand im deutschen Recht

Crowdfunding als System zur Einwerbung von Finanzmitteln und dessen Bekanntheit findet in Deutschland zunehmend Verbreitung, dennoch findet sich im rechtswissenschaftlichen Diskurs aktuell keine umfassende Auseinandersetzung mit der Thematik. Entsprechend fehlt es bis dato an einem gefestigten Meinungsstand zu den rechtlichen Fragestellungen, die sich in diesem Zusammenhang ergeben.

So stellt sich vor allem die Frage, in welcher Rechtsbeziehung sich die am Crowdfunding Beteiligten befinden und welche aufsichtsrechtlichen Rahmenbedingungen hierbei zu beachten sind.

Die bisherigen rechtswissenschaftlichen Publikationen zum Crowdfunding befassen sich vornehmlich mit dessen aufsichtsrechtlicher Beurteilung und lassen insofern eine tiefere[6] Bewertung der zivilrechtlichen Beziehung zwischen den am Crowdfunding Beteiligten vermissen. Auch entsprechende Rechtsprechung liegt bisher nicht vor. Mit Inkrafttreten des Kleinanlegerschutzgesetzes[7] am 10.07.2015 reagierte der Gesetzgeber erstmals auf das Phänomen einer Mitteleinwerbung durch Crowdfunding und schuf unter anderem mit § 2a VermAnlG („Befreiungen für

5 Es handelt sich um ein Crowdfunding, welches über die Plattform *www.auxmoney.de* erfolgreich durchgeführt wurde, https://www.auxmoney.com/project/details/11188343, zuletzt abgerufen: 14.10.2017.

6 Vergleichsweise umfangreich noch: *Rauda*, Kapitel P, III.; *Kunz*, in: *Bräutigam/Rücker*, 12. Teil, Abschnitt V (Rn. 61 ff.); Darüber hinaus in Form von Aufsätzen: *Bareiß*, ZUM 2012, 456, 460 ff.; Jansen/*Pfeifle*, ZIP 2012, 1842, 1844 ff.; *Witte*, ITRB 2012, 130, 131 ff; *Uffmann*, JZ 2016, 928, 928 ff.

7 Bundesgesetzblatt Jahrgang 2015 Teil I Nr. 28, 1114 ff. Die Bestrebung, einen verlässlichen Rechtsrahmen u.a. für Crowdfunding im Bereich der Finanzierung junger Unternehmen schaffen zu wollen, wurde bereits im Koalitionsvertrags zur 18. Legislaturperiode des Deutschen Bundestages erklärt (*Deutschlands Zukunft gestalten Koalitionsvertrag zwischen CDU, CSU und SPD 18. Legislaturperiode*, S. 22). Weiter wurde die Absicht erklärt, bewährte Instrumente der Gründerunterstützung weiterentwickeln zu wollen und Crowdfunding hierbei als Möglichkeit genannt (*a.a.O.*, S. 140). Siehe hierzu auch *Klöhn/Hornuf/Schilling*, ECL 2016, 56, 56 ff.; *Klöhn/Hornuf*, DB 2014, M01.

Schwarmfinanzierungen“) im Bereich des Aufsichtsrechts erstmals Sonderregelungen für Crowdfunding zur Unternehmensfinanzierung.

C) Begriffliche Einordnung

Bisher konnten sich weder eine einheitliche Definition von Crowdfunding noch eine einheitliche Begrifflichkeit im Zusammenhang mit Crowdfunding etablieren.

I. Definition des Begriffs Crowdfunding

Es ist davon auszugehen, dass das System Crowdfunding im Jahre 2000 in den USA begründet wurde[8]. Dabei ist anzunehmen, dass der Begriff Crowdfunding in der ersten Hälfte der 2000er-Jahre geprägt wurde[9]. Er setzt sich zusammen aus den beiden englischen Wörtern crowd (zu Deutsch: Menschenmenge) und funding (zu Deutsch: Aufbringung von Finanzmitteln, Finanzierung).[10] Im Unterschied zum anglo-amerikanischen Begriff Fundraising, der in erster Linie die Einwerbung von Geldern zu mildtätigen Zwecken meint[11], ist der Begriff Funding weiter auszulegen und umfasst insbesondere auch gegenleistungsorientierte Geschäfte. Folglich lässt sich Crowdfunding beschreiben als eine Form der Einwerbung von Finanzmitteln von einer Vielzahl von Geldgebern. Die daran beteiligten Personengruppen werden über das Internet zusammengebracht.

Eine frühe englischsprachige wissenschaftliche Definition von Crowdfunding geben *Belleflame/Lambert/Schwienbacher*[12], die von *Hemer/Schneider/Dornbusch/Frey* aufgegriffen und ins Deutsche übertragen wurde: Demnach lässt sich Crowdfunding definieren als „Finanzierungsform, die im Wesentlichen über einen öffentlichen Aufruf im Web 2.0 erfolgt und zum Ziel hat, finanzielle Ressourcen für ein Vorhaben entweder ohne Gegenleistung oder gegen irgendeine Art von Gegenleistung (finanzielle/materielle Vergütung, immaterielle, ideelle Leistung und/oder Rechte, z. B. Stimmrechte) zu erhalten und damit einen bestimmten Zweck zu erreichen“[13]. Für die folgende Untersuchung ist von folgender verkürzter Definition auszugehen, die es dahinstehen lässt, ob und wenn ja welche Art von Gegenleistung in Aussicht gestellt wird:

---

8 *Kreßner*, in: *Tyclipso*, co. Hdb., S. 9.

9 Die Meinungen hierzu gehen auseinander. So spricht *Schenk* davon, der Begriff sei im Jahre 2000 erstmals aufgetaucht (*Schenk*, Crowdinvesting I, S. 2). Laut *Kreßner* hingegen sei der Begriff erstmals im August 2006 formuliert worden (*Kreßner*, in: *Tyclipso*, co. Hdb., S. 9.).

10 Vgl. *Waschbusch/Knoll/Staub-Ney/Salfeld*, StB 2016, 206, 206.

11 Vgl. *Schaub*, S. 147 f.

12 *Belleflamme/Lambert/Schwienbacher*, Tapping the Right Crowd, S. 7.

13 *Hemer/Scheider/Dornbusch/Frey*, S. 19.

Crowdfunding ist jede auf einem öffentlichen Aufruf im Internet basierte Einwerbung von Finanzmitteln zur Realisierung eines bestimmten Finanzierungsvorhabens durch zweckgebundene Beiträge einer Vielzahl von Geldgebern.[14]

II. Einheitliche Begrifflichkeit

Im Zusammenhang mit Crowdfunding ist (allein schon im deutschen Sprachraum) von den unterschiedlichsten Begriffen zu lesen. Zu den beispielsweise im Bereich der Web 2.0-Community relevanten Begriffen gehören Mikrofinanzierung, P2P-Finanzierung oder auch Peer Funding.[15] Die letzten beiden Begrifflichkeiten bringen zum Ausdruck, dass gleichgestellte Personengruppen sich wechselseitig mit Finanzmitteln versorgen.

Zu den in der Presse verwendeten Begriffen gehören z. B. „Crowdinvesting"[16] und „Crowdfunding"[17] (Wirtschaftswoche), „Crowdfinance"[18] (FAZ), „Crowdsponsoring" und „Crowd-donating"[19] (Spiegel Online). Als weitere Begriffe tauchen auf: „Crowd-Spenden", „Crowd-Pre-Selling" oder „Crowd-Pre-Ordering", „Crowd-Darlehen" oder „Crowd-Kredite" sowie „Crowd-Equity".[20]

Wie die Vielzahl von Begriffen zeigt, konnte sich bis dato noch keine einheitliche Begrifflichkeit im Bereich Crowdfunding etablieren.[21] Es könnte sich daher eine Differenzierung „je nach Art der Zuwendung und Gegenleistung"[22] anbieten. Zu denken ist hierbei an eine Differenzierung in vier Gruppen: (1) Die Finanzierung von Einzelprojekten, (2) die uneigennützige Finanzierung im rein mildtätigen Bereich, (3) die Finanzierung von Unternehmen und (4) der Bereich privater Kredite. Begrifflich könnte hierbei beispielsweise wie folgt[23] unterschieden werden: Crowdfunding, bezogen auf (1), als Form der Einwerbung von Finanzmitteln für abgeschlossene Einzelprojekte; Crowddonating, bezogen auf (2), als Form der uneigennützigen Mitteleinwerbung zu mildtätigen Zwecken; Crowdinvesting, bezogen auf (3), als Form der Unternehmensfinanzierung sowie Crowdlending, bezogen auf (4), als Form der privaten Kreditvergabe.[24]

---

14 In Anlehnung an *Bradford*, CBLR 2012, No. 1:1, S. 1.
15 *Hemer/Scheider/Dornbusch/Frey*, S. 18.
16 Begriff nach *Littmann*, WiWo 50/2011, 112–113.
17 Begriff nach *Kühner*, WiWo 23/2012, 98–100.
18 Begriff nach *Schreiber*, in *von Hiller/Nestler*, FAZ v. 06.07.2012.
19 Begriffe nach *Reißmann*, Spiegel Online v. 23.06.2012.
20 *Hemer/Scheider/Dornbusch/Frey*, S. 24 (Übersicht).
21 *Bareiß*, ZUM 2012, 456, 456; *Rauda*, S. 288, Rn. 814; *Schenk*, Crowdinvesting II, S. 2.
22 *Bareiß*, ZUM 2012, 456, 456; so auch *Kunz*, in: *Bräutigam/Rücker*, 12. Teil, Rn. 64.
23 vgl. z.B. *Rogge*, BB 2017, 31, 32; *Waschbusch/Knoll/Staub-Ney/Salfeld*, StB 2016, 206, 206.
24 In Anlehnung an *Kreßner*, in: *Tyclipso*, co. Hdb., Infografik auf rückseitiger Umschlaginnenseite.

Jedoch ist festzuhalten, dass es bis dato auch für eine derartige Differenzierung an begrifflicher Konsequenz fehlt und nicht einmal die Anbieter selbst eine solche vornehmen. Die Plattform Seedmatch[25], welche in obiger Kategorisierung dem Bereich Crowdinvesting zuzuordnen wäre, wirbt für sich selbst als „Crowdfunding für Start-ups"[26], während die Plattform Bergfürst[27], die auf dem selben Gebiet tätig ist, von Crowdinvesting spricht. Die Plattform Startnext[28], die auf dem Gebiet der Finanzierung von Einzelprojekten tätig ist, bezeichnet sich obiger Kategorisierung entsprechend als Deutschlands größte Crowdfunding-Community[29].

Bereits diese ausgewählten Beispiele machen deutlich, dass eine begriffliche Kategorisierung nach einzelnen Ausformungen des Crowdfunding (noch) nicht möglich ist. Solange nicht einmal die Beteiligten selbst eine einheitliche Begrifflichkeit gebrauchen, erscheint eine sture Kategorisierung unangebracht.

Allen Begrifflichkeiten gemein ist jedoch, dass sie sich unter die oben eingeführte Definition von Crowdfunding[30] subsumieren lassen und insofern in jeglicher Couleur eine Form der internetbasierten Einwerbung von zweckgebundenen Finanzmitteln durch eine Vielzahl von Personen darstellen.

Ferner ist zu beachten, dass alle begrifflichen Ausformungen in Zusammenhang mit dem Wort Crowdfunding genannt werden und Crowdfunding hierbei als Oberbegriff[31], Variante oder gleichbedeutende Alternative gebraucht wird. So trug beispielsweise eine Studie zur Untersuchung des plattformbasierten Crowdfunding im deutschsprachigen Raum den übergreifenden Titel „Crowdfunding Studie"[32], wobei innerhalb der Studie alle im Zeitpunkt ihrer Veröffentlichung im deutschsprachigen Raum vorherrschenden Fallgruppen von Crowdfunding beleuchtet wurden. Auch bezeichnet der Deutsche Crowdsourcing Verband e.V.[33] Crowdfunding als Oberbegriff für eine Finanzierung von Projekten oder Unternehmen durch die Crowd.[34]

---

25 www.seedmatch.de, zuletzt abgerufen: 14.10.2017.

26 Firmenlogo auf www.seedmatch.de, zuletzt abgerufen: 14.10.2017.

27 www.de.bergfuerst.de, zuletzt abgerufen: 14.10.2017.

28 www.startnext.de, zuletzt abgerufen: 14.10.2017.

29 https://www.startnext.com/info/startnext.html, zuletzt abgerufen: 14.10.2017.

30 Siehe oben § 1 C) I.

31 *Rauda*, S. 288, Rn. 814; *Hornuf/Schwienbacher*, S. 5 („Equity Crowdfunding (also referred to as investment-based crowdfunding, securities-based crowdfunding and crowdinvesting) is a subcategory of crowdfunding"); *Beck*, S. 16 ff. (Crowdinvesting als „besondere Form des Crowdfunding " im Bereich der Unternehmensfinanzierung).

32 *Eisfeld-Reschke/Wenzlaff*, Crowdfunding Studie 2010/2011.

33 Gegründet 2011 (http://www.crowdsourcingverband.de/ueber-uns/, zuletzt abgerufen: 14.10.2017).

34 *Deutscher Crowdsourcing Verband e.V.*, http://www.crowdsourcingverband.de/ueber-crowdsourcing/, zuletzt abgerufen: 14.10.2017.

Darüber hinaus tauchte auch bereits im Dritten Zwischenbericht der Enquete-Kommission „Internet und digitale Gesellschaft“ der Begriff Crowdfunding in Zusammenhang mit alternativer Finanzierung auf[35] und wurde Crowdfunding von der Europäischen Kommission im Hinblick auf das Grünbuch „Langfristige Finanzierung der Europäischen Wirtschaft“ als neuartige, internetbasierte Finanzierungsquelle benannt[36]. Auch konnte der Terminus Crowdfunding in die US-amerikanischen Gesetzgebung einziehen, indem in Title III Jumpstart Our Business Start-up Act explizit Regelungen zum Bereich Crowdfunding für Start-ups erlassen wurden („Crowdfunding Act“)[37].

Schließlich findet sich der Begriff Crowdfunding in der Regierungsbegründung[38] zum Entwurf des Kleinanlegerschutzgesetzes und fand zuvor bereits Einzug in den Koalitionsvertrag zur 18. Legislaturperiode des Deutschen Bundestages[39]. Im Vorfeld hierzu tauchte der Begriff Crowdfunding bereits im Rahmen einer Stellungnahme zu einem Regierungsentwurf vor dem Rechtsausschuss des Deutschen Bundestages auf.[40]

Für die weitere Ausarbeitung wird deshalb der Begriff Crowdfunding als umfassender Oberbegriff gewählt und im Einzelnen nicht mehr begrifflich, sondern nur noch nach vorzufindenden Lebenssachverhalten in Form von Fallgruppen differenziert.[41]

D) Gang der Untersuchung

In der vorliegenden Arbeit werden sowohl die zivilrechtlichen Grundlagen als auch die aufsichtsrechtlichen Rahmenbedingungen von und für Crowdfunding untersucht und die sich hierbei auftuenden Rechtsfragen einer grundlegenden Klärung zugeführt. Die Untersuchung nimmt dabei nur Bezug auf den deutschen Rechtsraum.

---

35 *BT-Drucks.* 17/7899, S. 10 u. 49.

36 *Bremer,* NZG 2013, 481, 419. Crowdfunding wird ferner im Grünbuch „Schaffung einer Kapitalmarktunion“ vom Februar 2015 thematisiert , wobei das Spannungsfeld zwischen Anlegerschutz und Weiterentwicklung von Crowdfunding als Finanzierungsform im Fokus stehen soll, *Roth,* in: GWR 2016, 67, 67.

37 Act to increase American job creation and economic growth by improving access to the public capital markets for emerging growth companies, January 3rd 2012, H. R. 3606, abrufbar unter: http://www.gpo.gov/fdsys/pkg/BILLS-112hr3606enr/pdf/BILLS-112hr3606enr.pdf, zuletzt abgerufen: 14.10.2017.

38 *BT-Drucks.* 18/3994, S. 42 u. 64.

39 Siehe oben Fn. 7.

40 *Hirte,* ZInsO 2013, 171, 172.

41 Eine vergleichbare Einordnung findet sich bei *Gaida,* welcher Crowdfunding als Oberbegriff einer Finanzierungsform wählt und nach der Ausrichtung von Crowdfunding-Plattformen differenziert (*Gaida,* S. 130, Abb. 6.2).

I. Analyse einer typischen Crowdfunding-Runde

Als Ausgangspunkt der rechtlichen Untersuchung wird zunächst ein Überblick über das System Crowdfunding gegeben. Ausgehend von Historie und Hintergründen werden im Rahmen von Kapitel 1 deshalb insbesondere Parteien und Funktionsweise näher dargestellt. Darauf aufbauend werden in Kapitel 2 und 3 die zivilrechtlichen Beziehungen zwischen den Teilnehmern dargestellt. In Kapitel 2 wird hierbei die Leistungsbeziehung im Marktverhältnis zivilrechtlich untersucht. Kapitel 3 dient der Untersuchung der zivilrechtlichen Beziehungen im Plattformverhältnis. Da beim Crowdfunding Finanzmittel eingeworben werden, erfolgt im Rahmen von Kapitel 4 schließlich eine kapitalmarktrechtliche Untersuchung. Es soll dabei insbesondere die Frage beantwortet werden, inwiefern eine Mitteleinwerbung durch Crowdfunding in Deutschland zulässig ist. Ausschlaggebend für die aufsichtsrechtliche Bewertung sind hierbei die Ergebnisse des zivilrechtlichen Teils.

Die theoretischen Ausführungen zum Ablauf einer Mitteleinwerbung durch Crowdfunding werden rechtstatsächlich mit Nutzungsmodalitäten und Nutzungsbedingungen von im Zeitpunkt der Ausarbeitung etablierten deutschen Crowdfunding-Plattformen hinterlegt. Es handelt sich hierbei um die Plattformen: Startnext[42], nach eigenen Angaben, die „größte Crowdfunding Community für kreative Projekte im deutschsprachigen Raum“[43]; Seedmatch[44], nach eigenen Angaben „die größte Crowdfunding-Plattform für Startups in Deutschland“[45]; Auxmoney[46], damit werbend, in Deutschland den größten Marktanteil unter den Crowdlending[47]-Plattformen zu haben[48] sowie Betterplace[49], nach eigenen Angaben „Deutschlands größte Spendenplattform“[50].

Hiermit steht ein Rahmenwerk für den typischen Ablauf einer Mitteleinwerbung durch Crowdfunding zur Verfügung, das sich als Grundlage einer funktionellen Beschreibung eignet. Dadurch lassen sich übergeordnete Muster identifiziert, die einen dann juristisch zu analysierenden Sachverhalt[51] ergeben. Dieser dient

---

42 Siehe oben Fn. 28.
43 Siehe oben Fn. 29.
44 Siehe oben Fn. 25.
45 Eigenwerbung auf der Startseite der Plattform *Seedmatch*, siehe oben Fn. 25.
46 www.auxmoney.de, zuletzt abgerufen: 14.10.2017.
47 Zum Umgang mit den unterschiedlichen Begrifflichkeiten siehe oben § 1 C) II.
48 www.auxmoney.com/infos/statistiken, zuletzt abgerufen: 14.10.2017.
49 www.betterplace.org, zuletzt abgerufen: 14.10.2017.
50 Eigenwerbung auf der Startseite der Plattform Betterplace, siehe oben Fn. 49.
51 Zur Bedeutung des Sachverhalts als Grundlage der juristischen Beurteilung: *Larenz*, S. 278.

für die weitere Untersuchung als typische Crowdfunding-Runde[52]. Der Begriff Crowdfunding-Runde bezeichnet hierbei den äußeren Ablauf einer Mitteleinwerbung durch Crowdfunding.

II. Fallgruppen

Bei der Einwerbung von Finanzmitteln durch Crowdfunding lassen sich maßgeblich drei Fallgruppen[53] unterscheiden, die sowohl im Bereich des Zivilrechts als auch des Aufsichtsrechts weitestgehend unterschiedlich zu bewerten sind: Zu differenzieren ist hierbei danach, ob es sich beim jeweiligen Finanzierungsvorhaben um die Finanzierung eines Einzelprojekts handelt, ob das Crowdfunding der Finanzierung eines Unternehmens dient oder ob es um die Einwerbung eines Kredits geht.

1. Crowdfunding zur Finanzierung von Einzelprojekten

Der Schwerpunkt der zivilrechtlichen Untersuchung liegt auf der Fallgruppe des Crowdfunding zur Finanzierung von Einzelprojekten[54]. Die Einordnung der Rechtsbeziehung zwischen Geldgeber und Initiator erfolgt hierbei nach den zwischen diesen erbrachten Leistungen. Dabei wird eine Kategorisierung auf Grundlage typischerweise vorzufindender Varianten vorgenommen. Diese richtet sich danach, ob für die Teilhabe am Crowdfunding überhaupt Leistungen in Aussicht gestellt werden, bzw., falls Leistungen in Aussicht gestellt werden, welcher Art diese sind.

Crowdfunding zur Finanzierung von Einzelprojekten wird oder wurde in Deutschland z. B. auf den Plattformen Startnext[55], VisionBakery[56], Kickstarter[57]

---

52 Begriff in Anlehnung an den im Bereich der Unternehmensfinanzierung gebräuchlichen Begriff der „Finanzierungsrunde" (siehe z. B. *Weitnauer/Parzinger*, GWR, 2013, 153, 154).

53 Eine vergleichbare Kategorisierung findet sich bei *Bradford*, der fünf Varianten benennt: (1) „the donation model"; (2) „the reward model"; (3) „the pre-purchase model"; (4) „the lending model"; (5) „the equity model", *Bradford*, CBLR Vol. 2012, No. 1:1, 14; siehe auch *Hemer/Scheider/Dornbusch/Frey*, S. 24 f. Die Ziffern (1) bis (3) werden in der vorliegenden Untersuchung als Varianten der Fallgruppe Crowdfunding zur Finanzierung von Einzelprojekten erfasst.

54 Abzugrenzen von „Projektfinanzierung" im überkommenem Verständnis. Üblicherweise ist mit dieser die fremdkapitalbasierte Ausstattung einer Projektgesellschaft mit Finanzmitteln zu verstehen, damit durch diese ein zu finanzierendes Projekt (zumeist Großprojekt im Bereich Anlagenbau oder Infrastruktur) realisiert werden kann (*Westermann*, in: FS *Odersky* S. 897, 899).

55 Siehe oben Fn. 28.

56 www.visionbakery.de, zuletzt abgerufen: 14.10.2017.

57 www.kickstarter.com, zuletzt abgerufen: 14.10.2017.

oder inkubato (zwischenzeitlich eingestellt[58]) angeboten. Beispielsweise im Bereich der Filmfinanzierung ist bisher auch plattformunabhängiges Crowdfunding zu beobachten.[59]

Im Rahmen dieser Fallgruppe wird auch Crowdfunding untersucht, das ausschließlich Spendenzwecken[60] dient. Die eingesammelten Gelder weisen in diesem Bereich starken Projektbezug auf, können aber auch einem Projektträger zu Gute kommen, der sie dann im Rahmen seiner jeweiligen Zwecksetzung verwendet.

Etablierte deutsche Anbieter in diesem Bereich sind beispielsweise die Plattformen Betterplace[61], Helpedia[62] oder Respekt.net[63].

2. *Crowdfunding zur Unternehmensfinanzierung*

Crowdfunding zur Unternehmensfinanzierung hat die Finanzierung zumeist junger Unternehmen (Start-ups) zum Gegenstand. Den Geldgebern werden hierbei Berechtigungen an künftigen Zahlungsströmen[64] in Aussicht gestellt. Im Unterschied zum Crowdfunding zur Finanzierung von Einzelprojekten wird die Leistungsbeziehung zwischen Initiator und Geldgeber hier in der Regel durch ein eigenständiges Vertragswerk konkretisiert. Die entsprechenden Verträge werden den Parteien üblicherweise durch eine Crowdfunding-Plattform in Form von standardisierten und vorformulierten Vorlagen zur Verfügung gestellt.

Crowdfunding zur Unternehmensfinanzierung wird in Deutschland beispielsweise auf den Plattformen Seedmatch[65], Companisto[66], Innovestment[67], Deutsche Mikroinvest[68] oder Bergfürst[69] angeboten.

---

58 https://www.fuer-gruender.de/kapital/eigenkapital/crowd-funding/crowd-funding-inkubato/, zuletzt abgerufen: 14.10.2017.

59 So z. B. für die deutschen Filmproduktionen „Hotel Desire" (siehe *Warner*, S. 42) und „Stromberg – Der Film" (https://www.crowdfunding.de/best-practice-stromberg-der-film/, zuletzt abgerufen: 14.10.2017; siehe auch *Ronsdorf*, in: *Schütt*, S. 19 f.).

60 Gemeint ist hiermit die endgültige Verwendung der Mittel für gemeinnützige, mildtätige und kirchliche Zwecke i.S.d. §§ 52–54 AO (vgl. *Volkmann/Wittke*, BB 2010, 859, 864).

61 Siehe oben Fn. 49.

62 www.helpedia.de, zuletzt abgerufen: 14.10.2017.

63 www.respekt.net, zuletzt abgerufen: 14.10.2017.

64 *Klöhn/Hornuf*, ZBB 2012, 237, 239.

65 Siehe oben Fn. 25.

66 www.companisto.com/de, zuletzt abgerufen: 14.10.2017.

67 www.innovestment.de, zuletzt abgerufen: 14.10.2017.

68 www.deutsche-mikroinvest.de, zuletzt abgerufen: 14.10.2017.

69 Siehe oben Fn. 27.

§ 2 Entwicklung

A) Historie

Streicht man in der oben eingeführten Definition von Crowdfunding den Passus „im Internet“, wird deutlich, dass die Idee einer Kapitalbeschaffung durch viele Kleinbeträge nicht neu ist und als sog. Losgrößentransformation auf den Finanzmärkten durchaus üblich ist.[73] So wird als erstes dokumentiertes Crowdfunding-Projekt häufig die Finanzierung der Freiheitsstatue in New York im Jahre 1885 benannt:[74] Um deren Sockel zu finanzieren, soll der New Yorker Zeitungsverleger Joseph Pulitzer seine Zeitung World für einen öffentlichen Aufruf genutzt haben. Dabei soll er in Aussicht gestellt haben, jeden Geldgeber namentlich abzudrucken. Binnen sechs Wochen sollen auf diese Weise 102.000 US-Dollar von 120.000 Menschen eingesammelt worden sein.

Das Besondere am System Crowdfunding ist nun, dass der Aufruf über das Internet, zumeist über Plattformen und deren standardisierte Prozesse, erfolgt. Damit bestehen für den einzelnen praktisch kaum Zugangsbarrieren, eine große Anzahl potentieller Geldgeber für ein Finanzierungsvorhaben anzusprechen. In Deutschland findet Crowdfunding seit dem Jahre 2011 zunehmend an Verbreitung.[75]

B) Gründe für den gegenwärtigen Bedeutungszuwachs

Der gegenwärtige Bedeutungszuwachs von Crowdfunding dürfte zum einen dem bestehende technischen Fortschrift, zum anderen aber auch einem geänderten Nutzerverhalten geschuldet sein.

Ein wichtiger Grund dafür, weshalb Crowdfunding erst oder gerade heute ein Thema ist, dürfte in der Existenz, der Verbreitung und dem mittlerweile erreichten Ausbaustandard des Internets begründet liegen. Dieses hat mittlerweile in alle Lebensbereiche Einzug gehalten. So werden über das Internet beispielsweise Ein- und Verkäufe getätigt, Kommunikationsinhalte ausgetauscht und auch Bankgeschäfte getätigt. Es erscheint somit aus heutiger Perspektive durchaus konsequent, hierüber auch Finanzierungsvorhaben zu bestreiten. Mit dem Internet steht die nötige Infrastruktur zur Verfügung, um die eigentlich alte Idee einer (Vor-)Finanzierung durch Kleinbeträge vieler Geldgeber zu standardisieren, auf zentralen Plattformen zu bündeln und annähernd ohne Zugangsbarrieren einer breiten Maße zugänglich

---

73 *Leuring/Rubner*, in: NJW-Spezial 2012, 463, 463.

74 In diesem Kontext aufgeführt, z. B. bei *Veith*, BKR 2016, 184, 184 f.; *Kreßner*, in: *Tyclipso*, co. Hdb., S. 8; so unter anderem auch: Metzler, S. 15; *Hemer/Scheider/Dornbusch/Frey*, S. 7; *Bareiß*, ZUM 2012, 456, 457.

75 *Schenk*, Crowdinvesting I, S. 4.

zu machen.[76] Hierdurch können die Transaktionskosten für das Einsammeln kleinerer Geldbeträge von einer Vielzahl von Geldgebern signifikant reduziert werden, wodurch diese Art einer Mitteleinwerbung erst heute rentabel wird.[77]

Insbesondere plattformbasiertes Crowdfunding dürfte dabei für die gegenwärtige Verbreitung von Crowdfunding verantwortlich sein, da es sowohl die Teilhabe an einem Finanzierungsvorhaben als auch die Initiierung eines solchen durch standardisierte Prozesse vereinfacht.[78] Hierdurch erhält praktisch jeder die Möglichkeit, sich ohne nennenswerten Aufwand oder besondere Kenntnisse als Mittelsuchender einer breiten Masse zu präsentieren. Diese Idee des plattformbasierten Crowdfunding entstammt dem Bereich der Musikindustrie. Die Plattformen Artistshare[79] und Sellaband[80] institutionalisierten Anfang/Mitte der 2000er Jahre erstmals das Internet zur Einwerbung von Produktionskapital.[81] Dabei sollten Fans das Album ihres favorisierten Künstlers vorfinanzieren und als Gegenleistung dieses zu produzierende Album erhalten.

Im Frühjahr 2009[82] nahm in den USA die derzeit weltweit größte Crowdfunding-Plattform kickstarter.com ihren Betrieb auf und übertrug dieses System zur Einwerbung von Finanzmitteln auf den Bereich der Finanzierung sonstiger Einzelprojekte, insbesondere kreativer Projekte und innovativer Produkte.

Neben der Infrastruktur ist auch das Nutzerverhalten von entscheidender Bedeutung für den Bedeutungszuwachs einer Mitteleinwerbung durch Crowdfunding. Der Internet-Nutzer darf insofern keine Hemmschwelle verspüren, über das Internet Vorhaben anzugehen, die er bisher gewohnt war ohne Internet zu bestreiten. Die Bereitschaft hierzu ist in den letzten Jahren signifikant gestiegen. Im Zeitraum zwischen 2011 und 2015 verzeichnete die private Internetnutzung in der Bundesrepublik Deutschland nochmals einen Anstieg um ca. 5 Prozent und liegt damit bei 82 Prozent aller Privatpersonen[83], wobei die Ausstattung mit Internetzugang und Breitbandanschluss im Jahr 2015 bei 82 Prozent aller Haushalte liegt[84]. Der Umsatz für E-Commerce[85] im Bereich B2C in Deutschland steigt seit 1999 (ca. EUR 1 Mrd.) stetig im zweistelligen Prozent-Bereich und wird für das Jahr 2017 auf über EUR 48

---

76 Vgl. *Skibicki*, in: *Leible/Sosnitza*, Online-Recht 2.0, S. 13 f.

77 Vgl. (aus dem Englischen übersetzt) *Bradford*, CBLR 2012, No. 1:1, S. 5.

78 Vgl. auch *Bareiß*, ZUM 2012, 456, 457; *Leuering/Rubner*, NJW-Spezial 2012, 463, 463.

79 www.artistshare.com, zuletzt abgerufen: 14.10.2017.

80 Die Plattform Sellaband war zu erreichen unter www.sellaband.de und hat ihre Geschäftstätigkeit mittlerweile eingestellt.

81 Vgl. *Kreßner*, in: *Tyclipso*, co. Hdb., S. 9.

82 http://www.kickstarter.com/blog/happy-birthday-kickstarter, zuletzt abgerufen: 14.10.2017.

83 *Statistisches Bundesamt*, S. 207, Abb. 7.3.2.

84 *Statistisches Bundesamt*, S. 207, Abb. 7.3.1.

85 Der Begriff E-Commerce bezeichnet den „entgeltlichen Vertrieb von Waren und Dienstleistungen über das Internet“ (*Borges*, § 2, S. 30; *ders.*, ZIP 1999, 130, 130).

Mrd. Euro prognostiziert.[86] Ähnliche Zuwachsraten verzeichnet die Nutzung des Online-Bankings, welche von 34 Prozent im Jahre 2006 auf 55 Prozent im Jahre 2014 angestiegen ist.[87] Bereits diese Werte lassen erkennen, dass die Anwender zunehmend auch gewillt sind, finanzielle Angelegenheiten über das Internet zu tätigen. Da sich über das Internet Markteintrittsbarrieren senken lassen, werden hierdurch auch Standortvorteile alteingesessener Finanzdienstleister reduziert.[88]

Als entscheidender Aspekt für die Realisierbarkeit von Crowdfunding-Vorhaben sind schließlich noch die jüngsten Entwicklungen im Bereich des Web 2.0 von Bedeutung. Hierbei stehen „Mitmach-Plattformen" [...], neue interaktive Kommunikationsinstrumente und [...] die veränderte, aktive und extrovertierte Rolle der Benutzer"[89] im Vordergrund. Erst so ist es möglich, dass sich Nutzer vernetzen und aktiv in Online-Inhalte einbringen können.[90] Kapitalsuchende haben dadurch die Möglichkeit, ihre Finanzierungsziele gezielt zu adressieren und damit relativ einfach eine breite Masse potentieller Unterstützer auf sich aufmerksam zu machen. Crowdfunding sei dabei nichts anders als der „logisch nächste[n] Schritt von ‚Social Media', die Metamorphose des Like-Buttons in Geld."[91]

86 *Statista*, B2C-E-Commerce-Umsatz in Deutschland in den Jahren 1999 bis 2014 sowie eine Prognose für 2015, http://de.statista.com/statistik/daten/studie/3979/umfrage/e-commerce-umsatz-in-deutschland-seit-1999/, zuletzt abgerufen: 14.10.2017.
87 *Bundesverband Deutscher Banken*, S. 13, Abb. „Wie viele nutzen Online Banking?".
88 *Kraas*, in: *Kaminski/Henßler/Kolaschnik/Papathoma-Baetge*, S. 939, Rn. 1.
89 *Stanoevska-Slabeva*, in: *Meckel/Stanoevska-Slabeva*, S. 16.
90 Vgl. *Skibicki*, in: *Leible/Sosnitza*, Online-Recht 2.0, S. 11 f.
91 *Lobo*, in: *Tyclipso*, co. Hdb., S. 13.

§ 3 Parteien einer Mitteleinwerbung durch Crowdfunding

A) Initiator

„Als Initiator wird derjenige bezeichnet, der ein bestimmtes Projekt [oder Start-up] entwickelt und [hierfür] eine Finanzierung sucht“.[92] Die Seite des Initiators kann aus einer oder mehreren Partei(en) bestehen. Hierbei kann es sich um eine Einzelperson (z.B. Erfinder, Entrepreneur, Künstler) handeln oder auch um eine Personengesamtheit. Von ihrer Rechtsnatur her können gleichsam natürliche wie juristische Personen (z.B. Kapitalgesellschaften oder Sportvereine[93]) Initiator sein.[94]

Für die weitere Untersuchung kann es dahinstehen, ob auf der Seite des Initiators eine Einzelperson oder Personengesamtheit steht, da der Bestand etwaiger Rechte und Pflichten der Mitglieder einer solchen Personengesamtheit lediglich eine Frage des Innenverhältnisses ist. Aus Vereinfachungsgründen wird diese Seite daher im Folgenden ausschließlich als singulärer Initiator bezeichnet.

B) Geldgeber

Die Seite, die im Zuge des Crowdfunding für eine Geldleistung angesprochen werden kann, wird im Folgenden als Geldgeber bezeichnet.

Diesbezüglich wird auch von Unterstützern gesprochen und dabei sogar betont, dass „bewusst die unjuristische Bezeichnung »Unterstützer« verwendet [wird], denn die Art der Zuwendung und die Frage, ob, und wenn ja, welche Art von Gegenleistung sich der Unterstützer für seine Zuwendung versprechen lässt, entscheidet darüber, wie dessen Rolle rechtlich zu qualifizieren ist“.[95] Der Ansicht, einen juristisch nicht vorgeprägten Begriff zu verwenden, ist gänzlich zuzustimmen, während eine Beschränkung auf den abstrakten Begriff Unterstützer entbehrlich erscheint.

Nach der dieser Untersuchung zu Grunde liegenden Definition[96] von Crowdfunding, dient dieses zur Einwerbung von Finanzmitteln. Kennzeichnend ist daher, dass die Unterstützer eine monetäre Leistung erbringen und insofern nur nach der Fallgruppe bzw. der Art der in Aussicht gestellten Leistung differenziert wird.

---

92 *Bareiß*, ZUM 2012, 456, 458; Die Begrifflichkeit findet sich so auch bei: *Bartelt/Theil*, in: *Tyclipso*, co. Hdb., S. 18; *Hemer/Scheider/Dornbusch/Frey*, S. 77 f.; *Waschbusch/Knoll/Staub-Ney/Salfeld*, StB 2016, 206, 207.

93 *Schneider/Winter*, SpuRt 2015, 197, 200.

94 *Bareiß*, ZUM 2012, 456, 458.

95 *Bareiß*, ZUM 2012, 456, 458.

96 Siehe oben § 1 C) I.

Auch zeigt bereits die zweite Begriffshälfte in Crowdfunding, dass nicht die Einwerbung irgendeiner Art von Unterstützung, sondern von Finanzmitteln erklärtes Ziel des Initiators ist. Der monetäre Unterstützer ist daher nichts anderes als ein „Geldgeber"[97].

Die Seite der Geldgeber konstituiert sich aus der Crowd und somit „alle[r], die im Internet agieren und für eine Förderung […] ansprechbar sind."[98] In der Regel handelt es sich dabei um natürliche Personen, jedoch besteht prinzipiell auch für juristische Personen die Möglichkeit, sich als Geldgeber einzubringen.

Charakteristisch für eine typische Crowdfunding-Runde[99] ist, dass der einzelne Geldgeber jeweils selbst darüber entscheidet, ob und wenn ja welchem Initiator er eine finanzielle Teilhabe an dessen Finanzierungsvorhaben in Aussicht stellt.[100]

C) Crowdfunding-Plattform

Verläuft das Crowdfunding über eine Plattform, so kommt dieser die Funktion eines Intermediäres zu, über den Initiator und Geldgeber zusammengeführt werden. Die Plattformen funktionieren dabei wie ein Marktplatz, auf dem Angebot und Nachfrage zusammentreffen.

Üblicherweise wird nicht zwischen den Begriffen Internet-Plattform und Internetportal differenziert, weshalb diese als gleichbedeutende Synonyme zu verstehen sind.[101] Über solche wird einem Interessentenkreis eine Kombination diverser Leistungen, sog. Dienste, zur Verfügung gestellt.[102] Im Rahmen dieser Ausarbeitung wurde der Begriff Crowdfunding-Plattform gewählt, womit eine Internet-Plattform für Crowdfunding gemeint ist.

Der Sphäre der Crowdfunding-Plattformen sind in der Regel externe Zahlungsdienstleister und Kreditinstitute zuzuordnen, über die die im Rahmen der Crowdfunding-Runde generierten Zahlungsströme fließen.[103]

Diese tragen in organisatorischer und technischer Hinsicht zur Einwerbung und Vermittlung der Gelder bei, so dass Crowdfunding-Plattformen typischerweise nicht in Kontakt mit den vereinnahmten Geldern kommen. Es handelt es sich daher nicht um eine eigene Partei, sondern um ablaufrelevante Dienstleister, die sowohl Plattform als auch Initiator und Geldgebern zur Verfügung stehen und dazu beitragen die Mitteleinwerbung zu erleichtern.

---

97 Die Begrifflichkeit findet sich so auch bei *Hemer/Scheider/Dornbusch/Frey*, S. 33 f.

98 *Bartelt/Theil*, in *Tyclipso*, co. Hdb., S. 21; verkürzt: „Allgemeinheit der Internetnutzer" (*Witte*, ITRB 2012, 130, 130).

99 Zur Funktionsweise einer typischen Crowdfunding-Runde, siehe § 4.

100 Vgl. *Beck*, S. 87.

101 *Schneider*, in: *Redeker*, Bd. II, 3.14, Rn. 5 und 7.

102 *Schneider*, in: *Redeker*, Bd. II, 3.14, Rn. 6.

103 So z.B. *Startnext* AGB § 7 (Anl. 1); *Seedmatch* AGB § 10 (Anl. 2); *Auxmoney* AGB § 8 Abs. 2 (Anl. 4).

Beispielsweise über die Plattform Startnext vereinnahmte Gelder werden auf Konten der Fidor Bank AG oder secupay AG gezahlt.[104] Die Zahlung erfolgt per Sofortüberweisung, Paypal, Lastschrift oder Kreditkarte.[105] Auch die Plattform Seedmatch bedient sich des Zahlungsdienstleisters secupay AG[106] und weist in ihren Nutzungsbedingungen explizit darauf hin, dass „Seedmatch [...] nicht berechtigt [ist], sich Eigentum oder Besitz an Geldern oder Wertpapieren von Investoren zu verschaffen."[107] Die Plattform Auxmoney kooperiert mit einem externen Kreditinstitut und die vereinnahmten Gelder werden durch die CreditConnect GmbH verwaltet.[108]

D) Abstrahierte Darstellung der Leistungsbeziehungen

Bei den Leistungsbeziehungen innerhalb einer Crowdfunding-Runde ist zwischen plattformunabhängigem und plattformbasiertem Crowdfunding zu unterschieden.

I. Plattformunabhängiges Crowdfunding

Plattformunabhängiges Crowdfunding erfolgt originär durch den Initiator.[109] Damit besteht nur ein zweiseitiges Leistungsgefüge zwischen Initiator und Geldgeber. Die Funktionsweise[110] einer Crowdfunding-Runde unterscheidet sich hierbei nicht von derjenigen beim plattformbasierten Crowdfunding. Alle Aufgaben, die sonst der Crowdfunding-Plattform zukämen, werden durch den Initiator ausgeübt.

Insbesondere im Bereich der Filmfinanzierung ist bisher auch plattformunabhängiges Crowdfunding zu beobachten.[111]

II. Plattformbasiertes Crowdfunding

Beim plattformbasierten Crowdfunding bestehen Leistungsbeziehungen in einem dreiseitigen Gefüge (Abb. 1), wobei sich zwei grundlegende Ebenen unterscheiden lassen: Einerseits auf vertikaler Ebene die Beziehung zwischen Initiator und Geldgeber zur Crowdfunding-Plattform (Plattformverhältnis) und andererseits auf horizontaler Ebene die Beziehung zwischen Initiator und Geldgeber (Marktverhältnis).

104 *Startnext* AGB § 7 Abs. 2 S. 2 (Anl. 1).
105 *Startnext* AGB § 7 Abs. 2 S. 2 u. 3 (Anl. 1).
106 *Seedmatch* AGB § 10 Abs. 2 (Anl. 2).
107 *Seedmatch* AGB § 10 Abs. 2 (Anl. 1).
108 *Auxmoney* AGB § 8 Abs. 2 (Anl. 4).
109 *Belleflame/Lambert/Schwienbacher*, Individual Crowdfunding Practices, S. 2.
110 Siehe dazu unten § 4.
111 Siehe oben Fn. 59.

(Abb.1)

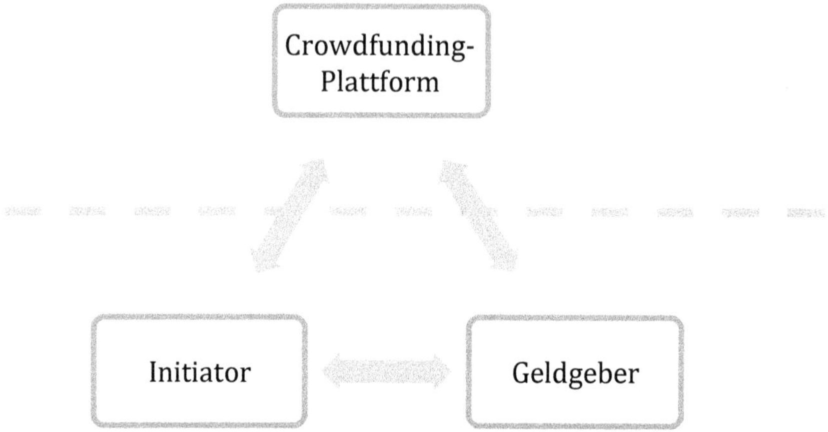

§ 4 Funktionsweise einer typischen Crowdfunding-Runde

Als konzeptionelle Grundlage der juristischen Untersuchung wird im Folgenden die Funktionsweise einer typischen Crowdfunding-Runde[112] dargestellt. Diese folgt diversen theoretischen Grundlagen, ablaufrelevanten Charakteristika, die vorangestellt sind.

A) Ablaufrelevante Charakteristika

I. Lediglich erfolgsabhängig bedingter Leistungsaustausch

Für eine Mitteleinwerbung durch Crowdfunding ist es typisch, dass es erst und nur dann zu einem Leistungsaustausch zwischen Geldgeber und Initiator kommt, wenn mindestens die Zielsumme innerhalb des relevanten Zeitraums eingeworben werden kann.[113] Der erfolgreiche Ausgang einer Crowdfunding-Runde ist daher für Initiator und Geldgeber zunächst ungewiss.

Eine derartige Gestaltung soll zum einen dem Schutz der Geldgeber dienen, da sie nur dann zur endgültigen Leistung verpflichtet werden, wenn das jeweilige Finanzierungsvorhaben auf Grundlage des tatsächlich eingeworbenen Budgets auch tatsächlich realisierbar erscheint.[114] Zum anderen soll auch der Initiator nur dann das Risiko der Realisierung tragen, wenn ihm ein für die Realisierung ausreichendes Budget zur Verfügung steht und er eine Finanzierungslücke nicht mit Eigen- oder Drittmitteln decken müsste.[115]

II. Unbesicherte Vorleistungen durch die Geldgeber

Darauf was nach der Leistung ihres monetären Beitrags passiert, haben die Geldgeber nach Ablauf der Finanzierungsphase regelmäßig keinen Einfluss mehr. Sie wirken nicht an der Realisierung des Projekts mit und verfügen typischerweise diesbezüglich auch über keinerlei Rechte.[116] Entgegen der Gepflogenheiten traditioneller

112 Siehe oben § 1 D) I.

113 Vgl. *Bücheler/Helbing*, in: *Bücheler*, Appendix 17, S. 205; *Beck*, S. 13. Innerhalb der Crowdfunding-Szene ist hierbei oftmals die Rede von einem so genannten „Alles-oder-nichts-Prinzip. Siehe hierzu auch *Ikosom (Hrsg.)*, Crowdfunding Hdb., 2011, S. 4; *Tyclipso*, co. Hdb., S. 96; *Bareiß*, ZUM 2012, 456, 458; *Kaltenbeck*, S. 13; *Rauda*, S. 290, Rn. 820.

114 *Bareiß*, ZUM 2012, 456, 459.

115 Kreßner, in: Kaltenbeck, S. 13.

116 *Jansen/Pfeifle*, ZIP 2012, 1842, 1845; *Waschbusch/Knoll/Staub-Ney/Salfeld*, StB 2016, 206, 209.

Kapitalgeber, die stets nach einer Kompensation ihrer Risiken streben, sei es in Form von Beteiligungen (Eigenkapitalgeber) oder Sicherheiten (Fremdkapitalgeber), können die Geldgeber während einer Crowdfunding-Runde regelmäßig nicht anders, als auf deren erfolgreichen Ausgang zu vertrauen. Das Vertrauen der Geldgeber gegenüber dem Initiator spielt daher eine gewichtige Rolle, da die Leistung der Geldgeber zu einem wesentlich früheren Zeitpunkt erfolgt als die Umsetzung des Finanzierungsgegenstandes.[117]

In der Fallgruppe des Crowdfunding zur Unternehmensfinanzierung werden je nach formularvertraglicher Ausgestaltung (mittelbare) Beteiligungen ausgereicht, die individuelle Rechte im Bereich Information, Mitsprache und Kündigung aufweisen können.[118] Auch hier besteht jedoch kaum eine Möglichkeit zur operativen Einflussnahme auf die Ausgestaltung des Realisierungsprozesses.

III. Inaussichtstellung unkonventioneller Leistungen (Leistungsstufen)

Typisch für eine Mitteleinwerbung durch Crowdfunding ist, dass den Geldgebern für ihre Teilhabe an der Crowdfunding-Runde vom Initiator wie auch immer geartete, oftmals unkonventionelle[119], *Gegen*-Leistungen[120] in Aussicht gestellt werden, deren Ausgestaltung von der Höhe der Geldleistung abhängt.[121]

Für eine Mitteleinwerbung durch Crowdfunding ist es hierbei charakteristisch, dass Leistungen in Aussicht gestellt werden können, die für den Geldgeber eine vielschichtigere als eine rein wirtschaftliche Bedeutung haben, weil für diesen beispielsweise besonders nützlich oder auch ideell konnotiert.

Üblicherweise findet sich hierbei eine Abstufung, wonach in Abhängigkeit der jeweils in Aussicht gestellten Leistung ein bestimmter Geldbetrag zu entrichten ist. Dieser Zusammenhang zwischen der jeweils in Aussicht gestellten Leistung in Abhängigkeit von der Höhe der finanziellen Teilhabe wird im Folgenden als Leistungsstufe bezeichnet.

Im einleitenden Fallbeispiel 1[122] wurde zu einer Leistungsstufe von EUR 10,- eine persönliche Dankeskarte in Aussicht gestellt, zu einer Leistungsstufe von EUR 50,- die Übersendung eines Exemplars des zu realisierenden Bildbandes und

---

117 *Tyclipso*, co. Hdb., S. 19.

118 *Klöhn/Hornuf*, ZBB 2012, 237, 242.

119 Vgl. *Lawton/Marom*, S. 83 [„examples of crowdfunding with non traditional returns are legion"].

120 Ggf. werden Leistungen gewährt, die sich auf eine Auflagenschenkung gründen. Dabei handelt es sich um ein einseitiges Geschäft. In der vorliegenden Arbeit wird daher der Begriff „Gegenleistung" vermieden, stattdessen von „in Aussicht gestellte Leistung" gesprochen.

121 *Bareiß*, ZUM 2012, 456, 459.

122 Siehe oben § 1 A).

beispielsweise zu einer Leistungsstufe von EUR 75,- die Übersendung eines signierten Exemplars samt einer namentlichen Nennung bei den Danksagungen im Buch. Darüberhinaus wurden zahlreiche weitere Leistungsstufen angeboten, die je nach Betrag um weitere Leistungen, insbesondere typische Fanartikel, wie beispielsweise Feuerzeuge oder T-Shirts mit Bezug zu dem Projekt, angereichert wurden (z. B. zu EUR 80,- der Bildband und ein T-Shirt). Die höchste Leistungsstufe betrug EUR 3.000,-. Zu diesem Betrag wurde neben oben benannten Leistungen, wie Bildband, Danksagung und Fanartikeln in Aussicht gestellt, das Privatfahrzeug eines Geldgebers professionell fotografieren zu lassen und auf vier Seiten in den Bildband aufzunehmen. Zwar fand sich zu dieser Leistungsstufe kein Geldgeber. Jedoch illustriert dieses Beispiel, wie vielschichtig im Zuge einer Crowdfunding-Runde zu einer Geldleistung motiviert werden kann.

IV. Die Idee der Schwarmintelligenz

Kennzeichnend für eine Mitteleinwerbung durch Crowdfunding ist ferner, dass typischerweise eine hohe Anzahl von Geldgebern an einem bestimmten Finanzierungsvorhaben teilhat. Auf Grundlage einer entsprechend hohen Anzahl von Geldgebern soll sich eine gewisse Indizwirkung für den Erfolg eines Finanzierungsvorhabens ableiten lassen. Als übergeordnetes Charakteristikum wird in diesem Zusammenhang die Idee der Schwarmintelligenz[123] benannt, wonach eine ausreichend große Menge an Entscheidern auch ohne besondere Fachkenntnisse automatisch die bestmögliche Entscheidung treffen soll.[124] *Gassmann et al.* beispielsweise zeigen einen Zusammenhang der Schwarmintelligenz zum Bereich des Crowdsourcing[125] auf und definieren dieses als „eine Strategie des Auslagerns von Wissensgenerierung und Problemlösung an externe Akteure durch einen öffentlichen Aufruf an eine große Gruppe."[126]

Die Effekte von Schwarmintelligenz im Zusammenhang mit Crowdsourcing sind hierbei auch auf Crowdfunding anwendbar. Dies bedeutet, dass mit einer hinreichend großen Anzahl von Geldgebern eine Indizwirkung für den Erfolg eines Finanzierungsvorhabens erzielt werden kann. Damit wird einer Mitteleinwerbung durch Crowdfunding der Vorteil zugesprochen, dass vermeintlich förderungswürdige

123 *Schwienbacher/Larralde*, die von „wisdom of the crowd" sprechen, in: *Schwienbacher/Larralde*, S. 12,; *Bradford*, CBLR 2012, No. 1:1, S. 114; Vgl. auch *Lawton/Marom*, S. 62 f; *Kühner*, WiWo 23/2012, 98, 100; *Herr/Bantleon*, DStR 2015, 532, 532; *Waschbusch/Knoll/Staub-Ney/Salfeld*, StB 2016, 206, 209.

124 Ausführlich *Surowiecki*, S. 277 ff.; Vgl. auch *Buecheler*, S. 38.

125 Im Hinblick auf Crowdsourcing vgl. auch *Uffmann*, JZ 2016, 928, 929; *Waschbusch/Knoll/Staub-Ney/Salfeld*, StB 2016, 206, 206.

126 *Gassmann/Friesike/Häuselmann*, in: *Gassmann*, S. 14.

Finanzierungsvorhaben frühzeitiger und treffender identifiziert werden können, als dies durch institutionelle Kapitalgeber der Fall wäre.[127]

Auch kann sich hieraus eine gewisse Eigendynamik entwickeln, aufgrund derer weitere Geldgeber „auf den Zug aufspringen", wenn sich nur eine signifikant hohe Anzahl von Geldgebern bereits in das Finanzierungsvorhaben eingebracht hat.

V. Geldgeber als Multiplikatoren

Können die Geldgeber für die Teilhabe an einer Crowdfunding-Runde gewonnen werden, so fungieren diese oftmals auch als Multiplikatoren für das zu finanzierende Vorhaben, indem die Teilnahme an einer Crowdfunding-Runde beispielsweise über soziale Medien verbreitet wird. Dieses Phänomen lässt sich als „Social Commerce"[128] beschreiben, eine „Verbindung von E-Commerce und Social-Media-Elementen"[129]. Eine derartige kommunikative Verknüpfung mit der Einwerbung von Finanzmitteln wird als bedeutendes Alleinstellungsmerkmal einer Finanzierung durch Crowdfunding gesehen.[130]

VI. Fortlaufende mediale Aufbereitung und Transparenz

Kennzeichnend für eine Finanzierung durch Crowdfunding ist ferner, dass die Geldgeber fortwährend über Finanzierungsstand und, daran anknüpfend, Realisierungsgrad des jeweiligen Finanzierungsvorhabens informiert werden.[131]

Dies spiegelt sich in einer laufenden medialen Aufbereitung[132] wider, da fortwährend deutlich gemacht wird, wofür die einzuwerbenden Beträge gebraucht und sodann eingesetzt werden bzw. wurden. Dies sowohl im Zuge der Crowdfunding-Runde, als auch danach, im Stadium der Realisierung.

In der Regel wird hierbei nicht nur das zu finanzierende Vorhaben, sondern auch dessen Initiator präsentiert. Ziel ist es, das Finanzierungsvorhaben vorzustellen, aktuelle Informationen zu vermitteln und so ein Maximum an Aufmerksamkeit und Transparenz zu gewährleisten. Dies z. B. durch die Verbreitung in sozialen Medien.

---

127 Hierzu kritisch *Klöhn/Hornuf*, ZBB 2012, 237, 257; So auch *Henrich*, der darauf verweist, dass „bereits Unternehmen crowd-finanziert [wurden], die sich über Jahre hinweg in der Venture Capital-Branche Absagen holten" (*Henrich*, in: *Günther/Kirchhof*, S. 149).

128 Begriff nach *Skibicki*, in: *Leible/Sosnitza*, Online-Recht 2.0, S. 10.

129 *Skibicki*, in: *Leible/Sosnitza*, Online-Recht 2.0, S. 10.

130 Innerhalb der Crowdfunding-Szene ist dabei unter anderem die Rede von einer „demokratisierten" Form der Finanzierung (*Weigert*, foerderland.de v. 10.02.2012); Teilnehmer einer Crowdfunding-Runde sollen nicht länger nur Konsumenten sein, sondern sog. „Prosumenten", die sich aktiv um eine bestimmte Leistung bemühen (*Warner*, S. 3; vgl. auch *Lawton/Marom*, S. 15).

131 *Hofmann*, c't 2012/23, 78, 81; *Bareiß*, ZUM 2012, 456, 460.

132 Oftmals in Form eines Videos auf der jeweiligen Crowdfunding-Seite. *Rauda*, S. 290, Rn. 818.

Sowohl das Maß an Detaillierung als auch die Art und Weise der Darstellung dürften daher von entscheidender Bedeutung für den Erfolg einer Crowdfunding-Runde sein.[133]

Da die Geldgeber in der Regel nicht über Sicherheiten am Finanzierungsvorhaben verfügen und der Umfang der Mitteleinwerbung in erster Linie mit der Glaubhaftigkeit des Finanzierungsvorhabens und des Initiators steigt, ist eine derartige Transparenz von großer Bedeutung für einen erfolgreichen Verlauf der Crowdfunding-Runde.

Nach erfolgreichem Ausgang der Crowdfunding-Runde ist die fortlaufende mediale Aufbereitung der Umsetzung des Finanzierungsvorhabens oftmals die einzige Kontrollmöglichkeit, die den Geldgebern gegenüber den Initiatoren zur Verfügung steht.

B) Ablauf einer typischen Crowdfunding-Runde

Der äußere Ablauf einer typischen Crowdfunding-Runde lässt sich in vier Phasen unterteilen.[134]

I. Vorbereitende Strukturierung

Zu Beginn einer Crowdfunding-Runde, vor der eigentlichen Mitteleinwerbung, steht deren Strukturierung im Vordergrund. Mit dieser geht im Bereich des plattformbasierten Crowdfunding regelmäßig die Anmeldung[135] des Initiators auf einer Crowdfunding-Plattform einher. Im Bereich des plattformunabhängigen Crowdfunding betreibt der Initiator hingegen eine eigene Crowdfunding-Seite.[136]

1. Bestimmung eines Zeitraums zur Mitteleinwerbung

Beim plattformunabhängigen Crowdfunding bestimmt der Initiator den Zeitraum der Mitteleinwerbung selbst. Im Bereich des plattformbasierten Crowdfunding kann sich die mögliche Dauer der Crowdfunding-Runde je nach Fallgruppe und Anbieter unterscheiden. Eine zeitliche Obergrenze muss hierbei nicht[137] zwingend

---

133 Vgl. *Kühner/Mosch*, in: *Hüthig*, S. 180.

134 Vgl. *Bareiß*, ZUM 2012, 456, 459 f.; *Schmitt/Doetsch*, BB 2013, 1451, 1451 f.; *Waschbusch/Knoll/Staub-Ney/Salfeld*, StB 2016, 206, 207; Die hier gewählte Strukturierung der Funktionsweise findet Anlehnung an: *Tyclipso*, co. Hdb., S.18 ff. und S. 26 ff.; *Kaltenbeck*, S. 11 ff.

135 z. B. *Startnext* AGB § 4 Abs. 1 (Anl. 1); *Seedmatch* AGB § 8 (Anl. 2); *betterplace* AGB § 2 (Anl. 3); *Auxmoney* AGB § 2 Abs. 2 (Anl. 4).

136 Siehe oben § 3 D) I.

137 *betterplace*, http://www.betterplace.org/c/hilfe/zeit-projekt-zu-finanzieren/, zuletzt abgerufen: 14.10.2017.

vorgegeben sein, jedoch kann eine solche beispielsweise 45 Tage[138] oder 60 mit der Option zur Verlängerung auf 120 Tage[139] betragen.

2. *Bestimmung einer Zielsumme*

Auch die Zielsumme bestimmt der Initiator selbst. Im Bereich des plattformbasierten Crowdfunding kann sich diese je nach Fallgruppe und Anbieter unterscheiden und beträgt beispielsweise bis zu EUR 50.000,-[140] (Crowdfunding zur Einwerbung von Krediten), kann aber auch unbegrenzt[141] sein (Projektfinanzierung). Im Bereich der Unternehmensfinanzierung sind beispielsweise Finanzierungsvolumina ab einem Mindestbetrag von EUR 100.000,-[142] möglich.

Von Auswirkung auf die erzielbare Summe ist ferner, ob die vordefinierte Zielsumme nach oben starr begrenzt ist oder ob das Funding auch jenseits[143] dieser Zielsumme möglich sein soll. Hierzu würde es kommen, wenn die Zielsumme bereits vor Ablauf des vordefinierten Zeitraums zur Mitteleinwerbung erreicht wird, das Funding aber weiterläuft, bis der vordefinierte Zeitraum zur Mitteleinwerbung endet. Auch dies unterscheidet sich je nach Fallgruppe und Anbieter.

3. *Bestimmung von Leistungsinhalt und Leistungsstufen*

Bei der Planung der Crowdfunding-Runde ist auch festzulegen ob, und wenn ja, welche Art von Leistungen die Geldgeber für ihre Teilhabe an der Crowdfunding-Runde erhalten sollen.

Unterschiede bestehen regelmäßig dahingehend, ob den Geldgebern überhaupt Leistungen in Aussicht gestellt werden, ob projektbezogene Leistungen versprochen werden, eine Erfolgsbeteiligung an einem (jungen) Unternehmen oder Zins und Tilgung in Aussicht gestellt werden. Art und Umfang der in Aussicht gestellten Leistungen können dabei je nach Leistungsstufe[144], als Zusammenhang zwischen der jeweils in Aussicht gestellten Leistung in Abhängigkeit von der Höhe der finanziellen Teilhabe, divergieren.

---

138 *Startnext*, Handbuch für Starter, Laufzeit (https://www.startnext.com/hilfe/handbuch.html, zuletzt abgerufen: 14.10.2017).

139 *Seedmatch* FAQ, „Wie lange habe ich als Investor Zeit, in ein Unternehmen zu investieren?“ (https://www.seedmatch.de/faq, zuletzt abgerufen: 14.10.2017).

140 *Auxmoney* FAQ Allgemein, „Wie hoch ist der maximale Kreditbetrag?“ (https://www.auxmoney.com/faq/, zuletzt abgerufen: 14.10.2017.

141 *Startnext*, Handbuch für Starter (Fn. 138), Fundingziel.

142 *Seedmatch* FAQ (Fn. 139), „Welche Form haben die Investitionen?“.

143 z. B. *Startnext* AGB § 8 Abs. 1 (Anl. 1).

144 Siehe oben § 4 A III.

II. Prüfung der Realisierbarkeit und Bewerbung

In Abhängigkeit der Fallgruppe und jeweiligen Plattform, ist der eigentlichen Mitteleinwerbung „eine »Startphase« vorgeschaltet, in der der Projektinitiator das Projekt auf der Finanzierungsplattform vorstellt und um »Fans« wirbt."[145] Dies mit dem Ziel, dass die Crowdfunding-Runde erst dann freigeschalten wird, wenn sich genügend potentielle Geldgeber gefunden haben bzw. das Finanzierungsvorhaben nach einer Prüfung durch die Crowdfunding-Plattform als erfolgversprechend eingestuft wird.[146]

Eine derartige Strukturierung kann von Vorteil sowohl für den Initiator als auch für die Geldgeber sein, da so das Potential getestet wird, bevor es zum Austausch von Leistungen kommt. Entsprechende Engagements im Zusammenhang mit Finanzierungsvorhaben sind nicht neu und finden sich auch bei der Finanzierung über den Kapitalmarkt wieder. So lässt sich die mediale Aufarbeitung in abgeschwächter Form mit einer „Vermarktungs- und Publizitätskampagne"[147] vergleichen, wie sie beispielsweise im Zuge eines Börsengangs oder auch bei der Markteinführung eines Produktes vorherrschen.

Können Gelder auch ohne diese vorgelagerte „Startphase"[148] eingeworben werden, so finden die hier gemachten Ausführungen unverändert auf die dann unmittelbare Einwerbung von Finanzmitteln (III.) Anwendung.

III. Einwerbung von Finanzmitteln

Das eigentliche Crowdfunding beginnt mit der Freischaltung des Finanzierungsvorhabens und dauert, je nach Ausgestaltung, bis zum Ablauf des vordefinierten Zeitraums zur Mitteleinwerbung bzw. bis zum Erreichen der Zielsumme an.

Die Teilhabe des Geldgebers an der Crowdfunding-Runde setzt in der Regel[149] eine Registrierung[150] auf der jeweiligen Crowdfunding-Plattform voraus.

Der Finanzierungsfortschritt wird hierbei zumeist auf der jeweiligen Projektseite graphisch hervorgehoben und dabei als Balkendiagramm oder auch prozentualer Wert dargestellt. Auch die Anzahl der bisherigen Geldgeber und die verbleibende Zeit zur Teilhabe werden auf der Seite gesondert herausgestellt.

---

145 *Bareiß*, ZUM 2012, 456, 458.

146 Dies vor allem im Bereich des Crowdfunding zur Unternehmensfinanzierung, siehe z.B. *Seedmatch* FAQ (Fn. 139), „Wie bewerbe ich mich mit meinem Startup um ein Crowdfunding?".

147 *Schanz*, S. 329, Rn. 35.

148 *Bareiß*, ZUM 2012, 456, 458.

149 Eine Registrierung als Geldgeber muss, je nach Fallgruppe und Anbieter, nicht zwingend erforderlich sein. Siehe z.B. *Betterplace* AGB § 8.2.3 (Anl. 3).

150 Z. B. *Startnext* AGB § 4 Abs. 1 (Anl. 1); *Seedmatch* AGB § 8 (Anl. 2).

Die gebräuchlichen Modelle sehen beispielsweise vor, dass der Geldgeber unmittelbar[151] zur Zahlung verpflichtet wird, noch bevor feststeht, ob die angestrebte Zielsumme erreicht wird. Es finden sich auch Ausgestaltungen, bei denen der Geldgeber erst dann zur Zahlung verpflichtet wird, wenn die Zielsumme erreicht wird.[152]

Die Einwerbung der Finanzmittel, der Zahlungsverkehr und die Verwahrung der Gelder bis zur Auszahlungsreife, ist hierbei prinzipiell so gestaltet, dass der Initiator erst mit Auszahlungsreife Zugriff auf die Gelder erhält. Involvierte Crowdfunding-Plattformen kommen typischerweise weder in Kontakt mit den entstehenden Zahlungsströmen noch mit den vereinnahmten Geldern.[153] Hierzu verläuft der Zahlungsverkehr über externe Zahlungsdienstleister bzw. Kreditinstitute.[154] Während der Dauer der Crowdfunding-Runde vereinnahmte Gelder werden von externen Zahlungsdienstleistern bzw. kooperierenden Kreditinstituten treuhänderisch verwahrt.[155]

IV. Ausgang der Crowdfunding-Runde

Der weitere Ablauf richtet sich danach, ob der Ausgang der Crowdfunding-Runde erfolgreich war, die angestrebte Zielsumme also eingeworben werden konnte.

1. Erfolgreicher Ausgang der Crowdfunding-Runde

Bei erfolgreicher Einwerbung (mindestens) der Zielsumme wird diese im Bereich des plattformbasierten Crowdfunding in der Regel abzüglich einer Vermittlungsprovision (zumeist in Höhe von 5 bis 10 Prozent) an den Initiator ausgezahlt.[156] Eine Vermittlungsprovision erheben jedoch nicht alle Plattformen.[157]

Konnte die Zielsumme erfolgreich eingeworben werden, werden die eingeworbenen Gelder vom Initiator zur Realisierung des Finanzierungsvorhabens verwendet und auch die in Aussicht gestellten Leistungen bedient. Auf die Realisierung des

---

151 Z. B. *Startnext* AGB § 6 Abs. 2 Nr. 2 u. § 7 Abs. 1 S. 2 (Anl. 1); *betterplace* AGB § 8.3 (Anl. 3).

152 Z. B. *Kickstarter* AGB § 5 Abs. 2 Pkt. 1 (Stand: Oktober 2014, https://www.kickstarter.com/terms-of-use?ref=footer, zuletzt abgerufen: 14.10.2017).

153 So z.B. *Startnext* AGB § 7 (Anl. 1); *Seedmatch* AGB § 10 (Anl. 2); *Auxmoney* AGB § 8 Abs. 2 (Anl. 4). Nicht so die Plattform *betterplace* für den Bereich des Crowdfunding zu Spendenzwecken, die insofern als steuerlich anerkannte Förderkörperschaft fungiert und daher bereits in dieser Eigenschaft Zahlungsempfänger ist, *betterplace* AGB §§ 1, 8.2 u. 8.3 (Anl. 3).

154 Siehe oben § 3 C); *Beck*, S. 13; *Bücheler/Helbing*, in *Bücheler* Appendix 17, S. 207; *Hemer/Scheider/Dornbusch/Frey*, S. 65 f; *Rauda*, S. 290, Rn. 818.

155 *Beck*, S. 113; *Nietsch/Eberle*, DB 2014, 1788, 1788.

156 Z. B. *Seedmatch* AGB § 11 (Anl. 2); *Auxmoney* AGB § 7 Abs. 1 lit. b) (Anl. 4); *Kickstarter* AGB § 7 (Fn. 152).

157 Z. B. *Startnext* Handbuch für Starter (Fn. 138), Fundingziel, Freiwillige Provision.

Finanzierungsvorhabens können die Geldgeber typischerweise keinen Einfluss nehmen.[158]

2. *Gescheiterter Ausgang der Crowdfunding-Runde*

Kann die Zielsumme innerhalb des vorab definierten Zeitraums nicht erfolgreich eingeworben werden, kommt es nicht zu einem Austausch gegenseitiger Leistungen.[159] Für die Geldgeber bedeutet dies, dass die Finanzierungsbeiträge nicht zu leisten sind, bzw. bereits geleistete Zahlungen wieder an diese zurückfließen[160].

158 Siehe oben § 4 A) II.
159 Siehe oben § 4 A) I.
160 Z. B. *Startnext* AGB § 8 Abs. 2 (Anl. 1).

§ 5 Motive einer Mitteleinwerbung durch Crowdfunding

A) Probleme einer Mitteleinwerbung über Bank und Kapitalmarkt

Aus Sicht der Wirtschaftswissenschaften ist Crowdfunding dem Bereich Finanzierung zuzuordnen. Durch Finanzierung soll Kapital beschafft werden, das zur Leistungserstellung und -verwertung erforderlich ist.[161]

Nachdem die Beschaffung von Finanzmitteln zunächst streng bankenorientiert war, gewannen in Kontinentaleuropa erst etwa Ende der 1980er Jahre kapitalmarktorientierte Finanzierungsinstrumente an Bedeutung.[162] Für eine Finanzierung über Banken und Kapitalmarkt ist es typisch, dass sie von der Gunst einzelner institutioneller Kapitalgeber abhängt.

Vor Allem im Bereich der für Crowdfunding relevanten Frühphasenfinanzierung[163] sind hierzu beispielsweise aussagekräftige Businesspläne erforderlich, deren Erstellung selbst kostspielig ist. In dieser Konstellation kann Crowdfunding daher zum relevanten Faktor einer erfolgreichen Finanzierung werden. Das Entscheidende ist hierbei, dass gänzlich unabhängig einzelner großer Kapitalgeber viele kleine Geldgeber für ein Finanzierungsvorhaben angesprochen werden können.

Damit vollzieht sich vor allem im Bereich der Projekt- und Unternehmensfinanzierung ein Paradigmenwechsel, da Kapitalsuchende erstmalig die Möglichkeit haben, bereits in einer frühen Phase Kapital von einer Vielzahl von Geldgebern zu erhalten.[164] Gewiss wirken beispielsweise auch bei einem Börsengang oder einer Anleiheemission eine Vielzahl von (Klein-)Anlegern an einem Finanzierungsvorhaben mit. Jedoch auch dies nicht ohne die Gunst einzelner (Konsortial-)Banken. Crowdfunding als Finanzinnovation kann daher dazu beitragen, als „Triebkraft“[165] gewohnte Muster auf den Finanzmärkten aufzubrechen.

Crowdfunding hierbei als Finanzierungssystem[166] über das Internet zu begreifen wirft die Frage auf, ob dadurch dem Internet die Rolle eines Kapitalmarkts zukommt.

161 *Olfert*, A. 2.1, S. 33 ff.; *Wöhe/Bilstein/Ernst/Häcker*, 1.2, S. 3.
162 Rudolf, in: Habersack/Müller/Schlitt, § 1 Rn. 4.
163 *Kunz*, in: *Bräutigam/Rücker*, 12. Teil, Rn. 912.
164 *Sauer*, in: *Tyclipso*, co. Hdb., S. 32.
165 *Möslein*, in: ZBB 2013, 1, 15.
166 Begriff nach *Strehle*, S. 24.

B) Crowdfunding und das Internet als Markt für Kapital

Eine Annäherung an den Begriff Kapitalmarkt, ausgehend von seinen beiden Wortbestandteilen Markt und Kapital macht deutlich, dass zum Bereich des Kapitalmarkts prinzipiell all das gezählt werden kann, was sich als Markt für Kapital darstellt.[167] Als Markt im volkswirtschaftswissenschaftlichen Sinne versteht man dabei den ökonomischen Ort des Zusammentreffens von Angebot und Nachfrage.[168] Einen solchen Marktplatz für Kapital bilden auch Crowdfunding-Plattformen oder originäre Crowdfunding-Internetseiten, weshalb es zumindest nicht fernliegend erscheint, diese Form der Mitteleinwerbung über das Internet mit einem Kapitalmarkt zu vergleichen.[169]

Zwar werden bereits seit geraumer Zeit Kapitalmarkt-Produkte über das Internet vertrieben[170] und scheint dieses als kostengünstiges und schnelles Medium geradezu für den Kapitalmarkt prädestiniert.[171] Bei Crowdfunding verhält es sich jedoch vielmehr so, dass der Initiator eines Finanzierungsvorhabens das Kapital aus dem Internet erhält und dieses somit als neuer Finanzierungskanal verstanden werden könnte.

Diese These stützt sich auf eine Betrachtung der grundlegenden Funktionsweise des Internets. Es konstituiert sich aus einzelnen miteinander verbundenen Dateien, auf die der Nutzer jederzeit zugreifen kann.[172] Hinter dem Internet als Netz aus Dateien stehen Nutzer, die Ursache dieser Dateien sind, diese verfassen und verantworten. Entsprechend den ersten Definitionen des Begriffs Crowdfunding, wonach dessen Funktionsweise als öffentlicher Aufruf im Web 2.0 beschrieben wird[173], ist ein solcher Aufruf nichts anderes als eine dieser Dateien. Hierauf wird mit einer anderen Datei geantwortet, die sich auf das Klicken des Geldgebers auf einen Button gründet und damit dessen Zahlungswilligkeit signalisiert bzw. Zahlungspflicht begründet. Daher konstituiert erst die Verknüpfung solcher Dateien das Internet. Bei Crowdfunding begründet diese Verknüpfung einen Fluss von Finanzmitteln.

Es drängt sich daher die These auf, das Internet als solches als Markt für Kapital[174] zu betrachten. Diesem käme damit eine Rolle zu, die über die eines Mediums für den Vertrieb von kapitalmarkt-relevanten Produkten hinausginge.

---

167 *Lenenbach*, § 1, Rn. 1.9.

168 *Bofinger*, S. 15; *Bartling/Luzius*, C. I., S. 59.

169 Vgl. auch *Schenk*, der i.Z.m. Crowdinvesting von einem „neuen Kapitalmarkt“ spricht (*Schenk*, Crowdinvesting I, S. 11).

170 *Ehlers* beispielsweise widmet sich in seiner Monographie „Wertpapierhandel über neue Medien“ ausführlich dem online-basierten Börsenhandel.

171 *Schanz*, S. 317, Rn. 10; *Spindler*, NZG 2000, 1058 ff.

172 *Borges*, S. 11 u. S. 24.

173 *Belleflamme/Lambert/Schwienbacher*, Tapping the Right Crowd, S. 7.

174 Siehe hierzu auch *Kunz*, in: *Bräutigam/Rücker*, 12. Teil, Rn. 50 ff.

Bei einer Mitteleinwerbung durch Crowdfunding vom Internet als Kapitalmarkt zu sprechen, würde den Begriff des Kapitalmarkts jedoch überstrapazieren. Zwar wird für etwaige Initiatoren das Internet mittels Crowdfunding zu einem Markt für Kapital. Jedoch fehlt es regelmäßig an der Möglichkeit, hierbei erworbene Gläubigerrechte auf einem Sekundärmarkt wieder veräußern zu können. Auf einem originären Kapitalmarkt wird dies vornehmlich durch Börsen gewährleistet, deren Existenz daher als konstitutive Voraussetzung eines Kapitalmarkts verstanden werden kann.[175]

Treffender erscheint es daher im Zusammenhang mit Crowdfunding vom Internet als neuer, weil bisher in dieser Hinsicht unerschlossener, Kapitalquelle zu sprechen.

C) Chancen einer Mitteleinwerbung durch Crowdfunding

I. Motivationslage der Initiatoren

Die grundlegende Motivation, eine Crowdfunding-Runde zu initiieren, dürfte sich aus einem konkreten Finanzierungsziel ergeben. Der Initiator ist auf der Suche nach Geldgebern. Geldgeber können jedoch grundsätzlich auch ohne Crowdfunding angesprochen werden. Zu klären ist daher, weshalb der Initiator Crowdfunding wählt.

Zunächst kann Crowdfunding die Verwirklichung eines Finanzierungsziels ermöglichen, das auf andere Art und Weise nicht realisiert werden könnte.[176] Gründe hierfür können z. B. sein, dass die nötigen Sicherheiten für einen Bankkredit fehlen, das Vorhaben nicht die gewünschte Rendite verspricht oder der Realisierungsprozess (insb. Business-Plan) noch nicht weit genug fortgeschritten ist, um an institutionelle Kapitalgeber heranzutreten.[177] Initiatoren erhalten hierbei über Crowdfunding eine Chance, ein Finanzierungsvorhaben dennoch zu bestreiten.[178]

Ferner haben Initiatoren die Möglichkeit, über Crowdfunding gleichsam eine Art Marktforschung zu betreiben und das Potential ihrer Idee entsprechend des Finanzierungserfolgs einordnen zu können.[179]

Auch sprechen niedrigere Finanzierungskosten für Crowdfunding, da durch eine dezentrale Finanzierung über das Internet insbesondere die Aufwendungen für

---

175 Vgl. *Assmann*, in: *Assmann/Schütze*, § 1, Rn. 5 und 7. Zum Kapitalmarkt als Handelsplatz ferner *Lenenbach*, S. 3, Rn. 1.9.

176 *Eisfeld-Reschke/Wenzlaff*, S. 11; allgemein zur Finanzierungsproblematik in der Gründungsphase *Waschbusch/Knoll/Staub-Ney/Salfeld*, StB 2016, 206, 208 f.

177 So ist bspw. in *Lücke*, WiWo 10/2011, D24 von einer vermeintlich revolutionären Windturbine zu lesen, deren Potenzial institutionelle Kapitalgeber zwar erkennen, zu deren Finanzierung sie aber erst beitragen wollen, wenn die Anlage ihre Funktionsfähigkeit unter Beweis gestellt hat.

178 *Klöhn/Hornuf*, ZBB 2012, 237, 239.

179 *Lawton/Marom*, S. 153; *Tyclipso*, co. Hdb., S. 19, Stichwort: Potentialanalyse.

Informationsbeschaffung, Vermittlung von Kapitalgebern und Überwindung geographischer Gegebenheiten geringer ausfallen.[180]

Darüber hinaus kann sich die Entscheidung für eine Mitteleinwerbung durch Crowdfunding daraus ergeben, dass es sich dabei um etwas Neues handelt, das der Initiator schlichtweg ausprobieren möchte[181] bzw. das Neue an einer Mitteleinwerbung durch Crowdfunding gut zu einem vermeintlich innovativen Finanzierungsvorhaben passt.

Schließlich handelt es sich bei Crowdfunding um eine informelle und flexible Art der Kapitalbeschaffung, durch die ein zu finanzierendes Vorhaben relativ schnell und unkompliziert initiiert werden kann. Durch die modernen Kommunikationsmöglichkeiten vor allem im Bereich des Web 2.0 kann außerdem davon gesprochen werden, dass sich die Entfernung der Beteiligten „virtuell verkürzt“[182]. So wird es auch solchen Kapitalsuchenden ermöglicht ein Finanzierungsvorhaben zu bestreiten, die bisher aus den verschiedensten Gründen Berührungsängste verspürten, an institutionelle Kapitalgeber heranzutreten.

II. Motivationslage der Geldgeber

Auch die Motivation der Geldgeber ist vielschichtig und zeichnet sich nicht nur durch materielle, sondern auch ideelle Interessen aus.

Materielle Interessen dürften vor allem in der Fallgruppe des Crowdfunding zur Unternehmensfinanzierung bestehen, wo Crowdfunding als „Private Equity für jedermann“[183] gewisse Renditewünsche wecken kann. Geldgebern mag hierbei auch ein Interesse an einem Investitionskanal vergleichbar Venture Capital[184] zuzuschreiben sein, der ihnen als Kleinanlegern bisher weitestgehend verwehrt blieb.[185]

Weiterhin spiegelt die Vorfinanzierung konkreter Produkte oder Dienstleistungen ein materielles Bedürfnis der Geldgeber wider, einen bestimmten Konsumwunsch zu befriedigen.[186]

180 So *Klöhn/Hornuf*, die sich in Ihren Ausführungen zwar auf den Bereich der Unternehmensfinanzierung beziehen, deren Ablauf sich strukturell jedoch nicht von den anderen Crowdfunding-Varianten unterscheidet (*Klöhn/Hornuf*, ZBB, 2012, 237, 256 f.); vgl. auch *Waschbusch/Knoll/Staub-Ney/Salfeld*, StB 2016, 206, 209; Allg. zur Prozessoptimierung durch das Internet: *Skiera*, in: *Gounalakis*, § 2 Rn. 11 ff.

181 Eisfeld-Reschke/Wenzlaff, S. 12.

182 Begrifflichkeit nach *Ehlers*, S. 169.

183 *Littmann*, WiWo 50/2011, 112, 112.

184 In diesem Kontext z. B. *Baums*, § 16, Rn. 5.

185 Zu den Charakteristika typischer Investoren im Bereich Venture Capital vgl. z. B. *Strehle*, 27 f.; im Bereich Private Equity vgl. z. B. *Eilers/Koffka*, in: *Eilers/Koffka/Mackensen*, S. 9 Rn. 15 ff.

186 Indem der Geldgeber damit gleichzeitig als Kunde des (im Zeitraum zur Mitteleinwerbung noch) fiktiven Produkts agiert, soll für ihn letztendlich nur noch der Nutzen, nicht der Preis das entscheidende Erwerbskriterium sein (*Warner*, S. 3).

Neben diese materiellen, können aber vor allem auch ideelle[187] Motive treten (dies auch im Bereich der crowdfundingbasierten Unternehmensfinanzierung[188]). So ist es beispielsweise nicht unüblich, dass je nach Leistungsstufe ideell behaftete Leistungen in Aussicht gestellt werden.[189] Solche Anreize können zur Folge haben, dass der jeweilige Geldgeber mehr gibt als den Gegenwert der in Aussicht gestellten Leistung. Ausschlaggebend hierfür kann sein, dass der Geldgeber dem Initiator auch helfen und dessen Projekt fördern möchte, weil er sich davon einen emotionalen (als Förderer) oder konkreten (als Nutzer des realisierten Vorhabens) Mehrwert verspricht.[190] Von maßgeblicher Bedeutung für die Entscheidung zur finanziellen Teilhabe dürfte dann mehr die Bindung des Geldgebers zum Gegenstand der Crowdfunding-Runde sein, als streng wirtschaftliche und gegenleistungsorientierte Überlegungen.[191]

Dies spiegelt sich vor allem darin wieder, dass es zu einem Leistungsaustausch nur kommen soll, wenn das Finanzierungsziel erreicht wird.[192] Im Unterschied zum klassischen Marktgeschehen, bei dem sich die Nachfrage nach dem Angebot richtet, kann der Geldgeber mittels Crowdfunding gleichsam das Angebot mitbestimmen. Der Geldgeber zeigt sich bereit, eine verpflichtende Erklärung abzugeben, ohne Gewissheit darüber zu haben, dass das Finanzierungsvorhaben tatsächlich realisiert wird. Dieser Vertrauensvorschuss geht über eine rein gegenleistungsorientierte Motivationslage hinaus.

III. Motivationslage der Plattformbetreiber

Von einem Großteil der Plattformen wird im Falle der erfolgreichen Einwerbung der Zielsumme eine Provision von zumeist 5 bis 10 Prozent des Finanzierungsvolumens einbehalten.[193] Neben der insofern offensichtlichen Möglichkeit, über die Plattformen Gewinne zu erzielen sind ideelle Motive, wie z. B. Fundraising im klassischen Sinne oder Innovationsfreude zumindest in Erwägung zu ziehen.

---

187 So nennt *Rauda* ein Beispiel zu einem Crowdfunding zu Gunsten eines Computerspiels und führt aus, dass sich die Geldgeber als „Fans dieser Spiele-Klassiker […] möglicherweise auch von einem Nostalgiegefühl leiten“ lassen (*Rauda*, S. 289, Rn. 819). Vgl. auch *Salzberg*, der von „Crowdfunding is funding people's passions“ spricht (in: *Kaltenbeck*, S. 55); *Lawton/Marom*, S. 76 […"when people provide money, they're really into what you're doing."].

188 *Henrich*, in: *Günther/Kirchhof*, S. 150.

189 Siehe oben § 4 A) III.

190 *Gaida*, S. 130.

191 *Bücheler*, der die emotionale Konnotation an einem Ungleichgewicht von Leistung und Gegenleistung festmacht ["however, the return often does not match the initial investment financially"] (*Bücheler*, S. 37).

192 Siehe oben § 4 A) I.

193 Siehe oben § 4 B) IV. 1.

D) Mögliche Risiken einer Mitteleinwerbung durch Crowdfunding

Mögliche Risiken ergeben sich zunächst aus den noch vorherrschenden rechtlichen Unsicherheiten. Noch fehlt es aus juristischer Sicht an einer gefestigten Meinung zur rechtlichen Bewertung des Crowdfunding in all seinen Facetten. So stehen bis dato weder die zivil- noch steuerrechtlichen Grundlagen dieses Finanzierungssystems fest. Auch ist nicht abschließend und verbindlich geklärt, wie die aufsichtsrechtliche Lage zu beurteilen ist. (Deutschsprachige) Rechtsprechung im Bereich Crowdfunding fehlt gänzlich.

Weitere Risiken ergeben sich aus dem Umstand, dass sich Crowdfunding ausschließlich im Internet abspielt. Hieraus folgen grundsätzliche technische und datenschutzrechtliche Herausforderungen, da sowohl die Erhebung- und Speicherung von Nutzerdaten als auch deren Verlust oder Diebstahl erhebliche Risiken bergen.

Risiken können sich auch aus einer fehlerhaften Strukturierung oder unvorhergesehenen Entwicklung der Crowdfunding-Runde (z. B. auch eines zu großen Erfolges) ergeben, wodurch es zu empfindlichen Verzögerungen bei der Umsetzung kommen kann. Derartige Risiken dürften vor allem im Bereich des projektbezogenen Crowdfunding von Relevanz sein. So konnten laut einer Studie zum erfolgreichen Abschluss von Crowdfunding-Runden auf der Plattform Kickstarter bei 75 Prozent der Projekte die zeitlichen Ziele der Realisierung nicht eingehalten werden.[194]

Ein strukturelles Risiko zu Lasten der Geldgeber ergibt sich aus dem Charakteristikum, dass Geldgeber unbesicherte Vorleistungen[195] gewähren. Weder können sie Einfluss darauf nehmen, wie das Finanzierungsvorhaben konkret umgesetzt wird, noch haben sie ausreichende Sicherheiten, wenn das Projekt im Rahmen der Umsetzung scheitert oder nur ungenügend zu Ende gebracht wird. Somit besteht auf Seite der Geldgeber stets die Gefahr eines Totalverlusts.[196] Vor allem im Bereich des Crowdfunding zur Unternehmensfinanzierung unterscheidet sich das Risiko der Geldgeber daher nicht von demjenigen, dem Anleger auf dem Kapitalmarkt ausgesetzt sind.[197]

Daneben besteht ein gewichtiges Risiko zu Lasten der Initiatoren, da diese ihre Idee im Internet veröffentlichen. Hierdurch kann es zu einem Abfluss von Know-how kommen und kann es auch passieren, dass Ideen und vermeintliche Geschäftsgeheimnisse ausgespäht werden.[198]

---

194 *Worthmann*, NYT v. 18.09.2012, B1-B2.

195 Siehe oben § 4 A) II.

196 *Rauda*, S. 292, Rn. 829; *Beck*, S. 98 ff.; *Heimlich*, VC-Magazin, 3/2013, 12, 16; *Hemer/Scheider/Dornbusch/Frey*, S. 78; *Meschkowski/Wilhelmi*, BB 2013, 1411, 1411.

197 Vgl. *Klöhn/Hornuf*, VC-Magazin, 3/2013, 34, 34.

198 Vgl. Schwienbacher/Larralde, S. 20; *Hemer/Scheider/Dornbusch/Frey*, S. 77; *Hofmann*, c't 2012/23, 78, 80; *Henrich*, in: *Günther/Kirchhof*, S. 148; *Waschbusch/Knoll/Staub-Ney/Salfeld*, StB 2016, 206, 206.

2. Kapitel: Zivilrechtliche Beziehungen im Marktverhältnis

Ziel dieses Kapitels ist es, die zivilrechtlichen Beziehungen zu untersuchen, die im Marktverhältnis zwischen den Teilnehmern einer typischen Crowdfunding-Runde, also zwischen Initiator und Geldgeber, bestehen. Nach einer Analyse der allgemeinen Grundlagen der Rechtsbeziehung im Marktverhältnis in § 6 erfolgt die Untersuchung in den §§ 7 bis 9 getrennt nach den vorzufindenden Fallgruppen[199].

199 Siehe oben § 1 D) II.

§ 6 Allgemeine Grundlagen zur Rechtsbeziehung zwischen Geldgeber und Initiator

A) Rechtsnatur

I. Keine einseitige Erklärung im Sinne einer Auslobung

Kennzeichnend für die Auslobung (§§ 657 ff. BGB) ist, dass der Auslobende einen bestimmten Erfolg[200] anstrebt, er aber „keinen bestimmten Vertragsgegner im Auge hat, der ihm von vornherein und unbedingt den gewünschten Erfolg zu verbürgen vermag".[201] Dazu wird öffentlich ein unbestimmter Personenkreis[202] adressiert und diesem für die Herbeiführung des Erfolgs eine Belohnung versprochen. Rein äußerlich betrachtet scheinen daher Parallelen zwischen einer Mitteleinwerbung durch Crowdfunding und dem Rechtsinstitut der Auslobung zu bestehen.

Der Initiator einer Crowdfunding-Runde, dem im vergleichenden Diskurs die Rolle des Auslobenden zukommt, kann den von ihm angestrebten Erfolg, die Einwerbung einer bestimmten Zielsumme, nicht durch einen vorab bestimmten Vertragspartner verwirklichen. Hierzu kann es beispielsweise kommen, weil institutionelle Kapitalgeber sich nicht auf das jeweilige Finanzierungsvorhaben einlassen wollen und damit als im Vorfeld zu identifizierende Vertragspartner nicht zur Verfügung stehen. Um dieser Situation beizukommen, wendet sich der Initiator in Form eines öffentlichen Aufrufs im Internet an die Gesamtheit der Internetnutzer als einen unbestimmten Personenkreis. Dieser Aufruf kann als öffentliche Bekanntmachung i.S.d. § 657 BGB verstanden werden. Für die vom Initiator in Aussicht gestellten Leistungen kommen auch Belohnungen i.S.d. § 657 BGB in Betracht, was jegliche Vorteile materieller oder immaterieller Art sein können.[203]

Ob eine Mitteleinwerbung durch Crowdfunding daher dem Rechtsinstitut der Auslobung folgt, wird im Ergebnis davon abhängen, ob sich auch die typische Leistung der Geldgeber als relevante Handlung i.S.d. §§ 657 ff. BGB qualifizieren lässt. Dieser Begriff ist weit auszulegen, weshalb hierunter jegliches willentliche

200 „Erfolg" und „Handlung" i.S.d. §§ 657 ff. BGB sind gleichbedeutend. Wie der Gesetzeswortlaut mit „insbesondere" zum Ausdruck bringt, handelt es sich bei dem Erfolg lediglich um den Unterfall einer Handlung i.S.d. § 657 Abs. 1 BGB.

201 *von Mayr*, S. 15.

202 *Larenz*, Schuldrecht II/1, § 55, S. 405.

203 Staudinger/*Bergmann* (2016), § 657, Rn. 59; Bamberger/Roth/*Kotzian-Marggraf*, § 657, Rn. 9; MüKoBGB/*Schäfer*, 7. Aufl. 2017, § 657, Rn. 24.

menschliche Verhalten fällt.[204] Als relevante Handlung der Geldgeber kommt lediglich die Zahlung einer bestimmten Geldsumme bzw. die Bereitschaft hierzu in Betracht.

Als erfolgsrelevante Handlung im Interesse des Auslobenden müsste hier konsequenterweise auf die kumulierten Zahlungen sämtlicher Geldgeber abgestellt werden, da nur wenn diese die kritische Zielsumme erreichen, der erstrebte Erfolg auch tatsächlich eintritt. Wie sich jedoch aus § 660 Abs. 1 BGB ergibt, steht es dem Rechtsinstitut der Auslobung nicht entgegen, auf mehrere (kumulierte) Handlungen abzustellen. Haben nämlich mehrere an einem Erfolg mitgewirkt, so bestimmt § 660 Abs. 1 BGB, wie die Belohnung verteilt wird.

Fraglich ist jedoch, ob die hier in Rede stehende Handlung, die zugesagte Leistung eines Geldbetrages, auch dem Zweck der Norm entspricht. Demnach soll „Die Auslobung [...] dem Auslobenden die Möglichkeit [geben], aus der Allgemeinheit eine oder mehrere Personen herauszufinden, die willens und in der Lage sind, einen bestimmten Erfolg herbeizuführen oder zu fördern."[205] Diskussionswürdig erscheint hier vor allem der Aspekt des „in der Lage seiens". Bei dem Erfolg muss es sich folglich um eine Leistung handeln, die nicht ohne weiteres durch die Leistung eines beliebigen anderen ersetzbar ist. Aufgaben, bei denen es nicht auf individuelle Fähigkeiten oder Kenntnisse ankommt, können somit keine relevante Handlung i.S.d. §§ 657 ff. BGB sein.[206] Es müssen vielmehr Handlungen sein, die eine „besondere Leistung"[207] bzw. eine „nennenswerte menschliche Tätigkeit"[208] zum Gegenstand haben. Dieser Anforderung genügt eine einmalige Geldleistung mit dem Charakter eines Massengeschäfts nicht.

Hierfür spricht auch der Inhalt des § 660 BGB, der die Verteilung der Belohnung beim „Erreichen des Auslobungsziels durch kumulative Beiträge"[209] regelt. Im vergleichenden Diskurs einer Mitteleinwerbung durch Crowdfunding mit dem Rechtsinstitut der Auslobung handelt es sich bei dieser Regelung um eine maßgebliche Norm im Recht der Auslobung. Dies vor allem deshalb, weil neben dem für Crowdfunding typischen Strukturelement eines öffentlichen Aufrufs im Internet durch § 660 BGB auch der Umstand eine rechtliche Wertung erfährt, dass eine unbestimmte Anzahl von Personen am Erreichen des (Auslobungs-) Ziels teil hat.

Zwar konstituiert sich der vermeintliche Auslobungserfolg aus den kumulierten Einzelleistungen, Zahlungen, der Geldgeber. Jedoch kann an die Einzelleistung auch im Bereich des § 660 BGB kein anderer Maßstab gelegt werden als er bereits oben diskutiert wurde und kann daher eine einfache Geldzahlung mit dem Charakter

204 Staudinger/*Bergmann* (2016), § 657, Rn. 62; MüKoBGB/*Seiler*, 6. Aufl. 2012, § 657, Rn. 8; *von Mayr*, S. 78 f.
205 Staudinger/*Bergmann* (2016), § 657, Rn. 6.
206 Bamberger/Roth/*Kotzian-Marggraf*, § 657, Rn. 4.
207 *Wacke*, MDR 1983, 4, 5.
208 *Kleinschmidt*, JZ 2009, 1121, 1123.
209 Bamberger/Roth/*Kotzian-Marggraf*, § 660, Rn. 1.

eines Massengeschäfts nicht genügen. Dies ergibt sich bereits aus der Formulierung des § 660 Abs. 1 S. 1 BGB, der von „dem" Erfolg spricht und dabei augenscheinlich Bezug auf § 657 BGB nimmt, in dem der relevante Erfolg als „ein" Erfolg eingeführt wurde. Als relevante Handlung mehrerer wird in der Kommentarliteratur hierbei häufig das Beispiel genannt, dass mehrere Personen bei der Ergreifung eines Straftäters mitwirken[210]. Auch hierbei handelt es sich um eine Leistung, die von gänzlich anderer Qualität ist als eine Geldleistung bzw. die Bereitschaft zu dieser.

Es ist somit festzuhalten, dass das Rechtsinstitut der Auslobung keine Anwendung auf eine Mitteleinwerbung durch Crowdfunding findet.

II. Vertragliches Schuldverhältnis

Die Leistungsbeziehung zwischen Initiator und Geldgeber gründet sich auf eine willentliche Übereinkunft, bestimmte Rechtsfolgen herbeizuführen. Es handelt sich hierbei um ein zweiseitiges Rechtsgeschäft in Form eines Vertrages.

Bei den Parteien des Marktverhältnisses setzt dieses vertragliche Rechtsgeschäft Rechtsfolgenwillen und Übereinstimmung in diesem Rechtsfolgenwillen voraus. „Die Parteien müssen Rechtsfolgen herbeiführen wollen, und sie müssen dieselben Rechtsfolgen wollen. Die Rechtsfolgen des Vertrages treten nur deshalb ein, weil sie von den Parteien übereinstimmend gewollt sind und sie treten nur dann ein, wenn sie von den Parteien übereinstimmend gewollt sind."[211]

Der übereinstimmende Rechtsfolgen- bzw. Rechtsbindungswille von Initiator und Geldgeber ist auf die Erbringung derjenigen Leistungen gerichtet, die im Rahmen einer Crowdfunding-Runde eingeworben bzw. in Aussicht gestellt werden.

Initiator und Geldgeber stimmen hierbei darin überein, dass der Geldgeber einen bestimmten Geldbetrag überlassen und der Initiator eine im Gegenzug hierzu in Aussicht gestellte Leistung erbringen soll. Im Zuge der Crowdfunding-Runde bringen Initiator und Geldgeber als Vertragsparteien zum Ausdruck, dass sie diese Rechtsfolgen verbindlich wollen.

Für einen solchen Rechtsbindungswillen spricht, dass Geldgeber und Initiator ein rechtliches und auch wirtschaftliches Interesse daran haben, dem anderen Teil ihre jeweilige Leistung zu gewähren.[212] Rechtsfolgen sollen nämlich Geldgeber und Initiator treffen und stehen diese auch in einer wechselseitigen Beziehung. Ein Geldgeber sieht sich typischerweise nur deshalb zu einer finanziellen Teilhabe an einer Crowdfunding-Runde veranlasst, weil der Initiator eine gewisse Leistung in Aussicht stellt. Ein Initiator stellt nur deshalb eine Leistung in Aussicht, weil er eine bestimmte Zielsumme von den Geldgebern einwerben will.

210 Staudinger/*Bergmann* (2016), § 660, Rn. 1; Bamberger/Roth/*Kotzian-Marggraf*, § 660, Rn. 2; MüKoBGB/*Seiler*, 6. Aufl. 2012, § 660, Rn. 3.
211 Staudinger/*Bork* (2015), Vorbem zu §§ 145 ff. BGB, Rn. 2.
212 Vgl. Bamberger/Roth/*Sutschet m.w.N.*, § 241, Rn. 18.

Wegen des Rechtsbindungswillens handelt es sich auch nicht nur um eine bloße Gefälligkeit.[213] Hierfür spricht auch der Umstand, dass eine in Aussicht gestellte Leistung des Initiators nicht im Belieben des Schuldners stehen soll.[214] Diese ist vielmehr in Abhängigkeit der jeweiligen Leistungsstufe[215] konkret bestimmt.

B) Inhalt des Vertragsverhältnisses

Nach dem Inhalt des Vertragsverhältnisses werden individuelle Rechte und Pflichten der Parteien begründet. Diese konkretisieren sich maßgeblich aus der jeweils in Aussicht gestellten Leistung. Im Bereich des plattformbasierten Crowdfunding kann es ferner zu einer Ausgestaltung des Vertragsverhältnisses durch solche Regelungen kommen, die vorrangig das Plattformverhältnis betreffen.

I. Vertragsinhalt nach materiellem Leistungsinhalt

Wegen der Relativität der Schuldverhältnisse wirkt das zwischen Geldgeber und Initiator geschlossene Vertragsverhältnis nur zwischen diesen Parteien und besteht unabhängig von einer etwaigen Crowdfunding-Plattform, über die es geschlossen wurde. Im Rahmen der vorzufindenden Plattformnutzungsbedingungen erfolgt dahingehend üblicherweise eine ausdrückliche Klarstellung.[216]

Der Vertragsinhalt richtet sich hierbei nach dem materiellen Leistungsinhalt[217], wie er zwischen Initiator und Geldgeber erbracht wird.[218]

II. Einbeziehung von Plattformnutzungsbedingungen im Marktverhältnis

Im Bereich des plattformbasierten Crowdfunding stellt sich die Frage, ob über den Vertragsschluss im Marktverhältnis etwaige Plattformnutzungsbedingungen in dieses einbezogen werden.

Bei solchen handelt es sich um AGB nach § 305 Abs. 1 BGB. Neben Regelungen, die das Plattformverhältnis betreffen, können diese auch Regelungen beinhalten, die das Marktverhältnis betreffen. Neben der inhaltlichen Ausgestaltung des Vertragsverhältnisses können sie hierbei auch vorvertragliche Wirkungen entfalten, insbesondere im Hinblick auf den Vertragsschluss. Der Registrierungsprozess auf einer

---

213 Staudinger/*Olzen* (2015), § 241, Rn. 71 u. 77; Bamberger/Roth/*Sutschet*, § 241, Rn. 18.

214 Staudinger/*Olzen* (2015), § 241, Rn. 77.

215 Siehe oben § 4 A) III. u. § 4 B) I. 3.

216 Z. B. *Startnext* AGB § 4 Abs. 7 (Anl. 1); *Seedmatch* AGB § 2.2 (Anl. 3); *Auxmoney* AGB § 9 Abs. 2 (Anl. 4).

217 Siehe hierzu ausführlich: §§ 7 bis 10.

218 Vgl. *Schneider*, in: *Redeker*, Bd. II, 3.14, Rn. 45.

Crowdfunding-Plattform sieht regelmäßig eine Zustimmungspflicht der Nutzer zu solchen Nutzungsbedingungen vor.

Aufgrund der Relativität der Schuldverhältnisse gelten die Plattformnutzungsbedingungen jedoch grundsätzlich nur im Plattformverhältnis und erfordert deren Einbeziehung in das Marktverhältnis daher eine gesonderte Begründung.[219]

Zur vergleichbaren Fragestellung im Bereich der Internet-Auktion werden hierzu diverse Ansätze diskutiert, die im Folgenden aufgegriffen werden. Beiderseits geht es um Plattformen, auf denen die Parteien des Marktverhältnisses nach einem bestimmten, seitens der Plattform vorgegebenen, Marktmechanismus zum Vertragsschluss zusammenkommen. Dieser ähnelt sich bei Crowdfunding- und Auktionsplattformen vor allem darin, dass eine etwaige Provision zu Gunsten der Plattform nur bei einem erfolgreichen Vertragsschluss im Marktverhältnis anfällt. Auch ist der beabsichtigte Vertragsschluss im Marktverhältnis nur binnen eines vordefinierten Zeitraums möglich.

1. Keine Einbeziehung als AGB

Die Einbeziehung von AGB richtet sich grundsätzlich nach § 305 BGB. Diese scheitert vorliegend bereits daran, dass keine der Parteien im Marktverhältnis Verwender i.S.d. § 305 Abs. 1 BGB ist. Hierzu müsste nämlich die eine Vertragspartei als Verwender der AGB der anderen Vertragspartei bei Abschluss des Vertrages die AGB stellen. AGB in Form von Plattformnutzungsbedingungen werden jedoch von der jeweiligen Crowdfunding-Plattform vorformuliert, die als solche nicht Partei des Marktverhältnisses ist.[220]

Eine Verwendereigenschaft im Marktverhältnis lässt sich auch nicht durch Hilfserwägungen konstruieren, die beispielsweise darauf abstellen, auf wessen Initiative hin ein Vertragsschluss erfolgt oder wer durch den Inhalt etwaiger AGB begünstigt ist.[221] Derartige Erwägungen lassen sich mit der gesetzgeberischen Zielsetzung hinter den §§ 305 ff. BGB nicht vereinbaren, „der Inanspruchnahme einseitiger Gestaltungsmacht durch das Stellen vorformulierter Bedingungen gegenüber der benachteiligten Partei entgegenzuwirken".[222] Einseitige Gestaltungsmacht kommt insofern nur der Crowdfunding-Plattform zu, die jedoch nicht Partei des Marktverhältnisses ist.

Eine Einbeziehung im Marktverhältnis lässt sich für den Fall, dass eine der Parteien im Marktverhältnis Unternehmer ist auch nicht über die Fiktion des „Stellens" in § 310 Abs. 3 Nr. 1 BGB begründen.

Zwar entfaltet die Norm ihre praktische Bedeutung vorrangig dann, wenn Klauseln von unbeteiligten Dritten vorgegeben werden.[223] Wie sich aus der Systematik

219 Vgl. (zur Internet-Auktion) *Meyer*, in: *Borges (Hrsg.)*, Internet-Auktion, § 3, S. 47.
220 Vgl. (zur Internet-Auktion) *Meyer*, in: *Borges (Hrsg.)*, Internet-Auktion, § 3, S. 47.
221 *Meyer m.w.N.*, in: *Borges (Hrsg.)*, Internet-Auktion, § 3, S. 53 ff.
222 *Meyer*, in: *Borges (Hrsg.)*, Internet-Auktion, § 3, S. 54.
223 MüKoBGB/*Basedow*, 7. Aufl. 2016, § 310, Rn. 62.

innerhalb des § 310 Abs. 3 BGB ergibt, müssten entsprechende Klauseln aber auch nach Maßgabe des § 305 Abs. 2 BGB wirksam einbezogen werden, da „310 Abs. 3 Nr. 2 BGB ausdrücklich nur die Anwendbarkeit bestimmter Normen des AGB-Rechts anordnet, woraus sich im Umkehrschluss folgern lässt, dass § 310 Abs. 3 Nr. 1 BGB die Anwendbarkeit aller AGB-Normen zur Folge hat“[224].

§ 310 Abs. 3 Nr. 1 BGB trifft insofern lediglich eine Fiktion für die Frage, von welcher Partei AGB „gestellt“ werden. Wie sich aus dem Wortlaut und der Systematik innerhalb des § 305 BGB ergibt, ist das Stellen von AGB relevant für die Verwendereigenschaft[225] („die eine Vertragspartei (Verwender) der anderen Vertragspartei bei Abschluss eines Vertrags stellt“). Folglich ist die Frage des Stellens von der Frage der konkreten Einbeziehung zu trennen, die § 305 Abs. 2 BGB behandelt („werden nur dann Bestandteil eines Vertrags, wenn“).

Für eine wirksame Einbeziehung nach § 305 Abs. 2 BGB genügt es jedoch nicht, dass die Parteien des Marktverhältnisses bei ihrer Anmeldung auf der Crowdfunding-Plattform in die Plattformnutzungsbedingungen einwilligen. Dies tun sie nämlich nur im Verhältnis zur Crowdfunding-Plattform (Plattformverhältnis). Aus dem Wortlaut des § 305 Abs. 2 BGB ergibt sich jedoch, dass die Einbeziehung im konkreten Vertragsverhältnis stattfinden müsste: Wie die Begrifflichkeiten „Verwender“, „bei Vertragsschluss“ und „andere Vertragspartei“ deutlich machen, kann es für eine Einbeziehung etwaiger Plattformnutzungsbedingungen im Marktverhältnis daher nicht genügen, wenn die Parteien in diese lediglich im Plattformverhältnis einwilligen und im Zeitpunkt dieser Einwilligung ein etwaiges späteres Marktverhältnis noch in keinerlei Hinsicht konkretisiert ist. Der Parteiwille im Zeitpunkt der Anmeldung auf einer Crowdfunding-Plattform kann nicht soweit ausgelegt werden, dass der jeweilige Nutzer gleichzeitig Vertragspartner aller bereits angemeldeter und zukünftiger Nutzer der Plattform werden und diesen gegenüber vertragliche Verpflichtungen eingehen will.[226] Dies jedenfalls dann nicht, wenn dies mit der Anmeldung nicht explizit erklärt wird.

Das dürfte auch einer Einbeziehung über § 305 Abs. 3 BGB entgegenstehen. Zwar sollen hierüber in Form von Rahmenvereinbarungen für bestimmte künftige Rechtsgeschäfte bestimmte AGB vereinbart werden können.[227] Demnach soll mit dem Abschluss des Benutzungsvertrages im Plattformverhältnis zugleich konkludent eine (vor-)vertragliche Rahmenvereinbarung entsprechend § 305 Abs. 3 BGB zustande kommen, die die das Marktverhältnis betreffenden AGB des Plattformbetreibers zum Gegenstand hat.[228] Wie sich jedoch bereits aus dem Wortlaut ergibt, müssten

224 *Meyer*, in: *Borges (Hrsg.)*, Internet-Auktion, § 3, S. 55.
225 *Borges*, Verbraucherverträge, S. 99 (zur alten Rechtslage nach § 24a Nr. 1 AGBG).
226 Vgl. (zur Internet-Auktion) *Meyer*, in: *Borges (Hrsg.)*, Internet-Auktion, § 3, S. 49.
227 MüKoBGB/*Basedow*, 7. Aufl. 2016, § 305, Rn. 90.
228 *Burgard*, WM 2001, 2102, 2106 f.

eine entsprechende Vereinbarung „Die Vertragsparteien" treffen und würde sich die Einbeziehung als solche wiederum nach § 305 Abs. 2 BGB[229] richten.

Auch eine entsprechende Anwendung des § 305 Abs. 3 BGB kann nicht über den Wortlaut des § 305 Abs. 3 und § 305 Abs. 2 hinweghelfen, der eine klare Grenze in Hinblick auf das jeweilige Vertragsverhältnis (Plattformverhältnis) setzt.

Die Relativität der Schuldverhältnisse steht folglich einer Einbeziehung etwaiger Plattformnutzungsbedingungen im Marktverhältnis als AGB entgegen.

2. Vertrag zugunsten Dritter

Zur vergleichbaren Fragestellung in Zusammenhang mit Internet-Auktionen wird auch diskutiert, ob die Figur des Vertrages zugunsten Dritter (§§ 328 ff. BGB) in diesem Kontext geeignet ist, über die Schranken aus der Relativität der Schuldverhältnisse hinwegzuhelfen.[230]

Nach § 328 Abs. 1 BGB kann durch Vertrag eine Leistung an einen Dritten mit der Wirkung bedungen werden, dass der Dritte unmittelbar das Recht erwirbt, die Leistung zu fordern.[231] Bei dieser Leistung muss es sich um einen selbstständig einklagbaren Anspruch handeln.[232] Ein derartiges Leistungsversprechen spiegelt sich grundsätzlich jedoch nicht in der Vereinbarung von Nutzungsbedingungen wieder.[233] Solchen kommt mehr die Funktion einer allgemein-abstrakten „Marktordnung"[234] zu als die eines individuell-konkreten und einklagbaren Anspruchs im Marktverhältnis.

3. Vertrag mit Schutzwirkung zu Gunsten Dritter

Im Unterschied zu drittbegünstigenden Leistungen müssen bloße Schutzwirkungen nicht die Voraussetzungen eines selbständig einklagbaren Anspruchs erfüllen. Es lässt sich daher diskutieren, ob die Rechtsfigur des Vertrages mit Schutzwirkung zu Gunsten Dritter geeignet ist, Wirkungen der Plattformnutzungsbedingungen in das Marktverhältnis zu transferieren.[235]

Hierbei nähme eine der Parteien des Marktverhältnisses gegenüber der Crowdfunding-Plattform die Position des Gläubigers der über die Plattformnutzungsbedingungen begründeten Haupt- und Nebenleistungspflichten ein. In die vertraglichen

229 MüKoBGB/*Basedow*, 7. Aufl. 2016, § 305, Rn. 91.

230 Z. B. *Neubauer/Steinmetz m.w.N.*, in: *Hoeren/Sieber/Holznagel*, Teil 14, Rn. 27; *Meyer m.w.N.*, in: *Borges (Hrsg.)*, Internet-Auktion, § 3, S. 46 f.

231 Staudinger/*Klumpp* (2015), § 328, Rn. 97.

232 MüKoBGB/*Gottwald*, 7. Aufl. 2016, § 328, Rn. 21.

233 Vgl. (zur Internet-Auktion) *Meyer*, in: *Borges (Hrsg.)*, Internet-Auktion, § 3, S. 50.

234 *Spindler*, ZBB 2017, 129, 131; *Neubauer/Steinmetz*, in: *Hoeren/Sieber/Holznagel*, Teil 14, Rn. 27; *Meyer*, in: *Borges (Hrsg.)*, Internet-Auktion, § 3, S. 49.

235 Vgl. (zur Internet-Auktion): *Meyer*, in: *Borges (Hrsg.)*, Internet-Auktion, § 3, S. 42.

Schutz- und Rücksichtnahmepflichten dieses Vertragsverhältnisses wäre die andere Partei des Marktverhältnisses als Dritter einzubeziehen.

Dies ist mit der Rechtsfigur nicht in Einklang zu bringen.[236] Wie sich bereits aus der Begrifflichkeit „Vertrag mit Schutzwirkung zugunsten Dritter" ergibt, müsste es sich bei dem in das Vertragsverhältnis Einzubeziehenden um einen Dritten handeln. Folglich um ein Rechtssubjekt, welches jenseits des Vertragsverhältnisses steht. Zwar steht die einzubeziehende Partei grundsätzlich jenseits dieses Vertragsverhältnisses. Dies aber nur rein formal. Rein tatsächlich steht dieser Dritte im Rahmen des spiegelbildlichen Plattformverhältnisses in einem eigenständigen und vor allem inhaltsgleichen Vertragsverhältnis zum Schuldner. Vorliegend bestehen mehrere voneinander unabhängige Vertragsverhältnisse auf Grund derer die Parteien miteinander in Kontakt kommen. Hierbei ist es nicht Aufgabe der Rechtsfigur des Vertrages mit Schutzwirkung zu Gunsten Dritter diese einzelnen Vertragsverhältnisse aufzubrechen und „supravertragliche Gemeinschaftsverhältnisse [...] mit gesellschaftsähnlichen Treuepflichten"[237] zu begründen.

4. Rahmenvertrag (Angebot ad incertas personas)

Eine Einbeziehung der Plattformnutzungsbedingungen im Marktverhältnis wäre dann rechtssicher möglich, wenn sich die Parteien des Marktverhältnisses hierauf einigen. Dies insbesondere in Form eines Rahmenvertrages, der mit der Begründung des Plattformverhältnisses geschlossen wird, beispielsweise mit der Einwilligung in die Plattformnutzungsbedingungen bzw. bei Registrierung auf der Plattform.[238]

Hierzu müssten die Plattformnutzungsbedingungen eine Bestimmung enthalten, wonach diese in der jeweils geltenden Fassung auch im Marktverhältnis für alle derzeit und künftig auf der Plattform registrierten Nutzer gelten sollen. Eine derartige Klausel findet sich beispielsweise in den Plattformnutzungsbedingungen von Startnext oder Kickstarter.[239] Hiermit würde die sich registrierende Partei des Marktverhältnisses ein Angebot ad incertas personas abgeben, wobei die Crowdfunding-Plattform als Bote fungiert.[240] Ebenfalls im Zuge der Registrierung würde

---

236 A. A. zur vergleichbaren Diskussion i.Z.m. Internet-Auktionen *Meyer*, in: *Borges (Hrsg.)*, Internet-Auktion, § 3, S. 51 f.

237 Vgl. Staudinger/*Jagmann* (2009), § 328, Rn. 99 (zu der Konstellation mehrerer voneinander unabhängiger Vertragsverhältnisse von Schuldnern desselben Gläubigers).

238 Vgl. (zur Internet-Auktion) *Neubauer/Steinmetz*, in: *Hoeren/Sieber/Holznagel*, Teil 14, Rn. 30; *Meyer m.w.N.*, in: *Borges (Hrsg.)*, Internet-Auktion, § 3, S. 47 f.; *Burgard*, WM 2001, 2102, 2106.

239 So z.B. *Startnext* AGB § 1 Abs. 3 für den Fall, dass eine der Parteien im Marktverhältnis Unternehmer ist (Anl. 1); *Kickstarter* AGB § 4 Abs. 3 S. 2 (Fn. 152).

240 Vgl. (zur Internet-Auktion) *Neubauer/Steinmetz*, in: *Hoeren/Sieber/Holznagel*, Teil 14, Rn. 30.

die Annahme ad incertas personas im Hinblick auf einen solchen Rahmenvertrag erklärt.[241]

5. *Auslegungslösung*

Fehlt es an einer entsprechenden Klausel und wird daher kein Rahmenvertrag zwischen den Parteien des Marktverhältnisses mit dem Inhalt der Plattformnutzungsbedingungen begründet, so erfahren die Plattformnutzungsbedingungen keine unmittelbare Geltung im Marktverhältnis.

Wie auch bei der vergleichbaren Fragestellung in Zusammenhang mit Internet-Auktionen kommen diese allerdings als Auslegungsgrundlage (§§ 133, 157 BGB) für die Willenserklärungen der Nutzer in Betracht.[242]

Wie dort gehört auch bei einer Mitteleinwerbung durch Crowdfunding zum Empfängerhorizont der Parteien im Marktverhältnis, dass die andere Partei vor dem Hintergrund der Nutzungsbedingungen handelt.[243] Indem die Parteien des Marktverhältnisses nämlich bei ihrer Registrierung in bestimmte Plattformnutzungsbedingungen einwilligen, dürfen sie darauf vertrauen, dass die jeweils andere Partei ebenfalls in diese eingewilligt hat.

6. *Stellungnahme*

Beim plattformbasierten Crowdfunding müssen sich die Parteien des Marktverhältnisses auf einer Plattform registrieren und hierbei in die geltenden Plattformnutzungsbedingungen einwilligen. Beinhalten diese eine Klausel, wonach sie auch zwischen den Parteien des Marktverhältnisses gelten sollen, werden die Parteien des Marktverhältnisses rahmenvertraglich an sie gebunden. Fehlt eine solche Klausel, fungieren die Plattformnutzungsbedingungen dennoch als Auslegungsgrundlage.

Hierbei können weitreichende Parallelen zur entsprechenden Diskussion bei Internet-Auktionen gezogen werden. Dies jedoch nicht pauschal und ohne Prüfung des jeweiligen Einzelfalls. Besonderheiten können sich insbesondere daraus ergeben, dass im Zuge einer Crowdfunding-Runde (insbesondere bei der Fallgruppe zur Finanzierung von Einzelprojekten) typischerweise etwas Neues erschaffen werden soll und nicht einfach etwas bereits Vorhandenes bestellt wird.[244] Der Marktmechanismus und die Leistungsbeziehung zwischen den Parteien des Marktverhältnisses kann daher eine im Vergleich zur Internet-Auktion höhere Komplexität aufweisen.

241 Vgl. (zur Internet-Auktion) *Neubauer/Steinmetz*, in: *Hoeren/Sieber/Holznagel*, Teil 14, Rn. 30.

242 *Meyer*, in: *Borges (Hrsg.)*, Internet-Auktion, § 3, S. 57; *Härting*, Rn. 476, der insofern von einer „lückenfüllenden Funktion" spricht; *Leupold/Glossner*, Teil 2, Rn. 142 u. 147.

243 Vgl. (zur Internet-Auktion) *Meyer*, in: *Borges (Hrsg.)*, Internet-Auktion, § 3, S. 57.

244 Z. B. *Kickstarter* AGB § 4 Abs. 5 (Fn. 152).

Erstrebenswert erscheint daher eine rahmenvertragliche Einbeziehung. Nur so kann eine unmittelbare Geltung in Form einer verlässlichen Marktordnung erzielt werden, wodurch Auslegungsspielräume zu Lasten der Parteien vermieden werden.

C) Zustandekommen des Vertragsverhältnisses

I. Vertragsschluss

Der Vertrag kommt durch zwei aufeinander bezogene deckungsgleiche Willenserklärungen, Angebot und Annahme, gem. §§ 145 ff. BGB zustande.

Mit dem Anklicken einer Schaltfläche[245] auf der jeweiligen Crowdfunding-Seite gibt der Geldgeber eine Erklärung ab, die auf Teilhabe an der Crowdfunding-Runde gerichtet ist („Erklärung durch Mausklick“[246]).

Fraglich ist, welchen Erklärungswert dieser Klick hat. Dieser kann als auf einen Vertragsschluss gerichtete Annahme verstanden werden. Bereits die Freischaltung der Crowdfunding-Runde durch den Initiator müsste dann ein verbindliches Angebot darstellen, welches der Geldgeber durch Mausklick annimmt. Jedoch kann die Freischaltung der Crowdfunding-Runde auch lediglich die Eigenschaft einer invitatio ad offerendum haben, sodass der Geldgeber das relevante Angebot gegenüber dem Initiator abgäbe.

Welche der Parteien hierbei welche Erklärung abgibt, ist letztendlich anhand des konkreten Einzelfalls[247] zu beurteilen.

Hierbei geben auch einzelne Plattformnutzungsbedingungen vor, wie der Vertragsschluss erfolgen soll. Je nach Einzelfall können solche im Marktverhältnis gelten.[248] Neben der inhaltlichen Ausgestaltung des Vertragsverhältnisses können sie auch vorvertragliche Wirkungen enthalten, insbesondere im Hinblick auf den Vertragsschluss. Hierbei kann ihnen die Funktion einer Auslegungsgrundlage[249] oder eines Rahmenvertrages[250] zukommen. Manche Plattformbedingungen sehen beispielsweise vor, dass der Initiator mit der Freischaltung der Crowdfunding-Runde eine verbindliche Erklärung abgibt.[251] Nach anderen soll die Freischaltung der Crowdfunding-Runde hingegen lediglich eine invitatio ad offerendum sein.[252]

---

245 z.B. *Startnext* AGB § 6 Abs. 2 Nr. 2 (Anl. 1); *Seedmatch* AGB § 9.3 (Anl. 2).

246 *Borges*, § 6, S. 194.

247 *Borges*, § 6, S. 196.

248 Siehe oben § 6 B) II.

249 Siehe oben § 6 B) II. 5.

250 Siehe oben § 6 B) II. 4.

251 *Seedmatch* AGB § 9.2 (Anl. 2); *Kickstarter* AGB § 4 Abs. 2 S. 3 (Fn. 152): „Jeder Benutzer, der ein Projekt unterstützt, akzeptiert das Angebot des Projektgründers und stimmt jenem Vertrag zu.“

252 *Startnext* AGB § 6 Abs. 2 (Anl. 1).

1. *Verbindliche Erklärung durch Freischaltung der Crowdfunding-Runde*

Für die Unterbreitung eines verbindlichen Angebots ad incertas personas[253] bereits durch den Initiator kommt es darauf an, ob dieser im Zuge einer Auslegung nach §§ 133, 157 BGB bereits dahingehenden Rechtsbindungswillen[254] erkennen lässt.

Dies dürfte zumindest dann der Fall sein, wenn der Initiator im Zuge der vorbereitenden Strukturierung der Crowdfunding-Runde genau festlegt, wie er die von ihm angebotenen Leistungen auf die angestrebte Zielsumme oder eine hierüber hinausgehende Zielsumme aufteilt, in welcher Anzahl also eine jeweilige Leistungsstufe bedient werden soll. Somit steht eine bestimmte Anzahl bestimmter Leistungen zur Verfügung, denen auch ein bestimmter Geldbetrag zugewiesen ist und erfolgt eine Zuteilung dieser Leistungen auf Grundlage des Ordnungssystems „first come, first serve“[255]. Dabei dürfte es dem jeweiligen Initiator nur darauf ankommen, dass er entsprechende Verträge schließt, nicht aber mit wem. Wird die Anzahl der verfügbaren Leistungen auf der jeweiligen Crowdfunding-Seite angezeigt, so ist dies auch aus Sicht des objektiven Empfängerhorizonts erkennbar.

Das Angebot des Initiators geht hierbei jedem zu, der die jeweilige Crowdfunding-Seite öffnet[256] und ist nach § 148 BGB bis zum Ablauf des vordefinierten Zeitraumes[257] zur Mitteleinwerbung befristet.

Der Vertragsschluss erfolgt durch Annahme des vom Initiator gesetzten Angebots, durch Anklicken der auf Teilhabe an der Crowdfunding-Runde gerichteten Schaltfläche. Von einem Zugang der Annahmeerklärung ist spätestens bei Ablauf der Crowdfunding-Runde auszugehen, da der Initiator spätestens dann überprüfen dürfte, ob die von ihm initiierte Crowdfunding-Runde Erfolg hat.[258] Spätestens dann erhält er auch Kenntnis von den einzelnen Geldgebern, insbesondere deren Kontaktdaten, um diesen gegenüber die jeweils in Aussicht gestellte Leistung erbringen zu können.

2. *Invitatio ad offerendum*

Anders dürfte der Parteiwille des Initiators nur dann auszulegen sein, wenn zum Zeitpunkt der Freischaltung der Angebotsseite noch nicht feststünde, zu welcher Art und Anzahl von Leistungen sich dieser verpflichten will.

---

253 Vgl. *Biallaß*, in: *Borges (Hrsg.)*, Internet-Auktion, § 2, S. 24.
254 Vgl. *Leupold/Glossner*, Teil 2, Rn. 42.
255 Begrifflichkeit nach *Weitnauer/Parzinger*, GWR 2013, 153, 155 (zur Fallgruppe des Crowdfunding zur Unternehmensfinanzierung). Mit dem gleichen Aussagegehalt aber anderer Begrifflichkeit: „Windhundverfahren“ (*Beck*, S. 13).
256 Vgl. (zur Internet-Auktion) *Biallaß*, in: *Borges (Hrsg.)*, Internet-Auktion, § 2, S. 30.
257 Siehe oben § 4 B) I. 1.
258 Vgl. (zur Internet-Auktion) *Biallaß*, in: *Borges (Hrsg.)*, Internet-Auktion, § 2, S. 30.

Dies wäre beispielsweise dann der Fall, wenn das Funding nicht bei Erreichen der vordefinierten Zielsumme enden soll, sondern erst, wenn der vorab definierte Zeitraum zur Mitteleinwerbung abgelaufen ist[259] und/oder im Vorfeld auch keine Obergrenze bestimmt wurde, in welcher Anzahl eine bestimmte Leistungsstufe bedient werden soll. Um den Initiator davor zu schützen, auch jenseits seiner Leistungsfähigkeit mit einer unbestimmten Anzahl von Parteien kontrahieren zu müssen, wäre nur in einem solchen Fall von einer invitatio ad offerendum auszugehen. Geht aus der Crowdfunding-Seite nicht hervor, ob es eine entsprechende Obergrenze der jeweils in Aussicht gestellten Leistung gibt, so ist auch aus Sicht des objektiven Empfängerhorizonts erkennbar, dass ein gewisses Risiko hinsichtlich der Erfüllbarkeit besteht. Besonders deutlich tritt dieses zu Tage, wenn Leistungen in Aussicht gestellt werden, die nicht den Charakter eines Massengeschäfts haben, wie zum Beispiel eine Einladung zu einem Essen oder zu einer Premieren-Feier.[260]

Ein auf den Vertragsschluss gerichtetes Angebot würde folglich vom Geldgeber durch Anklicken der auf Teilhabe an der Crowdfunding-Runde gerichteten Schaltfläche abgegeben. Der Vertrag zwischen den Parteien des Marktverhältnisses käme erst zu Stande, wenn der Initiator im Rahmen seiner individuellen Leistungsfähigkeit eine hierauf gerichtete Annahmeerklärung abgibt. Nach den Umständen des Einzelfalls kann eine solche nach § 151 BGB entbehrlich sein oder auch konkludent erfolgen. Dies beispielsweise, indem der Initiator den zugesagten Geldbetrag vereinnahmt.

II. Bedingung

Charakteristisch für eine Mitteleinwerbung durch Crowdfunding ist, dass es erst und nur dann zu einem endgültigen Austausch von Leistungen kommen soll, wenn innerhalb eines vorab definierten Zeitraums (mindestens) die vorab definierte Zielsumme eingeworben werden kann.[261]

Die erfolgreiche Einwerbung der Zielsumme stellt folglich ein künftiges ungewisses Ereignis, eine Bedingung gemäß § 158 BGB, dar und ist als solche Voraussetzung für den Bestand des Vertragsverhältnisses zwischen Geldgeber und Initiator.

Hierbei kann es sich um eine aufschiebenden Bedingung (§ 158 Abs. 1 BGB) handeln, wonach das Vertragsverhältnis erst entsteht, wenn die Zielsumme erfolgreich eingeworben ist. Möglich ist auch eine auflösende Bedingung (§ 158 Abs. 2 BGB), wonach das Vertragsverhältnis sofort entsteht, bei Nichterreichen der Zielsumme jedoch wieder erlischt. Um welche Art Bedingung es sich handelt, ist eine nach den Umständen des Einzelfalls zu beurteilende Frage der Auslegung.[262]

259 Siehe oben § 4 B) I. 2.
260 Siehe unten § 7 C) I. 2. a).
261 Siehe oben § 4 A) I.
262 Staudinger/*Bork m.w.N.* (2015), § 158, Rn. 5.

Auch ist einzelnen Plattformnutzungsbedingungen zu entnehmen, wie der Vertragsschluss erfolgen soll und kann solchen die Funktion einer Auslegungsgrundlage[263] oder eines Rahmenvertrages[264] zukommen. So sehen beispielswiese die AGB der Plattform Startnext einen aufschiebend bedingten Vertragsschluss vor.[265]

Äußern sich etwaige Plattformnutzungsbedingungen hierzu nicht, beziehungsweise entfalten solche keine Wirkung im Marktverhältnis, so ist auf die Umstände des Einzelfalls abzustellen. Eine Auslegung des Parteiwillens nach §§ 133, 157 BGB deutet hierbei auf ein aufschiebend bedingtes Vertragsverhältnis nach § 158 Abs. 1 BGB hin. Es ist davon auszugehen, dass sich die Parteien erst dann vertraglich verpflichten wollen, wenn die anvisierte Zielsumme tatsächlich erreicht ist und damit die Crowdfunding-Runde erfolgreich abgeschlossen wurde.

Erbringt hierbei der Geldgeber die zugesagte Geldleistung im Einverständnis mit dem Initiator noch vor Bedingungseintritt, so hat diese Leistung keinerlei Erfüllungswirkung, da Erfüllung noch nicht geschuldet war. Fällt die Bedingung daher nach Erbringung dieser Leistung aus, weil die Zielsumme nicht erfolgreich eingeworben werden kann, so könnte eine solche Leistung nach § 812 BGB kondiziert werden.[266]

Es ist daher von einem aufschiebend bedingten Vertragsverhältnis auszugehen, wobei die Bedingung auf das Erreichen der Zielsumme lautet.[267]

Handelt es sich bei der Freischaltung um eine invitatio ad offerendum, so steht der Vertragsschluss auch dort unter einer aufschiebenden Bedingung, wenn die Annahmeerklärung des Initiators vor Erreichen der Zielsumme abgegeben wird.

---

263 Siehe oben § 6 B) II. 5.

264 Siehe oben § 6 B) II. 4.

265 AGB *Startnext*, § 6 Abs. 3 (Anl. 1).

266 MüKoBGB/*Westermann*, 7. Aufl. 2015, § 158, Rn. 40.

267 A. A. für die Fallgruppe des Crowdfunding zur Unternehmensfinanzierung (auflösende Bedingung) *Kunz*, in: *Bräutigam/Rücker*, 12. Teil, Rn. 72.

§ 7 Crowdfunding zur Finanzierung von Einzelprojekten

Kennzeichnend für die Fallgruppe des Crowdfunding zur Finanzierung von Einzelprojekten ist, dass es sich beim Finanzierungsvorhaben um ein in sich abgeschlossenes Vorhaben, ein Einzelprojekt, handelt. Der Gegenstand auf den sich die Mitteleinwerbung bezieht, für dessen Realisierung also die Mittel verwendet werden, wird in der folgenden Ausarbeitung als Projektgegenstand bezeichnet. Im einleitenden Fallbeispiel 1[268] diente das Crowdfunding beispielsweise der Produktion eines Bildbandes. Der Projektgegenstand war folglich ein Bildband. Im einleitenden Fallbeispiel 2[269] war Projektgegenstand die Versorgung bedürftiger Kinder und Jugendlicher mit einem warmen Mittagstisch.

In der Regel werden den Geldgebern hierbei für ihre Teilhabe an der Crowdfunding-Runde Leistungen in Aussicht gestellt, was aber nicht zwingend der Fall sein muss. Solche können, ausgehend von den bisher vorzufindenden Varianten, den Charakter einer dankenden Anerkennung, einer Vorbestellung oder einer Erlösbeteiligung haben oder als Mischformen aus diesen Varianten auftreten (Abb. 2). Eine Rückzahlung der Gelder erfolgt typischerweise nicht.[270]

(Abb. 2)

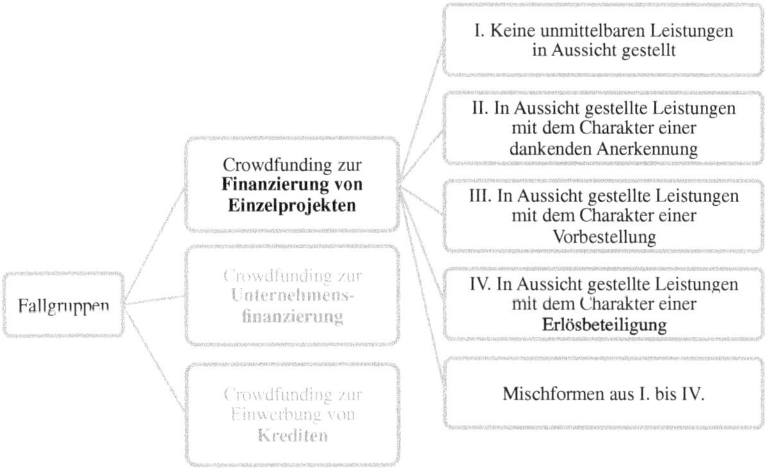

268 Siehe oben § 1 A).
269 Siehe oben § 1 A).
270 Die Bereitschaft der Geldgeber, (dennoch) an einer Crowdfunding-Runde teilzuhaben, lässt sich vornehmlich auf ideelle Motive stützen (siehe oben § 5 C) II).

A) Übergeordnete Charakteristika der Leistungsbeziehung

I. Kein Zusammenwirken als Personengesellschaft

Der Umstand, dass sich eine Vielzahl von Geldgebern zur Finanzierung eines bestimmten Vorhabens zusammenfindet, könnte sich als (Personen-)Gesellschaft darstellen, wobei die in Aussicht gestellte Leistung dann als Beteiligung am Gesellschaftserfolg zu charakterisieren wäre.

Zwar können Personengesellschaften auch konkludent[271] begründet werden und dies sogar unter einer aufschiebenden Bedingung.[272] Folglich schließen weder der Umstand, dass typischerweise eine große Anzahl von sich gegenseitig weitestgehend unbekannten Geldgebern zusammenwirken noch der typischerweise unter einer Bedingung stehende Leistungsaustausch aus, Geldgeber und Initiator als zu einer Personengesellschaft gehörig zu charakterisieren.

Jedoch genügt die typische Einbindung der Geldgeber nicht, um die essentialia eines konkludent geschlossenen Gesellschaftsvertrags zu erfüllen. Wie bereits der Wortlaut des § 705 BGB deutlich macht, gehören hierzu neben einer gemeinsamen Zweckverfolgung auch entsprechende Förderpflichten.

Gegenstand eines Gesellschaftsvertrags kann jeder erlaubte Zweck sein, so grundsätzlich auch die gemeinsame Finanzierung eines bestimmten Projekts.[273] Ob im Zuge einer typischen Crowdfunding-Runde ein Gesellschaftszweck begründet wird, muss jedoch nicht entschieden werden. Jedenfalls dürfte es nämlich an der Verwirklichung entsprechender Förderpflichten fehlen.

Solche müssten dauernder Natur sein, solange der gemeinsame Zweck verfolgt wird. Hingegen handelt es sich lediglich um ein einmaliges Austauschverhältnis, wenn sich die vertragliche Verpflichtung in einer einmaligen Beitragspflicht erschöpft.[274] Nicht mehr aber tragen die Geldgeber zur Realisierung des jeweiligen Projekts bei. Neben ihrer Geldleistung können sie in der Regel keinerlei Einfluss auf die Umsetzung des jeweiligen Projekts nehmen.[275] Ein gesellschafterliches Zusammenwirken ist demnach nicht gegeben.[276]

---

271 Bamberger/Roth/*Schöne*, § 705, Rn. 19 (für die GbR). MüKoHGB/*K. Schmidt*, § 105, Rn. 30; *Koller*, in: *Koller/Roth/Morck*, § 105, Rn. 5 (für die OHG). MüKoHGB/*Grunewald* § 161, Rn. 22; *Koller*, in: *Koller/Roth/Morck*, § 161, Rn. 5 i.V.m. § 105, Rn. 5 (für die KG).

272 Bamberger/Roth/*Schöne*, § 705, Rn. 19.

273 Vgl. *Ballerstedt*, JuS 1963, 253, 254; *Böhmer*, JZ 1994, 982, 983; MüKoBGB/*Schäfer*, 7. Aufl. 2017, 705, Rn. 144.

274 MüKoBGB/*Schäfer*, 7. Aufl. 2017, 705, Rn. 153.

275 Siehe oben § 4 A) II.

276 So im Ergebnis wohl auch *Witte*, ITRB 2012, 130, 132.

Obwohl den Geldgebern gemein ist, dass sie durch ihre Teilhabe an der Crowdfunding-Runde dem Projektgegenstand zur Entstehung verhelfen (wollen), genügt dieser „überindividuelle Zweck“[277] noch nicht für eine gesellschafterliche Beziehung.

II. Keine Teilhabe als stiller Gesellschafter

Im Unterschied zur Zweckförderung im Sinne des § 705 BGB kann bei einer stillen Gesellschaft die Förderung des gemeinsamen Gesellschaftszwecks bereits mit der einmaligen Leistung einer vertragsmäßig geschuldeten Einlage erfüllt sein.[278] Die Leistungsbeziehung zwischen Geldgeber und Initiator könnte daher auf dem Rechtsverhältnis einer stillen Gesellschaft nach §§ 230 ff. BGB fußen.

Der Vertrag über eine stille Beteiligung kann grundsätzlich formfrei[279] geschlossen werden. Ihre prinzipielle Eignung für eine Finanzierung durch Crowdfunding ergibt sich aus ihrer Rechtsnatur als Innengesellschaft. Nach § 230 Abs. 2 HGB wird aus den im Betrieb geschlossenen Geschäften nämlich nur der Inhaber der finanzierten Gesellschaft alleine berechtigt und verpflichtet. Eine etwaige (Mit-)Verpflichtung der Gesellschafter als Gesamtschuldner, wie im Bereich der Personengesellschaft gibt es nicht.[280]

Nach § 230 Abs. 1 HGB ist stiller Gesellschafter, wer sich am Handelsgewerbe eines anderen mit einer Vermögenseinlage beteiligt. Unterstellt, der Initiator eines Finanzierungsvorhabens ist Inhaber eines Handelsgewerbes, ist dennoch zu klären, ob das Konstrukt der stillen Gesellschaft vorliegend dem Wesen nach einschlägig sein kann.

Zur Einordnung der Rechtsbeziehung ist es hilfreich auf eine mögliche Definition der stillen Gesellschaft abzustellen. Eine stille Gesellschaft soll vorliegen, wenn „zwischen einem kaufmännischen Rechtsträger (das HGB sagt: Inhaber des Handelsgeschäfts) und einem Anderen (stillen Gesellschafter) zur Errichtung eines gemeinsamen Zwecks ein Gesellschaftsvertrag geschlossen worden [ist], kraft dessen der andere ohne Bildung eines Gesellschaftsvermögens mit einer Einlage am kaufmännischen Unternehmen (das HGB sagt: Handelsgewerbe) beteiligt ist und eine Gewinnbeteiligung erhält“[281].

Nach § 230 Abs. 1 HGB ist die Beteiligung an einem Handelsgewerbe erforderlich. Die finanzielle Teilhabe an einem bestimmten Projekt könnte hierbei zugleich als stille Beteiligung am Projektträger, einem etwaigen Handelsgewerbe, verstanden

---

277 Begriff nach *Schaub*, S. 6, die hierunter eine „Charakterisierung solcher Rechtsgeschäfte, bei denen die Beteiligten nicht oder nicht ausschließlich egoistische (»individuelle«), sondern auch oder sogar vorrangig darüber hinausgehende (»überindividuelle«) Ziele verfolgen“, zusammenfasst.

278 *Blaurock*, § 7, Rn. 7.6 f. und Rn. 7.10.

279 Baumbach/Hopt/*Hopt*, § 230, Rn. 10.

280 Vgl. *Blaurock*, § 5, Rn. 5.8.

281 MüKoHGB/*K. Schmidt*, § 230, Rn. 2.

werden. Dies, wenn nämlich durch die erfolgreiche Umsetzung des Projekts auch der Projektträger gefördert würde.

Jedoch sind die Ebenen Projekt und Projektträger voneinander abzugrenzen: Das Crowdfunding dient in der hier untersuchten Fallgruppe der Finanzierung eines bestimmten in sich abgeschlossenen Vorhabens. Lediglich in dieses bringt sich der Geldgeber ein. Die im Sinne der §§ 230 ff. HGB beabsichtigte Förderung müsste jedoch an ein von einem anderen betriebenes Handelsgewerbe oder jedenfalls einen selbständigen Geschäftszweig eines solchen Handelsgewerbes geknüpft sein.[282] Keine Förderung im Sinne eines stillen Gesellschafters liegt jedoch vor, wenn sich der Geldgeber lediglich in ein in sich abgeschlossenes und daher auch zeitlich befristetes Einzelprojekt einbringt.

Dass es sich bei der stillen Gesellschaft um ein Gemeinschaftsverhältnis und nicht nur um ein „einfaches" Austauschverhältnis handelt, zeigt sich auch darin, dass selbst beim Fehlen jeder anderen gemeinschaftlichen Organisationsstruktur zumindest gewisse gesellschaftsrechtliche Kontroll- und Informationsrechte des stillen Gesellschafters gegeben sind (§ 233 HGB) und seine Beteiligung am Geschäftsgewinn nicht abbedungen werden kann (§ 231 Abs. 2 Hs. 2 HGB).[283] Gerade hieran aber fehlt es den Geldgebern im Zuge einer typischen Crowdfunding-Runde in der Fallgruppe der Finanzierung von Einzelprojekten.

Aufgrund der typischen Strukturierung der Leistungsbeziehung fehlt es daneben auch an weiteren konstitutiven Merkmalen einer stillen Gesellschaft: So sieht beispielsweise § 232 Abs. 2 Hs. 2 HGB eine Beteiligung am Geschäftsgewinn vor. Bei den hier in Rede stehenden Leistungen handelt es sich jedoch nur um einmalige oder auf einen bestimmten Umfang[284] begrenzte Leistungen, die auch und vor allem keinerlei Bezug zu einem etwaigen Geschäftsgewinn haben. Weiter genießt der Geldgeber beispielsweise auch keinen Anspruch auf Auseinandersetzung (§ 235 Abs. 1 HGB) bzw. Rückzahlung seiner Geldleistung.

Die Leistungsbeziehung zwischen Geldgeber und Initiator gründet sich folglich nicht auf eine stille Beteiligung.[285]

III. Keine darlehensvertragliche Beziehung

Da sich die Parteien nicht im Sinne einer gesellschafterlichen Zweckförderung zusammenschließen, könnte die Vertragsbeziehung ein einfaches schuldrechtliches Austauschgeschäft in Form eines Darlehensvertrags nach § 488 BGB sein.

---

282 *Gehrlein*, in: *Ebenroth/Boujong/Joost/Strohn*, HGB § 230, Rn. 5; Oetker/*Wedemann* HGB § 230, Rn. 23; *Kindler*, in: *Koller/Kindler/Roth/Morck*, § 230, Rn. 4 u. 7.

283 *Blaurock*, § 4, Rn. 4.9.

284 Z. B. auf einen bestimmten Zeitraum und/oder eine bestimmte Höhe begrenzte Erlösbeteiligungen, wie sie im Bereich der Filmfinanzierung vorzufinden sind.

285 So auch *Rauda*, S. 292, Rn. 829; a. A. *Bareiß*, in: ZUM 2012, 456, 462 (für den Fall, dass Leistungen mit dem Charakter einer Erlösbeteiligung in Aussicht gestellt werden).

Dem Wortlaut des § 488 Abs. 1 S. 2 BGB ist zu entnehmen, dass der Darlehensnehmer zur Rückzahlung des zur Verfügung gestellten Darlehens verpflichtet ist. Bei der hier untersuchten Fallgruppe wird für den Fall, dass das Crowdfunding Erfolg hatte, eine Rückzahlung aber gerade nicht vereinbart.[286] Vielmehr soll der geleistete Geldbetrag dauerhaft auf Seite des Initiators verbleiben.[287]

Zwar ist zumindest anzudenken, die vom Initiator geschuldeten Leistungen als atypische Gegenleistungen eines Darlehensvertrags zu charakterisieren. Eine derartige Interpretation würde jedoch das Wesen des Darlehensvertrags überstrapazieren. Bereits die Vorgängernorm des heutigen § 488 BGB, § 607 a.F. BGB, nach der „dem Darleiher das Empfangene in Sachen von gleicher Art, Güte und Menge zurückzuerstatten" sei, macht deutlich, dass die betragsmäßige Rückzahlung der Darlehensvaluta zwingende Voraussetzung des Darlehensvertrags ist.[288] Bildlich gesprochen wäre also deren „Rückgabe"[289] erforderlich, da die Geldsumme nur zur „zeitweiligen Nutzung"[290] überlassen würde. Die vertragliche Beziehung zwischen Geldgeber und Initiator kann daher nicht als Darlehensvertrag eingestuft werden.[291]

B) Keine unmittelbare Leistung in Aussicht gestellt

Grundsätzlich kann der Geldgeber zu einer finanziellen Teilhabe veranlasst werden, ohne dass eine individuelle Leistung zu seinen Gunsten in Aussicht gestellt würde.

I. Crowdfunding zu Spendenzwecken

Crowdfunding wird vereinzelt mit einem gewissen Spendencharakter[292] assoziiert. Dies dürfte vorrangig dann der Fall sein, wenn die eingeworbenen Mittel an eine begünstigte Institution im gemeinnützigen, mildtätigen oder kirchlichen Bereich fließen und daher zu Spendenzwecken geleistet werden. Gemeint ist hiermit die endgültige Verwendung der eingeworbenen Mittel für gemeinnützige, mildtätige und kirchliche Zwecke i.S.d. §§ 52–54 AO.[293]

---

286 *Beck*, S. 20; *Rauda*, S. 292, Rn. 829.

287 Vgl. *Hemer/Schneider/Dornbusch/Frey*, S. 24 f., insb. Pkt. 4.5.1 und Pkt. 4.5.2; *Koch*, S. 64. Konkret zur Variante Erlösbeteiligung: *Jansen/Pfeifle*, ZIP 2012, 1842, 1845.

288 MüKoBGB/*Berger*, 7. Aufl. 2016, § 488, Rn. 42; Staudinger/*Freitag* (2015), § 488, Rn. 23.

289 Begriff nach *Mülbert*, AcP 192, 447, 463; vgl. auch *Coester-Waltjen*, JURA 2002, 675, 675, die von der Zurückübertragung eines gleichartigen Gegenstandes spricht.

290 Terminologie nach *Larenz*, Schuldrecht II/1, S. 296.

291 So auch *Leuering/Rubner*, NJW-Spezial 2012, 463, 463.

292 Z. B. „Klingelbeutel im Netz" (*Lüke*, WiWo 10/2011, D24); „Geld einsammeln für Dinge die kostenlos sind" (*Warner*, S. 16).

293 Vgl. *Volkmann/Wittke*, BB 2010, 859, 864.

Im einleitenden Fallbeispiel 2[294] diente das Crowdfunding beispielsweise dem Wirken einer gemeinnützigen Organisation auf dem Gebiet der christlichen Kinder- und Jugendsozialarbeit.

1. *Initiator als Begünstigter im Sinne des Spendenzwecks*

a) Schenkung

Ist der Initiator zugleich Begünstigter im Sinne des Spendenzwecks, lässt sich die einseitige Leistung des Geldgebers im Verhältnis zum Initiator als Schenkung nach § 516 Abs. 1 BGB charakterisieren. Die vertragstypologische Einordnung entspricht hierbei derjenigen bei der Einwerbung von Spendengeldern.[295]

Eine derartige Konstellation findet sich zumeist dann, wenn eine gemeinnützige oder mildtätige Zwecke verfolgende juristische Person (Spenden-)Gelder zur Förderung ihres satzungsmäßigen Zwecks einsammelt. Dabei handelt es sich in der Regel um gemeinnützige eingetragene Vereine oder Stiftungen.

Solange der Initiator Begünstigter im Sinne des Spendenzwecks ist, kann es dahinstehen ob die Zuwendung bei diesem verbleibt oder dem Zweck entsprechend eingesetzt wird. Auch dann verbleibt es beim Zuwendungsempfänger bei einer schenkweisen Bereicherung, die sich in einer Förderung des Satzungszwecks konkretisiert, da die juristische Person nicht von ihrem Satzungszweck getrennt werden kann und die Mittel damit stets für sich selbst verwendet.[296]

Das Formerfordernis des § 518 Abs. 1 BGB wird hierbei nach § 518 Abs. 2 BGB durch den sofortigen Vollzug der Schenkung geheilt (Handschenkung).

b) Absicherung des Interesses an der Realisierung des Projektgegenstandes

Unter Berücksichtigung des Interesses des Geldgebers an der zweckgebundenen Verwendung der Gelder ist von einer Schenkung unter Auflage (§ 525 BGB) auszugehen. Die Auflage ist Nebenabrede[297] zur Schenkung. Über sie wird das Interesse des Geldgebers abgesichert, dass die eingeworbenen Gelder zu Gunsten des im Rahmen der Crowdfunding-Runde beworbenen Zwecks verwendet werden.[298]

Gegenstand der Auflage kann jedes Tun oder Unterlassen i.S.d. § 241 BGB sein.[299] Folglich ist auch die zweckgebundene Verwendung der eingeworbenen Gelder geeignet Auflage i.S.d. § 525 BGB zu sein.

---

294 Siehe oben § 1 A).

295 Vgl. *Rawert*, NJW 2002, 3151, 3152; *Salje*, NJW 1985, 998, 998.

296 Staudinger/*Wimmer-Leonhardt* (2005), § 516, Rn. 29; MüKoBGB/*Koch*, 7. Aufl. 2016, § 516, Rn. 12 und § 525, Rn. 5; a. A. Staudinger/*Chiusi* (2013), § 516, Rn. 31.

297 Staudinger/*Chiusi* (2013), § 525, Rn. 4; MüKoBGB/*Koch*, 7. Aufl. 2016, § 525, Rn. 1.

298 Vgl. *Schaub*, S. 534, 673.

299 Staudinger/*Chiusi* (2013), § 525, Rn. 4.

Eine sog. Zweckschenkung erscheint hingegen nicht interessengerecht, da es bei einer solchen an einer einklagbaren Pflicht[300] im Hinblick auf die zweckgebundene Verwendung der Gelder fehlen würde. Im Zuge einer typischen Crowdfunding-Runde wird fortwährend der konkrete Zweck der Mitteleinwerbung beworben[301] und wird durch diesen auch eine besondere Motivationslage[302] auf die Geldgeber ausgeübt. Die zweckgebundene Verwendung der Mittel liegt folglich nicht nur im Interesse des Beschenkten. Vielmehr ist auch ein gewichtiges dahingehendes Interesse des Geldgebers als Schenker erkennbar, das für eine Auflagenschenkung spricht.[303]

Über die Auflagenschenkung wird hierbei die Motivationslage der Parteien treffend abgebildet, nämlich: „das Interesse des Beschenkten, die Zuwendung zu erhalten und die Interessen des Schenkers, seine freigebige Motivation gegenüber dem Beschenkten auszudrücken und den Beschenkten zugleich zu einer Leistung zu verpflichten."[304] Die Auflage kann hierbei auch Hauptmotiv der Zuwendung sein.[305] Gerade dies dürfte bei der Mitteleinwerbung durch Crowdfunding oftmals der Fall sein, da Geldgeber typischerweise erst durch die Crowdfunding-Runde als solche, zu Gunsten des mit der Crowdfunding-Runde verfolgten Zwecks, zur Geldleistung motiviert[306] werden.

Nach § 527 BGB kommt dem Geldgeber ein Rücktrittsrecht zu, wenn die Auflage nicht vollzogen wird, die Gelder also nicht zu Gunsten des Projektgegenstandes verwendet werden. Der Anspruch des § 527 BGB ist hierbei nicht nach Abs. 2 ausgeschlossen, weil typischerweise mehrere Geldgeber berechtigt sind, die Vollziehung der Auflage zu verlangen. Bei dieser handelt es sich jeweils um eine eigene Auflage im jeweiligen Marktverhältnis zwischen Geldgeber und Initiator und nicht um eine einzelne und isoliert zu betrachtende Auflage i.S.d. Abs. 2.

2. *Auseinanderfallen von Initiator und Begünstigtem*

Eine Differenzierung ist vorzunehmen, wenn Initiator und Begünstigter im Sinne des Spendenzwecks auseinanderfallen. Dies ist der Fall, wenn es sich bei dem Begünstigten um eine weitere Partei handelt, zu deren Gunsten der Initiator das Crowdfunding veranlasst. Charakteristisch hierfür ist, dass vereinnahmte Gelder dann nicht beim Initiator bzw. einem vom Begünstigten zu unterscheidenden Zahlungsempfänger verbleiben sollen.

---

300 Staudinger/*Chiusi* (2013), § 525, Rn. 45.

301 Siehe oben § 4 A) VI.

302 Siehe oben § 5 C) II.

303 Vgl. zum Abgrenzungskriterium Staudinger/*Chiusi* (2013), § 525, Rn. 46.

304 Staudinger/*Chiusi* (2013), § 525, Rn. 8.

305 MüKoBGB/*Koch m.w.N.*, 7. Aufl. 2016, § 525, Rn. 1.

306 Siehe oben § 5 C) II.

a) *Bedeutung des Erklärungsinhalts des Initiators*

Fallen Initiator und Begünstigter auseinander, kommt es (im Unterschied zu einer typischen Crowdfunding-Runde[307]) nicht zwingend zu einem Leistungsaustausch zwischen Geldgeber und Initiator. Dies ist der Fall, wenn der Initiator keinen Zugriff auf die eingesammelten Gelder erhält, weil diese beispielsweise bei der Crowdfunding-Plattform[308] bzw. einem Zahlungsdienstleister[309] gesammelt und direkt an den Begünstigten weitergeleitet werden.

Auch wird, im Unterschied zu einer typischen Crowdfunding-Runde, das Leistungsgeflecht hier noch um eine weitere Partei in Form des Begünstigten ergänzt. Im Rahmen der Crowdfunding-Runde setzt der Initiator folglich nur die äußere Ursache für die Einwerbung von (Spenden-)Geldern und wirkt damit kausal für die Leistungsbeziehung zwischen Geldgeber und Begünstigtem.

Für diese besondere Konstellation gilt es zu klären, welche rechtliche Bedeutung der Erklärungsinhalt des Initiators auf die Leistungsbeziehung zwischen Geldgeber und Begünstigtem hat. Typisch hierfür sind Spendenaufrufe, die an ein bestimmtes Vorhaben des Initiators anknüpfen, wie beispielsweise einen Marathon-Lauf oder an einen bestimmten Anlass, wie beispielsweise einen Geburtstag.[310]

Festzustellen ist jedenfalls, dass sich dieser Erklärungsinhalt nicht als Auflage i.S.d. § 525 BGB einordnen lässt. Hierzu müsste der Erklärungsinhalt nämlich den Empfänger der Leistung betreffen, nicht aber eine außerhalb des Leistungsverhältnisses stehende Person, wie den Initiator.[311] Dies spricht auch gegen eine Einordnung als Leistungszweck i.S.d. § 812 Abs. 1 S. 2 Alt. 2 BGB.

Es verbleibt mithin die Möglichkeit, den vom Initiator gesetzten Erklärungsinhalt als Bedingung i.S.d. § 158 BGB oder als Geschäftsgrundlage i.S.d. § 313 BGB zu interpretieren.[312] Hierzu ist der Parteiwille des Geldgebers auszulegen, sein „Motivationsprozess"[313] hin zur Geldleistung.

Eine Bedingung i.S.d. § 158 BGB läge demnach vor, wenn ernsthafte Zweifel am Bedingungseintritt bestehen.[314] Hierzu müsste „das künftige Ereignis sowohl objektiv als auch nach der Vorstellung des Erklärenden ungewiss"[315] sein. Von einer

307 Siehe oben § 4.
308 So ausnahmsweise bei der Plattform *betterplace* im Bereich des Crowdfunding zu Spendenzwecken, die insofern als steuerlich anerkannte Förderkörperschaft fungiert, siehe *betterplace* AGB §§ 1, 8.2 u. 8.3 (Anl. 3).
309 Siehe oben § 4 B) III.
310 So z. B. *betterplace* AGB § 8.2.5 (Anl. 3).
311 Vgl. MüKoBGB/*Westermann*, 7. Aufl. 2015, § 158, Rn. 58.
312 Vgl. Staudinger/*Bork* (2015), Vor 158 ff., Rn. 11; MüKoBGB/*Westermann*, 7. Aufl. 2015, § 158, Rn. 50 f.; Soergel/*Wolf*, Vor 158, Rn. 14 und 15.
313 Begriff nach MüKoBGB/*Westermann*, 7. Aufl. 2015, § 158, Rn. 50 und 51.
314 Nach MüKoBGB/*Westermann*, 7. Aufl. 2015, § 158, Rn. 50.
315 MüKoBGB/*Westermann*, 7. Aufl. 2015, § 158, Rn. 10.

Geschäftsgrundlage wäre hingegen auszugehen, wenn eine als gegeben erachtete Tatsachenlage zur Motivationsgrundlage der Leistung gemacht wird.[316]

Hierbei erscheint eine Bedingung bereits dem Wesen nach ungeeignet, da nichts darauf hindeutet, dass die endgültige Wirksamkeit oder spätere Unwirksamkeit des Geschäfts geregelt werden solle.[317] Auch darf vermutet werden, dass sich Geldgeber dann nicht auf die Teilhabe an einer Crowdfunding-Runde einließen, wenn das zur Einwerbung von Geldern instrumentalisierte künftige Ereignis, mit dem die Geldgeber ideell motiviert werden sollen (z. B. Marathon-Lauf oder Geburtstag), von vornherein ungewiss wäre.

Es ist daher davon auszugehen, dass der Erklärungsinhalt des Initiators in der hier untersuchten Konstellation Motivationsgrundlage für die Leistung des Geldgebers ist und diesem somit die Wirkung einer Geschäftsgrundlage nach § 313 BGB zukommt.

b) Zahlungsempfänger Partei im Sinne des Spendenzwecks

Handelt es sich bei dem Zahlungsempfänger um eine Juristische Person, die die vereinnahmten Gelder im Rahmen ihres Satzungszwecks an Dritte weiterleitet, verhält es sich nicht anders, als würde an die Juristische Person als Begünstigte im Sinne des Spendenzwecks geleistet.[318] Da die juristische Person nicht von ihrem Zweck zu trennen ist, verwendet sie alles, was diesem Zweck gewidmet ist letztendlich für sich.[319] Folglich handelt es sich auch dann im Verhältnis von Geldgeber zu Zahlungsempfänger um eine Schenkung (unter Auflage), wenn vereinnahmte Gelder zweckgerichtet an begünstigte Dritte weitergeleitet werden.[320]

Eine derartige Konstellation liegt beispielsweise vor, wenn es sich beim Zahlungsempfänger um eine Crowdfunding-Plattform handelt, die im Sinne des deutschen Steuerrechts als Förderkörperschaft anerkannt ist.[321]

Eine Schenkung mit Auflage liegt auch vor, wenn Gelder unmittelbar vom Begünstigten vereinnahmt werden, Begünstigter und Zahlungsempfänger also zusammenfallen.[322] Diese Konstellation verhält sich parallel zu der unter § 7 B) I. 1. diskutierten.

c) Zahlungsempfänger nicht Partei im Sinne des Spendenzwecks

Handelt es sich beim Zahlungsempfänger nicht um eine juristische Person, der die vereinnahmten Gelder im Sinne eines mit dem Spendenzweck korrelierenden Satzungszwecks zufließen könnten (z. B. eine natürliche Person), liegt im Verhältnis

---

316 Nach MüKoBGB/*Westermann*, 7. Aufl. 2015, § 158, Rn. 50 und 51.
317 Vgl. MüKoBGB/*Westermann*, 7. Aufl. 2015, § 158, Rn. 11.
318 Siehe oben § 7 B) I. 1.
319 *Rawert*, NJW 2002, 3151, 3152.
320 Vgl. MüKoBGB/*Koch*, 7. Aufl. 2016, § 516, Rn. 12.
321 Siehe oben § 7 B) I. 1. (Fn. 308).
322 Siehe oben § 7 B) I. 1.

des Geldgebers zum Zahlungsempfänger keine Schenkung vor.[323] In diesem Falle werden die vereinnahmten Gelder nur vorübergehend beim Zahlungsempfänger gesammelt, bevor sie vollständig an den Begünstigten weitergeleitet werden. Folglich wird, ausgehend von einem wirtschaftlichen Vermögensbegriff, das Vermögen des anderen Teils nicht vermehrt, was aber Grundvoraussetzung der Schenkung wäre.[324] Hieran fehlt es nämlich, wenn Gelder nur als „Durchgangsstation" vereinnahmet werden, um diese ohne eigene Nutzungsmöglichkeit an Dritte weiterzuleiten.[325]

Die Gelder werden hierbei im Rahmen einer fremdnützigen Verwahrung im Sinne eines Treuhandverhältnisses überlassen.[326] Die Rechtsbeziehung zwischen Geldgeber und Zahlungsempfänger stellt sich dabei als Auftragsverhältnis dar.[327]

Das Interesse des Geldgebers an der Weiterleitung wird hierbei unmittelbar über den Inhalt des Auftragsverhältnisses geschützt. Wird die vereinnahmte Geldleistung nicht bestimmungsgemäß weitergeleitet, so erlangt der Geldgeber einen Rückgewähranspruch aus § 667 BGB. In diesem Fall wäre das Auftragsverhältnis gescheitert.[328]

II. Crowdfunding im eigenwirtschaftlichen Interesse

Crowdfunding, ohne dass eine unmittelbare Leistung zu Gunsten des Geldgebers erbracht wird, ist prinzipiell auch im eigenwirtschaftlichen Interesse denkbar. Gemeint sind hiermit alle Crowdfunding-Runden, deren Projektgegenstand nicht gemeinnützigen, mildtätigen oder kirchlichen Zwecken i.S.d. §§ 52–54 AO unterfällt.

1. Schenkung

Beim eigenwirtschaftlich tätigen Initiator handelt es sich nicht um ein Rechtssubjekt, dem Gelder im Sinne eines begünstigten Satzungszweckes zufließen. Im Zuge einer Crowdfunding-Runde werden dem Initiator Gelder jedoch nur deshalb überlassen, um sie zu Gunsten des Projektgegenstandes zu verwenden. Die überlassenen Gelder verbleiben daher nicht als solche beim Initiator, sondern werden zu Gunsten des Projektgegenstandes verbraucht. Es stellt sich daher die Frage, ob es sich auch hierbei noch um eine Schenkung im Verhältnis des Geldgebers zum Initiator handelt.

---

323 Staudinger/*Chiusi* (2013), § 516, Rn. 30; MüKoBGB/*Koch*, 7. Aufl. 2016, § 516, Rn. 12 und § 525, Rn. 5.

324 *Larenz*, Schuldrecht II/1, § 47 I, S. 196.

325 MüKoBGB/*Koch*, 7. Aufl. 2016, § 516, Rn. 12.

326 Staudinger/*Wimmer-Leonhardt* (2005), § 516, Rn. 28; MüKoBGB/*Koch*, 7. Aufl. 2016, § 516, Rn. 12.

327 Staudinger/*Chiusi* (2013), § 516, Rn. 30; Vgl. BGHZ NJW 2004, 1382, 1383; *Rawert*, NJW 2002, 3151, 3152; *Reuter*, in: *von Campenhausen/Kronke/Werner*, S. 220.

328 Bamberger/Roth/*Fischer*, § 667, Rn. 4.

Die Schenkung setzt zunächst voraus, dass es beim Initiator zu einer dauerhaften Bereicherung kommt.[329] Dies erfordert eine dauerhafte Vermögensmehrung nach wirtschaftlichem Verständnis.[330]

Die Mitteleinwerbung durch Crowdfunding verfolgt stets einen bestimmten Zweck, nämlich die Realisierung des Projektgegenstandes. Stellt man aber auf die zweckgebundene Mittelverwendung ab, so hat der Mittelzufluss beim Initiator lediglich formalen Charakter[331]. Statt einer Schenkung könnte es sich daher um ein unentgeltliches Auftragsverhältnis handeln, wobei die Gelder Vorschussleistungen i.S.d. § 669 BGB wären.[332]

Allein der Umstand, dass der Initiator nicht völlig frei in der Verwendung der zugewandten Mittel ist, genügt jedoch noch nicht, um eine dauerhafte Vermögensmehrung und damit Bereicherung des Initiators abzulehnen.[333] Für eine schenkungsrechtliche Bereicherung ist es nämlich ausreichend, wenn die Vermögensübertragung endgültig ist.[334] So ist es auch vorliegend, wo dem Initiator endgültig Mittel überlassen werden. Diese sollen zwar zu Gunsten des Projektgegenstandes verwendet werden, sie sollen aber endgültig in der Sphäre des Initiators verbleiben und nicht an den Geldgeber zurückfallen oder an Dritte weitergeleitet werden. Auch ist der Initiator frei, wie er die Mittel zu Gunsten des Projektgegenstandes einsetzt und nicht lediglich Durchgangsstation[335] hin auf eine im Einzelnen konkret vorgezeichnete Verwendung. Darüber hinaus wird der Initiator auch nicht auf Weisung[336] des Geldgebers tätig. Der Initiator ist bereits aus eigenem Antrieb im Hinblick auf den im Zuge der Crowdfunding-Runde beworbenen Zweck tätig, wodurch der Geldgeber erst zu einer Geldleistung motiviert wird.

Die Mittelüberlassung erfolgt auch unentgeltlich, weil sie nicht an eine konkrete Gegenleistung gekoppelt ist.[337] Auch insofern steht nicht entgegen, dass die Mittel lediglich zweckgebunden überlassen werden. Eine „einseitig begünstigende[n] und frei disponible[n] Bereicherung“[338] ist hinsichtlich der Unentgeltlichkeit nicht erforderlich. Wie die Rechtsinstitute der Auflagen- oder Zweckschenkung zum

329 MüKoBGB/*Koch*, 7. Aufl. 2016, § 516, Rn. 11; Staudinger/*Chiusi* (2013), § 516, Rn. 26 ff.

330 *Larenz*, Schuldrecht II/1, § 47 I, S. 196; MüKoBGB/*Koch*, 7. Aufl. 2016, § 516, Rn. 11; Staudinger/*Wimmer-Leonhardt* (2005), § 516, Rn. 26.

331 Gegen eine Bereicherung bei nur formaler Begünstigung: Bamberger/Roth/*Gehrlein*, § 516, Rn. 5; MüKoBGB/*Koch*, 7. Aufl. 2016, § 516, Rn. 12.

332 MüKoBGB/*Koch*, 7. Aufl. 2016, § 525, Rn. 6; Staudinger/*Chiusi* (2013), § 525 Rn. 58.

333 Vgl. *Saenger*, in: Hk-BGB, § 516, Rn. 3.

334 BGH NJW 2004, 1382, 1383; *Schaub*, S. 672.

335 Bamberger/Roth/*Gehrlein*, § 516, Rn. 5; MüKoBGB/*Koch*, 7. Aufl. 2016, § 516, Rn. 12; *Saenger*, in: Hk-BGB, § 516, Rn. 3.

336 Staudinger/*Chiusi* (2013), § 525 Rn. 58.

337 Vgl. BHG DNotZ 1993, 521, 522.

338 BGH NJW 2010, 2202, 2203.

Ausdruck bringen, kann eine Zuwendung schenkweise erfolgen, auch wenn ein über die Zuwendung an den Beschenkten hinausgehender Zweck verfolgt wird.[339]

Es handelt sich somit um eine Schenkung i.S.d. § 516 BGB, wenn dem Initiator vom Geldgeber Mittel überlassen werden, ohne dass den Geldgebern hierfür eine unmittelbare Leistung in Aussicht gestellt wird.[340]

2. *Absicherung des Interesses an der Realisierung des Projektgegenstandes*

Auch wenn das Crowdfunding im eigenwirtschaftlichen Interesse erfolgt, hat der Geldgeber ein schutzwürdiges Interesse an der zweckgebundenen Verwendung der Gelder. Es ist daher auch hier von einer Schenkung unter Auflage (§ 525 ff. BGB) auszugehen. Hierbei ergeben sich keine Unterschiede zu den Ausführungen oben[341].

C) In Aussicht gestellte Leistungen mit dem Charakter einer dankenden Anerkennung

In Aussicht gestellte Leistungen mit dem Charakter einer dankenden Anerkennung zeichnen sich dadurch aus, dass ihr Nutzen für den Geldgeber überwiegend im ideellen Bereich liegt. Charakteristisch ist, dass nicht der im Projektgegenstand verkörperte Nutzen überlassen[342] wird. Vielmehr weist die in Aussicht gestellte Leistung lediglich einen irgendwie gearteten Zusammenhang zum Projektgegenstand auf.

So wurde im einleitenden Fallbeispiel 1[343] unter anderem eine persönliche Dankeskarte in Aussicht gestellt oder eine persönliche Signatur des zu realisierenden Bildbandes samt namentlicher Nennung bei den Danksagungen im Buch. Daneben wurden auch typische Fanartikel, wie Feuerzeuge oder T-Shirts mit Bezug zum Projekt in Aussicht gestellt.

Aufgrund der Fülle vorzufindender Leistungen in diesem Bereich sind Abgrenzungsschwierigkeiten zu anderen Varianten in Aussicht gestellter Leistungen nicht auszuschließen. Im Folgenden ist daher vom Idealtypus auszugehen, wie er anhand idealtypischer Leistungselemente vorangestellt wird. Mischformen werden einer eigenständigen Betrachtung unterzogen.[344]

I. Idealtypische Leistungselemente

Für die vertragstypologische Zuordnung prägend ist einerseits, dass der Initiator zweckgebunden begünstigt wird. Im Zuge der Crowdfunding-Runde werden an

339 BGH NJW 2010, 2202, 2203.
340 So auch *Bareiß*, ZUM 2012, 456, 460.
341 Siehe oben § 7 B) I. 1. b).
342 Siehe unten § 7 D) I. 1.
343 Siehe oben § 1 A).
344 Siehe unten § 7 F).

diesen Finanzmittel zur Förderung des Projektgegenstandes geleistet. Hierfür erhält der Geldgeber andererseits eine dankende Anerkennung.

1. *(Teilweise) Unentgeltliche Förderleistung des Geldgebers*

Mit seiner Teilhabe an der Crowdfunding-Runde verpflichtet sich der Geldgeber einen bestimmten Geldbetrag an den Initiator zu leisten. Da sich der Geldgeber hierbei nicht für die Überlassung des im Projektgegenstand verkörperten Nutzens entscheidet, aber dennoch an der Crowdfunding-Runde teilnimmt, ist der Geldbetrag vornehmlich zur Förderung des Projektgegenstandes bestimmt. Dies beispielsweise, wenn, wie im einleitenden Fallbeispiel 1, ein Geldgeber eine Leistungsstufe wählt, bei der eine persönliche Dankeskarte in Aussicht gestellt wird.

Es stellt sich daher die Frage, ob die geschuldete Leistung des Geldgebers in einem solchen Fall im Rahmen eines entgeltlichen oder zumindest teilweise unentgeltlichen Vertragsverhältnisses erfolgt.

Der Leistungsbegriff wird hierbei nach der konkreten Parteivereinbarung und den einschlägigen Normen des jeweils relevanten Vertragstyps spezifiziert.[345] Von einer zumindest teilweise unentgeltlichen Leistung im Sinne der §§ 516 ff. BGB wäre daher auszugehen, wenn die gewährte Zuwendung nach dem Inhalt des Rechtsgeschäfts nicht vorrangig auf den Erwerb einer Gegenleistung gerichtet ist.[346] Dies richtet sich nach dem Parteiwillen[347] und ist anhand einer Auslegung[348] nach §§ 133, 157 BGB zu ermitteln. Dabei ist auf den konkreten Zweck des Parteiverhaltens abzustellen.[349] Der Förderzweck der Geldleistung deutet hierbei auf eine jedenfalls teilweise Unentgeltlichkeit hin.

Vordergründig sollen Finanzmittel überlassen werden, um den im Zuge der Crowdfunding-Runde verfolgten Zweck zu fördern.[350] Hierbei spielen häufig „wirtschaftlich nicht vollständig faßbare bzw. uneigennützige Elemente [...] eine Rolle“[351].

Dies zeigt sich bereits an dem Umstand, dass der Leistungsaustausch unter der Bedingung der erfolgreichen Einwerbung der Zielsumme steht, es zu einer endgültigen Geldleistung also erst dann kommen soll, wenn die zur Umsetzung des Projektgegenstandes erforderliche Zielsumme erreicht ist.[352]

Darüber hinaus sollen dem Initiator auch dann noch ausreichend Mittel zur Umsetzung des Projektgegenstandes verbleiben, wenn die in Aussicht gestellten

---

345 MüKoBGB/*Koch*, 7. Aufl. 2016, § 241, Rn. 17.

346 Vgl. MüKoBGB/*Koch*, 7. Aufl. 2016, § 516, Rn. 24; Staudinger/*Chiusi* (2013), § 516, Rn. 39; Staudinger/*Wimmer-Leonhardt* (2005), § 516, Rn. 31.

347 *Schaub m.w.N.*, S. 225 ff.

348 *Wolf/Neuner*, § 35, Rn. 22; Staudinger/*Roth* (2015), § 157, Rn. 31 ff.; MüKoBGB/*Koch*, 7. Aufl. 2016, § 516, Rn. 24; Staudinger/*Wimmer-Leonhardt* (2005), § 516, Rn. 42.

349 *Wolf/Neuner*, § 35, Rn. 22 f.

350 Siehe oben § 5 C) II.

351 *Schaub*, S. 229.

352 Siehe oben § 4 A) I u. § 6 C) II.

dankenden Anerkennungen geleistet wurden. Die Konstellation gestaltet sich hierbei vergleichbar zu „Geschäfte[n] im Rahmen von Fundraising-Maßnahmen [, ... bei denen ...] einer Leistung des Geförderten (z. B. einer Tätigkeit oder dem Verkauf bzw. der Vermietung einer Sache) eine Gegenleistung des Förderers (regelmäßig in Form einer Geldzahlung) gegenüber [steht], deren Wert nach den Vorstellungen der Beteiligten den Wert der Leistung des Geförderten übersteigt"[353].

Bei der Geldleistung an den Initiator handelt es sich folglich um eine zumindest teilweise unentgeltliche Leistung.

Wie bereits im Grundfall, wenn keine unmittelbare Leistung in Aussicht gestellt ist, hat der unentgeltliche Teil die Natur einer Schenkung i.S.d. § 516 BGB. In argumentativer Hinsicht, insbesondere im Hinblick auf die zweckgebundene Begünstigung, ergeben sich hierbei keine Unterschiede zum bereits oben[354] gesagten. Auch hier wird das Interesse des Geldgebers an der zweckgebundenen Verwendung der Mittel über eine Auflagenschenkung i.S.d. § 525 BGB abgesichert.

2. *Dankende Anerkennung des Initiators*

Für seine Teilhabe an der Crowdfunding-Runde wird dem Geldgeber eine dankende Anerkennung in Aussicht gestellt.

Eine (zumindest teilweise) unentgeltliche Leistungsbeziehung, bei der aber zugleich eine Leistung zu Gunsten des jeweiligen Geldgebers erbracht wird, deutet hierbei auf eine gemischte Schenkung[355] oder Auflagenschenkung[356] hin.

Eine Zweckschenkung hingegen kommt vorliegend nicht in Betracht, da der Geldgeber bei dieser keinen einklagbaren Anspruch auf Erfüllung der Auflage hätte. Das Interesse des Geldgebers ist jedoch dahingehend auszulegen, dass er einen solchen Anspruch anstrebt. Dies zeigt sich beispielsweise daran, dass sich der Geldgeber bewusst für eine bestimmte Leistung entscheidet.

Die Abgrenzung zwischen gemischter Schenkung und Auflagenschenkung erfolgt danach, ob nach dem Parteiwillen überhaupt eine (zumindest teilweise) Gegenleistung im Raum steht.[357] Dann wäre die Leistungsbeziehung als gemischte Schenkung einzuordnen, andernfalls, wenn der gesamte Vertrag unentgeltlicher Natur ist, als Auflagenschenkung. Bei der Auflagenschenkung stellt die „Erfüllung der Auflage [...] keine Gegenleistung für die Leistung des Schenkers dar."[358] Die Zuwendung der Förderleistung durch den Geldgeber würde daher völlig unentgeltlich erfolgen. Ob es sich bei der dankenden Anerkennung um eine entgeltliche oder unentgeltliche Leistung handelt ist folglich relevant für die vertragstypologische

---

353 *Schaub*, S. 530.
354 Siehe oben § 7 B) II. 1.
355 So, allerdings ohne Begründung, *Witte*, in: ITRB 2012, 130, 132.
356 So, allerdings ohne Begründung, *Rauda*, S. 292, Rn. 828.
357 MüKoBGB/*Koch*, 7. Aufl. 2016, § 525, Rn. 7; Staudinger/*Chiusi* (2013), § 525, Rn. 42; vgl. auch *Schulze zur Wiesche*, NJW 1975, 2089, 2090; *Schaub*, S. 666 f.
358 Staudinger/*Chiusi* (2013), § 516, Rn. 42.

Zuordnung der Leistungsbeziehung als gänzlich oder zumindest teilweise unentgeltlicher Vertrag.

a) Unentgeltliche Leistung

Bei der Auflagenschenkung wird die in Aussicht gestellte Leistung im Zuge einer Nebenbestimmung[359] zu einem unentgeltlichen Geschäft erbracht. Die Auflage betrifft hier die Frage des Inhalts der in Aussicht gestellten Leistung, nicht die hiervon zu unterscheidende Frage der zweckgebundenen Verwendung der vereinnahmten Gelder.[360]

Der Initiator kann im Rahmen der Auflagenschenkung zu jeglichem Tun oder Unterlassen verpflichtet werden und kann die Leistung dabei auch immaterieller Art sein.[361] „Für die Einschätzung als Nebenzweck ist im Normalfall entscheidend darauf abzustellen, ob die Übernahme der Verpflichtung von den Parteien noch als Ausdruck dankbaren Verhaltens verstanden wird. [...] Hierbei kommt dem verhältnismäßigen Aufwand von Zeit und Kosten bei Vollziehung der Leistung indizielle Bedeutung zu."[362] Dem Parteiwillen[363] nach dürfte es sich insbesondere dann um einen solchen „Ausdruck dankbaren Verhaltens"[364] handeln, wenn eine Leistung in Aussicht gestellt wird, die keinen Geldwert[365] hat.

Als Beispiele zur Auflage als Inhalt einer in Aussicht gestellten Leistung werden in der Literatur Ehrbekundungen, die Einladung zu einer Benefizveranstaltung[366], die Verpflichtungen zum Hinweis auf den Schenkenden[367] oder die Aushändigung von Bescheinigungen oder Urkunden[368] genannt.

Vergleichbare Leistungen werden oftmals im Zuge von Crowdfunding-Runden in Aussicht gestellt, so z.B. im einleitenden Fallbeispiel 1[369] eine persönliche Dankeskarte (zu EUR 10,-) oder Signatur des zu realisierenden Bildbandes samt Danksagung im Buch (zu EUR 75,-). Als weitere Beispiele (aus anderen Crowdfunding-Runden) können benannt werden: Eine Einladung zu einem Abendessen anlässlich der Eröffnung einer durch Crowdfunding finanzierten Fotoausstellung[370], eine Danksagung

359 Staudinger/*Chiusi* (2013), § 525, Rn. 4.
360 Zur Auflage als Mittel zur Absicherung des Interesse an der zweckgerichteten Verwendung der eingeworbenen Gelder: Siehe oben § 7 B) I. 1. b) u. § 7 B) II. 2.
361 Staudinger/*Wimmer-Leonhardt* (2005), § 525, Rn. 12.
362 *Fischer*, S. 78.
363 Zur „Wirtschaftlichkeit" als Abgrenzungskriterium ausführlich: *Fischer*, S. 57 f.
364 *Fischer*, S. 57 f.
365 Staudinger/*Chiusi* (2013), § 525, Rn. 4.
366 *Kühle*, in: *Herberger/Martinek/Rüßmann u.a.*, jurisPK-BGB, § 525, Rn. 10; Staudinger/*Chiusi* (2013), § 525, Rn. 4; MüKoBGB/*Koch*, 7. Aufl. 2016, § 525, Rn. 2 (Fn. 5).
367 *Schaub*, S. 668.
368 *Schaub*, S. 676.
369 Siehe oben § 1 A).
370 http://www.visionbakery.com/vision/556, zuletzt abgerufen: 14.10.2017.

in einem den Umsetzungsprozess begleitenden Journal[371] oder dem Abspann eines Filmes[372]. Auch eine Einladung zu einer Feier anlässlich der Fertigstellung des Projekts (z.B. Premierenfeier[373] oder Kunstausstellung) oder einem Treffen mit dem Initiator bzw. an der Umsetzung Beteiligten[374] (z.B. Schauspieler) findet sich.

Gerade im Bereich des projektbezogenen Crowdfunding liegt es nahe, dass die Inaussichtstellung unkonventioneller Leistungen[375] den Geldgeber überhaupt erst zu seiner jeweiligen Geldleistung motiviert. Es ist daher zu hinterfragen, ob auch dann noch von einem „Ausdruck dankbaren Verhaltens“[376] gesprochen werden kann, wenn sich der jeweilige Geldgeber bereits im Vorfeld der vermeintlichen Schenkung eine Leistung aussucht, im Zuge derer er selbst wiederum begünstigt werden soll. Wenn es sich also um eine Leistung handelt, die vom Geldgeber abgerufen wird.

Dieser Umstand muss einer Verortung als Auflagenleistung nicht entgegenstehen, da eine solche selbst dann in Betracht kommt, wenn die Auflage für den Geldgeber Hauptzweck des Rechtsgeschäfts wäre.[377] Eine irgendwie kausal veranlasste „Gegen-Leistung“ genügt daher nicht, dem Rechtsgeschäft die Unentgeltlichkeit zu nehmen.[378] Auch steht nicht entgegen, dass das „»Angebot«“[379] einer solchen Leistung in der Regel vom Initiator ausgeht.

b) Entgeltliche Leistung

Entgeltliche Leistung im Zuge einer gemischten Schenkung kann jeglicher Leistungsinhalt sein, der auch zum Inhalt eines entgeltlichen Austauschvertrags gemacht werden kann.[380] Die rechtliche Beurteilung der gemischten Schenkung erfolgt anhand des jeweils entgeltlichen und unentgeltlichen Teils getrennt.[381]

aa) Gegenstände mit Bezug zum Projektgegenstand

Bei dankenden Anerkennungen handelt es sich in der Regel um Gegenstände, die einen besonderen und zumeist ideell konnotierten Bezug zum Projektgegenstand aufweisen, wie insbesondere typische Fanartikel.

---

371 http://www.startnext.de/iron-sky2, zuletzt abgerufen: 14.10.2017.
372 Siehe oben Fn. 59.
373 Siehe oben Fn. 371.
374 Siehe oben Fn. 371.
375 Siehe oben § 4 A) III.
376 *Fischer*, S. 78.
377 *Fischer* m.w.N., S. 76.
378 *Fischer*, S. 50.
379 *Schaub*, S. 676.
380 Vgl. MüKoBGB/*Koch*, 7. Aufl. 2016, § 525, Rn. 7; Staudinger/*Wimmer-Leonhardt* (2005), § 525, Rn. 23.
381 *Schaub*, S. 533.

Im einleitenden Fallbeispiel 1[382] wurde beispielsweise zu einer Leistungsstufe von EUR 85,- der zu realisierende Bildband und ein T-Shirt in Aussicht gestellt; zu EUR 100,- der Bildband, ein T-Shirt und ein (thematisch passendes) Blechschild; zu EUR 125,- eine signierte Version des Bildbands, ein T-Shirt und ein Trinkbecher.

bb) Kommunikative Zielsetzung im Sinne eines Sponsorings

Dankes- oder Ehrbekundungen erfolgen oftmals nicht ausschließlich gegenüber dem Geldgeber, sondern werden auch gegenüber Dritten öffentlich kommuniziert. Dies ist beispielsweise der Fall, wenn Geldgebern die namentliche Nennung im Vorwort eines Buches[383], in einem begleitenden Druckwerk[384] oder dem Abspann eines Films[385] in Aussicht gestellt wird.

Derartige Leistungen kommen als Gegenstand eines Sponsoringvertrages in Betracht. Auch hierbei bliebe es bei einer gemischten Leistung[386], wobei der auf die konkrete Sponsoringleistung entfallende Teil entgeltlich[387], die übrige Förderleistung unentgeltlich erfolgt.

Sponsoring im juristischen Sinne ist „ein Rechtsgeschäft [...], bei dem eine Partei (Sponsor) der anderen Partei (Gesponserter) Geld, Sachzuwendungen oder Dienstleistungen zur Verfügung stellt, um eine Aktivität des Gesponserten (Sponsoringobjekt) zu fördern, und bei dem der Gesponserte zur Erreichung kommunikativer Ziele des Sponsors beiträgt, indem er die geförderte Aktivität entfaltet und dem Sponsor Nutzungs- oder Verwertungsrechte oder andere Werbemöglichkeiten, insbesondere mit Hilfe der Medien, zur Verfügung stellt bzw. ihre Nutzung duldet“[388].

Charakteristikum des Sponsoring ist die Kommunikationstätigkeit des Gesponserten, durch die es sich auch in der vertragsrechtlichen Beurteilung von anderen Förderformen unterscheidet.[389]

Entscheidend für die Abgrenzung zum Crowdfunding ist daher, ob die Leistungsbeziehung im Rahmen einer typischen Crowdfunding-Runde auch auf eine entsprechende Kommunikationsleistung des Initiators als Gesponserten zu Gunsten des Geldgebers als Sponsor hin ausgelegt ist.

Eine öffentliche Dankesbekundung hat per se kommunikativen Charakter, da durch sie die Aussage transportiert wird, dass der jeweilige Geldgeber dankenswerterweise an der Finanzierung des Projektgegenstandes teil hatte. Wie jedoch obiger

---

382 Siehe oben § 1 A).
383 Siehe oben § 1 A) (Fallbeispiel 1, Fn. 1).
384 Siehe oben Fn. 371.
385 Siehe oben Fn. 372.
386 *Schaub* spricht hierbei von einem sog. „Sponsoring »Typ 2«“ (*Schaub*, S. 391, 622 ff.).
387 *Schaub*, S. 391.
388 *Schaub* m.w.N., S. 18.
389 *Lenkaitis*, in: *Saenger/Aderhold/Lankaitis/Speckmann*, § 6, Rn. 1255; *Rasche*, in: *Schauhoff*, § 12, Rn. 29; *Schaub*, S. 94 f., 405 u. 607; *Weiand*, DStR 1996, 1897, 1898.

Definition zu entnehmen ist, müsste hiermit auch und vor allem ein kommunikatives Ziel des Gesponserten verwirklicht werden. Zur Einordnung als Sponsoring ist es daher erforderlich, dass neben dem rein objektiven Kommunikationsinhalts auch ein subjektives Kommunikationsziel gegeben ist.

Folglich kann nicht pauschal davon ausgegangen werden, dass es sich bei jeder Dankesbekundung, die im Rahmen einer Crowdfunding-Runde in Aussicht gestellt wird und die geeignet ist öffentlich wahrgenommen zu werden, um ein Sponsoring handelt.

Gerade bei Crowdfunding-Runden wirken in großer, wenn nicht sogar weit überwiegender Anzahl Geldgeber mit, die keinen unternehmerischen Hintergrund haben und mit ihrer Geldleistung daher kein Kommunikationsziel verfolgen, wie es für Sponsoring typisch wäre. Dieses wird vornehmlich der Unternehmenskommunikation[390] zugeschrieben, weshalb in der Regel eine Steigerung des Bekanntheitsgrades, Imagegewinne oder die Absatzförderung im Vordergrund stehen müsste.

Auch kann nicht unterstellt werden, dass ein kommunikatives Ziel verfolgt wird, wenn sich der einzelne Geldgeber lediglich für eine bestimmte vom Initiator in Aussicht gestellte Leistung entscheidet. Dabei handelt es sich nämlich nicht um etwas, das der Geldgeber aufgrund einer bestimmten individuellen Zielvorstellung von sich heraus anstrebt, sondern um eine vom Initiator vordefinierte Leistung, die er lediglich abruft.

Die so ausgestaltete Leistung erschöpft sich oftmals in der namentlichen Nennung zahlreicher Geldgeber z.B. auf einer Internetseite, in einem Druckwerk, im Abspann eines Films oder Computerspiels. Hierbei handelt es sich in der Regel um eine „lange Liste“ deren Eignung, ein spezifisches kommunikatives Ziel zu erfüllen, zweifelhaft erscheint. Es steht zu vermuten, dass derartige namentliche Erwähnungen vornehmlich von den Geldgebern selbst oder von diesen auf ihre Erwähnung aufmerksam gemachten Dritten zur Kenntnis genommen werden.

Eine entgeltliche Sponsoringleistung dürfte daher allenfalls dann in Betracht kommen, wenn die namentliche Nennung besonders exponiert erfolgt.[391] Entscheidet sich der Geldgeber für eine derartige Leistung, deutet dies zugleich auf ein subjektives Kommunikationsziel hin.

Andernfalls bleibt es bei dem oben gefundenen Ergebnis, dass die Dankesbekundung lediglich Nebenabrede zur Schenkung ist.[392]

II. Vertragstypologische Einordnung

Wie sich aus der Darstellung der idealtypischen Leistungselemente ergibt, handelt es sich bei der hier in Rede stehenden Leistungsbeziehung um ein vertragliches Schuldverhältnis zumindest teilweise unentgeltlicher Natur. Durch dieses wird nicht

390 *Schaub*, S. 22 ff., 28; *Hohloch*, in: FS *Westermann*, S. 299, 306; *Weiand*, DStR, 1897, 1898.

391 *Bareiß*, ZUM 2012, 456, 461.

392 Siehe oben § 7 C) I. 2. a).

nur eine konkrete Leistung zu Gunsten des jeweiligen Geldgebers begründet, sondern es hat auch das übergeordnete Interesse an der Förderung des Projektgegenstandes zum Inhalt. Die vertragstypologische Einordnung richtet sich danach, ob es sich bei der dankenden Anerkennung um eine entgeltliche oder unentgeltliche Leistung handelt.

1. *Schenkung unter Auflage*

Handelt es sich bei der dankenden Anerkennung um eine Leistung, die für sich betrachtet keinen Geldwert hat (wenn z. B. eine Danksagung, Signatur oder Einladung in Aussicht gestellt wird)[393], so ist die vertragliche Leistungsbeziehung zwischen Geldgeber und Initiator zur Gänze unentgeltlich. Es liegt dann eine Auflagenschenkung[394] vor. Bei der Auflage handelt es sich um eine Nebenabrede, über die das Interesse des Initiators sowohl an der zweckgebundenen Mittelverwendung[395] als auch am Erhalt der in Aussicht gestellten Leistung[396] abgesichert wird.

a) Absicherung des Interesses am Erhalt der in Aussicht gestellten Leistung

Das Gläubigerinteresse am Erhalt der in Aussicht gestellten Leistung wird zunächst über den Erfüllungsanspruch aus § 525 Abs. 1 BGB geschützt. Hinzu kommen Sekundäransprüche nach §§ 280, 281, 283, 286.[397]

Mangels Synallagma i.S.d. § 323 BGB ist ein Rücktritt nach allgemeinen Regeln hingegen nicht möglich.[398] Unterbleibt die Vollziehung der Auflage, kommt dem Geldgeber jedoch prinzipiell ein besonderes Rücktrittsrecht nach § 527 BGB zu.

Dieses ist nicht bereits gemäß § 527 Abs. 2 BGB ausgeschlossen, weil typischerweise mehrere Geldgeber berechtigt wären, die Vollziehung der Auflage zu verlangen.[399] Jedoch findet § 527 BGB keine Anwendung, wenn es um die Vollziehung immaterieller Auflagen[400] geht, da in einem solchen Fall der „Schenkungsgegenstand nicht zur Vollziehung der Auflage hätte verwendet werden müssen"[401]. Genau diese Konstellation ist hier gegeben, wo sich die Auflage typischerweise in einer Danksagung oder Ehrbekundung konkretisiert und damit in einem immateriellen Leistungsgegenstand. Das Interesse des Gläubigers am Rückerhalt der Geldleistung, wenn die Auflage nicht vollzogen wird, lässt sich hierbei durch die Vereinbarung einer entsprechenden auflösenden Bedingung absichern.[402] Indem der Initiator

393 Siehe oben § 7 C) I. 2. a).
394 Siehe oben § 7 C) I. 2.
395 Siehe oben § 7 C) I. 1. u. 2.
396 Siehe oben § 7 C) I. 2. a).
397 MüKoBGB/*Koch*, 7. Aufl. 2016, § 527, Rn. 1.
398 Staudinger/*Chiusi* (2013), § 527, Rn. 1.
399 Siehe oben § 7 B) I. 1. b).
400 Staudinger/*Chiusi* (2013), § 527, Rn. 17; MüKoBGB/*Koch*, 7. Aufl. 2016, § 527, Rn. 4.
401 MüKoBGB/*Koch m.w.N.*, 7. Aufl. 2016, § 527, Rn. 4.
402 MüKoBGB/*Koch*, 7. Aufl. 2016, § 527, Rn. 4.

bewusst entsprechende Leistungen in Aussicht stellt, um hierüber möglichst viele Geldgeber zu einer finanziellen Teilhabe zu motivieren[403] und sich der Geldgeber je nach Leistungsstufe für eine solche Leistung entscheidet, bringen beide Parteien ihr besonderes Interesse am Vollzug der Leistung zum Ausdruck. Dieses deutet auf eine konkludent vereinbarte auflösende Bedingung des beschriebenen Inhalts hin.

b) Absicherung des Interesses an der Realisierung des Projektgegenstandes

Auch das Gläubigerinteresse an der Verwendung der vereinnahmten Gelder zu Gunsten des im Rahmen der Crowdfunding-Runde beworbenen Zwecks wird über den Erfüllungsanspruch aus § 525 Abs. 1 BGB und korrelierende Sekundäransprüche geschützt. In diesem Fall steht auch der Anwendbarkeit des § 527 BGB nichts entgegen. Hierbei ergeben sich keine Unterschiede zu den obigen[404] Ausführungen zum Grundfall, wenn keine unmittelbaren Leistungen in Aussicht gestellt werden.

2. Gemischte Schenkung unter Auflage

Handelt es sich bei der dankenden Anerkennung um eine entgeltliche Leistung (insbesondere, wenn Gegenstände mit Bezug zum Projektgegenstand überlassen werden, wie z.B. typische Fanartikel, oder auch, wenn ein kommunikatives Ziel im Sinne eines Sponsorings im Vordergrund steht)[405], so ist die vertragliche Leistungsbeziehung zwischen Geldgeber und Initiator teilweise entgeltlich und teilweise unentgeltlich. Es handelt sich dabei um einen Typenverschmelzungsvertrag[406] in Form einer gemischten Schenkung[407], wobei der unentgeltliche Teil unter der Auflage der zweckgebundenen Mittelverwendung steht: Folglich eine gemischte Schenkung unter Auflage.

a) Absicherung des Interesses am Erhalt der in Aussicht gestellten Leistung

Das Interesse des Geldgebers an Erhalt und Sollbeschaffenheit der in Aussicht gestellten Leistung ist hierbei über den dem entgeltlichen Teil zu Grunde liegenden Vertrag geschützt.

Geht es um den Erwerb eines bestimmten Gegenstandes, so kann dies z.B. ein Kauf- oder Werkvertrag sein. Im Falle des Sponsorings ist die kommunikative Zielsetzung als Werkvertrag einzuordnen.[408] Aus dem jeweiligen Anspruch erwächst nicht nur ein primärer Erfüllungsanspruch, sondern gründen sich auf diesen auch etwaige Sekundäransprüche des Geldgebers gegenüber dem Initiator.

---

403 Siehe oben § 4 A) III.
404 Siehe oben § 7 B) I . 1. b) u. II. 2.
405 Siehe oben § 7 C) I. 2. b).
406 Staudinger/*Chiusi* (2013), § 516, Rn. 63.
407 Siehe oben § 7 C) I. 2.
408 *Schaub*, S. 407 u. 627.

b) Absicherung des Interesses an der Realisierung des Projektgegenstandes

Das Gläubigerinteresse an der Verwendung der Gelder zu Gunsten des Projektgegenstandes wird auch hier über eine Auflage geschützt. Diese erstreckt sich auf den unentgeltlichen Teil des Geschäfts, da nur die im Rahmen des unentgeltlichen Teils überlassenen Gelder dem Förderzweck zu Gute kommen (können).[409] Es handelt sich demnach bei dem unentgeltlichen Teil um eine Schenkung unter Auflage.

In Bezug auf diesen genießt der Geldgeber einen Erfüllungsanspruch aus § 525 Abs. 1 BGB und korrelierende Sekundäransprüche. In diesem Fall steht auch der Anwendbarkeit des § 527 BGB nichts entgegen. Hierbei ergeben sich keine Unterschiede zu den obigen[410] Ausführungen zum Grundfall, wenn keine unmittelbaren Leistungen in Aussicht gestellt werden.

D) In Aussicht gestellte Leistungen mit dem Charakter einer Vorbestellung

Eine weitere Variante in der Fallgruppe des Crowdfunding zur Finanzierung von Einzelprojekten sind Gegenleistungen mit dem Charakter einer Vorbestellung.

Für die Teilhabe an der Crowdfunding-Runde wird dem Geldgeber hierbei der im Projektgegenstand verkörperte Nutzen in Aussicht gestellt. Diese Leistung existiert während der Crowdfunding-Runde noch nicht, soll aber mit Hilfe des Crowdfunding zur Entstehung gelangen. Der Geldgeber entscheidet sich damit für eine Leistung, die er erst zu einem späteren Zeitpunkt erhalten kann und wird, was der Leistungsbeziehung den Charakter einer Vorbestellung[411] verleiht.

So wurde den Geldgebern im einleitenden Fallbeispiel 1 beispielsweise zu einer Leistungsstufe in Höhe von EUR 50,- ein Exemplar des zu realisierenden Bildbandes (inkl. Versand) in Aussicht gestellt.[412] Ein vergleichbares Modell des Leistungsaustauschs findet sich beispielsweise im Zuge der Vorfinanzierung einer Flasche Bier bestimmter Braukunst (zu einer Leistungsstufe von EUR 20,-)[413].

Ein Charakteristikum kann darin gesehen werden, dass die Geldgeber über die Teilhabe an der Crowdfunding-Runde die Möglichkeit haben, ihre individuelle konsumtive[414] Nachfrage nach einem bestimmten Angebot zu befriedigen. Aus der

---

409 Siehe oben § 7 C) I. 1.

410 Siehe oben § 7 B) I . 1. b) u. II. 2.

411 Zur begrifflichen Einordnung vgl. auch *Bradford*, der von einem „pre-purchase model" spricht, in: CBLR 2012, No. 1:1, S. 14.

412 Siehe oben § 1 A).

413 Siehe oben Fn. 58 („Berliner Weisse – Rettung eines Bieres").

414 Konsum bezeichnet im volkswirtschaftlichen Sinne „den Kauf der Güter durch die Konsumenten", wobei zu Gütern materielle Sachgüter, Dienstleistungen und Rechte zählen (*Heertje/Wenzel*, S. 16). Der Konsum dient hierbei der Befriedigung der Bedürfnisse über den Markt, über den ein Bedarf (Summe der Bedürfnisse) als Nachfrage geäußert wird (*Heertje/Wenzel*, S. 16).

konsumtiven Prägung ist abzuleiten, dass der Leistungsgegenstand hier nicht individualisiert ist und es sich daher um ein Massengeschäft handelt.

I. Idealtypische Leistungselemente

1. Überlassung des im Projektgegenstand verkörperten Nutzens

Wie die einleitenden Beispiele unter § 7 D) zeigen, wird den Geldgebern für ihre Teilhabe an der Crowdfunding-Runde in Aussicht gestellt, was Ziel der jeweiligen Crowdfunding-Runde ist. Hierbei handelt es sich um den im Projektgegenstand verkörperten Nutzen. Als solcher kommt jegliches künftige marktseitige Angebot in Betracht, typischerweise ein innovatives oder künstlerisches Produkt[415], denkbar sind jedoch auch künstlerische Aufführungen oder z. B. Ausstellungen.

Der im Projektgegenstand verkörperte Nutzen kann dabei dauerhaft oder für einen bestimmten Zeitraum überlassen werden. Handelt es sich beim Projektgegenstand beispielsweise um eine Veranstaltung oder Aufführung, erhält der Geldgeber typischerweise eine Zugangsberechtigung zu dieser (z. B. in Form einer Eintrittskarte).

2. Entgeltlichkeit der Leistung

Das Interesse des Geldgebers an der Realisierung des Projektgegenstandes deckt sich hier mit seinem Interesse an der in Aussicht gestellten Leistung. Den Parteien kommt es somit auf eine wechselseitige Abhängigkeit von Leistung und Gegenleistung an, die hierdurch einander gleichgestellt werden.[416] Es steht damit der wirtschaftliche Zweck der Leistungsbeziehung im Vordergrund, der prägend ist für die Entgeltlichkeit des Geschäfts.[417]

Für die hier untersuchte Konstellation wird unterstellt, dass die wechselseitigen Leistungen in einem ausgeglichenen Verhältnis stehen.[418]

II. Vertragstypologische Einordnung

1. Kaufvertrag (Dauerhafte Überlassung)

Die entgeltliche und dauerhafte Überlassung des im Projektgegenstand verkörperten Nutzens lässt sich als Kaufvertrag einordnen.[419]

Mit der Teilhabe an der Crowdfunding-Runde erwirbt der Geldgeber einen Anspruch auf Übergabe und Übereignung (§ 433 Abs. 1 S. 1 BGB) dessen, was Gegenstand des Finanzierungsvorhabens (Projektgegenstand) ist. Hierbei kann es sich

---

415 *Belleflamme/Lambert/Schwienbacher*, S. 13.

416 Vgl. Staudinger/*Chiusi* (2013), § 516, Rn. 44.

417 *Fischer*, S. 57.

418 Zu Aspekten einer teilweisen Unentgeltlichkeit siehe unten § 7 F) I.

419 *Bareiß*, ZUM 2012, 456, 461; *Rauda*, S. 292, Rn. 828; *Witte*, ITRB 2012, 130, 132.

um einen körperlichen Gegenstand, oder auch um einen nicht-körperlichen Gegenstand, wie beispielsweise einen Download handeln.

Dafür leistet der Geldgeber eine im Vorfeld definierte Geldsumme, die mit der jeweils in Aussicht gestellten Leistung korreliert, folglich einen Kaufpreis i.S.d. § 433 Abs. 2 BGB.

Die Besonderheit besteht darin, dass die vermeintliche Kaufsache im Zeitpunkt des Vertragsschlusses noch nicht existiert. Es liegt vielmehr nur eine Idee dessen vor, was realisiert werden soll, wenn die hierzu erforderlichen Finanzmittel erfolgreich eingeworben werden konnten. Somit steht zunächst mehr die Herstellung einer bestimmten Sache, als der Abruf eines bestimmten Kaufgegenstandes im Vordergrund, weshalb auch Werkvertragsrecht (§§ 631 ff. BGB) Anwendung finden könnte.[420] Da hierbei § 651 BGB aber ohnehin auf die Vorschriften über den Kauf verweist, kann diese Überlegung dahinstehen. Kaufgegenstände können auch künftige Sachen sein, die im Zeitpunkt des Vertragsschlusses ein konzeptionelles Stadium noch nicht überschritten haben und nur als Idee vorhanden sind.[421]

a) Absicherung des Interesses am Erhalt der in Aussicht gestellten Leistung

Das Interesse des Geldgebers am Erhalt der in Aussicht gestellten Leistung wird mit dem Erfüllungsanspruch aus § 433 Abs. 1 S. 1 BGB abgesichert.

Zu klären ist jedoch, welchen Inhalt dieser Anspruch hat und wie sich die Rechtslage darstellt, wenn die vermeintliche Erfüllungsleistung an einem qualitativen Defizit leidet.

Wie sich aus der Wertung des § 651 BGB ergibt, umfasst der Erfüllungsanspruch aus § 433 Abs. 1 S. 1 BGB zugleich einen Anspruch auf Herstellung der Kaufsache. Der Grad der Umsetzung erstreckt sich dabei auf eine Solleigenschaft, wie sie im Rahmen der Crowdfunding-Runde auf der jeweiligen Crowdfunding-Seite beschrieben wird. Dies bedeutet auch, dass der Geldgeber den Leistungsgegenstand erst dann entgegennehmen muss, wenn dieser die im Rahmen der Crowdfunding-Runde beschriebene Solleigenschaft hat[422] und er ansonsten ein Zurückweisungsrecht genießt.

Sollte nach der Übergabe an den Geldgeber die tatsächliche Ist- hinter der geschuldeten Sollbeschaffenheit zurückstehen, hat der Geldgeber gegenüber dem Initiator Gewährleistungsrechte i.S.d. §§ 437 ff. BGB. In Abhängigkeit der persönlichen Eigenschaft der Parteien können dabei die Besonderheiten des Verbrauchsgüterkaufs (§ 474 ff. BGB) Anwendung finden.[423]

---

420 Vgl. MüKoBGB/*Busche*, 6. Aufl. 2012, § 631 Rn. 7.

421 BGH NJW 1994, 515, 516; BGH NJW 2000, 504, 504; Staudinger/*Beckmann* (2014), § 433, Rn. 14; MüKoBGB/ *Westermann*, 7. Aufl. 2016, § 433, Rn. 8; zur Vorbestellung neuer Produkte: *Derleder*, NJW 2011, 113–117; *Meier/Baudach*, VuR 2012, 294, 296.

422 Vgl. MüKoBGB/*Krüger m.w.N.*, 7. Aufl. 2016, § 266, Rn. 7 (zum Werkvertrag). Über § 651 BGB muss dies auch für Werklieferungsverträge gelten.

423 Siehe dazu unten § 10 A).

Gelangt der Projektgegenstand wider Erwarten nicht zur Entstehung, liegt eine Unmöglichkeit i.S.d. § 275 Abs. 1 BGB vor, da dann die kaufvertragliche Pflicht des Initiators aus § 433 Abs. 1 S. 1 BGB nicht erfüllt werden kann.[424]

Sollte der Geldgeber als Schuldner der Geldleistung noch nicht geleistet haben, entfällt seine Leistungspflicht damit gemäß § 275 Abs. 1 BGB. Bereits getätigte Geldleistungen sind über §§ 346 Abs. 1 i.V.m. 326 Abs. 5, 323 BGB rückabzuwickeln und kommen über § 283 BGB auch Schadensersatzansprüche[425] in Betracht. Für den Fall, dass die Entstehung bereits im Zeitpunkt des Vertragsschlusses ausgeschlossen war, kommt § 311a BGB zur Anwendung.[426]

Eine (konkludent vereinbarte) Bedingung ist vorliegend hingegen nicht geeignet, das Interesse des Geldgebers am Erhalt der in Aussicht gestellten Leistung abzusichern. Von einer solchen wäre auszugehen, wenn die Parteien im Zeitpunkt des Vertragsschlusses vom ungewissen Entstehen der Kaufsache ausgingen.[427]

Zwar ist es charakteristisch für eine Mitteleinwerbung durch Crowdfunding, dass das Erreichen der Zielsumme zunächst ungewiss ist und das Vertragsverhältnis insofern unter einer Bedingung steht.[428] Die erfolgreiche Einwerbung der Zielsumme unterstellt, ist jedoch nicht davon auszugehen, dass die Parteien von einer lediglich ungewissen Erfüllungsleistung ausgehen. Die Crowdfunding-Runde wird zu dem Zwecke betrieben, einen bestimmten Projektgegenstand zu realisieren, der in der hier untersuchten Konstellation der in Aussicht gestellten Leistung entspricht. Für die Parteien steht damit die unbedingte Erfüllung klar im Vordergrund, die sich sowohl in der Motivationslage des Initiators[429] wiederspiegelt, eine Crowdfunding-Runde durchzuführen, als auch in der des Geldgebers[430], an dieser teilzuhaben.

b) Absicherung des Interesses an der Realisierung des Projektgegenstandes

Das Interesse des Geldgebers an der Realisierung des Projektgegenstandes deckt sich hier unmittelbar mit seinem Interesse am Erhalt der in Aussicht gestellten Leistung. Diese kann nur erfüllt werden, wenn der Projektgegenstand realisiert wird, da andernfalls der im Projektgegenstand verkörperte Nutzen, die Kaufsache, nicht überlassen werden könnte.

Folglich wird auch das Interesse an der Realisierung des Projektgegenstandes über den Erfüllungsanspruch aus § 433 Abs. 1 S. 1 BGB und an diesen anknüpfende

---

424 Vgl. Staudinger/*Beckmann* (2014), § 433, Rn. 14.

425 Der Anspruch setzt ein Verschulden des Initiators voraus. Dieses bezieht sich darauf, ob der Projektgegenstand nicht realisiert und/oder der in diesem verkörperte Nutzen nicht überlassen wird.

426 Staudinger/*Beckmann* (2014), § 433, Rn. 14.

427 Staudinger/*Beckmann* (2014), § 433, Rn. 14.

428 Siehe oben § 6 C) II.

429 Siehe oben § 5 C) I.

430 Siehe oben § 5 C) II.

Sekundäransprüche geschützt. Hierbei ergeben sich keine Unterschiede zu den obigen[431] Ausführungen.

2. *Mietvertrag (Vorübergehende Überlassung)*

Im Unterschied zur dauerhaften Überlassung des Leistungsgegenstandes beim Kaufvertrag sieht der Mietvertrag nach §§ 535 ff. BGB eine nur vorübergehende Überlassung („während der Mietzeit" gem. § 535 Abs. 1 S. 1 BGB) vor. Soll dem Geldgeber daher der im Projektgegenstand verkörperte Nutzen nur vorübergehend überlassen werden, wie beispielsweise ein Film- oder Softwaredownload mit zeitlich befristeter Nutzungsberechtigung, so findet auf das Vertragsverhältnis zwischen Geldgeber und Initiator Mietrecht Anwendung.[432]

Der Mietvertrag wird hierbei über eine noch herzustellende Mietsache geschlossen. Die Leistung des Geldgebers als Mietentgelt wird typischerweise bereits mit dem erfolgreichen Abschluss der Crowdfunding-Runde geleistet[433], die noch herzustellende Mietsache aber erst deutlich später überlassen. Es handelt es sich daher um eine Vorauszahlung auf die Miete. Wie der gesetzlichen Wertung des § 547 BGB zu entnehmen ist, kann zwischen den Parteien eine solche problemlos vereinbart werden. Diese kann auch in einer insgesamt im Voraus zu entrichtenden einmaligen Geldleistung[434] bestehen und zur Herstellung der Mietsache[435] gedacht sein.

Das Interesse des Geldgebers an der Realisierung des Projektgegenstandes deckt sich auch hier unmittelbar mit seinem Interesse am Erhalt der in Aussicht gestellten Leistung. Diese kann nur erfüllt werden, wenn der Projektgegenstand realisiert wird, da andernfalls die noch herzustellende Mietsache nicht überlassen werden könnte.

Folglich wird auch das Interesse an der Realisierung des Projektgegenstandes über den Erfüllungsanspruch aus § 535 Abs. 1 S. 1 BGB und an diesen anknüpfende Sekundäransprüche geschützt.

Qualitativen Mängeln der Mietsache ist hierbei über mietvertragliche Sekundärrechte (§§ 536 ff. BGB) beizukommen.

Gereicht die Mietsache nicht zur Entstehung und kann somit nicht überlassen werden, liegt eine Unmöglichkeit nach § 275 Abs. 1 BGB vor. Je nachdem, ob der Geldgeber seine Zahlung bereits geleistet hat, wird er somit von seiner Leistungspflicht frei oder erwirbt ein Rückforderungsrecht aus §§ 346 Abs. 1 i.V.m. 326 Abs. 5 bzw. kann Schadensersatz nach § 283 BGB geltend machen. Sollte die Entstehung bereits im Zeitpunkt des Vertragsschlusses unmöglich gewesen sein, findet § 311a BGB Anwendung.

---

431 Siehe oben § 7 D) II. 1. a).
432 *Bareiß*, ZUM 2012, 456, 461.
433 Siehe oben § 4 B) III. u. IV) 1.
434 BGHZ 137, 106 = NJW 1998, 595, 596.
435 Vgl. Bamberger/Roth/*Ehlert*, § 547, Rn. 5.

3. *Werkvertrag (Veranstaltung, Aufführung, etc.)*

Soll der Geldgeber eine Zugangsberechtigung zu einer bestimmten Veranstaltung oder einer künstlerischen Darbietung erhalten, wie beispielsweise eine Theatervorstellung, eine Filmvorführung oder Kunstausstellung, wird ein werkvertraglicher Erfolg i.S.d. § 631 BGB geschuldet, gegebenenfalls ergänzt um miet- und kaufvertragliche Elemente.[436]

Zwischen Geldgeber und Initiator besteht damit eine werkvertragliche Leistungsbeziehung, die in Abhängigkeit des jeweiligen Einzelfalles auch den Charakter eines atypischen Aufführungsvertrags mit werkvertraglichem Schwerpunkt haben kann.[437]

Das Interesse des Geldgebers an der Realisierung des Projektgegenstandes deckt sich auch hier unmittelbar mit seinem Interesse am Erhalt der in Aussicht gestellten Leistung. Diese kann nur erfüllt werden, wenn der Projektgegenstand realisiert wird, da andernfalls der werkvertragliche Erfolg nicht hergestellt werden könnte.

Dieses Interesse wird über den Erfüllungsanspruch des § 631 Abs. 1 BGB geschützt und finden auf eine Schlechtleistung hinsichtlich des werkvertraglichen Schwerpunkts die werkvertraglichen Sekundäransprüche (§§ 634 ff. BGB) Anwendung.

Einer etwaigen Nichterfüllung ist auch[438] hier über die allgemeinen Regelungen zur Unmöglichkeit der Leistung beizukommen.

E) In Aussicht gestellte Leistungen mit dem Charakter einer Erlösbeteiligung

Crowdfunding zur Finanzierung von Einzelprojekten kann auch so ausgestaltet werden, dass der Geldgeber am wirtschaftlichen Erfolg des Projektgegenstandes beteiligt wird. Die in Aussicht gestellte Leistung hat dann den Charakter einer Erlösbeteiligung.

Eine derartige Ausgestaltungsvariante wurde beispielsweise als plattformunabhängiges Crowdfunding im Bereich der Filmfinanzierung erfolgreich eingesetzt: Über eine Internetseite wurde ein Teil des Produktionskapitals (EUR 1.000.000,-) einer deutschen Filmproduktion eingeworben.[439] Die finanzielle Teilhabe an diesem Finanzierungsvorhaben war ab einem Mindestbetrag in Höhe von EUR 50,- möglich und wurden die Geldgeber hierfür nach einem bestimmten Verteilungsschlüssel an den Erlösen aus dem späteren Ticketverkauf beteiligt. Für jedes verkaufte Kinoticket

---

436 Vgl. MüKoBGB/*Busche*, 6. Aufl. 2012, § 631, Rn. 245; Staudinger/*Peters/Jacoby* (2014), § 631, Rn. 6; Bamberger/Roth/*Voith*, § 631, Rn. 11f und § 651, Rn. 4.

437 MüKoBGB/*Busche*, 6. Aufl. 2012, § 631, Rn. 244 f.

438 Siehe oben § 7 D) II. 1. a) u. b).

439 Es handelt sich um die Filmproduktion „Stromberg – Der Film“, die im Februar 2014 veröffentlicht wurde, siehe oben Fn. 59. Auch benannt bei *Beck*, S. 20; *Jansen/Pfeifle*, ZIP 2012, 1842, 1844; *Rauda*, S. 289.

wurde hierbei EUR 1,- ausgeschüttet, so dass ein etwaiger Gewinn ab einer Anzahl von mehr als 1 Million verkaufter Tickets in Aussicht gestellt wurde. Der Erlös je Geldgeber ermittelt sich folglich als Quotient aus der Summe der Erlöse zur Anzahl der Geldgeber bzw. jeweiligen Höhe der Zahlung pro Geldgeber. Eine Rückzahlung der hingegebenen Gelder wurde nicht vereinbart. Die Zielsumme konnte erfolgreich eingeworben werden.

I. Idealtypische Leistungselemente

1. Erlösbeteiligung

Im Zuge der Crowdfunding-Runde wird dem Geldgeber eine Erlösbeteiligung in Aussicht gestellt, die sich aus der marktseitigen Verwertung des Projektgegenstandes ergibt. Deren Höhe richtet sich nach einem vom Initiator festgelegten Schlüssel. Hierbei wird in der Regel auf rein quantitative Faktoren in Bezug auf die marktseitige Verwertung abgestellt, wie z. B. die Anzahl verkaufter Eintrittskarten oder Produkte.

Eine zugesicherte (unbedingte) Rückzahlung der Geldleistung wird typischerweise nicht vereinbart.[440] Nur wenn die kommerzielle Verwertung des Projektgegenstandes entsprechend Erfolg hat, wenn beispielsweise eine entsprechende Anzahl Eintrittskarten verkauft werden, kann der Geldgeber mit Zahlungen rechnen, die betragsmäßig gegebenenfalls den Betrag seiner finanziellen Teilhabe decken. Der hingegebene Geldbetrag soll dauerhaft und nicht nur für einen bestimmten Zeitraum auf der Seite des Initiators verbleiben, um der Finanzierung des Projektgegenstandes zu dienen.

Eine Verlustbeteiligung findet nicht statt, die erzielbare Erlösbeteiligung ist daher entweder positiv oder gleich null, wenn kein Absatzerfolg erzielt wird.[441]

2. Entgeltlichkeit der Leistung

Die Erlösbeteiligung wird dem Geldgeber gegen Hingabe einer bestimmten Geldleistung in Aussicht gestellt.

Das Interesse des Geldgebers an der Realisierung des Projektgegenstandes deckt sich hier mit seinem Interesse am Erhalt der in Aussicht gestellten Leistung. Den Parteien kommt es damit auf eine wechselseitige Abhängigkeit von Leistung und Gegenleistung an.[442] Es steht somit der wirtschaftliche Zweck der Leistungsbeziehung im Vordergrund, der prägend ist für die Entgeltlichkeit des Geschäfts.[443]

440 *Beck*, S. 20; *Jansen/Pfeifle*, ZIP 2012, 1842, 1845; *Rauda*, S. 292, Rn. 829.
441 *Jansen/Pfeifle*, ZIP 2012, 1842, 1845 (Fn. 15).
442 Vgl. Staudinger/*Chiusi* (2013), § 516, Rn. 44.
443 *Fischer*, S. 57.

II. Vertragstypologische Einordnung

1. *Kein partiarisches Darlehen*

Im Rahmen des projektbezogenen Crowdfunding bringt sich der Geldgeber lediglich in das zu finanzierende Projekt, nicht aber den Projektträger ein.[444] Auch eine gesellschafterliche Beziehung liegt nicht vor.[445] In Betracht kommt daher ein partiarisches Rechtsverhältnis.[446]

Durch ein partiarisches Rechtsverhältnis soll ein wirtschaftlicher Erfolg erzielt werden, dieser aber nicht aus einer gesellschaftsrechtlichen Bindung heraus, sondern durch Erfüllung korrelierender Leistungen.[447] Partiarische Rechtsverhältnisse zeichnen sich dadurch aus, dass das Entgelt der einen Partei ganz oder teilweise von der Gewinn- oder Umsatzsatzentwicklung auf der Seite der anderen Partei abhängig ist.[448] Dieses „spekulative Element"[449] erscheint passend, wird eine Erlösbeteiligung in Aussicht gestellt.

Beim partiarischen Darlehen handelt es sich um eine Sonderform des Darlehensvertrags.[450] Dem Wesen nach müsste dem Rechtsverhältnis somit ein typischer Darlehensvertrag nach§ 488 ff. BGB zu Grunde liegen. Lediglich dessen Zinselement wird in Bezug auf Umsatz und/oder Gewinn erfolgsabhängig modifiziert. Wie beim klassischen Darlehen ist daher auch beim partiarischen Darlehen konstitutives Leistungselement die unbedingte Rückzahlung[451]. Typischerweise wird eine Rückzahlung bei der hier untersuchten Leistungsbeziehung aber gerade nicht vereinbart, weshalb diese nicht als partiarisches Darlehen einzuordnen ist.

2. *Kein Genussrecht*

Der Genussrechtsinhaber wird typischerweise am wirtschaftlichen Erfolg einer Unternehmung beteiligt, ohne mitgliedschaftliche Rechte zu erhalten. Anders als beim partiarischen Darlehen, geht es beim Genussrecht auch nicht um eine unbedingte Rückzahlung.[452] Es erscheint daher prinzipiell geeignet für die rechtliche Einordnung der hier untersuchten Leistungsbeziehung.

---

444 Siehe oben § 7 A) II.

445 Siehe oben § 7 A) I.

446 *Servatius*, in: *Henssler/Strohn*, § 230 HGB, Rn. 23; *Esser/Schmidt*, § 13, S. 220.

447 *Wunsch*, in: *Schwerdtfeger*, Kapitel 6, Rn. 19. Ausführlich zum gemeinsamen Zweck als Merkmal einer gesellschaftsrechtlichen Verbindung und dessen Bedeutung auf das partiarische Darlehen: *Schön*, NZG 1993, 210, 217 ff.

448 Larenz/Canaris, S. 56.

449 *Esser/Schmidt*, § 13, S. 220.

450 *Ebert*, S. 105.

451 Siehe oben § 7 A) III.

452 *Merkt*, in: *Schmidt/Lutter*, § 221, Rn. 61; Vgl. *Stadler*, in: *Bürgers/Körber*, § 221, Rn. 92.

Obwohl der Begriff des Genussrechts durch den Gesetzgeber in diversen Normen verwendet wird (z. B. § 1 Abs. 2 Nr. 5 VermAnlG), wird dieses weder legaldefiniert noch hinreichend konturiert.[453] „Die Zuordnung eines Schuldverhältnisses als Genussrecht kann [daher] nur funktional [...] erfolgen."[454]

Um von einem Genussrecht ausgehen zu können, müsste den Geldgebern etwas in Aussicht gestellt werden, das typischerweise einem Gesellschafter zustehen kann.[455]

Im Zuge der Erlösbeteiligung werden die Geldgeber typischerweise an bestimmten Erlöszahlen beteiligt, deren Höhe sich nach bestimmten Kriterien ergibt, die im Vorfeld der Crowdfunding-Runde vom Initiator definiert werden. Dabei handelt es sich zumeist um eine Erfolgsbeteiligung an rein quantitativen Verkaufszahlen. Die Erlösbeteiligung knüpft somit nicht am unternehmerischen Ergebnis, also am Gewinn oder Verlust für einen bestimmten Betrachtungszeitraums bzw. einem Gesellschaftsvermögen an.[456] Stattdessen an quantitativen Verkaufszahlen, die wirtschaftlich betrachtet lediglich kausal dazu beitragen, woran und in welcher Höhe ein Gesellschafter typischerweise beteiligt würde.

In Aussicht gestellte Leistungen in Form der Erlösbeteiligung lassen sich folglich nicht unter das subsumieren, was im Allgemeinen als Genussrecht verstanden wird.[457]

3. *Kein Rentenkauf*

Seinem Inhalt nach könnte sich die in Aussicht gestellte Erlösbeteiligung auch als Rentenvereinbarung qualifizieren lassen. Eine solche soll insbesondere dann vorliegen, wenn „»Zinsen« für einen ohne die Pflicht zur Rückzahlung hingegebenen Betrag"[458] in Aussicht gestellt werden. Die hier untersuchte Leistungsbeziehung könnte daher als Rentenkauf[459] einzuordnen sein.

Kennzeichnend für eine Rentenzahlung ist, dass mit der Hingabe einer Geldsumme ein Anspruch auf „regelmäßig wiederkehrende und gleichmäßige, nicht aber in der Höhe stets unveränderte Zahlungen"[460] erworben wird.

Bei der Erlösbeteiligung ist die Höhe der in Aussicht gestellten Leistung unabhängig vom hingegebenen Geldbetrag. Es wird vom Geldgeber einmalig ein

453 *Habersack* spricht von einer „historisch gewachsenen Begriffsbildung", in: MüKo-AktG, § 221, Rn. 64.

454 *Maas*, in: *Assmann/Schlitt/von Kopp-Colomb*, § 1 VermAnlG, Rn. 80.

455 *Leuering/Rubner*, NJW-Spezial 2012, 463, 464.

456 *Leuering/Rubner*, NJW-Spezial 2012, 463, 464.

457 So im Ergebnis auch *Leuering/Rubner*, NJW-Spezial 2012, 463, 464; *Jansen/Pfeifle*, ZIP 2012, 1842, 1848; a. A. *Rauda*, S. 292, Rn. 829.

458 BGH WM 1976, 974, 975.

459 Allgemein zur Vertragsfigur des Rentenkaufs: MüKoBGB/*Berger*, 7. Aufl. 2016, Vor § 488, Rn. 17; Staudinger/*Freitag* (2015), § 488, Rn. 61.

460 MüKoBGB/*Berger*, 7. Aufl. 2016, Vor § 488, Rn. 17.

bestimmter Geldbetrag geleistet, der dauerhaft auf der Seite des Initiators verbleibt, um der Realisierung des Projektgegenstandes zu dienen. Hierfür entrichtet der Initiator Zahlungen, deren Höhe und Bezugsdauer sich nach vorab definierten Modalitäten richtet.

Entscheidend für die Qualifizierung als Rentenkauf ist jedoch nicht nur, dass Zahlungen variabler Höhe in Aussicht gestellt werden, ohne dass eine Pflicht zur Rückzahlung besteht. Es müsste auch intendiert sein, dass diese regelmäßig wiederkehrend und gleichmäßig sind. Gerade hiervon kann aber vorliegend nicht ausgegangen werden. Charakteristisch für die hier untersuchte Erlösbeteiligung ist nämlich, dass der Geldgeber nur dann überhaupt Zahlungen erhält, wenn die marktseitige Verwertung hinreichend erfolgreich ist, dieser also prinzipiell auch „leer ausgehen" könnte.[461] Die Leistungsbeziehung ist daher nicht auf den Erwerb regelmäßig wiederkehrender, gleichmäßiger Zahlungen ausgelegt.

Auch die Vertragsfigur des Rentenkaufs eignet sich somit nicht für die rechtliche Einordnung der hier untersuchten Leistungsbeziehung.

4. Weder Schuldversprechen noch Schuldverschreibung

Beim abstrakten Schuldversprechen nach § 780 BGB wird dem Begünstigten eine Leistung i.S.d. § 241 Abs. 1 BGB zugesagt, die sich in der Zahlung einer Geldsumme konkretisiert.[462] Das abstrakte Schuldversprechen (mit beispielsweise einem Kaufvertrag als Kausalverhältnis) erscheint daher prinzipiell geeignet zur rechtlichen Einordnung der hier untersuchten Leistungsbeziehung.[463]

Wohl aufgrund des Umstands, dass beim abstrakten Schuldversprechen die Schaffung eines fungiblen Wertpapiers (durch Verbriefung) intendiert ist, ist eine Ausgestaltung als abstraktes Schuldversprechen jedoch bisher nicht vorzufinden.[464]

Das gilt auch für die (Inhaber-) Schuldverschreibung nach §§ 793 ff. BGB. Diese erscheint darüber hinaus auch materiellrechtlich ungeeignet zur Einordnung der hier untersuchten Leistungsbeziehung. Auch bei der Schuldverschreibung ist nämlich eine Pflicht zur Rückzahlung des hingegebenen Geldbetrags Strukturelement.[465]

5. Atypischer Vertrag

Wie sich aus den bisherigen Ausführungen ergibt, lässt sich die hier untersuchte Leistungsbeziehung weder einem typischen Vertrag noch einer bisher bekannten Rechtsfigur zuordnen. Dies liegt vor allem daran, dass keine Pflicht zur Rückzahlung des hingegebenen Geldbetrages besteht und die Erlösbeteiligung nicht dem entspricht, was typischerweise einem Gesellschafter in Aussicht gestellt würde.

---

461 Siehe oben § 7 E) I. 1.
462 MüKoBGB/*Habersack*, 7. Aufl. 2017, § 780, Rn. 13.
463 *Jansen/Pfeifle*, ZIP 2012, 1842, 1846.
464 *Jansen/Pfeifle*, ZIP 2012, 1842, 1846 (insb. Fn. 29).
465 *Lehmann*, Finanzinstrumente, S. 326; *Müller*, in: *Kümpel/Wittig*, S. 2029, Rn. 15.353.

Die hier in Rede stehende Leistungsbeziehung wird daher von einer Literaturmeinung als „bisher gänzlich unbekannt“[466] deklariert und es wird vorgeschlagen, diese als Vertragsform eigener Art, als „Partiarisches Finanzierungsgeschäft eigener Art“[467], einzuordnen.

Diese Ansicht verdient Zustimmung. Da das Schuldrecht keinen Typenzwang kennt, sind die Parteien in der Ausgestaltung ihrer vertraglichen Leistungsbeziehung grundsätzlich frei.[468]

Nach dem Inhalt dieses atypischen Vertrages ist der Geldgeber zur einmaligen Geldleistung verpflichtet und der Initiator zu einer bestimmten Erlösbeteiligung, die sich aus der marktseitigen Verwertung des Projektgegenstandes ergibt und deren Inhalt einseitig vom Geldgeber vorgegeben wird.[469]

a) Absicherung des Interesses am Erhalt der in Aussicht gestellten Leistung

Das Interesse des Geldgebers am Erhalt der Erlösbeteiligung wird mit dem Erfüllungsanspruch aus dem atypischen Vertrag abgesichert und durch vertragliche Sekundäransprüche, insbesondere aus §§ 280, 281, 283, 286, 323 ff. BGB, flankiert.

Die in Aussicht gestellte Zahlung hängt von der Verwertung des Projektgegenstandes, folglich dessen künftiger Realisierung und erfolgreicher Platzierung auf dem Markt ab. Die Geldgeber sehen sich hierbei einem gewissen Umsetzungsrisiko ausgesetzt, das insbesondere dann eintritt, wenn der Projektgegenstand nicht realisiert wird.

Gelangt der Projektgegenstand wider Erwarten nicht zur Entstehung, liegt eine Unmöglichkeit i.S.d. § 275 Abs. 1 BGB vor, da nichts aus einer marktseitigen Verwertung des Projektgegenstandes erlöst werden kann, wenn es nicht zu dessen marktseitiger Verwertung kommt.[470]

Sollte der Geldgeber als Schuldner der Geldleistung noch nicht geleistet haben, entfällt seine Leistungspflicht damit gemäß § 275 Abs. 1 BGB. Bereits getätigte Geldleistungen sind über §§ 346 Abs. 1 i.V.m. 326 Abs. 5, 323 BGB rückabzuwickeln und ist über § 283 BGB auch ein Anspruch auf Schadensersatz[471] denkbar. Für den Fall, dass die Entstehung bereits im Zeitpunkt des Vertragsschlusses ausgeschlossen war, kommt § 311a BGB zur Anwendung.

---

466 *Jansen/Pfeifle*, ZIP 2012, 1842, 1846.

467 Begriff und Konzeption: *Jansen/Pfeifle*, ZIP 2012, 1842, 1846.

468 MüKoBGB/*Emmerich*, 7. Aufl. 2016, § 311, Rn. 24.

469 Vgl. *Jansen/Pfeifle*, ZIP 2012, 1842, 1846.

470 Die Konstellation gestaltet sich vergleichbar der „Vorbestellung“, siehe oben § 7 D) II. 1. a).

471 Dies setzt ein Verschulden des Initiators daran voraus, dass der Projektgegenstand nicht realisiert wird.

b) Absicherung des Interesses an der Realisierung des Projektgegenstandes

Die Realisierung des Projektgegenstandes ist zwingende Voraussetzung für die Erfüllung der in Aussicht gestellten Leistung in Form einer Erlösbeteiligung. Erst wenn der Projektgegenstand realisiert wurde, kann er auch marktseitig verwertet werden und können erst dann die Geldgeber hieran erlösmäßig beteiligt werden. Der Grad der Umsetzung erstreckt sich dabei auf eine Solleigenschaft, wie sie im Rahmen der Crowdfunding-Runde auf der jeweiligen Projektseite beschrieben wird.

Das Interesse des Geldgebers am Erhalt der in Aussicht gestellten Leistung deckt sich folglich mit seinem Interesse an der Realisierung des Projektgegenstandes und wird über den vertraglichen Erfüllungsanspruch aus dem atypischen Vertrag geschützt.

F) Mischformen

Im bisherigen Diskurs wurde stets vom Idealtypus der jeweiligen Variante einer in Aussicht gestellten Leistung ausgegangen. Gängig dürften jedoch Mischformen sein.[472] Diese zeichnen sich vor allem dadurch aus, dass Leistungsgegenstände der Variante Vorbestellung[473] um ideelle Aspekte erweitert werden oder die in Aussicht gestellte Leistung aus mehreren Einzelgegenständen besteht.

Hierdurch ist es dem Initiator möglich, in Form einer abgestuften Differenzierung diverse Leistungsstufen[474] auszugestalten und so eine besondere Motivation auf potentielle Geldgeber auszuüben.

I. In Aussicht gestellte gemischte Leistungen

Als gemischte Leistungen werden im Folgenden all solche Leistungen kategorisiert, die in der Überlassung des im Projektgegenstand verkörperten Nutzens[475] bestehen und dabei sowohl entgeltliche als auch unentgeltliche Elemente aufweisen.[476]

Andere Leistungsgegenstände, die sowohl entgeltliche als auch unentgeltliche Elemente aufweisen, aber nicht in der Überlassung des im Projektgegenstand verkörperten Nutzens bestehen, wie insbesondere typische Fanartikel mit Bezug zum Projektgegenstand, werden unter der Variante Dankende Anerkennung erörtert.[477]

---

472 *Klöhn/Hornuf*, ZBB 2012, 237, 239 (zur Fallgruppe des Crowdfunding zur Unternehmensfinanzierung).

473 Siehe oben § 7 D).

474 Siehe oben § 4 B) I. 3.

475 Siehe oben § 7 D) I. 1.

476 Vgl. *Witte*, ITRB 2012, 130, 132.

477 Siehe oben § 7 C) (insb. § 7 C I. 2. b) aa) u. § 7 C) II. 2.).

1. *Charakteristika*

Die hier in Rede stehenden Leistungsgegenstände sind grundsätzlich solche der Variante Vorbestellung. Diese erfahren oftmals eine irgendwie geartete ideelle Erweiterung, die allerdings nicht zwingend sein muss.

Eine derartige Ausgestaltung findet sich beispielsweise im einleitenden Fallbeispiel 1[478]: Im Zug des Crowdfunding für einen Bildband wurde zu einer Leistungsstufe in Höhe von EUR 75,- eine signierte Version des zu realisierenden Bildbandes samt namentlicher Nennung bei den Danksagungen im Buch in Aussicht gestellt. Im Vergleich hierzu wurde der zu realisierende Bildband als solcher, also ohne die ideelle Erweiterung und damit in der Variante Vorbestellung, zu EUR 50,- in Aussicht gestellt.

Wie bereits oben[479] ausgeführt, soll ein hierdurch erzielter Mehrerlös unmittelbar der Realisierung des Projektgegenstandes dienen. Es handelt sich „nicht lediglich um ein für den Geförderten »zufällig« besonders günstiges entgeltliches Geschäft, sondern um einen Vertrag mit einer entgeltlichen und einer unentgeltlichen Komponente, bei dem der entgeltliche Anteil quantitativ meist überwiegt"[480] und der unentgeltliche Teil einem Förderzweck dient.

Eine entsprechende Konstellation kann prinzipiell auch ohne eine objektiv in Erscheinung tretende ideelle Erweiterung des Leistungsgegenstandes vorliegen, wenn der aufgerufene Geldbetrag deutlich höher liegt als ein vermeintlich zu erzielender Marktpreis, als der Preis, zu dem das vorfinanzierte Produkt später regulär auf dem Markt angeboten wird.[481]

2. *Rechtliche Einordnung*

Den Parteien kommt es hierbei auf eine innere Verbundenheit[482] des entgeltlichen mit dem unentgeltlichen Teil an. Es handelt sich daher um einen gemischten Vertrag.

Da die Leistung des Geldgebers in der Regel teilbar ist, können beide Teile für die rechtliche Beurteilung getrennt werden.[483] Die Abgrenzung des entgeltlichen vom unentgeltlichen Teil richtet sich folglich nach dem Leistungsgegenstand.

---

478 Siehe oben § 1 A).
479 Siehe oben § 7 C) I. 1.
480 *Schaub,* S. 530.
481 Anders gestaltet sich die Konstellation, wenn die Leistungsstufe niedriger liegt als ein vermeintlicher Marktpreis. Der Geldleistung wohnt dann kein Förderelement inne. Es handelt sich um einen ermäßigten Kaufpreis im Rahmen eines normalen Kaufvertrags. Dies beispielsweise, um hierdurch eine besondere Motivation auf den Geldgeber auszuüben („Vorbesteller-Rabatt").
482 Staudinger/*Wimmer-Leonhardt* (2005), § 516, Rn. 201.
483 Vgl. *Schaub,* S. 533.

Entgeltlicher Teil kann hierbei alles sein, was auch als Leistungsgegenstand der Variante Vorbestellung in Betracht kommt und dürfte es sich dabei zumeist um einen Kaufvertrag handeln.[484]

Wird der Leistungsgegenstand der Variante Vorbestellung um ideelle Aspekte erweitert, dient diese Erweiterung der Erzielung eines Mehrerlöses zu Gunsten des Projektgegenstandes und betrifft daher den unentgeltlichen Teil.[485] Geht es hierbei z. B. um eine Signatur oder Danksagung, so handelt es sich um eine Auflagenleistung.[486]

Wie bereits oben[487] bei der Variante Dankende Anerkennung, ist auch hier von einem Typenverschmelzungsvertrag in Form einer gemischten Schenkung auszugehen, wobei es sich beim unentgeltlichen Teil um eine Auflagenschenkung handelt: Es liegt demnach eine gemischte Schenkung unter Auflage vor.

Über die Auflage, bzw. den Erfüllungsanspruch aus § 525 BGB, wird das Interesse des Geldgebers an der zweckgerichteten Verwendung des Mehrerlöses abgesichert.[488] Sofern es um eine bestimmte ideelle Erweiterung geht, wie zum Beispiel eine Signatur oder Danksagung, ist auch diese Gegenstand einer Auflage.[489]

Im Übrigen deckt sich das Interesse des Geldgebers an der Realisierung des Projektgegenstandes unmittelbar mit seinem Interesse am Erhalt der in Aussicht gestellten Leistung. Dieses wird durch den vertraglichen Primäranspruch abgesichert: Die in Aussicht gestellte Leistung kann nur erfüllt werden, wenn der Projektgegenstand realisiert wird, da andernfalls der im Projektgegenstand verkörperte Nutzen samt ideeller Erweiterung nicht überlassen werden könnte. In argumentativer Hinsicht ergeben sich hierbei keine Unterschiede zur Variante Vorbestellung.[490]

II. Mehrere Leistungsgegenstände

Bisweilen werden Leistungen in Aussicht gestellt, die mehrere einzelne Leistungsgegenstände zum Gegenstand haben.

Im einleitenden Fallbeispiel 1[491] wurde beispielsweise zu einer Leistungsstufe von EUR 85,- der zu realisierende Bildband und ein T-Shirt in Aussicht gestellt; zu EUR 100,- der Bildband, ein T-Shirt und ein thematisch passendes Blechschild; zu EUR 125,- eine signierte Version des Bildbands, ein T-Shirt und ein Trinkbecher.

484 Siehe oben § 7 D) II. (insb. § 7 D) II. 1.).
485 Siehe oben § 7 C) I. 1.
486 Siehe oben § 7 C) I. 2. a).
487 Siehe oben § 7 C) I. 2. u. § 7 C) II. 2.
488 Siehe oben § 7 C) II. 1. b).
489 Siehe oben § 7 C) II. 1. a).
490 Siehe oben § 7 D) II. 1. a) u. b).
491 Siehe oben § 1 A).

Es bleibt hierbei bei einem einheitlichen Vertrag. Dieser wird einheitlich zwischen Initiator und Geldgeber geschlossen[492] und hat mehrere Leistungsgegenstände zum Inhalt.

Wird daher z. B. der zu realisierende Bildband zusammen mit einem T-Shirt in Aussicht gestellt, so kommt, ausgehend von der Variante Vorbestellung, prinzipiell ein Kaufvertrag[493] in Betracht. Es handelt sich dabei um einen einheitlichen Kaufvertrag mit zwei Kaufgegenständen. Da jedoch nicht nur der im Projektgegenstand verkörperte Nutzen überlassen werden soll, ist nicht die idealtypische Variante einer in Aussicht gestellten Leistung mit dem Charakter einer Vorbestellung gegeben. Die hingegebene Geldleistung ist nicht nur Kaufpreis. Vielmehr wohnt dieser auch ein teilweise unentgeltliches Förderelement inne, wie es für die Variante Dankende Anerkennung charakteristisch ist.[494]

Es liegt daher eine gemischte Schenkung unter Auflage[495] vor, wobei sich der entgeltliche Teil auf einen einheitlichen Kaufvertrag mit zwei Kaufgegenständen bezieht.

Die Kombinationsmöglichkeiten sind hierbei schier endlos. Es kann an dieser Stelle daher keine allgemeinverbindliche Einordnung getroffen werden. Allgemein abstrakt kann jedoch festgehalten werden, dass ein vollkommen entgeltliches Geschäft nur im Falle der idealtypischen Variante Vorbestellung gegeben wäre.[496] Andernfalls wohnt der Geldleistung stets ein Förderzweck im Hinblick auf den Projektgegenstand inne, weshalb zumeist eine zumindest teilweise unentgeltliche Leistung gegeben sein wird.[497] Auch gilt es zu beachten, dass eine einheitliche entgeltliche Leistung mehrere Leistungsgegenstände haben kann und können einzelne Leistungsgegenstände gewiss auch gemischte Leistung[498] nach obigem Verständnis sein.

Werden daher im Rahmen einer bestimmten Leistungsstufe mehrere Leistungsgegenstände in Aussicht gestellt, so bleibt es bei einem einheitlichen Vertrag. Dessen Qualifikation richtet sich nach den oben unter § 7 C) bis § 7 F) I. herausgearbeiteten Erkenntnissen, die im konkreten Einzelfall gegebenenfalls zu kombinieren sind.

---

492 Siehe oben § 6 C).
493 Siehe oben § 7 D II. 1.
494 Siehe oben § 7 C) I. 1.
495 Vgl. oben § 7 C) II. 2.
496 Siehe oben § 7 D) I. 1.
497 Siehe oben § 7 C) I. 1.
498 Siehe oben § 7 F) I.

§ 8 Crowdfunding zur Unternehmensfinanzierung

In der Fallgruppe des Crowdfunding zur Unternehmensfinanzierung wird dem Geldgeber eine Berechtigung an den künftigen Zahlungsströmen eines zu finanzierenden Unternehmens in Aussicht gestellt.[499] Dabei handelt es sich vorrangig um junge Unternehmen (Start-ups).

Über eine Internet-Seite in Form einer hierauf spezialisierten Crowdfunding-Plattform[500] wird hierbei die Möglichkeit geschaffen, einen in aller Regel durch die Plattform vorformulierten und standardisierten[501] Vertrag zu schließen. Dieser hat den Inhalt einer im Einzelfall näher zu konkretisierenden Erfolgsbeteiligung. Durch ihn wird das Rechtsverhältnis der Geldgeber untereinander und in Bezug auf den Initiator geordnet.[502]

Im einleitenden Fallbeispiel 3[503] wurden beispielsweise partiarische Nachrangdarlehen in Aussicht gestellt und konnten so im Rahmen der Crowdfunding-Runde EUR 400.000,- von 446 Geldgebern erlöst werden.

A) Übergeordnete Charakteristika

Die Vertragsbeziehung im Marktverhältnis ist je nach Initiator und Crowdfunding-Plattform unterschiedlich ausgestaltet. Jedoch sind über die vorzufindenden Varianten der vertraglichen Ausgestaltung hinweg gewisse strukturelle Parallelen erkennbar, die für ein Crowdfunding zur Unternehmensfinanzierung charakteristisch sind.[504]

Weit überwiegend handelt es sich dabei nicht um den Erwerb einer Unternehmensbeteiligung.[505] Vielmehr liegt typischerweise eine nur mittelbare Beteiligung in Form eines einfachen Austauschvertrags vor, durch den der Geldgeber zwar Vermögensrechte erwirbt, durch den aber nicht Mitgliedschaftsrechte eines Gesellschafters begründet werden. Insbesondere erlangen die Geldgeber hierdurch keinerlei Mitspracherechte, sondern lediglich rudimentäre Informationsrechte.[506]

Der Geldgeber verpflichtet sich hierbei zu einer bestimmten Geldleistung, wobei sein finanzielles Risiko typischerweise auf die Höhe seiner einmaligen Zahlung

499 *Klöhn/Hornuf*, ZBB 2012, 237, 239.
500 Siehe oben § 1 D) II. 2.
501 *Klöhn/Hornuf/Schilling*, ZBB 2016, 142, 147; *Klöhn/Hornuf*, ZBB 2012, 237, 242.
502 Vgl. *Inhester*, in: *Jesch/Striegel/Boxberger*, § 11, S. 231.
503 Siehe oben § 1 A).
504 Siehe hierzu insbesondere die Auswertung bei *Klöhn/Hornuf/Schilling*, ZBB 2016, 142, 148 ff.
505 Eine Ausnahme bildet das Model der Plattform Bergfürst, über die vinkulierte Namensaktien begeben werden. Siehe unten § 8 B) V.
506 *Klöhn/Hornuf/Schilling*, ZBB 2016, 142, 168; *Kunz*, in: *Bräutigam/Rücker*, 12. Teil, Rn. 73.

begrenzt ist. Zwar besteht insofern in der Regel keine Verlustbeteiligung in Form einer Nachschusspflicht.[507] Jedoch kann das finanzielle Engagement des Geldgebers einen Totalverlust zur Folge haben.[508]

Im Gegenzug wird der Geldgeber nach Maßgabe einer bestimmten Beteiligungsquote, die sich typischerweise nach der Höhe seiner finanziellen Teilhabe richtet[509], am künftigen Erfolg des Unternehmens beteiligt. Dies in der Regel durch einen Festzins sowie eine variable Gewinnbeteiligung bzw. Beteiligung an der Entwicklung des Unternehmenswertes und/oder Veräußerungserlöses.[510]

Zudem sehen die Verträge in der Regel einen Verwässerungsschutz vor, um die Teilhabeverhältnisse bei Folgefinanzierungen problemlos an die neuen Kapitalverhältnisse anpassen zu können.[511]

Rechte des Geldgebers, Einfluss auf die operative Geschäftstätigkeit zu nehmen werden üblicherweise ausgeschlossen und Informationsrechte auf solche beschränkt, die zur Ermittlung der Erfolgsbeteiligung erforderlich sind.[512]

B) Vorzufindende Varianten vertraglicher Ausgestaltung

Im Folgenden findet sich ein Überblick gängiger Varianten der vertraglichen Ausgestaltung, wie sie gegenwärtig vorzufinden sind.

I. Nachrangdarlehen

Eine Gestaltung als Nachrangdarlehen[513] findet sich beispielsweise auf den Plattformen Deutsche Mikroinvest[514] oder Bergfürst[515].

507 *Klöhn/Hornuf/Schilling*, ZBB 2016, 142, 160.

508 *Seedmatch* FAQ (Fn. 139), „Welches Risiko habe ich als Investor?"; *Companisto* FAQ (https://www.companisto.com/de/faq, zuletzt abgerufen: 14.10.2017), „Welches Risiko besteht für Companisten?"; *Deutsche Mikroinvest* FAQ Investoren (https://www.deutsche-mikroinvest.de/private-anleger/faqs-fuer-investoren, zuletzt abgerufen: 14.10.2017), „Welches Risiko habe ich als Investor?".

509 *Klöhn/Hornuf/Schilling*, ZBB 2016, 142, 156; *Weitnauer*, Teil E, Rn. 79. *Weitnauer*, a.a.O., nennt als Beispiel hierzu eine Beteiligungsquote von 0,01 % bei einem Darlehensbetrag von EUR 100 und einem Unternehmenswert von EUR 1 Mio.

510 *Klöhn/Hornuf/Schilling*, ZBB 2016, 142, 154–165; *Bader*, WM 2014, 2249, 2252; *Weitnauer*, Teil E, Rn. 79; *Kunz*, in: *Bräutigam/Rücker*, 12. Teil, Rn. 72.

511 *Klöhn/Hornuf/Schilling*, ZBB 2016, 142, 166.

512 Vgl. *Weitnauer*, Teil E, Rn. 78.

513 Hierzu allgemein Staudinger/*Freitag* (2015), § 488, Rn. 98 ff.; *Hofert/Arends*, ZIP 2005, 1297, 1298 f.

514 https://www.deutsche-mikroinvest.de/mezzanine-beteiligungen, zuletzt abgerufen: 14.10.2017.

515 *Bergfürst* FAQ, „Welche Beteiligungsformen bietet BERGFÜRST an?", https://de.bergfuerst.com/faq, zuletzt abgerufen: 14.10.2017.

Nachrangdarlehen ermöglichen es, Geldgeber am wirtschaftlichen Erfolg des zu finanzierenden Unternehmens partizipieren zu lassen ohne eine gesellschafterliche Bindung zu begründen. Zwischen den Parteien des Marktverhältnisses wird hierbei ein Darlehensvertrag i.S.d. §§ 488 ff. BGB geschlossen, dessen Inhalt um eine vertragliche Abrede in Form einer Nachrangabrede[516] bzw. einer Rangrücktrittsvereinbarung modifiziert wurde. Bei dieser handelt es sich materiell-rechtlich um einen Vertrag sui generis nach § 311 Abs. 1 BGB, wonach zwar der Bestand der Forderung unberührt bleibt, diese aber als nachrangiges Fremdkapital qualifiziert wird.[517] Der Geldgeber wird hierdurch nicht unangemessen benachteiligt, da es ihm im Zuge einer Crowdfunding-Runde typischerweise nicht nur um Zins und Tilgung, sondern vor allem um die Realisierung des Finanzierungsgegenstandes geht, er insofern „ein eigenes Interesse an der Verwendung der von ihm zur Verfügung gestellten Mittel hat".[518]

Der Geldgeber kann dabei als Darlehensgläubiger seine Forderung gegenüber den erstrangigen Darlehensgläubigern erst nach deren vollständiger Befriedigung geltend machen.[519] Im Bereich des Crowdfunding zur Unternehmensfinanzierung würde beispielsweise der Geldgeber im Falle einer Insolvenz des Initiators nachrangig bedient und erhält hierfür regelmäßig einen gewinnabhängigen Risikoaufschlag.[520]

II. Partiarische Nachrangdarlehen

Eine Ausgestaltung der Vertragsbeziehung als partiarisches Darlehen bzw. partiarisches Nachrangdarlehen findet sich beispielsweise auf den Plattformen Companisto[521], Deutsche Mikroinvest[522], Seedmatch[523] oder Innovestment[524]. Sie stellt gegenwärtig die gebräuchlichste Variante der vertraglichen Ausgestaltung dar.[525]

516 Allgemein hierzu *Klöhn/Hornuf/Schilling*, ZBB 2016, 142, 177 f.
517 MüKoBGB/*Berger*, 7. Aufl. 2016, Vor § 488, Rz 105.
518 *Mock*, in: *Uhlenbruck*, InsO, § 19, Rn. 240.
519 *Eilers/Teufel*, in: *Eilers/Rödding/Schmalenbach*, A, Rn. 99.
520 Vgl. *Gabrysch*, in: *Breithaupt*, § 1, Rn. 18.
521 *Companisto* FAQ (Fn. 508), „Welche Rechtsform hat die Beteiligung der Companisten?".
522 Siehe oben Fn. 514.
523 *Seedmatch* FAQ (Fn. 139), „Welche Rechtsform hat mein Investment?".
524 *Innovestment* FAQ (https://www.innovestment.de/faq, zuletzt abgerufen: 14.10.2017), „Warum bietet Innovestment partiarische Nachrangdarlehen als Finanzierungsinstrument an?".
525 *Klöhn/Hornuf/Schilling*, ZBB 2016, 142, 145 u. 148; *Herr/Bantleon*, DStR 2015, 532, 533; *Weitnauer*, Teil E, Rn. 77; *Nietsch/Eberle*, DB 2014, 1788, 1788.

Durch die partiarische[526] Komponente ist die Vergütung nicht betragsmäßig fixiert, sondern erfolgsbezogen.[527] Hinzu tritt regelmäßig eine Rangrücktrittserklärung zu Gunsten erstrangiger Darlehensgeber.[528]

Im Einzelfall als problematisch kann sich die Abgrenzung hin zur stillen Gesellschaft erweisen. Gerade für die aufsichtsrechtliche Beurteilung ist diese jedoch von erheblicher Bedeutung.[529] Hierzu ist auf den Kern des Gewollten abzustellen, da „von den Vertragsparteien gewählte Formulierungen [nur] indizielle Bedeutung haben; entscheidend ist, was die Vertragsparteien wirtschaftlich gewollt haben."[530]

Eine stille Beteiligung läge dabei insbesondere dann vor, wenn der Geldgeber weiterreichende Informations- und Kontrollrechte entsprechend § 233 HGB erhält.[531] Eine grundlegende Kategorisierung soll danach vorgenommen werden können, ob es den Parteien um ein reines Austauschverhältnis geht (dann partiarisches Darlehen) oder, ob die Parteien einen gemeinsamen Zweck verfolgen (dann stille Beteiligung).[532]

Die Motivationslage der Parteien[533] könnte dafür sprechen, dass ein gemeinsamer Zweck jenseits der bloßen Hingabe von Finanzmitteln verfolgt wird, der auf eine stille Beteiligung hindeutet.

Insbesondere beim Crowdfunding geht es den Parteien typischerweise darum, das zu finanzierende Unternehmen in einer Art und Weise auf den Weg zu bringen, dass es selbstständig am Markt bestehen und sich dort erfolgreich positionieren kann. Gerade hierfür werden die erforderlichen finanziellen Mittel von den Geldgebern bereitgestellt. Dafür sollen diese an jenen Zahlungsströmen partizipieren, die durch das so erfolgreich finanzierte Unternehmen künftig generiert werden. Hierbei ist es gerade Zweck einer Mitteleinwerbung durch Crowdfunding, dass Geldgeber und Initiator ihre Mittel zusammenführen, um einem überindividuellen Zweck zu dienen.

Dieser Zweck kommt jedoch allenfalls als ein Motiv der Geldleistung in Betracht, für die rechtliche Abgrenzung ist er unbeachtlich. Diese ist nach dem Inhalt des jeweiligen Vertrages vorzunehmen.

Die typischerweise vorzufindenden Vertragsgestaltungen sehen beispielsweise vor, dass die Rechtsposition abgetreten werden kann, Informationsrechte nur in deutlich geringerem Umfang als nach § 233 HGB gewährt werden sowie

---

526 Allgemein zum partiarischen Darlehen siehe bereits oben § 7 E) II. 1.

527 MüKoBGB/*Schäfer*, 7. Aufl. 2017, Vor § 705, Rn. 107.

528 Siehe oben § 8 A) I.

529 *Kunz*, in: *Bräutigam/Rücker*, 12. Teil, Rn. 75; vgl. *Uffmann*, JZ 2016, 928, 930.

530 BFH ZIP 2008, 2264–2267 (2264) zur vergleichbaren Abgrenzungsproblematik von stiller Gesellschaft zu Genussrecht.

531 *Weitnauer/Parzinger*, GWR 2013, 153, 154 f.

532 *Weitnauer/Parzinger*, GWR 2013, 153, 154 f.

533 Siehe oben § 5 C) I. u. II.

Mitwirkungsrechte gänzlich fehlen. Dies soll im Zweifelsfall deutlich auf ein partiarisches Darlehen hindeuten.[534]

III. Stille Beteiligungen

Auch eine vertragliche Ausgestaltung als stille Beteiligung (§§ 230 ff. HGB) ist vorzufinden.[535]

Während die Ausgestaltung der Leistungsbeziehung bis zum Jahr 2012 (und damit zur Anfangszeit einer Unternehmensfinanzierung durch Crowdfunding in Deutschland) noch vornehmlich als stille Beteiligung erfolgte[536], hat die Strukturierung als partiarisches Nachrangdarlehen zunehmend an Verbreitung gewonnen, wodurch eine Ausgestaltung als stille Beteiligung zunehmend verdrängt wurde.[537] Solche werden beispielsweise noch auf der Plattform Deutsche Mikroinvest[538] begeben.

Der zwingende Inhalt einer solchen Übereinkunft ergibt sich aus den gesetzlichen[539] Anforderungen zur Ausgestaltung einer stillen Beteiligung.[540] Dies ist „die Beteiligung des stillen Gesellschafters am Gewinn (§ 231 Abs. 2 [...]), das außerordentliche Kündigungsrecht (§ 234 Abs. 1 Satz 2), das Kündigungsrecht eines pfändenden Gläubigers (§ 135 i.V.m. § 234 Abs. 1 Satz 1), die Einzahlungspflicht in der Insolvenz (§ 236 Abs. 2) sowie die Anfechtbarkeit in der Krise (§ 136 InsO)“[541].

Handelt es sich im Einzelfall um eine stille Beteiligung ist zu klären, welche Art stiller Beteiligung einer Finanzierung durch Crowdfunding am ehesten gerecht wird. Im Unterschied zur typisch stillen Beteiligung trägt der stille Gesellschafter bei der atypisch stillen Beteiligung Mitunternehmerinitiative und Mitunternehmerrisiko.[542]

Mitunternehmerinitiative verlangt die Teilhabe an unternehmerischen Entscheidungen[543] und könnte sich auf Grundlage von den Geldgebern gewährten Informationsrechten ergeben, die sich z.B. aus Gesetz (§ 233 Abs. 1 HGB) oder Vertrag ergeben. Jedoch ist ein derartiger Auskunftsanspruch als vergleichsweise schwach einzustufen und kommt dieser mehr der Absicherung der jeweiligen Erfolgsbeteiligung zu Gute, als dass hierdurch eine Möglichkeit der operativen Einflussnahme

---

534 *Nietsch/Eberle*, DB 2014, 1788, 1793.

535 Allgemein siehe Oetker/*Wedemann*, § 230, Rn. 13.

536 Vgl. *Klöhn/Hornuf*, ZBB 2012, 237, 244 (Tabelle 3); *Weitnauer*, Teil E, Rn. 78; *Nietsch/Eberle*, DB 2014, 1788, 1788.

537 *Klöhn/Hornuf/Schilling*, ZBB 2016, 142, 149.

538 Siehe oben Fn. 514.

539 Wenn nicht anders bezeichnet, handelt es sich in diesem Absatz um Normen des HGB.

540 Allgemein zur stillen Beteiligung: Siehe oben § 7 A) II.

541 MüKoHGB/*K. Schmidt*, § 230, Rn. 72.

542 *Hennrichs*, in: *Tipke/Lang*, § 10, Rn. 70.

543 MüKoHGB/*K. Schmidt*, § 230, Rn. 75.

begründet würde.[544] Im Ergebnis kann es auch dahinstehen, ob im Einzelfall Mitunternehmerinitiative gegeben ist, da es im Zuge einer typischen Crowdfunding-Runde regelmäßig am Mitunternehmerrisiko fehlen dürfte. Dieses setzt nämlich die Teilnahme auch am Verlust des Unternehmens voraus.[545] Im Rahmen der typischerweise vorzufindenden Vertragsgestaltung wird eine Verlustbeteiligung jedoch regelmäßig auf die Höhe der Einlage begrenzt und eine etwaige Nachschusspflicht ausgeschlossen.[546] Geldgeber trifft daher in der Regel kein Mitunternehmerrisiko.

Wird die vertragliche Leistungsbeziehung als stille Beteiligung ausgestaltet, so dürfte daher im Regelfall von einer typischen stillen Beteiligung auszugehen sein.[547]

IV. Genussrechte

Eine Strukturierung der Leistungsbeziehung als Genussrecht findet sich beispielsweise auf der Plattform Deutsche Mikroinvest[548].

Genussrechte[549] können noch flexibler ausgestaltet werden als stille Beteiligungen, da insoweit nicht einmal deren zwingende Voraussetzungen zu beachten sind.[550]

Auch bei einer Erfolgsbeteiligung in Form von Genussrechten handelt es sich um eine mittelbare Teilhabe am Unternehmen, die sich in einer lediglich wirtschaftlichen (Mit-)Berechtigung am Unternehmensvermögen niederschlägt.[551]

V. Aktien

Im Einzelfall ist auch eine unmittelbare Unternehmensbeteiligung in Form von Aktien (vinkulierte Namensaktien) vorzufinden, wie z. B. auf der Plattform Bergfürst[552].

Die Mitteleinwerbung ist hierbei wie ein Börsengang[553] strukturiert, der auf einem privaten Handelsplatz, der Crowdfunding-Plattform, erfolgt. Dabei nimmt die Plattform die Rolle einer Börse ein und hält sogar einen Zweitmarkt bereit.[554]

Diese Variante wird der Vollständigkeit halber hier aufgenommen, sorgt jedoch hinsichtlich ihrer juristischen Erfassung nicht für Besonderheiten. Sie zeichnet sich vielmehr durch die Innovativität des Geschäftsmodells aus und könnte in

---

544 *Gleske/Laudenklos*, in: *Eilers/Rödding/Schmalenbach*, D, Rn. 53.
545 Vgl. MüKoHGB/*K. Schmidt*, § 230, Rn. 75.
546 Siehe oben § 8 A).
547 A. A. *Bader*, WM 2014, 2249, 2252, der den Geldgeber rein wirtschaftlich betrachtet als eher atypisch stillen Gesellschafters einordnet, steuerlich jedoch eine typische Stille Beteiligung bejaht.
548 Siehe oben Fn. 514.
549 Allgemein zu Genussrechten: Siehe oben § 7 E) II. 2.
550 *Wunsch*, in: *Schwerdtfeger*, Kapitel 6, Rn. 24; *Angerer*, DStR 1994, 41, 41.
551 MüKoHGB/*K. Schmidt*, Vor § 230, Rn. 1.
552 *Bergfürst* FAQ (Fn. 515), „Welche Beteiligungsformen bietet BERGFÜRST an?".
553 Allgemein zu Ablauf und juristischer Strukturierung eines Börsenganges siehe z. B. *Singhof/Weber*, in: *Habersack/Müller/Schlitt*, § 3.
554 *Weitnauer*, Teil E, Rn. 77.

ihrer Ausgestaltung bereits als Weiterentwicklung der bisherigen Konzeption eines Crowdfunding zur Unternehmensfinanzierung in Form eines „kleinen Börsengangs“ verstanden werden.[555]

C) „Pooling“-Modelle

In der idealtypischen Ausgestaltung einer Crowdfunding-Runde besteht eine unmittelbare Leistungsbeziehung zwischen Geldgeber und Initiator.[556] Dies hat zur Folge, dass der Initiator einer Vielzahl von Geldgebern gegenübersteht und jede einzelne dieser Leistungsbeziehungen bestimmte Rechte und Pflichten zum Gegenstand hat.

Gerade im Bereich der Finanzierung junger Unternehmen können sich hieraus Hindernisse insbesondere für Anschlussfinanzierungen oder Exit-Szenarien (z. B. Veräußerung des Unternehmens, Börsengang) ergeben.[557] Solche wären nicht nur mit einem Vertragspartner abzustimmen, sondern mit jedem einzelnen Geldgeber.

Das Geschäftsmodell einzelner Crowdfunding-Plattformen, wie z. B. Innovestment[558], Companisto[559] oder Fundsters[560], sieht bzw. sah daher eine mittelbare Strukturierung der Leistungsbeziehung zwischen Geldgeber und Initiator vor („Pooling“).[561] Die Geldgeber stehen hierbei nur mittelbar, über eine zwischengeschaltete Zweckgesellschaft, in einer Leistungsbeziehung zum Initiator (Zielgesellschaft). Bei der Zweckgesellschaft werden die Engagements der Geldgeber gebündelt[562] und diese übt sodann unmittelbare Rechte (z. B. Erfolgsbeteiligung, Information) gegenüber der Zielgesellschaft aus. Von der Zweckgesellschaft so erzielte Leistungen werden an die Geldgeber weitergereicht. Es steht folglich nur die Zweckgesellschaft in einer unmittelbaren Leistungsbeziehung zur Zielgesellschaft.

„Pooling“-Modelle stellen die absolute Ausnahme[563] auf dem deutschen Markt dar und werden hier daher nur der Vollständigkeit halber kurz aufgeführt. Die weit überwiegende Anzahl von Crowdfunding-Runden in der Fallgruppe des

555 *Schenk*, Crowdinvesting II, S. 27 f.
556 Siehe oben § 3 D).
557 *Weitnauer*, Teil E, Rn. 103, *Weitnauer/Parzinger*, GWR 2013, 153, 154 u. 157, *Henrich*, in: *Günther/Kirchhof*, S. 149.
558 https://www.innovestment.de/so-funktioniert-das-investieren/beteiligungs modell/, zuletzt abgerufen: 14.10.2017.
559 So z. B. *Companisto* FAQ (Fn. 508), „Welche Rechtsform hat die Beteiligung der Companisten?“;
560 https://www.fundsters.de/so-funktionierts/fur-investoren/, zuletzt abgerufen: 14.10.2017.
561 *Klöhn/Hornuf/Schilling*, ZBB 2016, 142, 145; *Bujotzek/Mocker*, BKR 2015, 358, 361; *Beck*, S. 87 f.; *Schenk*, Crowdinvesting II, S. 25 f.; *Kunz*, in: *Bräutigam/Rücker*, 12. Teil Rn. 76.
562 Siehe hierzu z. B. Oetker/*Wedemann*, § 230, Rn. 48 f.
563 *Klöhn/Hornuf/Schilling*, ZBB 2016, 142, 150 f.

Crowdfunding zur Unternehmensfinanzierung hat eine unmittelbare vertragliche Leistungsbeziehung im Marktverhältnis zum Gegenstand.

Vorzufindende Varianten[564] sind bzw. waren z. B. (1) die Unterbeteiligung an einer atypisch stillen Beteiligung an der Zielgesellschaft[565], (2) eine typische stille Beteiligung an der Zweckgesellschaft, die sich selbst wiederum atypisch still an der Zielgesellschaft beteiligt[566] oder (3) die Bündelung eines partiarischen Nachrangdarlehens[567].

564 Siehe hierzu auch der Überblick bei *Klöhn/Hornuf/Schilling*, ZBB 2016, 142, 150 f.

565 Anfängliches Modell der Plattform *Companisto.* Im Februar 2013 abgelöst durch eine Bündelung partiarischer Nachrangdarlehen, *Companisto* FAQ (Fn. 508), „Welche Rechtsform hat die Beteiligung der Companisten?"; siehe auch *Beck*, S. 59.

566 Modell der Plattform *Fundsters*, siehe oben Fn. 560; siehe auch *Hingst/Lösing*, § 19, Rn. 8.

567 Modell der Plattform *Companisto*, siehe oben Fn. 559.

§ 9 Crowdfunding zur Einwerbung von Krediten

Auch Crowdfunding zur Einwerbung von Krediten stellt eine Möglichkeit dar, wie durch einen öffentlichen Aufruf im Internet Gelder zu bestimmten Zwecken eingeworben werden können.

Die Kreditaufnahme dient hierbei beliebigen Zwecken des Initiators. Diese können privater (z. B. Renovierungs- oder Umzugskosten oder Finanzierung einer Reise) aber auch beruflicher bzw. gewerblicher Natur (z. B. Existenzgründung oder Ausbildungsfinanzierung) sein.

Im einleitenden Fallbeispiel 4[568] konnten so über eine Internetplattform EUR 5.150,- für eine Wohnungsrenovierung eingeworben werden. Dabei wurde ein Zins in Höhe von 13,90 Prozent in Aussicht gestellt, was 62 Geldgeber zur Teilhabe veranlasste.

In einem anderen Fall diente die Finanzierung beispielsweise einer Existenzgründung.[569] Hierbei wurden EUR 6.500,- eingeworben, wobei ein Zins in Höhe von 12,50 Prozent in Aussicht gestellt wurde.

A) Übergeordnete Charakteristika

Crowdfunding zur Einwerbung von Krediten wird in Deutschland über entsprechende Plattformen[570] betrieben. Der Inhalt der Vertragsbeziehung wird dabei durch seitens der Plattform vorformulierte und standardisierte Verträge vorgegeben.[571]

Anders als in der idealtypischen Struktur einer Crowdfunding-Runde wird nicht unmittelbar ein Marktverhältnis zwischen Initiator und Geldgeber begründet.[572] Es erfolgt insbesondere keine Kreditvergabe unmittelbar durch den bzw. die Geldgeber an den Initiator. Derartige Geschäftsmodelle sind in Deutschland nicht verbreitet[573] und daher auch nicht Gegenstand der vorliegenden Untersuchung.

Im Rahmen der in Deutschland vorzufindenden gängigen Geschäftsmodelle wird üblicherweise über die Plattform an den Initiator ein Darlehen eines kooperierenden Kreditinstituts vermittelt und die so entstehende Darlehensforderung wird

---

568 Siehe oben § 1 A).
569 https://www.auxmoney.com/project/details/11216280, zuletzt abgerufen: 14.10.2017.
570 Siehe oben § 1 D) II. 3. Marktführer ist gegenwärtig die Plattform Auxmoney (*Meller-Hannich*, WM 2014, 2337, 2344).
571 Z. B. *Auxmoney* AGB § 8 Abs. 3 (Anl. 4).
572 Siehe unten § 9 B).
573 *Renner*, ZBB 2014, 261, 263; *Kunz*, in: *Bräutigam/Rücker*, 12. Teil, Rn. 94.

(ebenfalls über die Plattform) vom Kreditinstitut anteilig an die Geldgeber veräußert.[574] Ein Unterschied besteht auch darin, dass die in Aussicht gestellte Leistung in Form des jeweiligen Zinssatzes nicht durch den Initiator bestimmt, sondern seitens der Plattform vorgegeben wird.[575] Dessen Höhe richtet sich nach einem standardisierten, von der Plattform vorgegebenen Modell, das das individuelle Kreditausfallrisiko des jeweiligen Initiators abbildet.[576]

Hierbei ähneln die Modalitäten der Mitteleinwerbung dem äußeren Ablauf[577] einer typischen Crowdfunding-Runde.[578] So werden z. B. eine Zielsumme und ein bestimmter Zeitraum zur Mitteleinwerbung festgelegt. Auch basiert die Mitteleinwerbung auf einem öffentlichen Aufruf im Internet und kommt es nur dann zu einer endgültigen Leistung der Geldgeber, wenn die Zielsumme erreicht ist. Es besteht somit jedenfalls eine konzeptionelle Nähe zum System einer Einwerbung von Finanzmitteln durch Crowdfunding. Terminologisch könnte von einem „Crowdfunding im weiteren Sinne“[579] gesprochen werden.

Crowdfunding zur Einwerbung von Krediten wird daher als eigenständige Fallgruppe in die vorliegende Untersuchung aufgenommen und die vorzufindende vertragliche Ausgestaltung im Folgenden kurz dargestellt.

B) Vorzufindende vertragliche Ausgestaltung

Die typische Vertragsgestaltung für ein Crowdfunding zur Einwerbung von Krediten setzt sich im Wesentlichen aus drei Vertragswerken zusammen.[580]

Im Falle des erfolgreichen Ausgangs der Crowdfunding-Runde schließen Initiator (als Kreditsuchender und künftiger Darlehensnehmer) und Crowdfunding-Plattform einen entgeltlichen Darlehensvermittlungsvertrag[581]. Der Inhalt dieses Darlehensvermittlungsvertrages ist auf einen (Verbraucher-)Darlehensvertrag[582] gerichtet,

574 *Hingst/Lösing*, § 19, Rn. 9–25 (zu einzelnen Anbietern auf dem deutschen Markt); Meller-*Hannich*, WM 2014, 2337, 2344; *Kunz*, in: *Bräutigam/Rücker*, 12. Teil, R. 95 f.

575 Vgl. *Auxmoney* AGB § 7 Abs. 2 lit. b (Anl. 4).

576 Vgl. *Auxmoney* AGB § 7 Abs. 2 lit. a (Anl. 4).

577 Siehe oben § 4.

578 *Gaida*, S. 134.

579 E contrario *Meller-Hannich*, WM 2014, 2337, 2344; auch findet sich die Bezeichnung „Unechtes P2P-Lending“, so bei *Veith*, BKR 2016, 184, 187.

580 Die Ausführungen beziehen sich auf das Modell der Plattform *Auxmoney*, AGB *Auxmoney* § 8 Abs. 2 u. 3 (Anl. 4). Die Modelle der maßgeblichen weiteren Anbieter (siehe oben § 1 D) II. 3.) sind ähnlich strukturiert. Vgl. auch *Hingst/Lösing*, § 19, Rn. 9–25; *Koffke*, in: *Schütt*, S. 2 ff.; *Meller-Hannich*, WM 2014, 2337, 2344.

581 *Hingst/Lösing*, § 19, Rn. 12; *Meller-Hannich*, WM 2014, 2337, 2344.

582 *Meller-Hannich*, WM 2014, 2337, 2344. Die Anwendbarkeit des § 491 BGB richtet sich nach der persönlichen Eigenschaft des Initiators (= Darlehensnehmer) i.S.d. §§ 13, 14 BGB.

dessen Konditionen sich nach den im Zuge der Crowdfunding-Runde festgelegten Rahmendaten, wie insbesondere Darlehenshöhe und Höhe des Darlehenszinses, richten.

Der so vermittelte entgeltliche (Verbraucher-)Darlehensvertrag wird zwischen dem Initiator und einem kooperierenden Kreditinstitut im Sinne des § 1 Abs. 1 KWG geschlossen. Aus diesem Vertrag besteht eine (künftige) Darlehensforderung des Kreditinstituts gegen den Initiator.

Diese (künftige) Darlehensforderung erwerben die Geldgeber anteilig durch einen weiteren entgeltlichen Vertrag über den Verkauf und die Abtretung der anteiligen Forderungen.

Der eigentliche (Verbraucher-)Darlehensvertrag wird folglich nur zwischen Initiator und Kreditinstitut geschlossen, wobei der Initiator Darlehensnehmer und das Kreditinstitut Darlehensgeber ist. Die Geldgeber erwerben anteilig die Darlehensrückzahlungsforderungen vom Kreditinstitut als Darlehensgeber und tragen hierdurch das Ausfallrisiko.[583]

Im Zuge der Crowdfunding-Runde erklärt sich der Geldgeber folglich bereit, sich mit einem bestimmten Geldbetrag in das Kreditvorhaben einzubringen, ohne Darlehensgeber zu werden. Der Geldbetrag wird dabei nicht unmittelbar dem Initiator in Aussicht gestellt. Es wird lediglich eine Erklärung abgegeben, eine künftige Darlehensforderung aus einem zwischen dem Initiator und dem beteiligten Kreditinstitut zu schließenden Darlehensvertrag in dem zugesagten Umfang erwerben zu wollen.

583 *Meller-Hannich*, WM 2014, 2337, 2344; *Hingst/Lösing*, § 19, Rn. 40.

§ 10 Unternehmer-Begriff und Crowdfunding

Von Bedeutung für die Vertragsbeziehung zwischen Geldgeber und Initiator ist die persönliche Eigenschaft, in der sie das Vertragsverhältnis begründen. Je nachdem, ob sie als Verbraucher oder Unternehmer i.S.d. §§ 13, 14 BGB handeln, können die Parteien unterschiedliche Rechte und Pflichten treffen. Ist an der Vertragsbeziehung beispielsweise ein Unternehmer beteiligt, so würde diese unter anderem verbraucherschützende[584] Erweiterungen erfahren.

Es stellt sich daher die Frage, ob sich aus der Teilhabe an einer Crowdfunding-Runde besondere Folgen für die persönliche Eigenschaft der Parteien des Marktverhältnisses ergeben können.[585]

A) Verbrauchereigenschaft privater Geldgeber

Prinzipiell können beide Parteien des Marktverhältnisses Unternehmereigenschaft i.S.d. § 14 BGB haben. Eine weitere Untersuchung in dieser Hinsicht ist daher obsolet, wenn die Unternehmereigenschaft des jeweiligen Geldgebers offen zu Tage tritt. Da bei Crowdfunding jedoch die Masse der Internetnutzer angesprochen wird, bei denen es sich mehrheitlich um Privatpersonen handelt, ist zu klären, ob eine Privatperson allein deshalb ihre Verbrauchereigenschaft nach § 13 BGB verliert, weil sie als Geldgeber an einer Crowdfunding-Runde[586] teilnimmt.

Mit einem Schluss a maiore ad minus kann dies für private Geldgeber grundsätzlich verneint werden. Eine Unternehmereigenschaft wird weder durch die Gesellschafterstellung an einer Kapital-[587] oder Personengesellschaft[588], noch durch das

584 Eine Übersicht der an den Unternehmerbegriff anknüpfenden Rechtsfolgen findet sich z.B. bei Staudinger/*Habermann* (2013), § 14, Rn. 19 ff.; Zur vergleichbaren Problematik in Zusammenhang mit Internet-Auktionen *Borges*, in: *Borges (Hrsg.)*, Internet-Auktion, § 6, S. 91 ff. Auch hat der Unternehmerbegriff u.a. Bedeutung für Wettbewerbs-, Marken- und Steuerrecht, vgl. *Fischer*, WRP 2008, 193, 193; zum Widerrufsrecht nach § 2d VermAnlG, welches ein Sonderrecht in der Fallgruppe des Crowdfunding zur Unternehmensfinanzierung ist und eine Verbrauchereigenschaft *nicht* voraussetzt: *Danwerth*, WM 2016, 1212–1218; *Kunz*, in: *Bräutigam/Rücker*, 12. Teil Rn. 87 .

585 Zum Verbraucherbegriff beim Crowdfunding unter Bezugnahme auf Internationales Privatrecht, siehe *Witte*, ITRB, 2012, 130, 131 f.

586 Die Ausführungen beziehen sich hierbei nur auf solche Crowdfunding-Runden, die im eigenwirtschaftlichen Interesse erfolgen. Vgl. oben § 7 B) II.

587 Für GmbH-Anteile und Aktien: BGHZ 133, 71, 76 f.; 134, 94, 97; Erman/*Saenger*, § 13, Rn. 14.

588 *Dauner-Lieb/Dötsch*, DB 2003, 1666, 1668.

Halten von Fondsbeteiligungen[589] in Form einer Publikums-Personengesellschaft begründet. Derartige Engagements werden nach gefestigter Rechtsprechung grundsätzlich dem Bereich der privaten Vermögensverwaltung zugeordnet.[590]

Wenn daher noch nicht einmal die direkte Beteiligung an einem Unternehmen oder Projektträger geeignet ist, eine Unternehmereigenschaft zu begründen, dann kann dies erst recht nicht dadurch erfolgen, dass sich ein Verbraucher im Zuge eines einfachen Austauschvertrags in die Finanzierung eines bestimmten Einzelprojekts oder Unternehmens einbringt.

Privaten Geldgebern bleibt somit auch im Zuge einer Crowdfunding-Runde grundsätzlich ihre Verbrauchereigenschaft erhalten.

B) Unternehmereigenschaft des Initiators

Spiegelbildlich zur persönlichen Eigenschaft des Geldgebers stellt sich auch und vor allem für den Initiator die Frage, ob eine Unternehmereigenschaft i.S.d. § 14 BGB begründet wird, wenn durch Crowdfunding Finanzmittel eingeworben und seitens des Initiators hierbei bestimmte Leistungen in Aussicht gestellt werden. Unternehmer ist hierbei gem. § 14 BGB nur, wer in Ausübung einer gewerblich oder selbstständigen beruflichen Tätigkeit handelt.

Bei der Fallgruppe des Crowdfunding zur Unternehmensfinanzierung tritt die Unternehmereigenschaft des Initiators offen zu Tage. Dort geht es vornehmlich um Frühphasenfinanzierung im Bereich der Existenzgründung. Ein Bereich, der grundsätzlich der Gewerblichkeit zugeordnet wird.[591] Geht es um die Wachstumsfinanzierung bereits am Markt bestehender Unternehmen, so sind diese ohnehin gewerblich tätig und damit handelt auch der Initiator als Unternehmer i.S.d. § 14 BGB.

Schwierigkeiten bei der Bestimmung der persönlichen Eigenschaft des Initiators können sich bei der Fallgruppe des Crowdfunding zur Finanzierung von Einzelprojekten ergeben.

Auch hier richtet sich die Unternehmereigenschaft vorrangig nach dem Zweck der Mitteleinwerbung. Die Mitteleinwerbung dient auch im Bereich des projektbezogenen Crowdfunding oftmals der Aufnahme einer gewerblichen oder selbständigen Tätigkeit. Das ist insbesondere dann der Fall, wenn es um die Vorfinanzierung eines Projektgegenstandes geht, der später marktseitig angeboten werden soll, wie z.B. bei der Vorfinanzierung eines bestimmten Produkts[592] oder der Einwerbung von

589 BGH ZIP 2005, 254, 255; *Armbrüster*, ZIP 2006, 406, 411.

590 BGHZ 63, 32, 33; 74, 273, 276 f.; BGH NJW 2000, 3496; 2002, 368; Staudinger/*Kannowski* (2013), § 13, Rn. 51.

591 MüKoBGB/*Micklitz/Purnhagen*, 7. Aufl. 2015, § 14, Rn. 18; Staudinger/*Habermann* (2013), § 14, Rn. 50.

592 Siehe hierzu z.B. das einleitende Fallbeispiel 1 unter § 1 A).

Produktionskapital für einen Film[593]. Das intendierte marktseitige Angebot dürfte sich hierbei regelmäßig in einer gewerblichen Tätigkeit konkretisieren, weshalb sich der Vertragsschluss im Zuge einer Crowdfunding-Runde nicht anders als bei Existenzgründern als hierauf bezogenes vorbereitendes Geschäft einordnen lässt.[594] Der Vertragsschluss im Marktverhältnis dient der Ausstattung des Initiators mit Finanzmitteln und damit der Ermöglichung dieser gewerblichen Tätigkeit.

Anders stellt sich die Situation dar, wenn das Crowdfunding nicht der Aufnahme einer gewerblichen oder selbständigen Tätigkeit dient, es sich bei der Realisierung des Projektgegenstandes vielmehr um eine „einmalige Sache" handelt. Denkbar erscheint dies z. B. bei einem künstlerischen Projektgegenstand, wie der Realisierung einer Fotoausstellung[595].

Hier stellt sich die Frage, ab wann eine bisher nicht gewerblich tätige Privatperson im Rahmen eines projektbezogenen Crowdfunding gewerblich handelt und damit die Schwelle zur Unternehmereigenschaft überschreitet. Dazu müssten planmäßig und dauerhaft gegen Entgelt Leistungen am Markt angeboten werden.[596] Diese Fragestellung weist Parallelen zur Diskussion zur Gewerblichkeitsschwelle bei Anbietern von Internet-Auktionen auf.[597] Wann die Grenze zur Gewerblichkeit überschritten ist, kann hierbei nicht anhand konkreter Schwellenwerte, wie z. B. Umsatz oder Anzahl der Vertragsabschlüsse, ermittelt werden.[598] Wie dort ist auch beim Crowdfunding auf konkrete Indizien anhand der Umstände des Einzelfalls abzustellen.

Ein Hinweis auf unternehmerisches Handeln kann sich beispielsweise daraus ergeben, dass Leistungen in Aussicht gestellt werden, die den Charakter einer Vorbestellung haben und damit praktisch eine Vielzahl von neuwertigen Gegenständen den Leistungsinhalt bilden.[599] Dies kann auch der Fall sein, wenn als dankende Anerkennung im Rahmen eines teilweise entgeltlichen Geschäfts[600] eine Vielzahl gleichartiger Gegenstände, wie z. B. typische Fanartikel, den Leistungsinhalt bilden.

Ähnlich gestaltet sich die Konstellation für die Fallgruppe des Crowdfunding zur Einwerbung von Krediten. Eine Unternehmereigenschaft des Initiators kann sich

---

593 Siehe hierzu z. B. oben Fn. 59.

594 MüKoBGB/*Micklitz/Purnhagen*, 7. Aufl. 2015, § 14, Rn. 18; Staudinger/*Habermann* (2013), § 14, Rn. 50.

595 Siehe hierzu z. B. oben Fn. 370.

596 Palandt/*Ellenberger*, § 14, Rn. 2; Bamberger/Roth/*Schmidt-Räntsch*, § 14, Rn. 8; Becker/*Fröhlisch*, NJW 2005, 3377, 3378; *Borges*, DB 2005, 319, 325.

597 Hierzu allgemein z. B. *Borges*, in: *Borges (Hrsg.)*, Internet-Auktion, § 6, S. 98 ff.

598 Z. B. *Borges*, in: *Borges (Hrsg.)*, Internet-Auktion, § 6, S. 100 ff.; *Leible/Wildemann*, K&R 2005, 26, 28; Vgl. *Mankowski*, JZ 2005, 444, 451. *Obergfell*, MMR 2005, 495, 499; *Szczesny/Holthusen*, K&R 2005, 302, 304; MüKoBGB/*Micklitz*, 7. Aufl. 2015, § 14, Rn. 28.

599 Vgl. *Borges*, DB 2005, 319, 326; *Ders.*, in: *Borges (Hrsg.)*, Internet-Auktion, § 6, S. 101.

600 Siehe oben § 7 C) I. 2. b) aa).

hierbei grundsätzlich ergeben, wenn durch diesen eine bestimmte gewerbliche oder selbständige Tätigkeit erbracht wird oder werden soll (Existenzgründung[601]) und die Darlehensaufnahme diesem Zwecke dient. Hierbei besteht jedoch die Besonderheit, dass auch für Existenzgründer die Vorschriften des Verbraucherdarlehensrechts Anwendung finden, wenn die Voraussetzungen des § 513 BGB gewahrt sind.[602]

601 Siehe oben Fn. 591.

602 *Renner*, ZBB 2014, 261, 269.

3. Kapitel: Zivilrechtliche Beziehungen im Plattformverhältnis

Im Rahmen dieses Kapitels wird das Rechtsverhältnisses zwischen Crowdfunding-Plattformen und deren Nutzern (Plattformverhältnis) untersucht.[603] Dabei wird nach dem Verhältnis zwischen Initiator und Crowdfunding-Plattform (§ 11) und dem Verhältnis zwischen Geldgeber und Crowdfunding-Plattform (§ 12) unterschieden.

603 Allgemein zum Plattformverhältnis beim Crowdfunding: *Bareiß*, ZUM 2012, 456, 460; *Jansen/Pfeifle*, ZIP 2012, 1842, 1848 ff.; *Klöhn/Hornuf*, ZBB 2012, 237, 245; *Meschkowski/Wilhelmi*, BB 2013, 1411, 1412 ff.; *Rauda*, S. 290, Rn. 825–827.

§ 11 Rechtsverhältnis zwischen Initiator und Crowdfunding-Plattform

Das Leistungsspektrum von Crowdfunding-Plattformen unterscheidet sich nicht maßgeblich von demjenigen anderer Plattformen im Bereich des elektronischen Geschäftsverkehrs. Bei der rechtlichen Einordnung im Plattformverhältnis lassen sich hierbei insbesondere Parallelen zu Auktionsplattformen ziehen.[604] Beiderseits geht es um Plattformen, auf denen die Parteien des Marktverhältnisses nach einem bestimmten, seitens der Plattform vorgegebenen Marktmechanismus[605] zum Vertragsschluss zusammenkommen. Dieser ähnelt sich bei Crowdfunding- und Auktionsplattformen vor allem darin, dass eine etwaige Provision zu Gunsten der Plattform nur bei einem erfolgreichen Vertragsschluss im Marktverhältnis anfällt. Auch ist der beabsichtigte Vertragsschluss im Marktverhältnis nur binnen eines vordefinierten Zeitraums möglich.

In Anlehnung an den bisherigen Meinungsstand zur rechtlichen Einordnung des Plattformverhältnisses bei Internet-Auktionen empfiehlt es sich daher auch in Bezug auf Crowdfunding-Plattformen zwischen einem allgemeinen und einem besonderen Nutzungsvertrag zu differenzieren.[606]

Während der allgemeine Nutzungsvertrag Voraussetzung für die Nutzung der jeweiligen Crowdfunding-Plattform ist, bezieht sich der besondere Nutzungsvertrag auf die Durchführung einer bestimmten Crowdfunding-Runde.

A) Allgemeiner Nutzungsvertrag

Der allgemeine Nutzungsvertrag zwischen Initiator und Crowdfunding-Plattform ist Voraussetzung für die Nutzung der Plattform zur Durchführung von Crowdfunding-Runden. Er hat typischerweise nur die Regelung der durch Nutzung der Plattform bestehenden laufenden Geschäftsbeziehung durch AGB zum Gegenstand.[607] Sein

---

604 *Meschkowski/Wilhelmi*, BB 2013, 1411, 1414.

605 Zur Funktionsweise einer typischen Crowdfunding-Runde siehe oben § 4; zur Wirkung von Plattformnutzungsbedingungen im Marktverhältnis siehe oben § 6 B) II.

606 Vgl. zur Differenzierung nach allgemeinem und besonderem Nutzungsverhältnis bei Auktionsplattformen: *Neubauer/Steinmetz*, in: *Hoeren/Sieber/Holznagel*, Teil 14, Rn. 7; *Hoffmann*, in: *Leible/Sosnitza*, Internet-Versteigerungen, Teil 3, Rn. 92 ff. u. 104 ff.; *Biallaß*, in: *Borges (Hrsg.)*, Internet-Auktion, § 2, S. 19; zum (rahmenvertraglichen) allgemeinen Nutzungsverhältnis: *Spindler*, in: *Spindler*, Teil IV, Rn. 4 ff.

607 Vgl. (zu Auktionsplattformen) *Hoffmann*, in: *Leible/Sosnitza*, Internet-Versteigerungen, Teil 3, Rn. 94.

Zweck besteht darin, den juristischen Rahmen „für die Anbahnung und Abwicklung der Verträge über die [...] Plattform“[608] zu schaffen.

Mit der Registrierung auf der Plattform gibt der Initiator eine Erklärung (Angebot) auf Abschluss eines solchen Vertrags ab („Erklärung durch Mausklick“[609]). Die Annahme dieser Erklärung erfolgt in der Regel konkludent, indem der Teilnehmer den Registrierungsvorgang abschließt, oftmals durch einen per E-Mail automatisch versandten Bestätigungslink, und hierdurch für die Plattform freigeschalten wird.[610] Die so geschlossene Vertragsbeziehung besteht für einen unbestimmt langen Zeitraum, der vom Zeitpunkt der Registrierung auf der Plattform bis zur Abmeldung von dieser andauert. Der Abschluss des allgemeinen Nutzungsvertrags erfolgt in der Regel unentgeltlich.[611]

Während der Vertragsdauer kommt es zu einem fortwährenden Austausch wiederkehrender Leistungen.[612] Es handelt sich daher um ein Dauerschuldverhältnis[613] in Form eines Rahmenvertrags[614].

Da die gegenseitigen Leistungspflichten in den vom jeweiligen Plattformbetreiber verwendeten AGB geregelt sind, lässt sich eine exakte vertragstypologische Einordnung nur für den jeweiligen Einzelfall vornehmen. Gemeinsamkeiten bestehen jedoch insbesondere darin, dass sich Crowdfunding-Plattformen in der Regel nicht zu einer dauerhaften und ununterbrochenen Verfügbarkeit verpflichten.[615]

In Ermangelung einer Verpflichtung zur Geschäftsbesorgung dürfte daher trotz Unentgeltlichkeit der Leistungsbeziehung kein Auftragsverhältnis vorliegen. Stattdessen ist von einem Rahmenvertrag sui generis auszugehen, der durch die jeweiligen Plattformnutzungsbedingungen konkretisiert wird.[616]

---

608 *Thun*, in: *Gramlich/Kröger/Schreibauer*, § 10, Rn. 1.

609 *Borges*, § 6, S. 194.

610 Z. B. *Startnext* AGB § 4 Abs. 2 S. 3 (Anl. 1); *Seedmatch* AGB § 8 Abs. 2 (Anl. 2); *Betterplace* AGB § 2 (Anl. 3); *Auxmoney* AGB § 3 Abs. 1 (Anl. 4); vgl. (zu Auktionsplattformen) auch: *Hoffmann*, in: *Leible/Sosnitza*, Internet-Versteigerungen, Teil 3, Rn. 84; *Biallaß*, in: *Borges (Hrsg.)*, Internet-Auktion, § 2, S. 17.

611 Z. B. *Startnext* AGB § 4 Abs. 1 S. 2 (Anl.1); *Seedmatch* AGB § 11 Abs. 1 (Anl. 2); *Betterplace* AGB § 2.1 (Anl. 3); *Auxmoney* AGB § 1 Abs. 1 (Anl. 4); siehe auch *Hingst/Lösing*, § 19, Rn. 11.

612 Vgl. Palandt/*Grüneberg*, § 314, Rn. 2.

613 *Thun*, in: *Gramlich/Kröger/Schreibauer*, § 10, Rn. 3; *Redeker*, in: *Hoeren/Sieber/Holznagel*, Teil 12, Rn. 10.

614 Vgl. (zu Auktionsplattformen): *Neubauer/Steinmetz*, in: *Hoeren/Sieber/Holznagel*, Teil 14, Rn. 7; *Hoffmann*, in: *Leible/Sosnitza*, Internet-Versteigerungen, Teil 3, Rn. 83 ff.; *Biallaß*, in: *Borges (Hrsg.)*, Internet-Auktion, § 2, S. 19; allgemein zum Rahmenvertrag: *Spindler*, in: *Spindler*, Teil IV, Rn. 4 ff.

615 Z. B. *Startnext* AGB § 3 Abs. 6 (Anl.1); *Seedmatch* AGB § 13 Abs. 1 (Anl. 2); *Betterplace* AGB § 5 (Anl. 3); *Auxmoney* AGB § 6 Abs. 2 (Anl. 4).

616 Vgl. (zu Auktionsplattformen): *Biallaß*, in: *Borges (Hrsg.)*, Internet-Auktion, § 2, S. 19 u. 20.

B) Besonderer Nutzungsvertrag

Mit Freischaltung der Crowdfunding-Runde durch den Initiator gibt dieser gegenüber der Crowdfunding-Plattform ein Angebot zum Abschluss eines vom Rahmenvertrag zu unterscheidenden besonderen Nutzungsvertrages ab.

Dieses Angebot kann seitens der Crowdfunding-Plattform ausdrücklich angenommen werden, indem beispielsweise die Freischaltung bestätigt wird oder konkludent mit Abschluss der technischen Routine, wobei in diesem Fall der Zugang beim Initiator entbehrlich ist gem. § 151 BGB.[617]

Der besondere Nutzungsvertrag ist auf die Durchführung der Crowdfunding-Runde gerichtet. Dessen vertragstypologische Zuordnung richtet sich nach seinem materiellen Leistungsinhalt. Prägend hierfür ist, ob es sich bei diesem um einen entgeltlichen oder unentgeltlichen Vertrag handelt.

In der Regel wird von Crowdfunding-Plattformen eine Provision erhoben, falls die Zielsumme erfolgreich eingeworben wird.[618] Der besondere Nutzungsvertrag wird dann entgeltlich geschlossen.

Eine Vermittlungsprovision erheben jedoch nicht alle Plattformen. Vorzufinden sind auch solche, die sich ausschließlich über freiwillige Zuwendungen finanzieren.[619] In diesem Fall würde der besondere Nutzungsvertrag unentgeltlich geschlossen.

Der materielle Leistungsinhalt bestimmt sich nach den Leistungselementen[620], die durch die Crowdfunding-Plattform typischerweise erbracht werden, um eine Crowdfunding-Runde durchführen zu können. Dies ist maßgeblich die Bereithaltung der Plattforminfrastruktur zur technischen Durchführung der Crowdfunding-Runde.

I. Bereithaltung der Plattforminfrastruktur

Im Rahmen des besonderen Nutzungsvertrages verpflichten sich Crowdfunding-Plattformen zur Bereithaltung der Plattforminfrastruktur. Der Vertragszweck findet hierbei seinen Schwerpunkt in der Zurverfügungstellung eines Systems, das einen Vertragsschluss im Marktverhältnis ermöglichen soll.[621] Dies ist untrennbar mit der

---

617 Vgl. (zu Auktionsplattformen): *Biallaß*, in: *Borges (Hrsg.)*, Internet-Auktion, § 2, S. 20.

618 Siehe oben § 4 B) IV. 1. (insb. Fn. 156).

619 Siehe oben § 4 B) IV. 1. (insb. Fn. 157).

620 Vgl. *Bareiß*, ZUM 2012, 456, 460; allgemein *Huppertz*, in: *Bräutigam/Leupold*, B IV, Rn. 27.

621 Z. B. *Startnext* AGB § 1 Abs. 1 (Anl. 1): Betreiben eines Portals „über welches natürliche Personen und juristische Personen sowie rechtsfähige Personenmehrheiten Projekte planen, durch Dritte finanzieren lassen, selbst unterstützen sowie der Öffentlichkeit präsentieren können"; *Seedmatch* AGB § 9 Abs. 1 (Anl. 2): „stellt Seedmatch einen digitalen Investmentprozess zur Verfügung".

Nutzungsmöglichkeit durch die Parteien des Marktverhältnisses verbunden, was beispielsweise durch die Erstellung eines Nutzerprofils oder die Übermittlung von Informationen und Erklärungen über die Plattform geschieht, vor allem aber durch das Einstellen und Darbieten des jeweiligen Finanzierungsvorhabens.

1. *Durchführung der Crowdfunding-Runde*

Mit der Bereithaltung der Plattforminfrastruktur verpflichten sich Crowdfunding-Plattformen insbesondere zur technischen Durchführung der Crowdfunding-Runde.

Wird der besondere Nutzungsvertrag unentgeltlich geschlossen, so liegt hierin eine unentgeltliche Geschäftsbesorgung in Form eines Auftragsverhältnisses. Die technische Durchführung der Crowdfunding-Runde stellt hierbei – vergleichbar der unentgeltlichen Durchführung einer Internet-Auktion – ein im fremden Interesse vorgenommenes Geschäft nach § 665 BGB dar.[622]

Wird der besondere Nutzungsvertrag hingegen entgeltlich geschlossen, lässt sich dieser mangels Unentgeltlichkeit nicht als Auftrag charakterisieren und erschließt sich die rechtliche Einordnung nicht auf den erste Blick.

Die Bereithaltung der Plattforminfrastruktur dient zwar der Durchführung einer Crowdfunding-Runde und damit letztendlich der „Vermittlung" von Kapital zu Gunsten des jeweiligen Finanzierungsvorhabens. Allein hieraus kann aber nicht darauf geschlossen werden, dass auf den besonderen Nutzungsvertag Maklerrecht (nach §§ 652 ff. BGB bzw. §§ 93 ff. HGB) Anwendung fände.[623]

Davon ausgehend, wie Crowdfunding-Plattformen typischerweise in eine Crowdfunding-Runde eingebunden sind, dürfte grundsätzlich keine maklervertragliche Vermittlungstätigkeit gegeben sein. Über die bereitgehaltene Plattforminfrastruktur bieten sie lediglich eine Möglichkeit, in geschäftliche Kontakte zu treten.[624] Hierbei ergeben sich weitreichende Parallelen zu Auktionsplattformen, bezüglich derer eine Anwendung von Maklerrecht ebenfalls verneint wird.[625]

Gegen eine Einordnung als Maklervertrag spricht zunächst, dass der Initiator nicht frei ist, ob er einen Vertrag mit dem konkreten Geldgeber (als vermeintlich „vermittelten" Hauptvertrag) abschließen will.[626] Bereits mit Freischaltung einer Crowdfunding-Runde und Abschluss des besonderen Nutzungsvertrags gibt der

622 Vgl. (zu Auktionsplattformen): *Hoffmann*, in: *Leible/Sosnitza*, Internet-Versteigerungen, Teil 3, Rn. 104; *Biallaß*, in: *Borges (Hrsg.)*, Internet-Auktion, § 2, S. 20.

623 A. A. (ohne nähere Begründung): *Rauda*, S. 290, Rn. 826; *Jansen/Pfeifle*, ZIP 2012, 1842, 1852; *Bareiß*, ZUM 2012, 456, 460.

624 Vgl. *Redeker*, der in einem solchen Fall von Werkvertragsrecht ausgeht, in: IT-Recht, Rn. 1183.

625 Siehe hierzu z.B.: *Biallaß*, in: *Borges (Hrsg.)*, Internet-Auktion, § 2, S. 21 f.; *Hoffmann*, in: *Leible/Sosnitza*, Internet-Versteigerungen, Teil 3, Rn. 109.

626 Vgl. (zu Auktionsplattformen): *Hoffmann*, in: *Leible/Sosnitza*, Internet-Versteigerungen, Teil 3, Rn. 109; *Redeker*, in: *Hoeren/Sieber/Holznagel*, Teil 14, Rn. 9.

Initiator eine rechtlich relevante Erklärung im Hinblick auf das Marktverhältnis ab.[627] Mit erfolgreichem Ausgang der Crowdfunding-Runde und letztendlich nur durch Ablauf der technischen Routinen werden hierbei Verträge im Marktverhältnis begründet. Hierdurch ist kein Raum für eine etwaige Abschlussfreiheit des Initiators, die aber von entscheidender Bedeutung für das Wesen des Maklervertrags ist.[628]

Darüber hinaus fehlt es typischerweise auch an einer Nachweis- oder Vermittlungstätigkeit i.S.d. § 652 Abs. 1 S. 1 BGB.[629]

Ein Nachweis der Gelegenheit zum Abschluss eines Vertrages nach § 652 Abs. 1 S. 1 Alt. 1 BGB wäre grundsätzlich nur dann gegeben, wenn der Initiator durch das Zutun der Crowdfunding-Plattform in die Gelegenheit versetzt würde, in „konkrete Verhandlungen über den von ihm angestrebten Hauptvertrag einzutreten“[630]. Verhandlungen über den Leistungsinhalt im Marktverhältnis kommen zwischen Initiator und Geldgeber jedoch nicht vor und sind auch nicht intendiert. Der Leistungsinhalt wird mit Freischaltung der Crowdfunding-Runde in Form der vom Initiator festgelegten Leistungsstufen grundsätzlich verbindlich vorgegeben.[631]

Auch eine Vermittlungstätigkeit nach § 652 Abs. 1 S. 1 Alt. 2 BGB liegt nicht vor. Diese würde die „bewußte, finale Herbeiführung der Abschlußbereitschaft des Vertragspartners des zukünftigen Hauptvertrages“[632] voraussetzen. Crowdfunding-Plattformen übermitteln aber in der Regel nur Informationen und rechtserhebliche Erklärungen nach Maßgabe einer vordefinierten technischen Routine, was für eine maklervertragliche Vermittlungstätigkeit nicht ausreicht.[633]

In Abgrenzung zum unentgeltlichen Auftrag erscheint im Hinblick auf einen entgeltlich geschlossenen besonderen Nutzungsvertrag auch ein Geschäftsbesorgungsvertrag nach § 675 BGB diskussionswürdig.

Das Wesen der Geschäftsbesorgung ist dadurch gekennzeichnet, dass sich der Geschäftsbesorger gegenüber dem Geschäftsherrn dazu verpflichtet, eine selbstständige Tätigkeit wirtschaftlicher Art zur Wahrnehmung fremder Vermögensinteressen auszuführen.[634] Wie bereits dargestellt, folgt der Ablauf einer Crowdfunding-Runde technischen Routinen. Diese sind durch Informationen initiiert, die der Initiator im Vorfeld bestimmt.[635] Insofern verbleibt auf Seite der Crowdfunding-Plattform

---

627 Siehe oben § 6 C) I.

628 BGH NJW 1985, 2477, 2478; MüKoBGB/*Roth*, 7. Aufl. 2017, § 652, Rn. 114.

629 Vgl. (zu Auktionsplattformen): *Biallaß*, in: *Borges (Hrsg.)*, Internet-Auktion, § 2, S. 22; *Hoffmann*, in: *Leible/Sosnitza*, Internet-Versteigerungen, Teil 3, Rn. 109.

630 MüKoBGB/*Roth*, 7. Aufl. 2017, § 652, Rn. 96.

631 Siehe oben § 4 B) I. 3.

632 BGH NJW-RR 1997, 884, 844; siehe auch Bamberger/Roth/*Kotzian-Marggraf*, § 652, Rn. 25; MüKoBGB/*Roth*, 7. Aufl. 2017, § 652, Rn. 106.

633 Vgl. (zu Auktionsplattformen): *Hoffmann*, in: *Leible/Sosnitza*, Internet-Versteigerungen, Teil 3, Rn. 109.

634 MüKoBGB/*Heermann*, 7. Aufl. 2017, § 675, Rn. 3; Staudinger/*Martinek* (2006), § 675, Rn. A 9.

635 Siehe oben § 4 B) I.

keinerlei Raum für eine selbständige Tätigkeit.[636] Eine solche ist aber Voraussetzung der Geschäftsbesorgung und nur dann gegeben, wenn gegenüber dem Initiator (als Geschäftsherrn) ein gewisses Maß an Eigenverantwortlichkeit, in Form eines Handlungs- und Entscheidungsspielraums, verbleibt.[637]

Auch fehlt es der Tätigkeit der Crowdfunding-Plattform am Vermögensbezug, da diese keinerlei Einfluss auf den Vermögensstatus des Geschäftsherren nimmt.[638] Im Rahmen der Geschäftsbesorgung müsste sich die Crowdfunding-Plattform gegenüber dem Initiator als Geschäftsherren aber gerade auch zur Wahrung von dessen Vermögensinteressen verpflichten.[639]

Der besondere Nutzungsvertrag kann somit auch nicht als Geschäftsbesorgung eingeordnet werden.

Mangels selbstständiger und eigenverantwortlicher Tätigkeit der Crowdfunding-Plattform könnte Dienstvertragsrecht (§§ 611 ff. BGB) zur Anwendung kommen. Kennzeichnend für den Dienstvertrag ist, dass ein Entgelt bereits für die Tätigkeit als solche entrichtet wird.[640] Jedoch schuldet der Initiator typischerweise nur dann eine Provision, wenn die Crowdfunding-Runde erfolgreich abgeschlossen werden kann.[641] Auch wird auf einzelnen Plattformen gar keine Provision erhoben.[642]

Das Fehlen einer unbedingten Entgeltpflicht spricht hierbei – wie auch bei Auktionsplattformen – dagegen, Dienstvertragsrecht auf den besonderen Nutzungsvertrag anzuwenden.[643]

Im Unterschied zum Dienstvertrag korreliert die Entgeltpflicht beim Werkvertrag nicht mit der geschuldeten Tätigkeit sondern einem geschuldeten Erfolg. Auf den besonderen Nutzungsvertrag könnte daher Werkvertragsrecht (§§ 631 ff. BGB) Anwendung finden. Seitens der Crowdfunding-Plattform wird hierbei nicht der erfolgreiche Ausgang der Crowdfunding-Runde geschuldet, sondern deren technische Durchführung. Die Crowdfunding-Plattform erhält dabei nur dann die vereinbarte Provision, wenn die Crowdfunding-Runde erfolgreich verlief. Verläuft diese nicht erfolgreich, würde die Crowdfunding-Runde zwar in technischer Hinsicht durchgeführt. Der werkvertragliche Erfolg würde jedoch erbracht, ohne dass ein Provisionsentgelt zu entrichten wäre. Dies schließt eine werkvertragliche Einordnung nicht aus, da die grundsätzlich vereinbarte Vergütung lediglich unter einer Bedingung (§ 158 BGB) steht. Diese hat zur Folge, dass die Plattform zunächst „auf

---

636 Vgl. (zu Auktionsplattformen): *Biallaß*, in: *Borges (Hrsg.)*, Internet-Auktion, § 2, S. 20; *Hoffmann*, in: *Leible/Sosnitza*, Internet-Versteigerungen, Teil 3, Rn. 110.

637 MüKoBGB/*Heermann*, 7. Aufl. 2017, § 675, Rn. 6.

638 Staudinger/*Martinek* (2006), § 675, Rn. A 18; Vgl. MüKoBGB/*Heermann*, 7. Aufl. 2017, § 675, Rn. 8.

639 Vgl. MüKoBGB/*Heermann*, 7. Aufl. 2017, § 675, Rn. 8.

640 Bamberger/Roth/*Voit*, § 631, Rn. 4.

641 Siehe oben § 4 B) IV. 1. (insb. Fn. 156).

642 Siehe oben § 4 B) IV. 1. (insb. Fn. 157).

643 Vgl. (zu Auktionsplattformen): *Neubauer/Steinmetz*, in: *Hoeren/Sieber/Holznagel*, Teil 14, Rn. 8; *Biallaß*, in: *Borges (Hrsg.)*, Internet-Auktion, § 2, S. 21.

eigenes Risiko" tätig ist und die werkvertragliche Vergütung eben nur bei Eintritt der Bedingung zu entrichten ist.[644]

Die Durchführung der Crowdfunding-Runde lässt sich daher – parallel zu dem besonderen Nutzungsvertrag bei Auktionsplattformen – als Werkvertrag einordnen.[645] Hierbei steht die Vergütungspflicht unter der Bedingung des erfolgreichen Ausgangs der Crowdfunding-Runde. Die Abnahme ist nach § 646 BGB entbehrlich.

2. Gewährung von Speicherplatz

Mit Bereithaltung der Plattforminfrastruktur wird seitens der Crowdfunding-Plattform auch und vor allem Speicherplatz[646] gewährt. Sobald ein Nutzer die Plattform aktiv nutzt, muss er individuelle Daten auf dieser hinterlassen können. Dies geschieht vorrangig durch das Einstellen und die Darbietung des jeweiligen Finanzierungsvorhabens, aber z. B. auch durch die Erstellung eines Nutzerprofils oder die Übermittlung von rechtlichen Erklärungen und sonstigen Informationen.

Hierbei können Parallelen zum Web-Hosting gezogen werden. Für dessen Einordnung kommen Miet-, Dienst- oder auch Werkvertrag in Betracht.[647]

Wie bereits unter (1.) dargestellt, findet im Hinblick auf Crowdfunding-Plattformen der Vertragszweck seinen Schwerpunkt in der Zurverfügungstellung eines Systems, das einen Vertragsschluss im Marktverhältnis ermöglichen soll.[648] Es geht folglich nicht ausschließlich um die rein passive Gewährung von Speicherplatz. Die Gewährung von Speicherplatz ist vielmehr integraler Bestandteil dieses Systems zur Durchführung einer Crowdfunding-Runde. Vor diesem Hintergrund stehen auch diejenigen Leistungselemente eines „zu erbringende[n] »Website-Hosting« [...] einer werkvertraglichen Leistung näher als einer dienst- oder mietvertraglichen Leistung, da es in erster Linie dazu dient, die Abrufbarkeit der Website [...] zu gewährleisten und in diesem Sinne einen »Erfolg« herbeizuführen, [und] somit weder als ein bloßes Tätigwerden noch lediglich als die Gebrauchsüberlassung von Speicherplatz angesehen werden kann"[649].

Die einzelnen Leistungselemente tragen hierbei gleichwertig zum Gelingen der jeweiligen Crowdfunding-Runde bei. Beispielsweise kann es nicht zu einem

---

644 MüKoBGB/*Busche*, 6. Aufl. 2012, § 631, Rn. 215; BGH NJW 1985, 2830, 2830 (zur Konstellation, dass ein Bauherr die Bezahlung der werkvertraglichen Architektenleistungen von der Durchführung des Bauvorhabens abhängig machte).

645 Vgl. (zu Auktionsplattformen): *Hoffmann*, in: *Leible/Sosnitza*, Internet-Versteigerungen, Teil 3, Rn. 112; *Biallaß*, in: *Borges (Hrsg.)*, Internet-Auktion, § 2, S. 23.

646 *Bareiß*, ZUM 2012, 456, 460; *Jansen/Pfeifle*, ZIP 2012, 1842, 1849; *Rauda*, S. 291, Rn. 826.

647 *Redeker*, in: *Hoeren/Sieber/Holznagel*, Teil 12, Rn. 234–239; MüKoBGB/*Busche*, 6. Aufl. 2012, § 631, Rn. 279; BGH MMR 2010, 398, 399.

648 Siehe oben Fn. 621.

649 BGH MMR 2010, 398, 399; siehe zur werkvertraglichen Einordnung auch *Redeker*, in: *Hoeren/Sieber/Holznagel*, Teil 12, Rn. 239; *Redeker*, IT-Recht, Rn. 1105.

Vertragsschluss im Marktverhältnis kommen, wenn die Plattform nicht zur Verfügung steht. Auch kann diese nicht zur Mitteleinwerbung eingesetzt werden, wenn das jeweilige Finanzierungsvorhaben auf dieser nicht dargeboten werden kann.

Auf den besonderen Nutzungsvertrag ist damit insgesamt Werkvertragsrecht anzuwenden, wenn dieser entgeltlich geschlossen wird, andernfalls Auftragsrecht.

II. Vertragsvermittlung

Wie die Ausführungen unter (I.) zeigen, erfolgt der Vertragsschluss im Marktverhältnis durch Ablauf der technischen Routinen. In diese sind Crowdfunding-Plattformen grundsätzlich nur durch die Zurverfügungstellung der technischen Infrastruktur eingebunden. Eine Abschlussfreiheit des Initiators im Hinblick auf die andere Partei im Marktverhältnis fehlt gänzlich, wäre aber konstitutives Merkmal des zivilrechtlichen Maklervertrages.

Der „vermittelnde Charakter“[650] von Crowdfunding-Plattformen ist somit grundsätzlich in der rein technischen Durchführung der Crowdfunding-Runde und deren rechtlicher Bewertung als Werkvertrag bzw. Auftrag enthalten.

Die vorherrschenden Besonderheiten bei den Fallgruppen des Crowdfunding zur Unternehmensfinanzierung und des Crowdfunding zur Einwerbung von Krediten verdienen insofern jedoch eine gesonderte Würdigung.

1. Crowdfunding zur Unternehmensfinanzierung

Eine besondere Rolle kommt Crowdfunding-Plattformen bei der Fallgruppe des Crowdfunding zur Unternehmensfinanzierung zu. Hier gewähren sie nicht nur die technische Infrastruktur zur Durchführung einer Crowdfunding-Runde. Sie zeichnen auch den Vertragsinhalt im Marktverhältnis vor, indem sie das Marktverhältnis betreffende vorformulierte und standardisierte Verträge vorgeben.[651]

Zwar kann nicht ausgeschlossen werden, dass einzelne Geldgeber gerade deshalb mit einem Initiator kontrahieren wollen, weil der seitens der Plattform vorgezeichnete Vertragsinhalt auf diese besonders attraktiv wirkt. In der Regel dürfte die Bereitschaft zur Teilhabe an einer bestimmten Crowdfunding-Runde jedoch von der Partei des Initiators abhängen und durch das vom Initiator beworbene Geschäftsmodell indiziert sein. Die inhaltliche Vertragsgestaltung durch die Crowdfunding-Plattform ist daher allenfalls mitursächlich für das Zustandekommen des Hauptvertrages, was weder beim Nachweis- noch beim Vermittlungsmakler für eine Maklertätigkeit ausreichend ist.[652]

---

650 Vgl. (zu Auktionsplattformen) *Neubauer/Steinmetz*, in: *Hoeren/Sieber/Holznagel*, Teil 14, Rn. 6.

651 Siehe oben § 8.

652 Vgl. MüKoBGB/*Roth*, 7. Aufl. 2017, § 652 Rn. 107

Es bleibt somit auch in dieser Fallgruppe dabei, dass der Vertragsschluss als solcher allein durch Ablauf der technischen Routinen erfolgt und daher keine maklervertragliche Vermittlungstätigkeit im Sinne des Zivilrechts[653] gegeben ist.[654]

2. *Crowdfunding zur Einwerbung von Krediten*

Anders gestaltet sich die Konstellation bei der Fallgruppe des Crowdfunding zur Einwerbung von Krediten. Die spezifischen Besonderheiten der vertraglichen Ausgestaltung sehen es dort gerade vor, dass ein Darlehensvermittlungsvertrag zwischen Initiator und Crowdfunding-Plattform geschlossen wird.[655]

Nur bei dieser speziellen Fallgruppe ist daher ein Vermittlungsvertrag Bestandteil des besonderen Nutzungsvertrages, so dass ergänzend die Normen des Darlehensvermittlungsvertrags (§§ 655a ff. BGB) Anwendung finden. Dabei handelt es sich um einen modifizierten Maklervertrag, der die entgeltliche Herbeiführung eines Hauptvertrages in Form eines Verbraucherkreditvertrages[656] zum Gegenstand hat.

III. Zusatzdienste

1. *Zahlungsverkehr*

Crowdfunding-Plattformen kommen in der Regel weder in Kontakt mit den entstehenden Zahlungsströmen noch mit den vereinnahmten Geldern.[657]

Hierzu verläuft der Zahlungsverkehr über externe Zahlungsdienstleister.[658] Während der Dauer der Crowdfunding-Runde vereinnahmte Gelder werden von externen Zahlungsdienstleistern bzw. kooperierenden Kreditinstituten treuhänderisch verwahrt.[659] Dabei handelt es sich somit nicht um Leistungen, die durch Crowdfunding-Plattformen erbracht werden.

Beispielsweise über die Plattform Startnext vereinnahmte Gelder werden auf Konten der Fidor Bank AG oder secupay AG gezahlt.[660] Die Zahlung erfolgt per Sofortüberweisung, Paypal, Lastschrift oder Kreditkarte.[661] Auch die Plattform Seedmatch bedient sich des Zahlungsdienstleisters secupay AG[662] und weist in ihren Nutzungsbedingungen explizit darauf hin, dass „Seedmatch [...] nicht berechtigt

---

653 Zur aufsichtsrechtlichen Beurteilung, insb. zum Tatbestand der „Anlagevermittlung" siehe unten § 15 A) II. 5.

654 A. A. *Uffmann*, JZ 2016, 928, 933.

655 Siehe oben § 9 B); siehe auch z.B. AGB *Auxmoney* § 8 Abs. 2 u. 3 (Anl. 4).

656 MüKoBGB/*Schürnbrand*, 7. Aufl. 2017, § 655a Rn. 13.

657 Siehe oben § 4 B) III.

658 *Beck*, S. 13; *Bücheler/Helbing*, in *Bücheler* Appendix 17, S. 207; *Hemer/Scheider/Dornbusch/Frey*, S. 65 f; *Rauda*, S. 290, Rn. 818.

659 *Beck*, S. 113; *Nietsch/Eberle*, DB 2014, 1788, 1788.

660 *Startnext* AGB § 7 Abs. 2 S. 2 (Anl. 1).

661 *Startnext* AGB § 7 Abs. 2 S. 2 u. 3 (Anl. 1).

662 *Seedmatch* AGB § 10 Abs. 2 (Anl. 2).

[ist], sich Eigentum oder Besitz an Geldern oder Wertpapieren von Investoren zu verschaffen."[663] Bei der Plattform Auxmoney erfolgen Forderungsankauf und Darlehensvergabe[664] durch ein kooperierendes Kreditinstitut, verwaltet durch die CreditConnect GmbH.[665]

Nur ergänzend wird darauf hingewiesen, dass der Einzug und die Übermittlung von Geldern durch externe Zahlungsdienstleister bzw. kooperierende Kreditinstitute im Rahmen eines Zahlungsdienstevertrages nach §§ 675f, 675 erfolgt.[666]

Die Einordnung des Treuhandvertrages richtet sich nach dessen Entgeltlichkeit. Die unentgeltliche Treuhand ist dabei als Auftrag, die entgeltliche als Geschäftsbesorgungsvertrag[667] zu charakterisieren.[668]

2. Marketing

Denkbar ist auch, dass einzelne Plattformen kostenpflichtige Zusatzdienste im Bereich Marketing erbringen. Je nach Schwerpunkt der Leistung dürfte es hierbei zu Dienst-[669] oder Werkverträgen kommen.

---

663 *Seedmatch* AGB § 10 Abs. 2 (Anl. 1).
664 Siehe oben § 9 zu den Besonderheiten beim Crowdfunding zur Einwerbung von Krediten.
665 *Auxmoney* AGB § 8 Abs. 2 (Anl. 4).
666 *Rauda*, S. 292, Rn. 826.
667 *Rauda*, S. 292, Rn. 827.
668 *Coing*, S. 92; Staudinger/*Martinek* (2006), Vorbem 40 zu §§ 662 ff.
669 *Rauda*, S. 291, Rn. 826.

§ 12 Rechtsverhältnis zwischen Geldgeber und Crowdfunding-Plattform

Das Rechtsverhältnis zwischen Geldgeber und Crowdfunding-Plattform gestaltet sich grundsätzlich parallel zum Verhältnis zwischen Initiator und Crowdfunding-Plattform. Auch insofern ist zwischen allgemeinem und besonderem Nutzungsvertrag zu unterscheiden.[670]

Im Hinblick auf den allgemeinen Nutzungsvertrag ergeben sich keine Unterschiede zum Rechtsverhältnis zwischen Initiator und Crowdfunding-Plattform. Es handelt sich hierbei um einen Auftrag.[671]

Der besondere Nutzungsvertrag ist darauf gerichtet, die Teilhabe an der Crowdfunding-Runde in technischer Hinsicht zu ermöglichen. Der maßgebliche Unterschied zum besonderen Nutzungsvertrag zwischen Crowdfunding-Plattform und Initiator besteht in dessen Unentgeltlichkeit.

A) Unentgeltlichkeit der Plattformnutzung

Eine etwaige Provisionspflicht besteht nur zu Lasten des Initiators. Zwar gibt der Geldgeber eine Geldleistung hin. Dies jedoch nur im Marktverhältnis gegenüber dem Initiator und in Höhe einer bestimmten Leistungsstufe. Weder wird hierfür seitens der Crowdfunding-Plattform ein Aufgeld zu Lasten des Geldgebers erhoben, noch partizipiert die Crowdfunding-Plattform hieran sonst irgendwie zu Lasten des Geldgebers. Kann die Zielsumme erfolgreich eingeworben werden, wird von dieser ein Teil nicht an den Initiator weitergeleitet, sondern kommt der Crowdfunding-Plattform als Provision zu.[672]

Die Plattformnutzung erfolgt durch den Geldgeber daher unentgeltlich.[673] Hieran ändert sich auch bei der Inanspruchnahme etwaiger gesondert zu vergütender Zusatzdienste nichts, da diese lediglich auf die bereits unentgeltliche Plattformnutzung aufsetzen und getrennt von dieser zu bewerten sind.

B) Bereithaltung der Plattforminfrastruktur

Hinsichtlich der Nutzung der Plattforminfrastruktur zur Teilhabe an der Crowdfunding-Runde ergeben sich keinerlei Unterschiede zum parallelen Leistungsverhältnis gegenüber dem Initiator.[674]

---

670 Siehe oben § 11.

671 Siehe oben § 11 A).

672 Siehe oben § 4 B) IV. 1.

673 *Jansen/Pfeifle*, ZIP 2012, 1842, 1848.

674 Siehe oben § 11 B) I.

Da die Plattformnutzung für Geldgeber auch im Hinblick auf den besonderen Nutzungsvertrag unentgeltlich erfolgt, ist in rechtlicher Hinsicht von einem Auftrag auszugehen.[675] Bereits wegen der Unentgeltlichkeit liegt auch im Verhältnis zum Geldgeber kein Maklervertrag vor.[676] Mit obiger Argumentation kommt auch im Übrigen eine Vermittlungstätigkeit im Verhältnis zum Geldgeber nicht in Betracht.[677]

C) Grundsätzlich keine ergänzenden Verpflichtungen aus Auskunftsvertrag

Das Rechtsverhältnis hin zum Geldgeber könnte um Elemente eines Auskunftsvertrags angereichert sein. Dies kommt insbesondere in Betracht, wenn durch die Plattform eine Vorauswahl oder Bewertung des Finanzierungsvorhabens erfolgt.[678]

Die Vereinbarung einer Auskunftserteilung kann Gegenstand eines Dienstvertrags, Werkvertrags, Auftragsverhältnisses oder auch einer Geschäftsbesorgung sein.[679] Ein derartiger Auskunftsvertrag zwischen Crowdfunding-Plattform und Geldgebern ist jedoch abzulehnen. Selbst wenn nämlich die Crowdfunding-Plattform eine Selektion oder Bewertung des Finanzierungsvorhabens vornimmt, richtet sich das insofern selektierte oder bewertete Finanzierungsvorhaben dennoch an eine unbestimmte Vielzahl unbekannter Internetnutzer, die Crowd. Ein hierauf folgendes finanzielles Engagement von Geldgebern aus dieser Menge würde nicht auf ein unmittelbares oder auch nur konkludentes Auskunfts- oder Ratersuchen erfolgen. Eine Selektion bzw. Bewertung des Finanzierungsvorhabens könnte gegenüber dieser Menge aus der Crowd zwar als Angebot ad incertas personas auf Abschluss eines Auskunftsvertrags einzuordnen sein. Ein derartiger Auskunftsvertrag ad incertas personas sollte jedoch mit Nachdruck abgelehnt werden, „weil die Übernahme einer Haftung gegenüber beliebigen, noch unbekannten Dritten »ungewöhnlich« ist“[680].

Auch spricht hiergegen, dass einer Auskunftserteilung ein Auskunfts- oder Ratersuchen vorgelagert sein müsste, an dem es fehlt, wenn die vermeintliche Auskunft an einen unbestimmten Adressatenkreis entsendet wird.

---

675 Siehe oben § 11 B) I.; vgl. (zu Auktionsplattformen): *Neubauer/Steinmetz*, in: *Hoeren/Sieber/Holznagel*, Teil 14, Rn. 11; *Biallaß*, in: *Borges (Hrsg.)*, Internet-Auktion, § 2, S. 23.

676 *Jansen/Pfeifle*, ZIP 2012, 1842, 1848.

677 Siehe oben § 11 B) I.

678 Z. B. *Seedmatch* FAQ (Fn. 139), „Wie bewerbe ich mich mit meinem Startup für ein Crowdfunding?“; siehe auch *Klöhn/Hornuf*, ZBB 2012, 237, 245; *Jansen/Pfeifle*, ZIP 2012, 1842, 1849 f.; *Meschkowski/Wilhelmi*, BB 2013, 1411, 1414 f.

679 Staudinger/*Martinek* (2006), § 675, C 12; MüKoBGB/*Heermann*, 7. Aufl. 2017, § 675 Rn. 116.

680 MüKoBGB/*Heermann*, 7. Aufl. 2017, § 675 Rn. 124; siehe auch BGH NJW 1970, 1737, 1737.

Dabei kann es keinen Unterschied machen, ob man auf solche Adressaten abstellt, die im Zeitpunkt der vermeintlichen Auskunftserteilung bereits auf der Plattform registriert waren oder nicht. Auch registrierte Plattformnutzer lassen sich nämlich nicht einem abgeschlossenen Adressatenkreis zuordnen, sodass auch insofern eine Auskunft gegenüber beliebigen noch unbekannten Dritten erteilt würde. Es ist völlig unklar, ob registrierte Plattformnutzer die Plattform regelmäßig besuchen oder gar existieren. Auch wenn die Selektionen oder Bewertung im Rahmen der Plattformnutzungsbedingungen benannt oder auch auf der Plattform beworben wird, kann nicht pauschal davon ausgegangen werden, dass bereits im Abschluss des Registrierungsvorgangs ein konkludentes Auskunftsersuchen liegt.[681]

681 *Meschkowski/Wilhelmi*, BB 2013, 1411, 1413; *Kunz*, in: *Bräutigam/Rücker*, 12. Teil Rn. 88; a. A. *Spindler*, ZBB 2017, 129, 135; *Uffmann*, JZ 2016, 928, 932 und 933 f.

§ 13 Haftung von Crowdfunding-Plattformen

Auf Crowdfunding-Plattformen kommen die Parteien des Marktverhältnisses zum Vertragsschluss zusammen.[682] Von besonderem Interesse ist die Frage, in wie fern diese einer Haftung, insbesondere für Risiken aus dem Marktverhältnis, unterliegen.

Dabei ist zwischen einer Haftung gegenüber den Parteien des Marktverhältnisses und einer Haftung gegenüber sonstigen Dritten zu unterscheiden.

Bei der rechtlichen Bewertung können hierzu Parallelen zur Haftung von Auktionsplattformen[683] gezogen werden. Beiderseits geht es um Plattformen, auf denen die Parteien des Marktverhältnisses nach einem bestimmten, seitens der Plattform vorgegebenen, Marktmechanismus zum Vertragsschluss zusammenkommen. Dieser ähnelt sich bei Crowdfunding- und Auktionsplattformen vor allem darin, dass eine etwaige Provision zu Gunsten der Plattform nur bei einem erfolgreichen Vertragsschluss im Marktverhältnis anfällt. Auch ist der beabsichtigte Vertragsschluss im Marktverhältnis nur binnen eines vordefinierten Zeitraums möglich.

A) Haftung gegenüber den Parteien des Marktverhältnisses

Mit dem allgemeinen und dem besonderen Nutzungsvertrag bestehen zwischen Crowdfunding-Plattformen und den Parteien des Marktverhältnisses gewichtige und unmittelbare vertragliche Beziehungen.[684]

Hieraus sind vertragliche Pflichtverletzungen gegenüber den Parteien des Marktverhältnisses denkbar, die sich haftungsbegründend auswirken können. Den Kern der Betrachtung bilden dabei Schadensersatzansprüche nach §§ 280 ff. BGB aus der Verletzung etwaiger Haupt- oder Nebenpflichten[685] nach § 241 Abs. 1 und Abs. 2 BGB aus der vertraglichen Beziehung im Plattformverhältnis.

In Betracht kommen insbesondere Pflichtverletzungen in Zusammenhang mit der technischen Plattforminfrastruktur aber auch der Verletzung von Prüf- oder Aufklärungspflichten. Solche können sich auf die Parteien des Marktverhältnisses, den Gegenstand der Mitteleinwerbung oder allgemein auch auf Funktionsweise und Risiken einer Mitteleinwerbung durch Crowdfunding beziehen.

---

682 Siehe oben § 3 C) u. D) II.

683 Allgemein zur Haftung von Auktionsplattformen z. B. *Hoffmann*, in: *Leible/Sosnitza*, Internet-Versteigerungen, Rn. 314 ff.; *Spindler*, in: *Spindler/Wiebe*, Kapitel 5, Rn. Rn. 83 ff.

684 Siehe oben § 11 A), B) u. § 12.

685 *Meschkowski/Wilhelmi*, BB 2013, 1411, 1414; *Nastold*, ZVertriebsR 2014, 366, 368; *Nietsch/Eberle* DB 2014, 1788, 1795: *Bujotzek/Mocker*, BKR 2015, 358, 360.

I. Technische Funktionsstörungen

Die Kernleistung von Crowdfunding-Plattformen besteht darin, die Plattforminfrastruktur zu Verfügung zu stellen.[686] Hierbei können sich Pflichtverletzungen aufgrund technischer Funktionsstörungen ergeben.

Zur Bereithaltung der Plattforminfrastruktur, insbesondere zur Durchführung von Crowdfunding-Runden, verpflichten sich Crowdfunding-Plattformen im Rahmen des besonderen Nutzungsvertrags.[687]

Technische Funktionsstörungen, insbesondere hinsichtlich der Erreichbarkeit oder technischen Funktionsfähigkeit der Crowdfunding-Plattform, betreffen die Hauptpflicht[688] aus dem besonderen Nutzungsvertrag, der die Durchführung der Crowdfunding-Runde zum Gegenstand hat. Ist nämlich die Crowdfunding-Plattform in einem Maße nicht erreichbar, das über den geschuldeten Umfang[689] hinausgeht oder sind einzelne Funktionen gestört so betrifft dies unmittelbar die geschuldete Leistung in Form der Durchführung der Crowdfunding-Runde. Es liegt dann eine mangelhafte Leistung vor.

Wird der allgemeine Nutzungsvertrag entgeltlich geschlossen und handelt es sich daher um einen Werkvertrag[690], kommt eine Haftung nach §§ 634 ff. BGB in Betracht.[691] Eine solche ist zunächst auf Nacherfüllung (§§ 634 Nr. 1, 635 BGB) gerichtet, die durch Wiederholung der Crowdfunding-Runde möglich wäre. Handelt es sich bei dem besonderen Nutzungsvertrag, weil unentgeltlich, um einen Auftrag, kommt eine Haftung nach den allgemeinen Regeln (§§ 280 ff. BGB) in Betracht.

Von praktischer Relevanz ist, ob Crowdfunding-Plattformen eine derartige Haftung in Form von AGB (§ 305 Abs. 1 BGB) ausschließen können.

Hierzu müsste eine entsprechende Haftungsfreistellung den inhaltlichen Grenzen der §§ 307 ff. BGB genügen. Eine maßgebliche Beschränkung ergibt sich dabei aus § 307 Abs. 2 Nr. 2 BGB, wonach Haftungsrisiken für wesentliche Vertragspflichten („Kardinalpflichten“) nicht ausgeschlossen werden können.[692] Um eine ebensolche Kardinalpflicht, da vertragliche Hauptpflicht, handelt es sich hier jedoch, da ihre „Erfüllung die ordnungsgemäße Durchführung des Vertrages überhaupt erst

---

686 Siehe oben § 11 B) u. § 12.

687 Siehe oben § 11 B) u. § 12.

688 A. A. (zu Auktionsplattformen: Deren Erreichbarkeit nur als Nebenpflicht aus dem besonderen Nutzungsvertrag einordnend) *Hoffmann*, in: *Leible/Sosnitza*, Internet-Versteigerungen, Rn. 316.

689 Siehe oben Fn. 615.

690 Siehe oben § 11 B) u. § 12.

691 Vgl. (zu Auktionsplattformen) *Hoffmann*, in: *Leible/Sosnitza*, Internet-Versteigerungen, Rn. 350.

692 Vgl. (zu Auktionsplattformen) *Hoffmann*, in: *Leible/Sosnitza*, Internet-Versteigerungen, Rn. 366.

ermöglicht und auf deren Einhaltung der Vertragspartner regelmäßig vertrauen darf"[693]. Ein Haftungsausschluss durch AGB ist daher nicht möglich.

II. Identität und Bonität der Parteien des Marktverhältnisses

Auch stellt sich die Frage, ob Crowdfunding-Plattformen verpflichtet sind, für Identität und Bonität der Parteien des Marktverhältnisses einzustehen.

Für die Parteien des Marktverhältnisses besteht dahingehend ein Risiko, da dem Internet als Trägermedium der Crowdfunding-Runde eine gewisse Anonymität innewohnt, derer sich die Parteien des Marktverhältnisses nicht entziehen können.[694]

Zwar verpflichten sich die Parteien des Marktverhältnisses üblicherweise bei ihrer Registrierung auf der Plattform, mit Abschluss des allgemeinen Nutzungsvertrags, wahrheitsgemäße Angaben zu ihrer Person, insbesondere zu Name und Anschrift, zu machen.[695] Allein hieraus dürfte sich eine Pflichtenstellung der Crowdfunding-Plattform gegenüber den einzelnen Parteien des Marktverhältnisses jedoch nicht herleiten lassen. Dieses Vorgehen dient vornehmlich dem Eigeninteresse der Plattformen, um ladungsfähige Anschriften zur Absicherung eines etwaigen Provisionsanspruchs oder Entgelts aus zahlungspflichtigen Zusatzdiensten zu erlangen.[696]

Auch durch den Inhalt derartiger Nutzungsbedingungen kann nämlich nicht gewährleistet werden, dass die angegebenen personenbezogenen Daten der Wahrheit entsprechen. Vor falschen Angaben dürften die Parteien sich nur dann geschützt fühlen, wenn die einzelne Crowdfunding-Plattform deren Richtigkeit überprüft und für diese einstünde.[697] In der Regel ist dies nicht der Fall. Maßgeblich ist, dass nach dem Inhalt der Vertragsbeziehungen nur eine technische Plattform bereitgehalten wird, nicht aber soll auch die Gewährleistung eines risikolosen Geschäftsumfelds übernommen werden, wie es etwa bei einer Börse der Fall wäre.[698]

Etwas anderes muss gewiss gelten, wenn die jeweilige Plattform einen Vertrauenstatbestand dahingehend schafft, dass sich nur solche Nutzer auf der Plattform bewegen, deren Identität akkreditiert ist.[699] Muss die eine Partei des

693 BGH NJW-RR 2005, 1495, 1505.

694 Vgl. *Borges*, Identitätsnachweis, S. 29.

695 So z. B. *Startnext* AGB § 9 Abs. 2 Nr. 1 (Anl. 1); *Seedmatch* AGB § 8 Abs. 1 S. 2 (Anl. 2); *Auxmoney* AGB § 2 Abs. 2 (Anl. 1.4); *betterplace* AGB § 2 Abs. 3 (Anl. 3).

696 Vgl. (zu Auktionsplattformen) *Spindler*, in: *Spindler/Wiebe*, Kapitel 5, Rn. 92.

697 Vgl. allgemein zu elektronischen Marktplätzen: *Ernst*, in: *Redeker*, Bd. II, 3.13, Rn. 62; zu Auktionsplattformen: *Hoffmann*, in: *Leible/Sosnitza*, Internet-Versteigerungen, Rn. 325.

698 Vgl. (zu Auktionsplattformen) *Hoffmann*, in: *Leible/Sosnitza*, Internet-Versteigerungen, Rn. 324.

699 Vgl. (zu Auktionsplattformen) *Spindler*, in: *Spindler/Wiebe*, Kapitel 5, Rn. 94; *Hoffmann*, in: *Leible/Sosnitza*, Internet-Versteigerungen, Rn. 324.

Marktverhältnisses einen entsprechenden Identitätsnachweis[700] erbringen, so darf sie berechtigterweise auch davon ausgehen, dass die andere Partei es ihr gleich tat und die Plattform Verstöße sanktioniert. Eine derartige Akkreditierung würde daher die Crowdfunding-Plattform als Nebenpflicht zum allgemeinen Nutzungsvertrag binden.[701]

Von einer dahingehenden Haftung kann sich die Crowdfunding-Plattform dann nicht durch AGB freizeichnen, da dies widersprüchlich und somit unwirksam wäre.[702]

Für die Bonität der Parteien des Marktverhältnisses kann insofern nichts anderes gelten, als dass eine Prüfpflicht seitens der Plattform grundsätzlich nicht besteht und deren Haftung erst dann in Betracht kommt, wenn ein entsprechender Vertrauenstatbestand geschaffen wurde.

III. Verkehrsfähigkeit des Finanzierungsgegenstandes

In Zusammenhang mit etwaigen Prüfpflichten stellt sich auch die Frage, ob Crowdfunding-Plattformen verpflichtet sind, die auf ihnen dargebotenen Inhalte auf ihre Verkehrsfähigkeit hin zu prüfen. Vor allem im Hinblick auf die Fallgruppe des Crowdfunding zur Finanzierung von Einzelprojekten könnten insofern etwaige Verstöße gegen gesetzliche Verbote oder die guten Sitten (§§ 138, 134 BGB)[703] bzw. entgegenstehende Rechte Dritter relevant sein.

Bestünde eine derartige Pflicht, würden Crowdfunding-Plattformen für Risiken, die sich hieraus im Marktverhältnis ergeben, aus einer vertraglichen Nebenpflicht aus dem besonderen Nutzungsvertrag haften.

Die gebräuchlichen Plattformnutzungsbedingungen sehen üblicherweise Verbote vor, entsprechende Inhalte einzustellen.[704] Eine haftungsbegründende Vertragspflicht ließe sich hieraus jedoch nur dann herleiten, wenn von der jeweiligen Plattform erwartet werden dürfte, dass der Gegenstand der Mitteleinwerbung und in diesem Zusammenhang das einzelne Marktverhältnis auf dessen Einklang mit der Rechtsordnung und bestehenden Rechten Dritter hin überprüft würde.

Wie auch bei der parallel gelagerten Fragestellung im Zusammenhang mit der Identität und Bonität der Plattform-Nutzer, kommt eine derartige Prüfpflicht

---

700 Z. B. *Auxmoney* AGB § 2 Abs. 2 lit. d) cc) (Anl. 4): Post-Ident-Verfahren über Deutsche Post AG. Die Verpflichtung betrifft allerdings nur Initiatoren („Kreditsuchende").

701 Vgl. (zu Auktionsplattformen) *Hoffmann*, in: *Leible/Sosnitza*, Internet-Versteigerungen, Rn. 325.

702 Vgl. (zu Auktionsplattformen) *Spindler*, in: *Spindler/Wiebe*, Kapitel 5, Rn. 94.

703 Vgl. (zu Auktionsplattformen) *Spindler*, in: *Spindler/Wiebe*, Kapitel 5, Rn. 104; *Hoffmann*, in: *Leible/Sosnitza*, Internet-Versteigerungen, Rn. 342.

704 Z. B. *Startnext* AGB § 9 Abs. 3 (Anl. 1); *Betterplace* AGB § 3 Abs. 3 (Anl. 3).

grundsätzlich nicht in Betracht, da die Bereithaltung einer technischen Infrastruktur im Vordergrund steht.[705]

Auch hier muss jedoch wieder etwas anderes gelten, wenn seitens der Plattform besonderes Vertrauen in Anspruch genommen wird, den Leistungsgegenstand im Marktverhältnis auf seine Verkehrsfähigkeit hin überprüft zu haben.[706]

Eine entsprechende Prüfpflicht besteht somit grundsätzlich nicht. Es ist daher festzuhalten, dass Crowdfunding-Plattformen gegenüber den Parteien des Marktverhältnisses grundsätzlich nicht für Risiken haften, die sich aus der Verkehrsfähigkeit des Finanzierungsgegenstandes ergeben.

IV. Leistungsstörungen im Marktverhältnis

Crowdfunding-Plattformen können grundsätzlich nicht für Risiken in Anspruch genommen werden, die sich aus Leistungsstörungen im Marktverhältnis ergeben.

Zwischen Crowdfunding-Plattformen und Geldgebern kommt keine unmittelbare Vertragsbeziehung über den Leistungsgegenstand im Marktverhältnis zu Stande. Über die Crowdfunding-Plattform wird lediglich eine Idee des Finanzierungsvorhabens platziert und die erforderliche Infrastruktur gewährt, ein hierauf bezogenes Finanzierungsziel zu erreichen. Weder wird dem Geldgeber über Crowdfunding-Plattformen der Leistungsgegenstand im Marktverhältnis zugänglich gemacht. Noch stehen Crowdfunding-Plattformen in einer Art und Weise auf der Seite des geschuldeten Leistungsgegenstandes, die es rechtfertigen würde, diese hinsichtlich eines geschuldeten Soll-Zustandes zu verpflichten.[707] Die Nutzer der Plattform können eine Angebotsprüfung durch die Plattform üblicherweise nicht erwarten.[708] Auch hier ist zu betonen, dass in der Regel nur eine technische Infrastruktur gewährt wird.[709]

Eine dahingehende Haftung von Crowdfunding-Plattformen für Leistungsstörungen im Marktverhältnis kommt daher grundsätzlich nicht in Betracht.[710]

Etwas anderes muss jedoch auch hier gelten, wenn die Crowdfunding-Plattform Vertrauen für sich beansprucht, was die Qualität des Finanzierungs- bzw.

---

705 Siehe oben § 13 A) II. 1.

706 Siehe oben § 13 A) II.; vgl. auch (zu Auktionsplattformen) *Spindler*, in: *Spindler/Wiebe*, Kapitel 5, Rn. 106; Hoffmann, in: *Leible/Sosnitza*, Internet-Versteigerungen, Rn. 337.

707 Vgl. (zu Auktionsplattformen) *Ernst*, in: *Redeker*, Bd. II, 3.13, Rn. 62; *Spindler*, in: *Spindler/Wiebe*, Kapitel 5, Rn. 84; *Hoffmann*, in: *Leible/Sosnitza*, Internet-Versteigerungen, Rn. 326.

708 *Meschkowski/Wilhelmi*, BB 2013, 1411, 1414.

709 Siehe oben § 13 A) II. u. III.

710 So im Ergebnis auch *Meschkowski/Wilhelmi*, BB 2013, 1411, 1413.

Leistungsgegenstandes betrifft. Dies kommt insbesondere dann in Betracht, wenn sie eine bestimmte Vorauswahl[711] oder Akkreditierung vornimmt.[712]

Die Crowdfunding-Plattform würde dann zwar nicht als Sachwalter[713] über § 311 Abs. 3 BGB haften.[714] Insofern würde es am unmittelbar wirtschaftlichen Eigeninteresse fehlen, da die Crowdfunding-Plattform einen Provisionsanspruch dann erlangt, wenn eine Crowdfunding-Runde Erfolg hat.[715] Auch ist eine derartige Vorauswahl nicht Gegenstand eines Auskunftsvertags.[716]

Da über das Plattformverhältnis aber ohnehin unmittelbare Vertragsbeziehungen bestehen, kommt eine Haftung aus einer vertraglichen Nebenpflicht zum besonderen Nutzungsvertrag aus §§ 280, 241 Abs. 2 BGB in Betracht.[717]

Hat eine Crowdfunding-Plattform im Rahmen ihres Geschäftsmodells gewisse Prüfmechanismen[718] geschaffen, um hierdurch auf eine bestimmte Qualität der auf ihr dargebotenen Inhalte hinzuweisen, so entspricht es dem schutzwürdigen Interesse der Plattform-Nutzer und damit den Parteien des Marktverhältnisses, dass die der Prüfung zu Grunde liegenden Kriterien auch erfüllt werden.[719]

Beispielsweise für die Fallgruppe des Crowdfunding zur Unternehmensfinanzierung gibt die Plattform Seedmatch vor, eine Vorauswahl der Startups unter anderem danach zu treffen, ob die Gründer nachweisen können, dass die Idee funktioniert („Proof of Concept"), das Gründerteam über Erfahrung im Bereich Entwicklung, Vertrieb und Marketing verfügt und das Geschäftsmodell nachhaltig und skalierbar ist.[720] Ein haftungsbegründender Vertrauenstatbestand wäre folglich darauf gerichtet, dass die von der Plattform benannten Kriterien geprüft wurden und deren Soll-Zustand erfüllt ist. Nur hierauf ließe sich ein vertraglicher Schadensersatzanspruch stützen. Nicht aber haften Crowdfunding-Plattformen hierdurch pauschal für wirtschaftliche Risiken oder sonstige Schlechtleistungen aus dem Marktverhältnis, die

---

711 Z. B. *Seedmatch* FAQ (Fn. 139), „Wie bewerbe ich mich mit meinem Startup für ein Crowdfunding?"; siehe auch *Klöhn/Hornuf*, ZBB 2012, 237, 245; *Jansen/Pfeifle*, ZIP 2012, 1842, 1849 f.; *Meschkowski/Wilhelmi*, BB 2013, 1411, 1414 f.

712 *Weitnauer/Parzinger*, GWR 2013, 153, 157; vor diesem Hintergrund einen Auskunftsvertrag bejahend: *Spindler*, ZBB 2017, 129, 135; vgl. auch *Ernst*, in: *Redeker*, Bd. II, 3.13, Rn. 62; zu Auktionsplattformen: *Hoffmann*, in: *Leible/Sosnitza*, Internet-Versteigerungen, Rn. 326; *Spindler*, in: *Spindler/Wiebe*, Kapitel 5, Rn. 86.

713 Vgl. (zu Auktionsplattformen) *Spindler*, in: *Spindler/Wiebe*, Kapitel 5, Rn. 86

714 A. A. *Spindler*, ZBB 2017, 129, 135.

715 *Meschkowski/Wilhelmi*, BB 2013, 1411, 1413; *Nastold*, ZVertriebsR 2014, 366, 368.

716 Siehe oben § 12 C).

717 *Weitnauer/Parzinger*, GWR 2013, 153, 157; a. A. *Meschkowski/Wilhelmi*, BB 2013, 1411, 1414; vgl. (zu Auktionsplattformen) *Hoffmann*, in: *Leible/Sosnitza*, Internet-Versteigerungen, Rn. 326.

718 vgl. (zu Auktionsplattformen) *Hoffmann*, in: *Leible/Sosnitza*, Internet-Versteigerungen, Rn. 326; *Spindler*, in: *Spindler/Wiebe*, Kapitel 5, Rn. 86.

719 Vgl. *Uffmann*, JZ 2016, 929, 936 f.

720 *Seedmatch* FAQ (Fn. 139), „Wie erfolgt die Auswahl der Startups?".

sich ausschließlich auf einen Soll-Zustand beziehen, wie er seitens des Initiators zum Inhalt der geschuldeten Leistung gemacht wurde.

Wird ein entsprechender Vertrauenstatbestand gesetzt, so kann sich die Crowdfunding-Plattform nicht mittels AGB von einer dahingehenden Haftung freizeichnen, da dies widersprüchlich und der Haftungsausschluss somit unwirksam wäre.[721]

V. Aufklärung über crowdfunding-spezifische Risiken

Von Prüfpflichten zu unterscheiden sind etwaige Aufklärungspflichten[722]. Bei der Mitteleinwerbung durch Crowdfunding können sich solche insbesondere im Hinblick auf Risiken ergeben, die bezüglich der Vorleistung der Geldgeber und einem damit zusammenhängenden Risiko eines Totalverlusts bestehen.

Charakteristisch für eine Mitteleinwerbung durch Crowdfunding ist die Pflicht der Geldgeber zur Vorleistung.[723] Mit der Pflicht zur Vorleistung korreliert das Risiko, dass die in Aussicht gestellte Leistung entweder gar nicht oder nicht zur Zufriedenheit des Geldgebers erfüllt wird. Zwar hat der Geldgeber theoretisch einen je nach Einzelfall zu konkretisierenden Erfüllungsanspruch und kann einer Nicht- oder Schlechtleistung insofern mit dem allgemeinen und besonderen Leistungsstörungsrecht entgegnet werden. Von praktischer Relevanz dürfte jedoch vor allem die Bewertung der Konstellation sein, dass der Umsetzungsprozess scheitert und dabei die eingesammelten Gelder verbraucht wurden. Konkret betrifft dies das Risiko, dass die Geldgeber in Folge eines Totalverlustes „leer ausgehen".

In besonderem Maße stellt sich daher die Frage, ob Crowdfunding-Plattformen über dieses Risiko aufklären müssen.

1. Vorleistung

Das Ausfallrisiko einer Crowdfunding-Runde ist grundsätzlich nicht anders zu bewerten, als bei anderen vorleistungspflichtigen Geschäften, bei denen die vorleistungspflichtige Partei prinzipiell das Insolvenzrisiko trägt. Allein dieser Umstand rechtfertigt also noch nicht eine Haftung von Crowdfunding-Plattformen wegen unterlassener Aufklärung.

Eine andere Beurteilung könnte sich allenfalls dann ergeben, wenn der Leistungserwerb im Zuge einer Crowdfunding-Runde derart substanziell von branchenüblichen Geschäftsmodellen abweicht, dass die Parteien des Marktverhältnisses hiervon ein falsches Vorstellungsbild haben.[724]

---

721 Vgl. *Meschkowski/Wilhelmi*, BB 2013, 1411, 1414; *Spindler*, ZBB 2017, 129, 136; vgl. *Uffmann*, JZ 2016, 929, 934 und 937; sieh auch oben § 13 A) III.

722 Diese Frage stellt sich auch beim plattformunabhängigen Crowdfunding. Die Pflicht trifft dann den Initiator.

723 Siehe oben § 4 A) II.

724 Vgl. (zu Auktionsplattformen) *Hoffmann*, in: *Leible/Sosnitza*, Internet-Versteigerungen, Rn. 330.

Als relevante Abweichung erscheint der Umstand diskussionswürdig, dass die Teilhabe an einer Crowdfunding-Runde auf die Realisierung eines künftigen Vorhabens gerichtet ist. Dies kann die Umsetzung eines bestimmten Projekts oder auch die Aufnahme oder Ausübung einer unternehmerischen Tätigkeit sein. Hieraus ergibt sich ein gewisses Risiko zu Lasten der Geldgeber. Dies in der Form, dass der Realisierungsprozess weitere Risiken des Leistungsausfalls begründen kann. Das Insolvenzrisiko des Gläubigers bezieht sich somit nicht nur auf den Ausfall einer Leistung, die marktseitig bereits abrufbar ist und daher nur noch gewährt werden müsste. Vielmehr umfasst das Risiko des Gläubigers, insbesondere bei der Fallgruppe des Crowdfunding zur Finanzierung von Einzelprojekten, auch den Prozess, diese Leistung abrufbar zu machen.

Jedoch wird auf Crowdfunding-Plattformen in der Regel das System Crowdfunding und die maßgeblichen Schritte einer Crowdfunding-Runde umfassend aus Perspektive sowohl des Initiators als auch der Geldgeber erläutert.[725] Hieran haben Crowdfunding-Plattformen ein ureigenes Interesse, um künftigen Parteien des Marktverhältnisses ihr Geschäftsmodell näher zu bringen und hierdurch möglichst hohe Nutzerzahlen zu gewinnen. Dies lässt zumindest darauf schließen, dass die Parteien des Marktverhältnisses über den Ablauf und die Besonderheiten einer Crowdfunding-Runde informiert sind oder sich hierüber zumindest hinreichend informieren könnten. Das vermeintliche Vorleistungsrisiko geht dabei gerade damit einher, was das Charakteristikum einer Mitteleinwerbung durch Crowdfunding ist, nämlich die Einwerbung von Finanzmitteln für die Realisierung eines bestimmten Vorhabens. Es darf unterstellt werden, dass die Parteien des Marktverhältnisses hierfür hinreichend sensibilisiert sind, wenn sie sich zur Teilhabe an einer Crowdfunding-Runde entschließen.

Ein gesonderter Hinweis, welche Risiken sich konkret aus der Vorleistung ergeben, ist daher nicht erforderlich. Wird nämlich das Geschäftsmodell hinreichend klar erläutert und wird hieraus deutlich, dass der Plattformbetreiber nicht an der Vertragsabwicklung beteiligt ist, insofern also auch keine Verpflichtung übernimmt, besteht weder eine zusätzliche Pflicht zur Risikoaufklärung noch zur expliziten Aufklärung darüber, dass keine zusätzlichen Prüfungen vorgenommen wurden.[726]

2. *Totalverlust*

Eine vertragliche Nebenpflicht zur Aufklärung kann auch im Hinblick auf das Risiko eines Totalverlustes bestehen.

---

725 Z. B. *Startnext*, Handbuch für Starter (Fn. 138); *Seedmatch* FAQ (Fn. 139); *Auxmoney* FAQ (Fn. 140).

726 Vgl. (zu Auktionsplattformen) *Hoffmann*, in: *Leible/Sosnitza*, Internet-Versteigerungen, Rn. 330; allg, zur zivilrechtlichen Pflicht zur anleger- und objektgerechten Beratung beim Crowdfunding *Wilhelmi*, ZVglRWiss 2017, 298, 309.

Crowdfunding-Plattformen müssen grundsätzlich über solche Umstände aufklären, die für die vertragliche Beziehung im Plattformverhältnis von Relevanz sind.[727] Dies umfasst insbesondere solche Risiken, die sich aus der „Tätigkeit als Anbieter [der technischen Infrastruktur zur Nutzung der Plattform] ergeben, nur hierauf bezieht sich schließlich der besondere Nutzungsvertrag."[728]

Eine Pflicht zur Aufklärung über das Risiko eines Totalverlustes besteht daher solange und soweit nicht, wie seitens der Crowdfunding-Plattform lediglich die technische Infrastruktur zur Durchführung einer Crowdfunding-Runde gewährt wird. Sobald Crowdfunding-Plattformen jedoch auch an der inhaltlichen Ausgestaltung der Crowdfunding-Runde bzw. der Leistungsbeziehung im Marktverhältnis teilhaben, geht ihre Leistung zumindest in dieser Hinsicht über die eines rein technischen Anbieters hinaus.

Dies ist insbesondere bei den Fallgruppen des Crowdfunding zur Unternehmensfinanzierung gegeben, wo Crowdfunding-Plattformen regelmäßig das im Marktverhältnis relevante Vertragswerk vorgeben.[729] Ist nach dem Inhalt des so vorgegebenen Vertragswerks ein Totalverlust möglich, gebietet es das schutzwürdige Interesse der Geldgeber hierüber als vertragliche Nebenpflicht aufzuklären.[730]

B) Haftung gegenüber sonstigen Dritten

Von der vertraglichen Haftung gegenüber den Parteien des Marktverhältnisses zu unterscheiden ist die Haftung von Crowdfunding-Plattformen gegenüber sonstigen Dritten, die nicht Partei des Marktverhältnisses sind. Hierbei stellt sich die Frage, ob und inwiefern Crowdfunding-Plattformen haften, wenn durch die Inhalte von Nutzern Rechte Dritter verletzt werden.

Indem Crowdfunding-Plattformen die technische Infrastruktur hierfür zur Verfügung stellen, handeln sie jedenfalls mitursächlich, wenn beispielsweise durch den Inhalt einer Crowdfunding-Runde Schutzrechte Dritter verletzt werden. Vergleichbar der Haftung die Auktionsplattformen trifft, wenn auf diesen rechtverletzende Angebote eingestellt werden, haften daher auch Crowdfunding-Plattformen nach allgemeinen Regeln, wenn nicht eine Haftungsprivilegierung nach Maßgabe des Telemediengesetzes (TMG) Anwendung findet. Diesem kommt dabei eine Art Filterfunktion[731] zu.

---

727 *Meschkowski/Wilhelmi*, BB 2013, 1411, 1414; vgl. (zu Auktionsplattformen) *Hoffmann*, in: *Leible/Sosnitza*, Internet-Versteigerungen, Rn. 328.

728 *Hoffmann*, in: *Leible/Sosnitza*, Internet-Versteigerungen, Rn. 328.

729 Siehe oben § 8, § 1 D) II. 2.

730 A. A *Meschkowski/Wilhelmi*, BB 2013, 1411, 1414; ergebnisoffen *Nastold*, ZVertriebsR 2014, 366, 368; *Bujotzek/Mocker*, BKR 2015, 358, 360. Eine derartige Aufklärung findet sich z. B. in AGB *Seedmatch* § 7 Abs. 1 (Anl. 2).

731 *Hoffmann*, in: *Spindler/Schuster*, Zwölfter Teil, Abschnitt 3, Vorbemerkung, Rn. 30 ff.; 3 *Lee*, in: *Borges (Hrsg.)*, Internet-Auktion, § 14, S. 302 ff.

Von Relevanz im Kontext einer Mitteleinwerbung durch Crowdfunding erscheint hierbei vor allem die Verletzung von Schutzrechten Dritter, wenn z. B. der vermeintlich „innovative" Projektgegenstand bestehendes Patent-, Urheber- oder Markenrecht verletzt. Dies dürfte insbesondere für die Fallgruppe des Crowdfunding zur Finanzierung von Einzelprojekten ein Thema sein. Eine dahingehende Klage wurde beispielsweise Ende 2012 in den USA durch 3D Systems, Inc. neben dem Initiator unter anderem auch gegen die US-amerikanische Crowdfunding-Plattform Kickstarter erhoben und stützte sich auf die Verletzung eines Patents für bestimmte 3D-Druck-Technologien.[732]

I. Haftungsbeschränkung nach TMG

Crowdfunding-Plattformen sind Diensteanbieter im Sinne des § 2 S. 1 Nr. 1 TMG. Hierzu gehört jede natürliche oder juristische Person, die eigene oder fremde Telemedien zur Nutzung bereithält oder den Zugang zur Nutzung vermittelt. Der Begriff „Telemedien" ist in § 1 Abs. 1 S. 1 TMG legaldefiniert und umfasst alle elektronischen Telekommunikations- und Informationsdienste, somit auch Crowdfunding-Plattformen über die und auf denen crowdfunding-spezifische Nutzerinhalte bereitgehalten und ausgetauscht werden. Das TMG ist auf Crowdfunding-Plattformen somit grundsätzlich anwendbar.

Eine Haftungsbeschränkung nach den § 8 und § 9 TMG liegt nicht vor, da Crowdfunding-Plattformen Informationen nicht nur durchleiten (§ 8 TMG) oder kurzzeitig zwischenspeichern (§9 TMG). Integraler Bestandteil der Bereithaltung der Plattforminfrastruktur ist vielmehr die Gewährung von Speicherplatz zur Präsentation des jeweiligen Finanzierungsvorhabens und zur Durchführung der Crowdfunding-Runde.[733] Möglich erscheint daher eine Privilegierung nach § 10 TMG. Voraussetzung hierfür ist, dass es sich bei den kritischen Inhalten um fremde Informationen handelt. Als Informationen gelten hierbei alle „Angaben, die im Rahmen des jeweiligen Teledienstes übermittelt und gespeichert werden"[734].

Unschädlich dürfte in diesem Zusammenhang sein, wenn seitens der Crowdfunding-Plattform vorformatierte Seiten vorgegeben werden, in die durch den Initiator die zur Durchführung der Crowdfunding-Runde relevanten Informationen eingestellt werden. Wie auch bei Auktionsplattformen ändert ein derartiges Vorgehen nichts daran, dass es sich bei den eingestellten Informationen um für die Crowdfunding-Plattform fremde Informationen des Initiators handelt, da seitens

---

732 *Meschkowski/Wilhelmi*, BB 2013, 1411, 1412; siehe auch *Lawton/Marom*, S. 143 („this presented some real intellectual property entanglement issues, and it put crowdfunding on a collision course with patents and copyrights").

733 Siehe oben § 11 B) I. 2.

734 *BT-Drucks.* 14/6098, S. 23.

der Plattform nicht mehr als die äußeren Rahmenbedingungen vorgegeben werden, innerhalb derer die Crowdfunding-Runde stattfindet.[735]

Nicht mehr um haftungsprivilegierte fremde Informationen würde es sich jedoch handeln, wenn sich die Crowdfunding-Plattform die kritischen Informationen „zu Eigen macht".[736] Nach der Rechtsprechung des EuGH zur Verantwortlichkeit von Betreibern eines Internet-Marktplatzes für Markenrechtsverletzungen ist ein schädliches zu-Eigen-Machen jedenfalls dann gegeben, „wenn der Anbieter des Dienstes, anstatt sich darauf zu beschränken, diesen mittels rein technischer und automatischer Verarbeitung der von seinen Kunden eingegebenen Daten neutral zu erbringen, eine aktive Rolle spielt, die ihm eine Kenntnis dieser Daten oder eine Kontrolle über sie verschaffen konnte"[737].

Eine in diesem Sinne aktive Rolle, die einer Haftungsprivilegierung entgegensteht, nehmen Crowdfunding-Plattformen jedenfalls dann ein, wenn durch sie eine irgendwie geartete Vorauswahl, Prüfung oder Akkreditierung des Finanzierungsvorhabens vorgenommen wird.[738] Da die Crowdfunding-Plattform in diesem Zusammenhang Kenntnis von den kritischen Daten erlangt, handelt es sich dann nicht mehr um fremde Informationen.

Für fremde Informationen sind Crowdfunding-Plattformen nach § 10 S. 1 TMG solange nicht verantwortlich, wie sie keine Kenntnis von der rechtswidrigen Handlung oder der Information haben und ihnen im Falle von Schadensersatzansprüchen auch keine Tatsachen oder Umstände bekannt sind, aus denen die rechtswidrige Handlung oder die Information offensichtlich wird (§ 10 S. 1 Nr. 1 TMG), oder sie unverzüglich tätig geworden sind, um die Information zu entfernen oder den Zugang zu ihr zu sperren, sobald sie diese Kenntnis erlangt haben (§ 10 S. 1 Nr. 2 TMG).

Eine die Privilegierung ausschließende Kenntnis nach § 10 S. 1 Nr. 1 TMG dürfte hierbei jedenfalls dann gegeben sein, wenn das kritische Finanzierungsvorhaben von Dritten, z.B. dem vermeintlich Geschädigten, gegenüber der Crowdfunding-Plattform beanstandet wird.[739]

II. Störerhaftung

Nach etablierter Rechtsprechung des BGH findet die Haftungsprivilegierung nach dem TMG auf Unterlassungsansprüche auf Grundlage der Störerhaftung keine

735 Vgl. (zu Auktionsplattformen) *Neubauer/Steinmetz*, in: *Hoeren/Sieber/Holznagel*, Teil 14, Rn. 146 f.; *Lee*, in: *Borges (Hrsg.)*, Internet-Auktion, § 14, S. 298 f.

736 Vgl. (zu Auktionsplattformen) *Neubauer/Steinmetz*, in: *Hoeren/Sieber/Holznagel*, Teil 14, Rn. 146 f.; *Lee*, in: *Borges (Hrsg.)*, Internet-Auktion, § 14, S. 299.

737 EuGH MMR 2011, 596, 602 (Tz. 113) – L'Oréal SA; siehe auch *Lee*, in: *Borges (Hrsg.)*, Internet-Auktion, § 14, S. 301.

738 Siehe oben § 13 A) III. u. IV.

739 Vgl. (zu Auktionsplattformen): *Lee*, in: *Borges (Hrsg.)*, Internet-Auktion, § 14, S. 304; *Neubauer/Steinmetz*, in: *Hoeren/Sieber/Holznagel*, Teil 14, Rn. 154.

Anwendung.[740] Dies hat zur Folge, dass Crowdfunding-Plattformen als Störer nach Maßgabe der §§ 1004, 823 BGB haften können, wenn durch den Inhalt einer Crowdfunding-Runde Rechte Dritter verletzt werden, ohne dass die Privilegierung nach § 10 TMG greift.

In Konsequenz hieraus ergibt sich für die Störerhaftung einer Crowdfunding-Plattform, dass diese, sobald sie „auf eine klare Rechtsverletzung hingewiesen wird, nicht nur das konkrete Angebot unverzüglich sperren, sondern auch dafür sorgen muss, dass es zukünftig nicht zu weiteren »derartigen« Rechtsverletzungen kommt."[741]

---

740 BGH MMR 2004, 668 ff.; BGH NJW 2007, 2636 ff.; BGH GRUR 2008, 702 ff.; BGH GRUR 2011, 152 ff.; vgl. in diesem Kontext (zu Auktionsplattformen) auch *Lee*, in: *Borges (Hrsg.)*, Internet-Auktion, § 14, S. 310 ff.; *Neubauer/Steinmetz*, in: *Hoeren/Sieber/Holznagel*, Teil 14, Rn. 162.

741 *Neubauer/Steinmetz*, in: *Hoeren/Sieber/Holznagel*, Teil 14, Rn. 163 (zu Auktionsplattformen).

4. Kapitel: Aufsichtsrechtliche Untersuchung

Durch Crowdfunding wird über einen öffentlichen Aufruf im Internet eine Vielzahl von Geldgebern zur Teilhabe an Finanzierungsvorhaben angesprochen. Im Rahmen einer Crowdfunding-Runde werden dabei Gelder vereinnahmt. Dies kann aufsichtsrechtlich relevante Strukturen zur Folge haben.

Aufsichtsrechtliche Erlaubnis- und Verhaltenspflichten können sich dabei sowohl für Crowdfunding-Plattformen als auch für die Parteien im Marktverhältnis ergeben. Die Untersuchung nimmt hierbei Bezug auf die obigen Ergebnisse zur zivilrechtlichen Untersuchung.

Beurteilungsrelevante Erlaubnispflichten könnten sich ergeben aus dem *Gesetz über die Beaufsichtigung von Zahlungsdiensten* (ZAG), dem *Gesetz über das Kreditwesen* (KWG) und der *Gewerbeordnung* (GewO). An die Erlaubnistatbestände des KWG knüpfen ferner beurteilungsrelevante Verhaltenspflichten nach dem *Gesetz über den Wertpapierhandel* (WpHG) an und können sich vergleichbare Verhaltenspflichten auch nach Maßgabe der *Finanzanlagenvermittlungsverordnung* (FinVermV) einstellen, wenn das jeweilige Geschäftsmodell nach der GewO genehmigungspflichtig ist.

Auch erfolgt eine Untersuchung dahingehend, ob mit einer typischen Crowdfunding-Runde der Regulationsrahmen des *Kapitalanlagegesetzbuchs* (KAGB) eröffnet wird und etwaige Registrierungs- und Veröffentlichungspflichten nach diesem zu beachten sind.

Schließlich wird untersucht, ob den Initiator einer Crowdfunding-Runde oder die Crowdfunding-Plattform Pflichten nach dem *Gesetz über die Erstellung, Billigung und Veröffentlichung des Prospekts, der beim öffentlichen Angebot von Wertpapieren oder bei der Zulassung von Wertpapieren zum Handel an einem organisierten Markt zu veröffentlichen ist* (WpPG) oder dem *Gesetz über Vermögensanlagen* (VermAnlG) treffen können.

Die jüngsten rechtswissenschaftlichen Publikationen zum Bereich Crowdfunding befassen sich zwar vornehmlich mit dessen aufsichtsrechtlicher Beurteilung. Da es sich bei Crowdfunding um ein eher junges Phänomen handelt und damit auch der juristische Diskurs noch im Fluss ist, fehlt es hierbei bis dato jedoch noch an einem gefestigten Meinungsstand. Auch diesbezügliche Rechtsprechung liegt bisher nicht vor.

Mit Inkrafttreten des Kleinanlegerschutzgesetzes[742] am 10.07.2015 reagierte der Gesetzgeber erstmals auf das Phänomen Crowdfunding und schuf unter anderem mit § 2a VermAnlG („Befreiungen für Schwarmfinanzierungen“) Sonderregelungen im Bereich der Fallgruppe des Crowdfunding zur Unternehmensfinanzierung. Die Bestrebung, einen verlässlichen Rechtsrahmen unter anderem für Crowdfunding im Bereich der Finanzierung junger Unternehmen schaffen zu wollen, wurde bereits im Koalitionsvertrag zur 18. Legislaturperiode des Deutschen Bundestages erklärt.[743] Eine Vorreiterrolle nehmen in diesem Kontext die USA ein, die bereits im Jahr 2012 in Title III Jumpstart Our Business Start-up Act einen konkreten Regulierungsrahmen für Crowdfunding im Bereich der Unternehmensfinanzierung („Crowdfunding Act“) schufen.[744]

742 Bundesgesetzblatt Jahrgang 2015 Teil I Nr. 28, 1114 ff.

743 *Deutschlands Zukunft gestalten Koalitionsvertrag zwischen CDU, CSU und SPD 18. Legislaturperiode*, S. 22.

744 Siehe oben Fn. 37; siehe auch *Klöhn/Hornuf*, ZBB 2012, 237, 252 ff.; *Klöhn/Hornuf*, DB 2015, 47, 48; *Hornuf*, VC-Magazin, 4/2014, 58, 58.

§ 14 Erlaubnispflicht nach ZAG (Crowdfunding-Plattform)

Nach § 8 Abs. 1 S. 1 ZAG bedarf einer schriftlichen Erlaubnis[745], wer im Inland gewerbsmäßig oder in einem Umfang, der einen in kaufmännischer Weise eingerichteten Geschäftsbetrieb erfordert, Zahlungsdienste als Zahlungsinstitut erbringen will.

Fraglich ist, ob es bei der Durchführung einer Crowdfunding-Runde zu Zahlungsdiensten i.S.d. § 1 Abs. 2 ZAG kommen kann und ob bzw. wann eine der Parteien hierbei als Zahlungsinstitut i.S.d. § 1 Abs. 1 Nr. 5 ZAG fungiert.

Kann eine Erlaubnispflicht positiv festgestellt werden und werden dennoch entsprechende Zahlungsdienste ohne Erlaubnis erbracht, so stellt dies nach § 31 Abs. 1 Nr. 2 und Abs. 2 ZAG ein strafbewährtes Verhalten dar.

Im Zuge einer typischen Crowdfunding-Runde könnte es durch Crowdfunding-Plattformen zu erlaubnispflichtigen Finanztransfergeschäften nach § 1 Abs. 2 Nr. 6 ZAG kommen.[746]

Um ein Finanztransfergeschäft nach § 1 Abs. 2 Nr. 6 ZAG handelt es sich, wenn ohne Einrichtung eines Zahlungskontos auf den Namen eines Zahlers oder eines Zahlungsempfängers ein Geldbetrag des Zahlers ausschließlich zur Übermittlung eines entsprechenden Betrags an den Zahlungsempfänger oder an einen anderen, im Namen des Zahlungsempfängers handelnden Zahlungsdienstleister entgegengenommen wird oder bei dem der Geldbetrag im Namen des Zahlungsempfängers entgegengenommen und diesem verfügbar gemacht wird.

Wie bereits dem Gesetzeswortlaut in Form der Begrifflichkeiten, „Übermittlung" oder „entgegengenommen und diesem verfügbar gemacht" entnommen werden kann, zeichnet sich ein aufsichtspflichtiges Finanztransfergeschäft dadurch aus, dass Zahlungsdienstleister und Zahlungsempfänger auseinanderfallen.[747]

Adressat der Aufsichtspflicht ist hierbei der Zahlungsdienstleister (§ 8 Abs. 1 S. 1 ZAG). Beim Initiator, der im Zuge einer typischen Crowdfunding-Runde Zahlungsempfänger[748] ist, kann es somit grundsätzlich nicht zu einem erlaubnispflichtigen Geschäft im Sinne des ZAG (Finanztransfergeschäft) kommen. Folglich kann es nur im Bereich des plattformbasierten Crowdfunding zu erlaubnispflichtigen Finanztransfergeschäften durch die Crowdfunding-Plattform kommen, wenn diese hierbei als Zahlungsinstitut fungiert. Adressatin der Erlaubnispflicht wäre insofern die Crowdfunding-Plattform.

---

745 Die Zuständigkeit obliegt hierbei der Bundesanstalt für Finanzdienstleistungsaufsicht (BaFin).

746 *Hingst/Lösing*, § 19, Rn. 45; *Müller-Schmale*, BaFinJournal, 6/2014, 10, 13.

747 Vgl. hierzu auch *Schwennicke*, in: *Schwennicke/Auerbach*, § 1 ZAG Rn. 18.

748 Siehe oben § 4 B) IV. 1.

A) Finanztransfergeschäft durch Crowdfunding-Plattform

Als Finanztransfergeschäft explizit benannt werden sog. Treuhandservices, bei denen der Anbieter als Dienstleistung zwischen Käufer und Verkäufer, z. B. in Internethandelsportalen, die Kaufpreiszahlung vorab treuhänderisch auf eigenen Sammelkonten entgegennimmt und den Betrag an den Verkäufer weiterleitet[749]. Diese Konstellation kann auf die Strukturierung crowdfunding-spezifischer Zahlungen zutreffen, wenn die im Marktverhältnis relevanten Gelder über die Crowdfunding-Plattform laufen.

Wie einleitend dargestellt, ist Charakteristikum einer typischen Crowdfunding-Runde, dass eine bestimmte Zielsumme während eines vorab definierten Zeitraums eingeworben wird bzw. werden soll.[750] Werden die Gelder, was der Regelfall ist, nicht direkt von den Geldgebern an den Initiator gezahlt, so müssen diese während des Zeitraums zur Mitteleinwerbung „geparkt" werden.[751]

Eine Erlaubnispflicht der Crowdfunding-Plattform als Zahlungsdienstleister würde sich hierbei nur dann ergeben, wenn diese in den Geldfluss zwischen Geldgeber und Initiator eingebunden wäre.[752]

Crowdfunding-Plattformen würden hierbei nur dann erlaubnispflichtige Finanztransfergeschäfte erbringen, wenn sie die vereinnahmten Gelder zunächst selbst annehmen und diese sodann an den Initiator als Zahlungsempfänger oder einen zwischengeschalteten Treuhänder weiterleiten würden.[753] Übernehmen dies Dritte, wie zum Beispiel externe Zahlungsdienstleister oder kooperierende Kreditinstitute kommt die Crowdfunding-Plattform nicht in Kontakt mit den vereinnahmten Geldern und trifft diese daher auch keine dahingehende Erlaubnispflicht nach ZAG.

Ob ein erlaubnispflichtiges Finanztransfergeschäft vorliegt, richtet sich nur danach, ob Gelder übermittelt werden. Folglich gelten die getroffenen Feststellungen für alle Fallgruppen von Crowdfunding und kommt es dabei nicht auch auf die konkrete Ausgestaltung der Leistungsbeziehung im Marktverhältnis an.

---

749 *Schwennicke*, in: *Schwennicke/Auerbach*, § 1 ZAG Rn. 54; *Billing*, in: *Bräutigam/Rücker*, 4. Teil Rn. 7.

750 Siehe oben § 4 B) I. 1. u. 2.

751 Siehe oben § 4 B) III. u. § 11 B) III. 1.

752 *Veith*, BKR 2016, 184, 193; *Dörner*, AssCompact, 10/2012, 170, 171. Vgl. hierzu auch das Urteil des LG Köln vom 29. 9.2011 – 81 O 91/11, BKR 2012, S. 348 ff. Für eine restriktive Auslegung und gegen eine pauschale Erlaubnispflicht entsprechend eingebundener Plattformen *Hingst/Lösing*, BKR 2012, 334, 337 f.

753 *Hingst/Lösing*, § 19, Rn. 46; *Nastold*, ZVertriebsR 2014, 366, 366; *Aschbeck-Florange/Drefke*, RdF 2015, 284, 292.

B) Crowdfunding-Plattform als Zahlungsinstitut

Unterstellt, eine Crowdfunding-Plattform würde ein erlaubnispflichtiges Finanztransfergeschäft erbringen, so müsste sie auch als Zahlungsinstitut i.S.d. § 1 Abs. 1 Nr. 5 ZAG handeln. Zahlungsinstitut wäre sie bereits dann, wenn sie ein einziges Finanztransfergeschäft in Wiederholungsabsicht erbringen würde.[754]

Crowdfunding-Plattformen sind auf eine unbestimmte Vielzahl von Crowdfunding-Runden ausgelegt, die über die typischerweise hohe Anzahl von Geldgebern bereits pro Crowdfunding-Runde eine Vielzahl von Geldtransfers erfordern. Crowdfunding-Plattformen haben hieran im Regelfall auch ein wirtschaftliches Interesse in Form von Provisionen.[755] Bereits der Betrieb einer Crowdfunding-Plattform dürfte somit genügen, um eine Wiederholungsabsicht zu begründen.[756]

C) Ergebnis zur aufsichtsrechtlichen Beurteilung nach ZAG

Im Bereich des plattformbasierten Crowdfunding kann es prinzipiell zu erlaubnispflichtigen Finanztransfergeschäften kommen, wenn die Crowdfunding-Plattform in den Geldfluss eingebunden ist.

Der Erlaubnispflicht nach ZAG entziehen sich Crowdfunding-Plattformen in der Regel jedoch dadurch, dass sie den in aufsichtsrechtlicher Hinsicht kritischen Geldfluss auf Dritte auslagern. Crowdfunding-Plattformen vermeiden es nämlich in der Regel, in Kontakt mit den entstehenden Zahlungsströmen oder den vereinnahmten Geldern zu kommen.[757]

Hierzu verläuft der Zahlungsverkehr über externe Zahlungsdienstleister.[758] Während der Dauer der Crowdfunding-Runde vereinnahmte Gelder werden von externen Zahlungsdienstleistern bzw. kooperierenden Kreditinstituten treuhänderisch verwahrt.[759]

Diese sind jeweils selbst erlaubnispflichtig und müssen, um entsprechende Zahlungsdienste in Form von Finanztransfergeschäften anbieten zu dürfen, ihrerseits über eine Erlaubnis nach § 8 Abs. 1 S. 1 ZAG verfügen.[760]

---

754 *Walz*, in: *Ellenberger/Findeisen/Nobbe*, § 8 ZAG, Rn. 3; *Schwennicke*, in: *Schwennicke/Auerbach*, § 1 ZAG, Rn. 15 i.V.m. § 1 KWG, Rn. 6.

755 Siehe oben § 4 B) IV. 1.

756 Vgl. *Schäfer*, in: *Boos/Fischer/Schulte-Mattler*, § 1, Rn. 28.

757 Siehe z.B. *Startnext* AGB § 7 (Anl. 1); *Seedmatch* AGB § 10 (Anl. 2); *Betterplace* AGB § 8.2.3 (Anl. 3); *Auxmoney* AGB § 8 Abs. 2 (Anl. 4).

758 *Beck*, S. 13; *Bücheler/Helbing*, in *Bücheler* Appendix 17, S. 207; *Hemer/Scheider/Dornbusch/Frey*, S. 65 f; *Rauda*, S. 290, Rn. 818.

759 *Beck*, S. 113; *Nietsch/Eberle*, DB 2014, 1788, 1788.

760 *Begner*, BaFinJournal 9/2012, 11, 14.

Eine derartige Strukturierung ist gängige Praxis:[761] Beispielsweise über die Plattform Startnext vereinnahmte Gelder werden auf Konten der Fidor Bank AG oder secupay AG gezahlt.[762] Die Zahlung erfolgt per Sofortüberweisung Paypal, Lastschrift oder Kreditkarte.[763] Auch die Plattform Seedmatch bedient sich des Zahlungsdienstleisters secupay AG[764] und weist in ihren Nutzungsbedingungen explizit darauf hin, dass „Seedmatch [...] nicht berechtigt [ist], sich Eigentum oder Besitz an Geldern oder Wertpapieren von Investoren zu verschaffen."[765] Bei der Plattform Auxmoney erfolgen Forderungsankauf und Darlehensvergabe[766] durch ein kooperierendes Kreditinstitut, verwaltet durch die CreditConnect GmbH.[767]

Die Beispiele machen deutlich, dass Crowdfunding-Plattformen auf diese Art und Weise jeglichen Kontakt mit den im Zuge der Crowdfunding-Runde entstehenden Zahlungsströmen und vereinnahmten Geldern ausschließen können. Auch bestehen in dieser Hinsicht keine Bedenken an der aufsichtsrechtlichen Zulässigkeit.[768] Mit dem Geldfluss setzt eine derartige Konstruktion an dem für eine Beurteilung nach ZAG aufsichtsrechtlich relevanten Punkt an und lagert diesen auf ein entsprechend legitimiertes Zahlungs- bzw. Kreditinstitut aus. Eine Erlaubniserteilung diesem gegenüber vorausgesetzt, wird den bank- und kapitalmarktrechtlichen Regelungszielen des Anleger- und Funktionsschutzes Rechnung getragen, ohne dass die jeweilige Crowdfunding-Plattform selbst die aufsichtsrechtlichen Voraussetzungen nach ZAG erfüllen müsste.

Werden die relevanten Zahlungsvorgänge nicht auf Dritte ausgelagert und fungiert die jeweilige Crowdfunding-Plattform daher selbst als Zahlungsinstitut i.S.d. § 1 Abs. 1 Nr. 5 ZAG, wäre sie ferner Verpflichtete im Sinne des Geldwäschegesetzes (GwG) und müsste bestimmte Anforderungen zur Geldwäscheprävention erfüllen (§ 2 Abs. 1 Nr. 3 GwG i.V.m. § 1 Abs. 2a ZAG).[769]

---

761 *Nastold*, ZVertriebsR 2014, 366, 366; *Beck*, S. 13; *Bücheler/Helbing*, in *Bücheler* Appendix 17, S. 207; *Hemer/Scheider/Dornbusch/Frey*, S. 65 f; *Rauda*, S. 290, Rn. 818.

762 *Startnext* AGB § 7 Abs. 2 S. 2 (Anl. 1).

763 *Startnext* AGB § 7 Abs. 2 S. 2 u. 3 (Anl. 1).

764 *Seedmatch* AGB § 10 Abs. 2 (Anl. 2).

765 *Seedmatch* AGB § 10 Abs. 2 (Anl. 2).

766 Siehe oben § 9 zu den Besonderheiten beim Crowdfunding zur Einwerbung von Krediten.

767 *Auxmoney* AGB § 8 Abs. 2 (Anl. 4).

768 So auch *Begner*, BaFinJournal 9/2012, 11, 14; *Schmitt/Doetsch*, BB 2013, 1451, 1454; *Weitnauer/Parzinger*, GWR 2013, 153, 157.

769 Vgl. *Weitnauer/Parzinger*, GWR 2013, 153, 157 zu § 2 Abs. 1 Nr. 2a GwG a.F.

§ 15 Erlaubnis- und Verhaltenspflichten nach KWG und WpHG

Eine Erlaubnispflicht könnte ferner nach KWG bestehen. Nach § 32 Abs. 1 S. 1 KWG bedarf einer schriftlichen Erlaubnis[770], wer im Inland gewerbsmäßig oder in einem Umfang, der einen in kaufmännischer Weise eingerichteten Geschäftsbetrieb erfordert, Bankgeschäfte betreiben oder Finanzdienstleistungen erbringen will. An einzelne dieser Erlaubnistatbestände nach KWG knüpfen Wohlverhaltenspflichten i.S.d. §§ 31 ff. WpHG an. Während es bei der aufsichtsrechtlichen Beurteilung nach KWG um die Zulassung des jeweiligen Geschäftsmodells geht, werden im WpHG bestimmte Verhaltenspflichten[771] der Teilnehmer normiert.[772]

Erlaubnis- und Verhaltenspflichten nach KWG und WpHG können sich für Crowdfunding-Plattformen aber auch für die Parteien des Marktverhältnisses ergeben.

A) Crowdfunding-Plattform

I. Finanzinstrumente (Vermögensanlagen) im Marktverhältnis

Einige der nach KWG und WpHG beurteilungsrelevanten Aufsichtstatbestände knüpfen an das Tatbestandsmerkmal Finanzinstrument an. Diese weisen die Besonderheit auf, dass sie nur in Dreier-Konstellationen vorkommen. Folglich können sie nur im Bereich des plattformbasierten Crowdfunding Anwendung finden. Als Adressatin des jeweiligen Aufsichtstatbestandes kommt insofern die Crowdfunding-Plattform in Betracht.

Einleitend ist daher zu klären, ob es im Zuge einer typischen Crowdfunding-Runde im Marktverhältnis zu Leistungsgegenständen kommen kann, die sich unter den Begriff des Finanzinstruments subsumieren lassen. Nur dann käme eine weitere Untersuchung des jeweiligen Aufsichtstatbestandes überhaupt in Betracht.

Bei solchen aufsichtspflichtigen Geschäften, die an das Merkmal Finanzinstrument anknüpfen, handelt es sich gleichsam um solche, die eine Erlaubnispflicht nach KWG und Verhaltenspflichten nach WpHG begründen. Hierbei ergeben sich keinerlei Unterschiede zwischen der tatbestandlichen Erfassung nach KWG und WpHG.

770 Die Zuständigkeit obliegt auch hier der Bundesanstalt für Finanzdienstleistungsaufsicht (BaFin).

771 Diese betreffen „im Wesentlichen die für den Wertpapiervertrieb bekannten Wohlverhaltens-, Organisations- und Transparenzpflichten gemäß §§ 31–37 WpHG" (*Brocker/Lohmann*, GWR 2012, 335, 336); siehe ausführlich z.B. *Zingel/Varadinek*, BKR 2012, 177, 178 ff.

772 Zum Verhältnis von KWG zu WpHG siehe z.B. *Assmann*, in: *Assmann/Schneider*, § 1 Rn. 9 f.

Ist im KWG die Rede von aufsichtspflichtigen Bankgeschäften (§ 1 Abs. 1 S. 2 KWG) oder Finanzdienstleistungen (§ 1 Abs. 1a S. 2 KWG), werden die relevanten Tatbestände im WpHG als Wertpapierdienstleistungen (§ 2 Abs. 3 WpHG) bezeichnet.

Im Rahmen der zivilrechtlichen Untersuchung konnte festgestellt werden, dass es sich bei der Leistungsbeziehung zwischen Initiator und Geldgeber fallgruppenübergreifend um ein vertragliches Schuldverhältnis handelt, welches typischerweise nicht den Erwerb eines Anteils an einem Unternehmen[773] zum Gegenstand hat. Im Rahmen der Vertragsbeziehung erwirbt der Geldgeber einen vertraglichen Anspruch, der üblicherweise weder verbrieft[774] noch auf dem Sekundärmarkt handelbar[775] ist.

Der Gegenstand der Untersuchung verdichtet sich daher auf die Frage, ob der insofern konturierte Leistungsinhalt dem Begriff der Vermögensanlage nach § 1 Abs. 2 VermAnlG unterfällt, die als solche aufsichtspflichtiges Finanzinstrument im Sinne des § 1 Abs. 11 S. 1 Nr. 2 KWG, § 2 Abs. 2b WpHG ist.

Vermögensanlagen im Sinne des § 1 Abs. 2 VermAnlG sind nicht in Wertpapieren im Sinne des WpPG verbriefte und nicht als Anteile an Investmentvermögen im Sinne des § 1 Abs. 1 KAGB ausgestaltete 1. Anteile, die eine Beteiligung am Ergebnis eines Unternehmens gewähren, 2. Anteile an einem Vermögen, das der Emittent oder ein Dritter in eigenem Namen für fremde Rechnung hält oder verwaltet (Treuhandvermögen), 3. partiarische Darlehen, 4. Nachrangdarlehen, 5. Genussrechte, 6. Namensschuldverschreibungen und 7. sonstige Anlagen, die eine Verzinsung und Rückzahlung oder einen vermögenswerten Barausgleich im Austausch für die zeitweise Überlassung von Geld gewähren oder in Aussicht stellen, sofern die Annahme der Gelder nicht als Einlagengeschäft im Sinne des § 1 Abs. 1 S. 2 Nr. 1 KWG zu qualifizieren ist.

1. *Crowdfunding zur Finanzierung von Einzelprojekten (Erlösbeteiligung)*

Wie sich bereits aus dem Wortlaut des Begriffs Finanzinstrument in § 1 Abs. 11 S. 1 Nr. 2 KWG, § 2 Abs. 2b WpHG ergibt und worauf auch dessen generell unkörperliche Natur[776] hindeutet, kann es sich leistungsgegenständlich nur dann um eine Vermögensanlage im Sinne des § 1 Abs. 2 VermAnlG handeln, wenn eine finanzielle Leistung, jedenfalls also ein irgendwie gearteter Zahlungsstrom, in Aussicht gestellt wird. Folglich liegen von vornherein keine Vermögensanlagen vor, wenn Leistungen

773 Siehe oben § 7 A) I. u. § 8 B) I. bis IV.

774 Siehe oben § 8 B) I. bis IV; § 7 E) II.

775 Die aufsichtsrechtliche Untersuchung geht vom beschriebenen Regelfall aus, dem sich die meisten bis dato vorzufindenden Geschäftsmodelle zuordnen lassen. Einen Sekundärmarkt hält beispielsweise die Plattform *Bergfürst* bereit, über die Aktien begeben werden können und die selbst auch über die erforderliche Erlaubnis der BaFin verfügt (siehe oben § 8 B) V.).

776 *Lehmann*, Finanzinstrumente, S. 464 ff.

in Aussicht gestellt werden, die nicht einen Zahlungsstrom zu Gunsten des Geldgebers zum Gegenstand haben.

Für die Fallgruppe des Crowdfunding zur Finanzierung von Einzelprojekten kommt als Untersuchungsgegenstand daher allenfalls die Variante Erlösbeteiligung[777] in Betracht, da nur bei dieser eine Leistung in Aussicht gestellt wird, die einen Zahlungsstrom zu Gunsten des Geldgebers zum Gegenstand hat. Wie im Rahmen der zivilrechtlichen Untersuchung festgestellt wurde, handelt es sich hierbei um einen atypischen Vertrag[778]. Dessen Leistungsinhalt unterfällt nicht den Tatbestandsalternativen der Vermögensanlage nach § 1 Abs. 2 VermAnlG.

Weder handelt es sich um eine Beteiligung am Ergebnis eines Unternehmens (§ 1 Abs. 2 Nr. 1 VermAnlG), da die Geldgeber weder Gesellschafter einer konkludent begründeten Gesellschaft bürgerlichen Rechts[779], noch stille Gesellschafter[780] werden. Noch handelt es sich um ein Genussrecht[781] (§1 Abs. 2 Nr. 5 VermAnlG), partiarisches Darlehen[782] (§1 Abs. 2 Nr. 3 VermAnlG), Nachrangdarlehen[783] (§1 Abs. 2 Nr. 4 VermAnlG) oder eine Schuldverschreibung[784] (§ 1 Abs. 2 Nr. 6 VermAnlG).

In Betracht kommt daher allenfalls eine sonstige Anlage nach § 1 Abs. 2 Nr. 7 VermAnlG, die eine Verzinsung und Rückzahlung oder einen vermögenswerten Barausgleich im Austausch für die zeitweise Überlassung von Geld gewähren oder in Aussicht stellen müsste.

§ 1 Abs. 2 Nr. 7 VermAnlG wurde mit Wirkung vom 10.07.2015 durch das Kleinanlegerschutzgesetz[785] als Auffangtatbestand[786] eingefügt. Der Gesetzgeber verfolgte hiermit das Ziel, dass zusammen mit der erstmaligen Regulierung von partiarischen Darlehen und Nachrangdarlehen „sämtliche wirtschaftlich vergleichbare Vermögensanlagen in den Anwendungsbereich des Gesetzes einbezogen werden“[787].

Nach § 1 Abs. 2 Nr. 7 Alt. 1 VermAnlG müsste es sich leistungsgegenständlich um einen Anspruch auf Verzinsung und Rückzahlung handeln. Dies ist nicht gegeben, da bei der typischen Variante der Erlösbeteiligung eine Rückzahlung gerade nicht vereinbart wird.[788]

Auch die Variante nach § 1 Abs. 2 Nr. 7 Alt. 2 VermAnlG liegt nicht vor. Zwar kommt eine Einordnung als ein auf vermögenswerten Barausgleich gerichteter Anspruch in Betracht. Ganz allgemein handelt es sich hierbei um ein dem Gläubiger

777 Siehe oben § 7 E).
778 Siehe oben § 7 E) II. 5.
779 Siehe oben § 7 A) I.
780 Siehe oben § 7 A) II.
781 Siehe oben § 7 E) II. 2.
782 Siehe oben § 7 A) III. u. E) II. 2.
783 Siehe oben § 7 A) III. u. E) II. 2.
784 Siehe oben § 7 E) II. 4.
785 Siehe oben Fn. 7.
786 *BT-Drucks.* 18/3994, S. 39; *Will*, GewArch 2015, 430, 432.
787 *BT-Drucks.* 18/3994, S. 38 .
788 Siehe oben § 7 A) III. u. E) I. 1.

gewährtes Recht, gegen Zahlung eines bestimmten Betrags eine Geldzahlung zu erhalten, deren Grund und Höhe vom Inhalt der versprochenen Leistung abhängen[789] (kurz: Die Erfüllung einer irgendwie gearteten vertraglichen Verpflichtung in bar[790]). Wie § 1 Abs. 2 Nr. 7 Alt. 2 VermAnlG aber einschränkend vorgibt, müsste der auf vermögenswerten Barausgleich gerichtete Anspruch im Austausch für die zeitweise Überlassung von Geld gewährt werden. Dies könnte er nur dann, wenn die Rückzahlung der Gelder Leistungsinhalt wäre, da nur dann Geld zeitweise überlassen würde.[791] Die Rückzahlung ist aber gerade nicht Gegenstand des Leistungsversprechens.[792]

Der eindeutige Wortlaut setzt hierbei einer anderweiten Auslegung der Norm eine klare Grenze. Auch gebietet das Analogieverbot des Art. 103 GG aufgrund der Strafbewährung in § 54 KWG hier eine restriktive Auslegung.[793]

Dieses Ergebnis steht in Einklang mit der gesetzgeberischen Zielsetzung hinter dem VermAnlG, das mit dem Gesetzes zur Novellierung des Finanzanlagevermittler und Vermögensanlagenrechts vom 06.12.2011[794] eingeführt wurde.

Der Regierungsbegründung zum Gesetzesentwurf lässt sich entnehmen, dass über das VermAnlG der Anlegerschutz im Bereich des so genannten Grauen Kapitalmarkts gestärkt werden soll (daher auch als „Graumarkt-Gesetz"[795] bezeichnet).[796] Zur tatbestandlichen Erweiterung des WpPG um die in § 1 Abs. 2 VermAnlG a. F. benannten Vermögensanlagen wird aufgeführt, dass hierüber insbesondere Finanzprodukte und vergleichbare Dienstleistungen mit Bezug zu geschlossenen Fonds einer Regulierung unterzogen werden sollen, da diese für den einzelnen Anleger aufgrund hoher Mindestanlagesummen (genannt werden EUR 10.000,-), langer Laufzeit (genannt werden 10 bis 20 Jahre) und etwaiger Nachschusspflichten ein sehr hohes Risiko begründen können.[797]

Zwar dürfte es für die aufsichtsrechtliche Bewertung unerheblich sein, ob der einzelne Geldgeber Anlageabsicht hat oder es ihm, was im Bereich des Crowdfunding zur Finanzierung von Einzelprojekten regelmäßig der Fall sein dürfte, einzig um die Realisierung des konkreten Projektgegenstandes geht und daher oftmals ein ideelles, gegebenenfalls künstlerisches oder kulturelles Interesse überwiegt.[798]

---

789 Vgl. *Storck/Zerey*, in: *Zerey*, § 8, Rn. 23.

790 *Rudolph*, in: *Gramlich/Gluchowski/Horsch/Schäfer/Waschbuch (Hrsg.)*, Stichwort Barausgleich / Cash Settlement, S. 304; *Haisch*, in: *Haisch/Helios*, § 1, Rn. 10.

791 A. A. *Danwerth*, ZBB 2016, 20, 24.

792 Siehe oben § 7 A) III. u. E) I. 1.

793 *Jansen/Pfeifle*, ZIP 2012, 1842, 1851; Allgemein zur restriktiven Auslegung bei strafbewährten Regelungen des Kapitalmarktrechts: *Assmann*, in: *Assmann/Schneider*, Einl. Rn. 72.

794 Bundesgesetzblatt Jahrgang 2011 Teil I, S. 2481 ff.

795 So z. B. *Bödeker*, GWR 2011, 278 ff.; *Wagner*, NZG 2011, 609 ff.

796 *BT-Drucks.* 17/6051, S. 30.

797 *BT-Drucks.* 17/6051, S. 42.

798 *Leuering/Rubner*, NJW-Spezial 2012, 463, 463.

Jedoch ist festzustellen, dass sich ein Gefährdungspotential wie das beschriebene bei der Mitteleinwerbung durch Crowdfunding nicht zeigt und „der potentielle Schaden überschaubar“[799] bleibt.

Der Geldgeber hat in der Regel nur mit Kleinbeträgen an der Crowdfunding-Runde teil, es bestehen hierbei auch keine Nachschusspflichten. Auch feste Laufzeiten gibt es nicht. Das wirtschaftliche Risiko ist folglich nicht mit dem gesetzgeberischen Ziel einer Regulierung von auf dem Graumarkt angebotenen geschlossenen Fonds vergleichbar.

2. *Crowdfunding zur Unternehmensfinanzierung*

Der Leistungsgegenstand im Marktverhältnis richtet sich bei der Fallgruppe des Crowdfunding zur Unternehmensfinanzierung nach dessen formularvertraglicher Konkretisierung zwischen Initiator und Geldgeber.[800] Hierbei kann es leistungsgegenständlich zu aufsichtspflichtigen Vermögensanlagen kommen.

Üblicherweise vorzufindende Varianten sind stille Beteiligungen, partiarische (Nachrang-)Darlehen, Genussrechte und vereinzelt auch Aktien.[801] Diese werden grundsätzlich vom Anwendungsbereich des VermAnlG erfasst.[802]

Als Anteile, die eine Beteiligung am Ergebnis eines Unternehmens gewähren (§ 1 Abs. 2 Nr. 1 VermAnlG), kommen hierbei in Betracht: „sämtliche Anteile, die eine Beteiligung am Ergebnis eines Unternehmens gewähren, insbesondere Anteile an Personenhandelsgesellschaften und GmbHs sowie stille Beteiligungen an diesen Gesellschaften und Anteile an unternehmenstragenden GbRs“[803]. Handelt es sich beim Leistungsgegenstand um eine stille Beteiligung[804], so ist diese daher unproblematisch Vermögensanlage nach § 1 Abs. 2 Nr. 1 VermAnlG und hierüber als Finanzinstrument aufsichtspflichtig. Auch partiarische Darlehen[805] (§ 1 Abs. 2 Nr. 3 VermAnlG) und Nachrangdarlehen[806] (§ 1 Abs. 2 Nr. 4 VermAnlG) wurden mit dem Kleinanlegerschutzgesetz[807] in den Katalog des § 1 Abs. 2 VermAnlG aufgenommen und qualifizieren nun als aufsichtspflichtige Vermögensanlagen. Genussrechte[808] zählen nach § 1 Abs. 2 Nr. 5 VermAnlG zu den aufsichtspflichtigen Vermögensanlagen.

---

799 Vgl. *Meschkowski/Wilhelmi*, BB 2013, 1411, 1415; vgl. auch im Kontext § 2a VermAnlG *Wilhelmi*, ZVglRWiss 2017, 298, 306.
800 Siehe oben § 8 A).
801 Siehe oben § 8 B).
802 *Heisterhagen/Conreder*, in: DStR 2015, 1929, 1930.
803 *Schwennicke*, in: *Schwennicke/Auerbach*, § 1 KWG, Rn. 240.
804 Siehe oben § 8 B) III.
805 Siehe oben § 8 B) II.
806 Siehe oben § 8 B) I.
807 Siehe oben Fn. 7.
808 Siehe oben § 8 B) IV.

3. *Crowdfunding zur Einwerbung von Krediten*

Beim Crowdfunding zur Einwerbung von Krediten wird in der Regel keine unmittelbare Leistungsbeziehung im Marktverhältnis begründet.[809] Unmittelbar zwischen Initiator und Geldgeber kann es daher nicht zu einem Leistungsgegenstand in Form einer Vermögensanlage bzw. eines Finanzinstruments kommen, der eine die Crowdfunding-Plattform treffende Aufsichtspflicht begründen könnte. Vielmehr erwerben Geldgeber von einem kooperierenden Kreditinstitut (künftige) Teilforderungen aus einem von dem Kreditinstitut zu vergebenden Kredit.[810] Es bestehen somit gewichtige Unterschiede[811] zur idealtypischen Struktur einer Crowdfunding-Runde, weshalb im Folgenden nur kurz auf die aufsichtsrechtlichen Besonderheiten dieser Fallgruppe eingegangen wird.

Mangels unmittelbarer Leistungsbeziehung zwischen Geldgeber und Initiator kann es zu Vermögensanlagen nur im Verhältnis zum Kreditinstitut kommen. Hierbei ist zwischen dessen Rolle als Kreditgeber (hin zum Initiator) und Forderungsverkäufer (hin zu den Geldgebern) zu unterscheiden.

Bei der Kreditvergabe handelt es sich um ein Einlagengeschäft gem. § 1 Abs. 1 S. 2 Nr. 1 KWG, welches gem. § 1 Abs. 2 a. E. VermAnlG Vermögensanlagen ausschließt.[812] Nach der Begründung zum Regierungsentwurf des Kleinanlegerschutzgesetzes sollen hingegen „die von dem Kreditinstitut durch Forderungskaufverträge angebotenen Teilbeträge der Kreditforderungen nach der Neufassung des § 1 [VermAnlG] grundsätzlich vom Vermögensanlagengesetz erfasst werden. Denn diese Art der Veräußerung von Kreditforderungen stellt infolge der neuen Nummer 7 ein öffentliches Anbieten von Vermögensanlagen dar. Insbesondere unterfällt die Veräußerung bestehender Darlehensforderungen dem neuen Auffangtatbestand der Nummer 7, da sie als reiner Forderungsverkauf kein Einlagengeschäft im Sinne von § 1 Absatz 1 Satz 2 Nummer 1 des Kreditwesengesetzes darstellt."[813]

Jedoch trifft eine Aufsichtspflicht hierüber nur das beteiligte Kreditinstitut, welches als solches ohnehin die aufsichtsrechtlichen Anforderungen für Kreditinstitute wahren muss.[814] Nach der Begründung zum Regierungsentwurf soll der Auffangtatbestand des § 1 Abs. 2 Nr. 7 VermAnlG ausdrücklich nicht zu einer Aufsichtspflicht von Crowdfunding-Plattformen zur Einwerbung von Krediten führen[815]: „Nicht von dem in Nummer 7 geregelten Auffangtatbestand erfasst wird dagegen die Tätigkeit so genannter „Crowdlending"-Plattformen [= Crowdfunding-Plattform in der

809 Siehe oben § 9 A).
810 Siehe oben § 9 B).
811 Siehe oben § 9 A).
812 *Veith*, BKR 2016, 184, 187.
813 *BT-Drucks.* 18/3994, S. 39; *Will*, GewArch 2015, 430, 432; Kritisch hierzu: *Riethmüller*, DB 2015, 1451, 1456.
814 vgl. *Kunz*, in: *Bräutigam/Rücker*, 12. Teil, Rn. 105.
815 A. A. *Kunz*, in: *Bräutigam/Rücker*, 12. Teil, Rn. 106.

Fallgruppe des Crowdfunding zur Einwerbung von Krediten[816]]. [...] Dabei erbringt die Internet-Dienstleistungsplattform weder Bank- noch Zahlungsverkehrsdienstleistungen, da das Kreditinstitut sowohl eigenständig und unabhängig die Kreditentscheidung trifft als auch sämtliche Zahlungen abwickelt."[817]

II. An das Tatbestandsmerkmal Finanzinstrumente anknüpfende aufsichtspflichtige Geschäfte nach KWG und WpHG

Als aufsichtspflichtige Geschäfte, die an das Tatbestandsmerkmal Finanzinstrumente anknüpfen und im Zuge einer Crowdfunding-Runde seitens der Crowdfunding-Plattform verwirklicht werden könnten, kommen in Betracht:

Das Finanzkommissionsgeschäft (§ 1 Abs. 1 S. 2 Nr. 4 KWG, § 2 Abs. 3 S. 1 Nr. 1 WpHG), das Emissionsgeschäft (§ 1 Abs. 1 S. 2 Nr. 10 KWG, § 2 Abs. 3 S. 1 Nr. 5 WpHG), die Anlagevermittlung (§ 1 Abs. 1a S. 2 Nr. 1 KWG, § 2 Abs. 3 S. 1 Nr. 4 WpHG), die Anlageberatung (§ 1 Abs. 1a S. 2 Nr. 1a KWG, § 2 Abs. 3 S. 1 Nr. 9 WpHG), der Betrieb eines multilateralen Handelssystems (§ 1 Abs. 1a S. 2 Nr. 1b KWG, § 2 Abs. 3 S. 1 Nr. 8 WpHG), das Platzierungsgeschäft (§ 1 Abs. 1a S. 2 Nr. 1c KWG, § 2 Abs. 3 S. 1 Nr. 6 WpHG) und die Abschlussvermittlung (§ 1 Abs. 1a S. 2 Nr. 2 KWG, § 2 Abs. 3 S. 1 Nr. 3 WpHG). Die relevanten Bestimmungen stellen Parallelnormen dar, die sich inhaltlich entsprechen.[818]

1. Emissionsgeschäft

Crowdfunding-Plattformen bringen als Intermediäre die Parteien des Marktverhältnisses zusammen und sollen so zur Einwerbung der Zielsumme beitragen. Zunächst stellt sich daher die Frage, ob es bei ihnen zu aufsichtspflichtigen Emissionsgeschäften i.S.d. § 1 Abs. 1 S. 2 Nr. 10 KWG, § 2 Abs. 3 S. 1 Nr. 5 WpHG kommen kann. Dies setzt die Übernahme von Finanzinstrumenten für eigenes Risiko zur Platzierung oder die Übernahme gleichwertiger Garantien voraus.

Der Umstand, dass vom Aufsichtstatbestand nur Crowdfunding-Plattformen adressiert werden ergibt sich hierbei bereits aus dem Wortlaut „zur Platzierung [für einen anderen]". Eine Eigen- oder Selbstemission wäre ohnehin erlaubnisfrei möglich.[819]

---

816 Zur begrifflichen Einordnung siehe oben § 1 C) II.

817 *BT-Drucks.* 18/3994, S. 39.

818 Zum jeweiligen Tatbestand nach WpHG und dessen inhaltlicher Entsprechung nach KWG nur *Assmann*, in: *Assmann/Schneider*, § 2 Rn. 66 (zum *Finanzkommissionsgeschäft*), § 2 Rn. 86 (zum *Emissionsgeschäft*), Rn. 80 (zur *Anlagevermittlung*), Rn. 111 (zur *Anlageberatung*), § 2 Rn. 107 (zum *Betrieb eines multilateralen Handelssystems*), § 2 Rn. 95 (zum *Platzierungsgeschäft*), § 2 Rn. 77 (zur *Abschlussvermittlung*).

819 *Weber*, MMR 2000, 385, 389; *Assmann*, in: *Assmann/Schneider*, § 2, Rn. 87; *Schäfer*, in: *Boos/Fischer/Schulte-Mattler*, § 1, Rn. 116.

Der Tatbestand des Emissionsgeschäfts erfordert, dass das, was vom Initiator angeboten wird, durch die Crowdfunding-Plattform zugesichert gegen Gegenleistung übernommen wird, um auf deren eigenes Risiko eine Platzierung vorzunehmen.[820] Voraussetzung hierfür wäre eine Platzierungsabrede[821] im Sinne eines Übernahmevertrages[822] zwischen Initiator und Crowdfunding-Plattform.

Hieran fehlt es in der Regel, da Crowdfunding-Plattformen lediglich die äußeren Rahmenbedingungen zur Verfügung stellen, um einen Vertragsschluss im Marktverhältnis zu ermöglichen. Abgesehen von der vertraglichen Beziehung im Plattformverhältnis, die auf Nutzung der Plattform (allgemeiner Nutzungsvertrag)[823] und Durchführung der Crowdfunding-Runde (besonderer Nutzungsvertrag)[824] gerichtet ist, erfolgt kein Vertragsschluss der Crowdfunding-Plattform mit den Parteien des Marktverhältnisses mit dem Inhalt eines Übernahmevertrages. Crowdfunding-Plattformen sind in der Regel nicht in einer Art und Weise in die Leistungsbeziehungen im Zuge einer Crowdfunding-Runde eingebunden, dass ihnen Willenserklärungen zugeordnet werden könnten, die sich auf die vom Initiator in Aussicht gestellte Leistung beziehen. Ein dahingehendes Vertragsverhältnis wird nur zwischen den Parteien des Marktverhältnisses begründet.[825] Eine Platzierungsabrede im Sinne eines Übernahmevertrages liegt somit regelmäßig nicht vor und es fehlt daher bereits an einer entsprechenden Übernahmeverpflichtung auf eigenes Risiko.[826]

Es ist somit festzuhalten, dass es im Zuge einer typischen Crowdfunding-Runde grundsätzlich nicht zu aufsichtspflichtigen Emissionsgeschäften durch die beteiligte Crowdfunding-Plattform kommt. Dies unabhängig davon, ob es sich leistungsgegenständlich um Vermögensanlagen nach § 1 Abs. 2 VermAnlG[827] handelt.

Sollten einzelne Crowdfunding-Plattformen ihr Geschäftsmodell dahingehend ändern, dass sie Emissionsgeschäfte erbringen, so kann diesen aufgrund der Bereichsausnahme aus § 2 Abs. 1 Nr. 11 KWG eine Privilegierung zukommen, wenn Vermögensanlagen den Leistungsinhalt im Marktverhältnis bilden.

Die jeweiligen Crowdfunding-Plattformen würden nämlich dann nicht als erlaubnispflichtige Kreditinstitute im Sinne des KWG qualifizieren, wenn sie das Emissionsgeschäft ausschließlich als Übernahme gleichwertiger Garantien im Sinne des § 1 Abs. 1 S. 2 Nr. 10 KWG für Anbieter oder Emittenten von Vermögensanlagen im Sinne des § 1 Abs. 2 VermAnlG betreiben.

---

820 *Assmann*, in: *Assmann/Schneider*, § 2, Rn. 87; *Kumpan*, in: *Schwark/Zimmer*, § 2 WpHG, Rn. 72; *Schäfer*, in: *Boos/Fischer/Schulte-Mattler*, § 1, Rn. 112.

821 *Assmann*, in: *Assmann/Schneider*, § 2, Rn. 87; *Schäfer*, in: *Boos/Fischer/Schulte-Mattler*, § 1, Rn. 117; *Schwennicke*, in: *Schwennicke/Auerbach*, § 1 KWG, Rn. 74.

822 *Assmann*, in: *Assmann/Schneider*, § 2, Rn. 87.

823 Siehe oben § 11 A).

824 Siehe oben § 11 B).

825 Siehe oben § 6 B) I.

826 So auch *Hingst/Lösing*, § 19, Rn. 41; *Dörner*, AssCompact, 10/2012, 170, 171; *Klöhn/Hornuf*, ZBB 2012, 237, 249; *Weitnauer/Parzinger*, GWR 2013, 153, 155.

827 Siehe oben § 15 A) I.

2. *Platzierungsgeschäft*

Weiter stellt sich die Frage, ob Crowdfunding-Plattformen den zum Emissionsgeschäft verwandten Aufsichtstatbestand des Platzierungsgeschäfts i.S.d. § 1 Abs. 1a S. 2 Nr. 1c KWG, § 2 Abs. 3 S. 1 Nr. 6 WpHG verwirklichen.

Unter das Platzierungsgeschäft fällt die Platzierung von Finanzinstrumenten ohne feste Übernahmeverpflichtung, was prinzipiell ein Handeln in offener[828] oder mittelbarer[829] Stellvertretung erfordert, jedenfalls also die Abgabe einer eigenen Willenserklärung[830] seitens der Crowdfunding-Plattform. Aufgrund der erforderlichen Platzierungsabrede[831] mit dem Emittenten (Initiator) kommt der Tatbestand nur im Bereich des plattformbasierten Crowdfunding in Betracht.

Crowdfunding-Plattformen sind typischerweise aber nicht derart in den Vertragsschluss im Marktverhältnis eingebunden, dass sie als Stellvertreter eine eigene Willenserklärung abgeben. Der Vertrag im Marktverhältnis wird in der Regel unmittelbar zwischen den Parteien des Marktverhältnisses begründet.[832] Crowdfunding-Plattformen verwirklichen daher in der Regel kein Platzierungsgeschäft.[833]

Im Zuge einer typischen Crowdfunding-Runde kommt es somit grundsätzlich nicht zu aufsichtspflichtigen Platzierungsgeschäften im Sinne des § 1 Abs. 1a S. 2 Nr. 1c KWG, § 2 Abs. 3 S. 1 Nr. 6 WpHG. Dies unabhängig davon, ob leistungsgegenständlich Vermögensanlagen[834] begeben werden.

Selbst dann, wenn einzelne Plattformen ihr Geschäftsmodell auf die Erbringung von Platzierungsgeschäften hin ändern würden, kann die Aufsichtspflicht aufgrund der Bereichsausnahme aus § 2 Abs. 6 S. 1 Nr. 19 KWG, § 2a Abs. 1 Nr. 14 WpHG entfallen, wenn Vermögensanlagen den Leistungsgegenstand bilden.[835]

Eine Crowdfunding-Plattform würde nämlich dann nicht als aufsichtspflichtiges Finanzdienstleistungsinstitut nach KWG bzw. Wertpapierdienstleistungsunternehmen nach WpHG gelten, wenn sie das Platzierungsgeschäft ausschließlich für Anbieter oder für Emittenten von Vermögensanlagen im Sinne des § 1 Abs. 2 VermAnlG erbringt.

---

828 *Schwennicke*, in: *Schwennicke/Auerbach*, § 1 KWG, Rn. 103; *Assmann*, in: *Assmann/Schneider*, § 2, Rn. 79;

829 So *Assmann*, in: *Assmann/Schneider*, § 2, Rn. 98; *Kumpan*, in: *Schwark/Zimmer*, § 2 WpHG, Rn. 78; *Schäfer*, in: *Boos/Fischer/Schulte-Mattler*, § 1, Rn. 154.

830 *Klöhn/Hornuf*, ZBB 2012, 237, 250.

831 Zur Platzierungsabrede als Tatbestandsmerkmal siehe z.B. *Schwennicke*, in: *Schwennicke/Auerbach*, § 1 KWG, Rn. 106.

832 Siehe oben § 6 A) II. u. C) I; vgl. auch die Argumentation zum Emissionsgeschäft § 15 A) II. 1.

833 *Hingst/Lösing*, § 19, Rn. 41; *Klöhn/Hornuf*, ZBB 2012, 237, 250; *Schmitt/Doetsch*, BB 2013, 1451, 1454; *Weitnauer/Parzinger*, GWR 2013, 153, 155.

834 Siehe oben § 15 A) I.

835 *Nastold*, ZVertriebsR 2014, 366, 366; *Müller-Schmale*, BaFinJournal, 6/2014, 10, 13; *Begner*, BaFinJournal 9/2012, 11, 13.

3. *Finanzkommissionsgeschäft*

Weiter könnte es bei Crowdfunding-Plattformen zu aufsichtspflichtigen Finanzkommissionsgeschäften i.S.d. § 1 Abs. 1 S. 2 Nr. 4 KWG, § 2 Abs. 3 S. 1 Nr. 1 WpHG kommen. Hierzu müssten Crowdfunding-Plattformen Finanzinstrumente im eigenen Namen für fremde Rechnung anschaffen und veräußern. Über die Tatbestandsmerkmale Anschaffung und Veräußerung wird tatbestandlich auch hier eine Dreierkonstellation vorausgesetzt, wie sie nur durch Crowdfunding-Plattformen erfüllt werden kann.

Ein Finanzkommissionsgeschäft läge vor, wenn der Crowdfunding-Plattform die Rolle eines Kommissionärs[836] nach §§ 383 ff. HGB zukommt.[837] Selbst wenn es im Rahmen einer typischen Crowdfunding-Runde zur Anschaffung und/oder Veräußerung von Finanzinstrumenten kommen sollte, so erfolgt dies jedoch ausschließlich im Marktverhältnis. Crowdfunding-Plattformen stellen lediglich die äußeren Rahmenbedingungen zur Verfügung, um einen Vertragsschluss im Marktverhältnis zu ermöglichen. Abgesehen von der vertraglichen Beziehung im Plattformverhältnis, die auf Nutzung der Plattform (allgemeiner Nutzungsvertrag)[838] und Durchführung der Crowdfunding-Runde (besonderer Nutzungsvertrag)[839] gerichtet ist, erfolgt kein Vertragsschluss der Crowdfunding-Plattform mit den Parteien des Marktverhältnisses mit dem Inhalt eines Kommissionsgeschäfts. Der Crowdfunding-Plattform kann somit in der Regel keine Willenserklärung zugerechnet werden, die sich auf die im Zuge der Crowdfunding-Runde vom Initiator in Aussicht gestellte Leistung bezieht.[840] Auch hier ist daher festzustellen, dass Crowdfunding-Plattformen bereits aus strukturellen Gründen keine Finanzkommissionsgeschäfte ausüben – unabhängig davon, ob leistungsgegenständlich Vermögensanlagen[841] begeben werden.

Sollten Crowdfunding-Plattformen ihr Geschäftsmodell im Einzelfall auf die Erbringung von Finanzkommissionsgeschäften erweitern, so ist auch hier eine Privilegierung möglich, wenn Vermögensanlagen den Leistungsgegenstand bilden. Nach § 2 Abs. 1 Nr. 10 KWG würden Crowdfunding-Plattformen nämlich dann nicht als aufsichtspflichtige Kreditinstitute gelten, wenn sie das Finanzkommissionsgeschäft ausschließlich als Dienstleistung für Anbieter oder Emittenten von Vermögensanlagen nach § 1 Abs. 2 VermAnlG betreiben.

---

836 Vgl. *Weber/Seifert*, in: *Lutz/Neus/Schaber/Scharpf/Schneider/Weber*, § 1 KWG, Rn. 22.

837 *Schwennicke*, in: *Schwennicke/Auerbach*, § 1 KWG, Rn. 44; *Assmann*, in: *Assmann/Schneider*, § 2, Rn. 67; *Kumpan*, in: *Schwark/Zimmer*, § 2 WpHG, Rn. 63.

838 Siehe oben § 11 A).

839 Siehe oben § 11 B).

840 Siehe oben § 6 B) I.

841 Siehe oben § 15 A) I.

4. *Abschlussvermittlung*

Aus den bereits genannten Gründen dürfte es regelmäßig auch am Tatbestand der Abschlussvermittlung, der Anschaffung und Veräußerung von Finanzinstrumenten im fremden Namen für fremde Rechnung, nach § 1 Abs. 1a S. 2 Nr. 2 KWG, § 2 Abs. 3 S. 1 Nr. 3 WpHG fehlen. Über die Tatbestandsmerkmale „Anschaffung und Veräußerung" wird tatbestandlich auch hier eine Dreierkonstellation vorausgesetzt, wie sie nur im plattformbasierten Crowdfunding auftreten kann.

Crowdfunding-Plattformen können typischerweise keine Willenserklärung zugerechnet werden, die sich auf die im Zuge der Crowdfunding-Runde vom Initiator in Aussicht gestellte Leistung beziehen.[842] Abgesehen von der vertraglichen Beziehung im Plattformverhältnis, die auf Nutzung der Plattform (allgemeiner Nutzungsvertrag)[843] und Durchführung der Crowdfunding-Runde (besonderer Nutzungsvertrag)[844] gerichtet ist, erfolgt kein Vertragsschluss der Crowdfunding-Plattform mit den Parteien des Marktverhältnisses mit dem Inhalt einer Abschlussvermittlung.

Es ist folglich davon auszugehen, dass es im Zuge einer typischen Crowdfunding-Runde auch nicht zur aufsichtspflichtigen Abschlussvermittlung i.S.d. § 1 Abs. 1a S. 2 Nr. 2 KWG, § 2 Abs. 3 S. 1 Nr. 3 WpHG kommt.[845]

5. *Anlagevermittlung*

Wie die bisherigen Ausführungen zeigen, sind Crowdfunding-Plattformen in der Regel nicht in einer Art und Weise in die Leistungsbeziehungen im Zuge einer Crowdfunding-Runde eingebunden, dass ihnen Willenserklärungen zugerechnet würden, die sich auf die vom Initiator in Aussicht gestellte Leistung beziehen. Eine Aufsichtspflicht könnte sich daher aufgrund des Tatbestands der Anlagevermittlung ergeben, die in § 1 Abs. 1a S. 2 Nr. 1 KWG, § 2 Abs. 3 S. 1 Nr. 4 WpHG legaldefiniert wird. Unter Anlagevermittlung ist demnach die Vermittlung von Geschäften über die Anschaffung und Veräußerung von Finanzinstrumenten zu verstehen. Auch hier wird eine Dreierkonstellation vorausgesetzt, wie sie nur im Bereich des plattformbasierten Crowdfunding vorkommen kann. Die aufsichtspflichtige Anlagevermittlung würde hierbei durch die Crowdfunding-Plattform erbracht.

Für die aufsichtsrechtliche Beurteilung entscheidend ist daher, wie das Tatbestandsmerkmal „Vermittlung" definiert ist und ob eine Crowdfunding-Plattform insofern als tatbestandlicher Vermittler fungiert.

---

842 Siehe oben § 6 B) I.

843 Siehe oben § 11 A).

844 Siehe oben § 11 B).

845 So auch *Schmitt/Doetsch*, BB 2013, 1451,1454; *Weitnauer/Parzinger*, GWR 2013, 153, 155; wohl auch *Klöhn/Hornuf*, ZBB 2012, 237, 250.

Die aufsichtspflichtige Vermittlungstätigkeit kann prinzipiell im Rahmen einer Botenschaft[846] begründet werden, so dass sich die Aufsichtspflicht hier nicht an die Abgabe einer Willenserklärung durch die Crowdfunding-Plattform knüpft. Der Vermittlungsprozess kann dabei prinzipiell auch über ein EDV-System erfolgen, wie es beim Vertragsschluss über eine Crowdfunding-Plattform zur Anwendung kommt.[847]

Fungiert der Vermittler als Bote, müsste die Letztentscheidung über Annahme oder Ablehnung der überbrachten Willenserklärung prinzipiell bei der Partei des Marktverhältnisses liegen. Es wäre daher nicht ausreichend, könnte der Plattform lediglich eine passive Nachweistätigkeit zugeschrieben werden, so dass sie nicht mehr als lediglich kausal für den Vertragsschluss wäre.[848]

Eine derartige Ausgestaltung der Leistungsbeziehung findet sich jedoch typischerweise auf Crowdfunding-Plattformen, die den technischen Rahmen des Vertragsschlusses bilden und bei denen eine Reihung der potentiellen Vertragspartner auf Grundlage des Ordnungssystems „first come, first serve"[849] vorgenommen wird. Solch ein System gründet sich auf ein starres Regelwerk, welches den Parteien keinerlei Entscheidungskompetenz über den konkreten Vertragspartner belässt und steht daher insoweit[850] einer aufsichtspflichtigen Anlagevermittlung entgegen.[851]

Etwas anderes gilt jedoch dann, wenn Crowdfunding-Plattformen nicht nur die technische Infrastruktur zur Verfügung stellen, sondern auch den eigentlichen Vertragsschluss inhaltlich und administrativ vorbereiten.[852] Dies ist insbesondere in der Fallgruppe des Crowdfunding zur Unternehmensfinanzierung[853] der Fall.

Eine in aufsichtsrechtlicher Hinsicht relevante Vermittlungstätigkeit kann nämlich bereits daraus erwachsen, dass ein konkretes Geschäft derart vorbereitet ist, dass es von der adressierten Partei nur noch unterzeichnet und abgesendet werden muss.[854] Crowdfunding-Plattformen in der Fallgruppe des Crowdfunding zur Unternehmensfinanzierung geben in der Regel die abzuschließenden Formularverträge inhaltlich vor und stellen diese den Parteien des Marktverhältnisses zur Verfügung.

---

846 *Assmann*, in: *Assmann/Schneider*, § 2, Rn. 81; *Kumpan*, in: *Schwark/Zimmer*, § 2 WpHG, Rn. 69; *Schwennicke*, in: *Schwennicke/Auerbach*, § 1 KWG, Rn. 83.

847 *Assmann*, in: *Assmann/Schneider*, § 2, Rn. 81a.

848 *Assmann*, in: *Assmann/Schneider*, § 2, Rn. 81a; *Kumpan*, in: *Schwark/Zimmer*, § 2 WpHG, Rn. 69; *Schäfer*, in: *Boos/Fischer/Schulte-Mattler*, § 1, Rn. 151.

849 Siehe oben Fn. 255.

850 *Klöhn/Hornuf*, ZBB 2012, 237, 250.

851 *Assmann*, in: *Assmann/Schneider*, § 2, Rn. 81a;

852 Siehe oben § 8 A).

853 Zu den aufsichtsrechtlichen Besonderheiten bei der Fallgruppe des Crowdfunding zur Einwerbung von Krediten siehe oben § 15 A) I. 3.: Eine Aufsichtspflicht der Crowdfunding-Plattform als Erbringer von Bank- oder Zahlungsverkehrsdienstleistungen wird in der Begründung zum Regierungsentwurf des Kleinanlegerschutzgesetzes ausdrücklich verneint (Fn. 817).

854 *Schäfer*, in: *Boos/Fischer/Schulte-Mattler*, § 1, Rn. 137; *Schwennicke*, in: *Schwennicke/Auerbach*, § 1 KWG, Rn. 83.

Hierdurch sind sie am Vertragsschluss im Marktverhältnis inhaltlich und administrativ in einem Umfang beteiligt, der deutlich über eine passive Nachweistätigkeit hinausgeht und sie als Anlagevermittlung qualifiziert.[855] Für die Fallgruppe des Crowdfunding zur Unternehmensfinanzierung wird die Anlagevermittlung daher allgemein bejaht.[856]

Die Vermittlungstätigkeit im Aufsichtsrecht beurteilt sich hierbei anders als im Zivilrecht, wo eine solche verneint wurde.[857]

Nach der gesetzgeberischen Intention liegt dem Tatbestand der Anlagevermittlung in Bezug auf Finanzinstrumente nach § 1 Abs. 11 KWG die Tätigkeit des Nachweismaklers nach § 34 c GewO zu Grunde.[858] Hierbei handelt es sich um eine Norm des öffentlichen Rechts, die öffentlich-rechtlich auszulegen ist. Es ist daher zwischen zivilrechtlichem Verständnis und gewerberechtlicher Sicht zu differenzieren.[859] In der zivilrechtlichen Bewertung sei hierbei lediglich „idR"[860] oder „zumeist"[861] von einem Maklervertrag auszugehen, nicht aber besteht ein pauschaler Gleichlauf.

Die unterschiedliche Beurteilung in Zivil- und Aufsichtsrecht ergibt sich vorliegend daraus, dass es für eine maklervertragliche Vermittlungstätigkeit an einer aktiven Vermittlerrolle der Crowdfunding-Plattform fehlt.[862] In aufsichtsrechtlicher Hinsicht ergibt sich die Tätigkeit als Anlagevermittler allerdings bereits daraus, dass seitens der Crowdfunding-Plattform der Vertragsschluss im Marktverhältnis inhaltlich und administrativ vorbereitet wird. Dies aber ist in zivilrechtlicher Hinsicht weder beim Nachweis- noch beim Vermittlungsmakler für eine Maklertätigkeit ausreichend.[863] Die bank- und kapitalmarktrechtlichen Regelungsziele des Anleger- und Funktionsschutzes sprechen hierbei dafür, die Vermittlungstätigkeit im Aufsichtsrecht weiter auszulegen.

Auch im Falle der Anlagevermittlung wird eine Aufsichtspflicht nach KWG bzw. WpHG dann nicht begründet, wenn die Bereichsausnahme der § 2 Abs. 6 S. 1 Nr. 8 lit. e) KWG, § 2a Abs. 1 Nr. 7 lit e) WpHG greift.[864] Sollten daher auch rein formal

---

855 *Jansen/Pfeifle*, ZIP 2012, 1842, 1851; *Klöhn/Hornuf*, ZBB 2012, 237, 251; *Schmitt/Doetsch*, BB 2013, 1451, 1453.

856 Z. B. *Hingst/Lösing*, § 19, Rn. 42; *Müller-Schmale*, BaFinJournal, 6/2014, 10, 13; *Begner*, BaFinJournal 9/2012, 11, 13; *Dörner*, AssCompact, 10/2012, 170, 171; *Janson/Pfeifle*, ZIP 2012, 1842, 1851; *Klöhn/Hornuf*, ZBB 2012, 237, 251; *Schmitt/Doetsch*, BB 2013, 1451, 1454 f.; *Weitnauer/Parzinger*, GWR 2013, 153, 155.

857 Siehe oben § 11 B) II.

858 *BT-Drucks.* 13/7142, S. 65.

859 Vgl. BGH NJW 2012, 3177, 3178 (Tz. 13).

860 *Edelmann*, in: *Assmann/Schütze*, § 3, Rn. 10.

861 MüKoHGB/*Nobbe/Zahrte*, Anlageberatung, Rn. 326 .

862 Siehe oben § 11 B) II. 1.

863 *Kunz*, in: *Bräutigam/Rücker*, 12. Teil, Rn. 79; Vgl. MüKoBGB/*Roth*, 7. Aufl. 2017, § 652 Rn. 107

864 *Hingst/Lösing*, § 19, Rn. 44; *Nastold*, ZVertriebsR 2014, 366, 366; *Müller-Schmale*, BaFinJournal, 6/2014, 10, 13; *Bujotzek/Mocker*, BKR 2015, 358, 359; *Begner*,

die Merkmale des Aufsichtstatbestandes erfüllt sein, würde es sich bei der jeweiligen Crowdfunding-Plattform nicht um ein aufsichtspflichtiges Finanzdienstleistungsinstitut nach KWG bzw. Wertpapierdienstleistungsunternehmen nach WpHG handeln, wenn diese nicht befugt wäre sich bei der Erbringung dieser Finanzdienstleistungen Eigentum oder Besitz an Geldern oder Anteilen von Kunden zu verschaffen. Dies können Crowdfunding-Plattformen dadurch erreichen, dass – wie in der Regel üblich[865] – der Zahlungsverkehr auf externe Zahlungsdienstleister bzw. kooperierende Kreditinstitute ausgelagert wird.

Es ist somit festzuhalten, dass Crowdfunding-Plattformen als Anlagevermittler fungieren, wenn Vermögensanlagen nach § 1 Abs. 2 VermAnlG den Leistungsgegenstand im Marktverhältnis bilden und von der Crowdfunding-Plattform das dahingehende Vertragswerk vorgegeben wird. Dies ist in der Regel bei der Fallgruppe des Crowdfunding zur Unternehmensfinanzierung der Fall.[866] Auch dann besteht eine Aufsichtspflicht nach KWG aber nicht, wenn die Crowdfunding-Plattform nicht in Kontakt mit den vereinnahmten Geldern kommt.

Derartige Geschäftsmodelle sind jedoch nicht gänzlich unreglementiert, sondern unterliegen gegebenenfalls einer Erlaubnispflicht nach der GewO, an die auch Verhaltenspflichten nach der FinVermV anknüpfen können.[867]

6. Betrieb eines multilateralen Handelssystems

Crowdfunding-Plattformen könnten ferner ein multilaterales Handelssystem im Sinne des § 1 Abs. 1a S. 2 Nr. 1b KWG, § 2 Abs. 3 S. 1 Nr. 8 WpHG darstellen. Nach der Legaldefinition müsste hierzu ein System betrieben werden, das die Interessen einer Vielzahl von Personen am Kauf und Verkauf von Finanzinstrumenten innerhalb des Systems und nach festgelegten Bestimmungen in einer Weise zusammenbringt, die zu einem Vertrag über den Kauf dieser Finanzinstrumente führt.

Ein derartiges System erfordert „ein Regelwerk über die Mitgliedschaft, die Aufnahme des Handels in Finanzinstrumenten, den Handel zwischen den Mitgliedern und Meldungen über abgeschlossene Geschäfte sowie Transparenzpflichten“[868]. Crowdfunding-Plattformen könnten ein solches System bilden, da sich die Plattformnutzer über ihre Einwilligung in die jeweiligen Nutzungsbedingungen einem

BaFinJournal 9/2012, 11, 13; *Dörner*, AssCompact, 10/2012, 170, 171; *Jansen/Pfeifle*, ZIP 2012, 1842, 1851; *Klöhn/Hornuf*, ZBB 2012, 237, 251; *dies.* DB 2015, 47, 48; *Schmitt/Doetsch*, BB 2013, 1451, 1454; *Weitnauer/Parzinger*, GWR 2013, 153, 155; *Spindler*, ZBB 2017, 129, 133; *Wilhelmi*, ZVglRWiss 2017, 298, 303.

865 *Klöhn/Hornuf*, ZBB 2012, 237, 251; siehe auch oben § 11 B) III. 1.

866 Siehe oben § 15 A) I. 2.

867 *Kunz*, in: *Bräutigam/Rücker*, 12. Teil, Rn. 80; *Spindler*, ZBB 2017, 129, 133 f.; siehe hierzu unten § 16 B).

868 *BT-Drucks.*, 16/4028, S. 56 f. und 89; Insofern zustimmend: *Assmann*, in: *Assmann/Schneider*, § 2, Rn. 109; *Kumpan*, in: *Schwark/Zimmer*, § 2 WpHG, Rn. 86; *Schäfer*, in: *Boos/Fischer/Schulte-Mattler*, § 1, Rn. 150.

bestimmten Regelwerk verpflichten, das sich im Geschäftsmodell des jeweiligen Betreibers niederschlägt.

Dabei muss es tatbestandlich jedoch um ein Handelssystem gehen, welches typischerweise durch Kauf- und Verkaufsvorgänge geprägt ist. Es stellt sich daher die Frage, ob die bis dato vorzufindenden Crowdfunding-Plattformen die Anforderungen an ein eben solches Handelssystem erfüllen. Von maßgeblicher Relevanz für die aufsichtsrechtliche Bewertung ist hierbei, ob das Bestehen eines systemimmanenten Sekundärmarktes Tatbestandsvoraussetzung ist.[869]

Hierfür spricht bereits der Wortlaut[870] der Norm, in dem von „Kauf und Verkauf [...] innerhalb des Systems" die Rede ist. Dieser kann zwar auch so interpretiert werden, dass damit lediglich ein Geschäftsvorgang, beispielsweise eine Erstemission gemeint ist und ein ebensolcher Geschäftsvorgang sowohl aus Perspektive des Käufers (Kauf) als auch des Verkäufers (Verkauf) benannt wird. Eine lebensnahe Auslegung deutet jedoch darauf hin, dass spiegelbildlich zum Kauf ein korrelierender Verkauf gemeint ist. Über das Handelssystem muss somit die Möglichkeit bestehen, das, was über das System gekauft wird, über einen Sekundärmarkt auch wieder zu verkaufen.[871] Dies macht einen systemimmanenten Sekundärmarkt erforderlich und deckt sich ferner mit der gesetzgeberischen Zielsetzung hinter der aufsichtsrechtlichen Regulierung multilateraler Handelssysteme.[872] Unter der Prämisse einer Regulierung des grauen Kapitalmarktes sollen diese „privat betriebene[n] Handelseinrichtungen"[873], die „ähnlich dem [System] einer (Wertpapier)Börse, ohne dass es einer gesonderten Börsenzulassung bedarf"[874] funktionieren, Regelungen unterstellt werden, wie sie auch für geregelte Märkte gelten, da sie zu diesen „funktionale Äquivalente"[875] bilden und für die, insbesondere wenn man auf Börsen abstellt, das Bestehen eines Sekundärmarktes konstitutiv[876] ist.

Deutlich wird dies beispielsweise auch an der „Parallelität der materiellen Anforderungen von Börsen und multilateralen Handelssystemen nach § 31f ff. [WpHG]"[877], deren Anwendung auf multilaterale Handelssysteme nur dann sinnhaft erscheint, wenn ein Sekundärmarkt vorausgesetzt wird.

Hierfür spricht ferner die Systematik innerhalb des § 1 Abs. 1a S. 2 KWG, § 2 Abs. 3 S. 1 WpHG. Würde ein Sekundärmarkt nicht vorausgesetzt, so wäre der Betrieb eines solchen Handelssystems nichts anderes als die Vermittlung von

---

869 So *Klöhn/Hornuf*, ZBB 2012, 237, 251 f.; a. A. *Weitnauer/Parzinger*, GWR 2013, 153, 155.

870 A. A. *Weitnauer/Parzinger*, GWR 2013, 153, 155.

871 *Klöhn/Hornuf*, ZBB 2012, 237, 251.

872 Vgl. *Klöhn/Hornuf*, ZBB 2012, 237, 251.

873 *Kumpan*, in: *Schwark/Zimmer*, § 2 WpHG, Rn. 85.

874 *Weber/Seifert*, in: *Lutz/Neus/Schaber/Scharpf/Schneider/Weber*, § 1 KWG, Rn. 41.

875 *Klöhn/Hornuf*, ZBB 2012, 237, 251.

876 Siehe oben § 5 B).

877 *BT-Drucks.* 16/4028, S. 81 (zu § 4 BörsG).

Geschäften innerhalb eines Primärmarktes und würde damit bereits dem Tatbestand der Anlagevermittlung unterfallen.

Von der Bereichsausnahme nach § 2 Abs. 6 S. 1 Nr. 8 lit. e) KWG, § 2a Abs. Nr. 7 lit. e) WpHG werden lediglich die Finanzdienstleitungen Anlageberatung, Anlage- und Abschlussvermittlung erfasst, nicht aber der Betrieb eines multilateralen Handelssystems. Dies deutet darauf hin, dass der Betrieb eines multilateralen Handelssystems eine umfangreichere Regulierungsrelevanz aufweist als eine bloße Vermittlungstätigkeit, die durch das Erfordernis eines Sekundärmarktes bedungen wird.

Die bis dato vorzufindenden Crowdfunding-Plattformen halten in der Regel keinen Sekundärmarkt bereit.[878] Eine Ausnahme stellt beispielsweise die Plattform Bergfürst[879] dar, deren Sekundärmarkt im November 2013 eröffnete[880], die selbst aber über eine entsprechende BaFin-Erlaubnis[881] verfügt.[882]

Es ist somit festzuhalten, dass Crowdfunding-Plattformen dann nicht unter den Tatbestand des Betriebs einer multilateralen Handelsplattform fallen, wenn sie, wie bis dato regelmäßig der Fall, keinen Sekundärmarkt bereithalten.

7. Anlageberatung

Einzelne Plattformen führen, entweder von Haus aus oder als kostenpflichtiger Zusatzdienst, eine Akkreditierung bzw. Bewertung des Finanzierungsvorhabens auf dessen Realisierbarkeit oder wirtschaftlichen Erfolg hin durch.[883] Derartige Dienste könnten als „persönliche Empfehlungen" zum Tatbestand der Anlageberatung nach § 1 Abs. 1a S. 2 Nr. 1a KWG, § 2 Abs. 3 S. 1 Nr. 9 WpHG führen.

Bei derartigen Diensten handelt es sich jedoch um allgemeine und standardisierte Informationen („Anpreisung"[884]), die für eine unbestimmte Anzahl potentieller Geldgeber auf der jeweiligen Crowdfunding-Plattform veröffentlicht werden. Diese nehmen weder Bezug auf die finanzielle Situation[885] des konkreten Geldgebers, was bereits gegen eine „Prüfung der persönlichen Umstände des Kunden" (§ 1 Abs. 1a S. 2 Nr. 1a Alt. 1 KWG, § 2 Abs. 3 S. 1 Nr. 9 Alt. 1 WpHG) spricht. Noch werden solche Empfehlungen in einer Art und Weise abgegeben, dass der konkrete Geldgeber

---

878 Siehe oben § 5 B).

879 Siehe oben § 8 B) V.

880 https://www.bergfuerst.com/news/details/196/der-sekundaermarkt-ist-eroeffnet-die-ersten-handelstage-auf-bergfuerst-, zuletzt abgerufen: 14.10.2017.

881 https://www.bergfuerst.com/news/details/71/jetzt-gehts-los-bergfuerst-erhaelt-die-erlaubnis-der-bundesanstalt-fuer-finanzdienstleistungsaufsicht-bafin, zuletzt abgerufen: 14.10.2017.

882 Siehe hierzu z.B. auch *Spindler*, ZBB 2017, 129, 134.

883 Siehe oben § 12 C).

884 *Schäfer*, in: *Boos/Fischer/Schulte-Mattler*, § 1, Rn. 146.

885 *Assmann*, in: *Assmann/Schneider*, § 2, Rn. 115; *Kumpan*, in: *Schwark/Zimmer*, § 2 WpHG, Rn. 95; *Schwennicke*, in: *Schwennicke/Auerbach*, § 1 KWG, Rn. 94.

davon ausgehen könnte, dass diese auf seine persönlichen Umstände Bezug nehmen[886]. Die vermeintlichen Empfehlungen werden folglich auch nicht „als für ihn geeignet dargestellt" (§ 1 Abs. 1a S. 2 Nr. 1a Alt. 2 KWG, § 2 Abs. 3 S. 1 Nr. 9 Alt. 1 WpHG). Eine Eröffnung des Tatbestandes scheitert daher bereits in Ermangelung der im Wortlaut der Norm vorausgesetzten Merkmale.

Sollten (künftige) Geschäftsmodelle dennoch den Tatbestand der Anlageberatung erfüllen, so kann auch hier eine Bereichsausnahme (nach § 2 Abs. 6 S. 1 Nr. 8 lit. e) KWG, § 2a Abs. 1 Nr. 7 lit e) WpHG) greifen, wenn der Zahlungsverkehr so strukturiert ist, dass die Crowdfunding-Plattform nicht in Kontakt mit den eingeworbenen Geldern kommt.

III. Andere nur nach KWG aufsichtspflichtige Geschäfte der Crowdfunding-Plattform

Im Zuge einer typischen Crowdfunding-Runde kann es auch zu solchen Bankgeschäften (§ 1 Abs. 1 S. 2 KWG) bzw. Finanzdienstleistungen (§ 1 Abs. 1a S. 2 KWG) kommen, die tatbestandlich nicht an den Begriff Finanzinstrument und folglich auch nicht an Vermögensanlagen i.S.d. § 1 Abs. 2 VermAnlG[887] anknüpfen.

Konkret beurteilungsrelevant erscheinen hierbei die nach KWG aufsichtspflichtigen Tatbestände Einlagengeschäft, Kreditgeschäft und Factoring.

1. Einlagengeschäft

Ein aufsichtspflichtiges Einlagengeschäft liegt vor, wenn fremde Gelder als Einlagen oder andere rückzahlbare Gelder des Publikums angenommen werden.

Ob fremde Gelder dabei tatsächlich gem. § 1 Abs. 1 S. 2 Nr. 1 Alt. 1 KWG als Einlagen angenommen werden, hängt von den konkreten Umständen des Einzelfalls unter Berücksichtigung der bankwirtschaftlichen Verkehrsauffassung und dem Zweck der Erlaubnispflicht ab.[888] Weder ist es möglich im Rahmen dieser Untersuchung sämtliche Einzelfallkonstellationen zu prüfen, noch deren Eintritt vorherzusehen. Hierauf muss es jedoch gar nicht ankommen, wenn eine Prüfung des § 1 Abs. 1 S. 2 Nr. 1 Alt. 2 KWG („anderer rückzahlbarer Gelder des Publikums") zu einer abschließenden aufsichtsrechtlichen Würdigung führt. Bei Alt. 2 handelt es sich um einen Auffangtatbestand, der den Anwendungsbereich des Einlagengeschäfts erweitert.[889] Die aufsichtsrechtliche Bewertung erfolgt daher nach Maßgabe des § 1

886 *Assmann*, in: *Assmann/Schneider*, § 2, Rn. 115; *Kumpan*, in: *Schwark/Zimmer*, § 2 WpHG, Rn. 95; *Schwennicke*, in: *Schwennicke/Auerbach*, § 1 KWG, Rn. 94 f.

887 Siehe oben § 15 A) I.

888 *Schwennicke m.w.N.*, in: *Schwennicke/Auerbach*, § 1 KWG, Rn. 18; *Weber/Seifert m.w.N.*, in: *Lutz/Neus/Schaber/Scharpf/Schneider/Weber*, § 1 KWG, Rn. 11.

889 *Schafer*, in: *Boos/Fischer/Schulte-Mattler*, § 1, Rn. 39 und 43; *Schwennicke*, in: *Schwennicke/Auerbach*, § 1 KWG, Rn. 42; *Schwennicke*, in: *Schwennicke/Auerbach*, § 1 KWG, Rn. 24.

Abs. 1 S. 2 Nr. 1 Alt. 2 KWG, in dem der tatbestandlich engere § 1 Abs. 1 S. 2 Nr. 1 Alt. 1 KWG enthalten ist.

Im Zuge einer typischen Crowdfunding-Runde kann es zu einem aufsichtspflichtigen Einlagengeschäft kommen, wenn die eingeworbenen Gelder nicht unmittelbar an den Initiator weitergeleitet, sondern während des Zeitraums zur Mitteleinwerbung „geparkt" werden.[890] Kann die Crowdfunding-Runde nicht erfolgreich abgeschlossen werden, so würden diese Gelder an die Geldgeber zurückgezahlt, weshalb es sich um andere rückzahlbare Gelder i.S.d. § 1 Abs. 1 S. 2 Nr. 1 Alt. 2 KWG handeln könnte.

Crowdfunding-Plattformen vermeiden es jedoch in der Regel, in Kontakt mit den vereinnahmten Geldern zu kommen, weshalb solche in der Regel auch nicht bei der Crowdfunding-Plattform gesammelt oder von dieser zurückgezahlt werden.[891] In diesem Fall käme es schon deshalb nicht zu einem aufsichtspflichtigen Einlagengeschäft durch die Crowdfunding-Plattform, weil durch diese keine Gelder vereinnahmt werden.[892]

Sollten vereinnahmte Gelder tatsächlich über die Crowdfunding-Plattform fließen, ohne aber bei dieser gesammelt zu werden, so läge ebenfalls kein Einlagengeschäft vor, wenn die Gelder unverzüglich an den Initiator weitergeleitet würden. Es handelt sich dann um eine erlaubnisfreie Einlagenvermittlung.[893]

Es stellt sich daher die Frage, ob Crowdfunding-Plattformen aufsichtspflichtige Einlagengeschäfte nach § 1 Abs. 1 S. 2 Nr. 1 Alt. 2 KWG ausüben würden, wenn die während des Zeitraums zur Mitteleinwerbung vereinnahmten Gelder bei der Crowdfunding-Plattform gesammelt würden.

Hiervon wäre nur dann auszugehen, wenn die Geldgeber hinsichtlich der hingegebenen Gelder einen unbedingten Rückzahlungsanspruch hätten.[894]

Hieran fehlt es jedoch, da der vermeintliche Rückzahlungsanspruch unter der Bedingung steht, dass der Zeitraum zur Mitteleinwerbung nicht erfolgreich abgeschlossen werden kann: Wird binnen des vorab definierten Zeitraums zur Mitteleinwerbung die Zielsumme erfolgreich eingeworben, so werden die eingesammelten Gelder nicht zurückgezahlt. Nur wenn die Zielsumme innerhalb dieses Zeitraums nicht erreicht wird, erfolgt eine Rückzahlung an die Geldgeber.[895] Der vermeintliche Rückzahlungsanspruch der Geldgeber gegen den Initiator ist somit abhängig von einem künftigen ungewissen Ereignis im Sinne des § 158 Abs. 1 BGB.[896] Aufgrund

---

890 Siehe oben § 4 B) III.

891 Siehe oben § 3 C), § 4 B) III u. § 11 B) III. 1.

892 *Kunz*, in: *Bräutigam/Rücker*, 12. Teil Rn. 78.

893 *Demgensky/Erm*, WM 2001, 1445, 1448; *Schäfer*, in: *Boos/Fischer/Schulte-Mattler*, § 1, Rn. 39 und 43; *Schwennicke*, in: *Schwennicke/Auerbach*, § 1 KWG, Rn. 14.

894 *Schäfer*, in: *Boos/Fischer/Schulte-Mattler*, § 1, Rn. 46; *Schwennicke*, in: *Schwennicke/Auerbach*, § 1 KWG, Rn.13.

895 Siehe oben § 4 A) I. u. B) IV.

896 Siehe oben § 6 C) II.

dieser nur bedingten Rückzahlbarkeit liegt kein unbedingter Rückzahlungsanspruch vor und steht dies einer Bewertung als Einlagengeschäft entgegen.[897]

Auch werden die Gelder nicht als Einlagen im Sinne des Grundtatbestandes angenommen, weil der Initiator verpflichtet ist, diese nur zu einem bestimmten Zweck zu verwenden.[898] Die Zwecksetzung ergibt sich aus dem Marktverhältnis und ist typischerweise auf die Realisierung des durch die Crowdfunding-Runde verfolgten Finanzierungsvorhabens gerichtet.

Wegen der Charakteristika der Mitteleinwerbung liegt somit selbst dann kein aufsichtspflichtiges Einlagegeschäft vor, wenn die vereinnahmten Gelder bis zur Auszahlungsreife bei der Crowdfunding-Plattform gesammelt würden.

Es lässt sich daher festhalten, dass es bei Crowdfunding-Plattformen in der Regel nicht zu aufsichtspflichtigen Einlagengeschäften kommt.[899]

2. Kreditgeschäft

Spiegelbildlich zum Einlagengeschäft richtet sich die Untersuchung auf aufsichtspflichtige Kreditgeschäfte nach § 1 Abs. 1 S. 2 Nr. 2 KWG nicht danach wohin, sondern woher Gelder geleistet werden. Maßgeblich für die aufsichtsrechtliche Bewertung als Kreditgeschäft ist die zivilrechtliche Einordnung der jeweiligen Leistungsbeziehung als Darlehensvertrag nach § 488 BGB.[900]

Durch Crowdfunding-Plattformen werden grundsätzlich keine erlaubnispflichtigen Kreditgeschäfte erbracht, da diese noch nicht einmal selbst Gelder und folglich auch keine Darlehen gewähren.

Abgesehen von der vertraglichen Beziehung im Plattformverhältnis, die auf Nutzung der Plattform (allgemeiner Nutzungsvertrag)[901] und Durchführung der Crowdfunding-Runde (besonderer Nutzungsvertrag)[902] gerichtet ist, erfolgt kein Vertragsschluss mit der Crowdfunding-Plattform, der sich auf den Leistungsgegenstand im Marktverhältnis bezieht.[903] Selbst wenn es daher im Marktverhältnis zu für das Kreditgeschäft relevanten Darlehensverträgen kommen sollte, so beziehen sich diese ausschließlich auf das Marktverhältnis.

Crowdfunding-Plattformen erbringen daher in der Regel keine Kreditgeschäfte, da die Gelder von den einzelnen Geldgebern zur Verfügung gestellt und als solche

---

897 Vgl. *Demgensky/Erm*, WM 2001, 1445, 1452 i.V.m. 1449; *Schäfer*, in: *Boos/Fischer/Schulte-Mattler*, § 1, Rn. 46; *Schwennicke*, in: *Schwennicke/Auerbach*, § 1 KWG, Rn. 13 u. 26.

898 *Schwennicke*, in: *Schwennicke/Auerbach*, § 1 KWG, Rn. 23 i.V.m. Rn. 13 u. 26.

899 So im Ergebnis auch *Begner*, BaFinJournal 9/2012, 11, 13.

900 *Schwennicke*, in: *Schwennicke/Auerbach*, § 1 KWG, Rn. 33.

901 Siehe oben § 11 A).

902 Siehe oben § 11 B).

903 Siehe oben § 6 B) I.

allenfalls erlaubnisfrei vermittelt[904] werden (sofern es im Marktverhältnis überhaupt zu relevanten Leistungen i.S.d. § 488 BGB kommt).[905]

3. *Factoring*

Weiter stellt sich die Frage, ob es im Rahmen einer typischen Crowdfunding-Runde durch den laufenden Ankauf von Forderungen auf der Grundlage von Rahmenverträgen mit oder ohne Rückgriff zu aufsichtspflichtigem Factoring i.S.d. § 1 Abs. 1a S. 2 Nr. 9 KWG kommen kann.

Wie bereits aus dem Wortlaut der Norm hervor geht, fußt die Erlaubnispflicht hier auf Forderungsankäufen. Zu solchen kann es allenfalls im Marktverhältnis kommen. Crowdfunding-Plattformen sind in der Regel aber nicht in Leistungsbeziehungen eingebunden, die sich auf den Leistungsgegenstand im Marktverhältnis beziehen.[906]

B) Parteien des Marktverhältnisses

Neben Crowdfunding-Plattformen kann es grundsätzlich auch durch die Parteien des Marktverhältnisses zu nach KWG aufsichtspflichtigen Geschäften kommen. In Betracht kommen hierbei Einlagengeschäft, Kreditgeschäft und Factoring.

I. Einlagengeschäft durch Initiator

Durch Crowdfunding-Plattformen werden in der Regel keine aufsichtspflichtigen Einlagengeschäfte erbracht.[907] Jedoch werden durch den Initiator einer Crowdfunding-Runde Gelder vereinnahmt, die unter bestimmten Umständen zurück an die Geldgeber fließen. Fraglich ist daher, ob es beim Initiator zu aufsichtspflichtigen Einlagengeschäften nach § 1 Abs. 1 S. 2 Nr. 1 Alt. 2 KWG kommen kann. Auch dies setzt das Bestehen eines unbedingten Rückzahlungsanspruchs voraus.[908]

Im Hinblick auf derartige (Rück-)Zahlungen lassen sich prinzipiell zwei Kategorien unterscheiden: Solche, die sich aus den ablaufrelevanten Charakteristika einer Mitteleinwerbung durch Crowdfunding ergeben (1.) und solche, die der Leistungsbeziehung im Marktverhältnis entstammen (2.).

---

904 Zur Erlaubnisfreiheit der Kreditvermittlung siehe z.B. *Schäfer*, in: *Boos/Fischer/Schulte-Mattler*, § 1, Rn. 62; *Weber/Seifert*, in: *Lutz/Neus/Schaber/Scharpf/Schneider/Weber*, § 1 KWG, Rn. 15.
905 *Hingst/Lösing*, § 19, Rn. 37; *Schmitt/Doetsch*, BB 2013, 1451, 1453.
906 Siehe oben § 6 B) I.
907 Siehe oben § 15 A) III. 1.
908 Siehe oben § 15 A) III. 1.

1. *Rückzahlungen aufgrund ablaufrelevanter Charakteristika*

Ein relevanter Rückzahlungsanspruch könnte sich gegenüber dem Initiator aus dem für eine Mitteleinwerbung durch Crowdfunding charakteristischen erfolgsabhängigen Leistungsaustausch[909] ergeben, da es hierdurch zu Zahlungen zurück zu den Geldgebern kommen kann.

Dies setzt allerdings voraus, dass die vereinnahmten Gelder während des Zeitraums der Mitteleinwerbung beim Initiator gesammelt werden. Werden diese während des Zeitraums der Mitteleinwerbung bei Dritten gesammelt[910], so läge bereits deshalb kein Einlagengeschäft vor, weil die Gelder nicht vom Initiator an den Geldgeber zurückfließen würden.

Auch wenn aber die vereinnahmten Gelder während des Finanzierungszeitraums beim Initiator gesammelt würden, würde es an einem unbedingten Rückzahlungsanspruch der Geldgeber gegenüber dem Initiator fehlen. Die Rückzahlung steht nämlich unter der Bedingung, dass während dieses Zeitraums das Finanzierungsziel nicht erreicht werden kann. Hierbei ergeben sich keine Unterschiede zur obigen Argumentation in Zusammenhang mit der Crowdfunding-Plattform.[911]

2. *Rückzahlungen aufgrund des Inhalts des Marktverhältnisses*

Weiter kann es zu (Rück-)Zahlungen aufgrund des Marktverhältnisses kommen. Hierunter fallen solche Zahlungen, die sich planmäßig aus dem Anspruch auf die jeweils in Aussicht gestellte Leistung ergeben. Nicht als Rückzahlungen im Sinne der Norm qualifizieren hingegen Gelder, die nur gezahlt werden, weil das Vertragsverhältnis nicht vertragskonform abgewickelt wird, wie z.B. Zahlungen in Folge eines Rücktritts- oder Widerrufsrechts oder Zahlungen in Folge von Leistungsstörungen.[912]

a) Crowdfunding zur Finanzierung von Einzelprojekten

Bei der Fallgruppe des Crowdfunding zur Finanzierung von Einzelprojekten werden vom Initiator unter anderem solche Leistungen in Aussicht gestellt, die sich nicht in der Zahlung eines Geldbetrags konkretisieren. Dies beispielsweise bei in Aussicht gestellten Leistungen mit dem Charakter einer Vorbestellung oder dankenden Anerkennung, bzw. entsprechenden Mischformen.[913] Bei derartigen Leistungen fehlt es bereits begrifflich an der für das Einlagengeschäft erforderlichen unbedingten Rückzahlung. Die durch die Geldgeber insofern hingegebenen Gelder werden lediglich „zur Erfüllung eines Rechtsgeschäfts geleistet [...] und [können] deswegen

909 Siehe oben § 4 A) I.

910 Siehe oben § 4 B) III.

911 Siehe oben § 15 A) III. 1.

912 Vgl. *Demgensky/Erm*, WM 2001, 1445, 1449.

913 Siehe oben § 7 C), D) u. F).

bei vertragskonformer Abwicklung nicht zurückgefordert werden (z. B. Kaufpreisanzahlungen)".[914]

Im Bereich des projektbezogenen Crowdfunding erwirbt der Geldgeber einen Zahlungsanspruch lediglich im Falle von in Aussicht gestellten Leistungen mit dem Charakter einer Erlösbeteiligung[915]. Jedoch fehlt es auch hier am Merkmal der unbedingten Rückzahlbarkeit. In Aussicht gestellte Leistungen mit dem Charakter einer Erlösbeteiligung sind regelmäßig so strukturiert, dass den Geldgeber ein Ausfallrisiko trifft. Eine feste Rückzahlung ist typischerweise nicht vorgesehen.[916] Zu einer betragsmäßigen Rückzahlung des hingegebenen Geldbetrages kommt es vielmehr nur dann, wenn die erfolgsabhängige Ausschüttung zufällig die Höhe des vom Geldgeber hingegebenen Geldbetrages erreicht. Da insofern gerade nicht gewährleistet werden kann, dass die an den Initiator gezahlten Gelder betragsmäßig an die Geldgeber zurückfließen, liegt aufgrund dieser Verlustteilnahme ein künftiges ungewisses Ereignis (§ 158 Abs. 1 BGB) vor, das einem aufsichtspflichtigen Einlagengeschäft beim Initiator entgegensteht.[917]

b) Crowdfunding zur Unternehmensfinanzierung

Zu Rückzahlungen auf Grundlage des Marktverhältnisses kann es bei der Fallgruppe des Crowdfunding zur Unternehmensfinanzierung kommen.

Um ein aufsichtspflichtiges Einlagengeschäft würde es sich jedoch auch hier nur dann handeln, wenn die relevanten Gelder unbedingt rückzahlbar wären.[918] Dies wäre nur dann der Fall, wenn der Leistungsanspruch der Geldgeber gegenüber dem Initiator eine vollständige Rückzahlung der zugesagten Geldsumme umfasst. Unabhängig von der im Einzelfall vorzufindenden Ausgestaltung der Vertragsbeziehung tragen die Geldgeber jedoch typischerweise ein Verlustrisiko bis zur Höhe ihrer Einlage (Risiko des Totalverlusts).[919] Zwar trifft sie insofern keine Nachschusspflicht, dennoch genügt diese Verlustteilnahme, eine unbedingte Rückzahlbarkeit auszuschließen.[920]

Werden lediglich Nachrangdarlehen ohne partiarische Komponente begeben, so ist von einer bedingten Rückzahlbarkeit erst dann auszugehen, wenn ein qualifizierter Rangrücktritt vereinbart wird, aufgrund dessen im Falle der Insolvenz ein

---

914 *Schäfer*, in: *Boos/Fischer/Schulte-Mattler*, § 1, Rn. 46.

915 Siehe oben § 7 E).

916 Siehe oben § 7 A) III. u. E) I. 1.

917 Vgl. *Demgensky/Erm*, WM 2001, 1445, 1452 i.V.m. 1449; *Schäfer*, in: *Boos/Fischer/Schulte-Mattler*, § 1, Rn. 46; *Schwennicke*, in: *Schwennicke/Auerbach*, § 1 KWG, Rn. 27.

918 Siehe oben § 15 A) III. 1.

919 Siehe oben § 8 A).

920 *Fischer*, in: *Schimansky/Bunte/Lwowski*, § 127, Rn. 14; *Schäfer*, in: *Boos/Fischer/Schulte-Mattler*, § 1, Rn. 46; *Schwennicke*, in: *Schwennicke/Auerbach*, § 1 KWG, Rn. 27.

Anspruch des Geldgebers gegen den Initiator nicht geltend gemacht werden kann.[921] Um aufsichtsrechtliche Restriktionen zu vermeiden, werden die angebotenen partiarischen Darlehen oftmals mit einem qualifizierten Rangrücktritt versehen.[922] Auch in diesem Fall würde die Rückzahlung der Gelder von einem künftigen ungewissen Ereignis abhängen, weshalb kein Einlagengeschäft nach § 1 Abs. 1 S. 2 Nr. 1 vorliegt.[923]

c) Crowdfunding zur Einwerbung von Krediten

Bei der Fallgruppe des Crowdfunding zur Einwerbung von Krediten wird keine unmittelbare vertragliche Leistungsbeziehung zwischen Initiator und Geldgeber begründet.[924] Es kann daher nicht zu aufsichtspflichtigen Einlagengeschäften des Initiators kommen, da es bereits an einem Geldmittelfluss der Geldgeber hin zum Initiator fehlt, der zu einer aufsichtsrechtlich relevanten Rückzahlung führen könnte.

II. Kreditgeschäft durch Geldgeber

Durch Crowdfunding-Plattformen werden in der Regel keine aufsichtspflichtigen Kreditgeschäfte nach § 1 Abs. 1 S. 2 Nr. 2 KWG erbracht.[925] Fraglich ist jedoch, ob es im Rahmen einer typischen Crowdfunding-Runde zu aufsichtspflichtigen Kreditgeschäften im Marktverhältnis kommen kann. Spiegelbildlich zum Einlagengeschäft richtet sich die aufsichtsrechtliche Untersuchung hierbei nicht danach wohin, sondern woher Gelder geleistet werden. Adressat der Aufsichtspflicht wäre daher der Geldgeber. Voraussetzung hierfür ist, dass es sich bei der vertraglichen Leistungsbeziehung im Marktverhältnis um einen Darlehensvertrag i.S.d. § 488 BGB handelt.[926]

1. Crowdfunding zur Finanzierung von Einzelprojekten

Leistungen mit dem Charakter einer Vorbestellung oder dankenden Anerkennung lassen sich nicht als Darlehensvertrag typisieren.[927] Auch stellen Vorschüsse auf Lieferungen oder Leistungen kein Kreditgeschäft dar, da es diesen bereits an der

---

921 *Schäfer*, in: *Boos/Fischer/Schulte-Mattler*, § 1, Rn. 46; *Schwennicke*, in: *Schwennicke/Auerbach*, § 1 KWG, Rn. 27.

922 Vgl. *Dörner*, AssCompact, 10/2012, 170, 171; *Weitnauer/Parzinger*, GWR 2013, 153, 155.

923 *Kunz*, in: *Bräutigam/Rücker*, 12. Teil, Rn. 77; so im Ergebnis auch *Begner*, BaFin-Journal 9/2012, 11, 13.

924 Siehe oben § 9 A).

925 Siehe oben § 15 A) III. 2.

926 *Schwennicke*, in: *Schwennicke/Auerbach*, § 1 KWG, Rn. 33.

927 Siehe oben § 7 A) III.

Rückzahlbarkeit fehlt.[928] Von Relevanz für eine Einordnung als Kreditgeschäft dürften daher auch hier lediglich Leistungsbeziehungen sein, die eine Erlösbeteiligung zum Gegenstand haben, da es nur bei diesen zu Zahlungen zurück zum Geldgeber kommen kann.[929]

Bei solchen handelt es sich um einen atypischen Vertrag[930], weshalb es bereits an einer originären darlehensvertraglichen Beziehung im Marktverhältnis fehlt. Um ein Kreditgeschäft würde es sich jedoch auch dann nicht handeln, wenn man insofern eine darlehensvertragliche Beziehung bejahen würde, da es an der unbedingten Rückzahlbarkeit der hingegebenen Gelder fehlt. Zwar kann es nominell zu einer Rückzahlung des hingegebenen Geldbetrages kommen, wenn die Erlösbeteiligung zufällig eine entsprechende Höhe erreicht. Jedoch ist dies zunächst ungewiss und die unbedingte Rückzahlung gerade nicht Leistungsgegenstand.[931] Das Ausfallrisiko tragen hierbei vollständig die Geldgeber, wodurch ihnen Finanzierungsverantwortung zukommt, die einer Einordnung als Kreditgeschäft entgegensteht.[932]

2. Crowdfunding zur Unternehmensfinanzierung

Für die Fallgruppe des Crowdfunding zur Unternehmensfinanzierung stellt sich die Vertragsbeziehung zwischen Initiator und Geldgeber oftmals als Nachrangdarlehen[933] oder partiarisches Darlehen[934] dar. Solche sind dem Grunde nach Darlehen und kommen daher als erlaubnispflichtiges Kreditgeschäft in Betracht.

Diese eher formale Kategorisierung nach der Zivilrechtslage muss jedoch dann eine Durchbrechung erfahren, wenn die Geldgeber ein wirtschaftliches Risiko dahingehend tragen, dass eine Rückzahlung i.S.d. § 488 Abs. 1 S. 2 BGB gerade nicht gewährleistet werden kann, beispielsweise durch die Vereinbarung einer Verlustteilnahmeklausel oder qualifizierten Nachrangklausel.[935]

In der Fallgruppe des Crowdfunding zur Unternehmensfinanzierung ist die Leistungsbeziehung zwischen Geldgeber und Initiator typischerweise so strukturiert, dass die Geldgeber Finanzierungsverantwortung bis hin zum Risiko eines Totalverlustes tragen.[936] Es ist daher nicht gewährleistet, dass die hingegebenen Gelder auch tatsächlich rückzahlbar sind, wie es nach § 488 Abs. 1 S. 2 BGB erforderlich wäre.

---

928 *Fischer*, in: *Schimansky/Bunte/Lwowski*, § 127, Rn. 17; *Schwennicke*, in: *Schwennicke/Auerbach*, § 1 KWG, Rn. 36.
929 Siehe oben § 15 B) I. 2. a).
930 Siehe oben § 7 E) II. 5.
931 Siehe oben § 7 E) I. 1.
932 *Schäfer*, in: *Boos/Fischer/Schulte-Mattler*, § 1, Rn. 63.
933 Siehe oben § 8 B) I.
934 Siehe oben § 8 B) II.
935 *Schäfer*, in: *Boos/Fischer/Schulte-Mattler*, § 1, Rn. 63.
936 Siehe oben § 8 A) u. § 15 B) I. 2. b).

Damit ist festzuhalten, dass auch in der Fallgruppe des Crowdfunding zur Unternehmensfinanzierung Geldgeber in der Regel keine aufsichtspflichtigen Kreditgeschäfte nach § 1 Abs. 1 S. 2 Nr. 2 KWG erbringen.[937]

3. *Crowdfunding zur Einwerbung von Krediten*

In der Fallgruppe des Crowdfunding zur Einwerbung von Krediten treten Geldgeber nicht in eine darlehensvertragliche Beziehung zum Initiator. Diese erwerben von einem kooperierenden Kreditinstitut Forderungen aus einem Darlehensvertrag, welcher zwischen dem Kreditinstitut und dem Initiator geschlossen wird.[938] Insofern liegt bereits tatbestandlich kein aufsichtspflichtiges Kreditgeschäft vor, da es an der Gewährung eines Gelddarlehens durch die Geldgeber gegenüber dem Initiator fehlt.[939] Als rein kaufrechtlicher Vorgang unterfällt der Erwerb der Darlehensforderung durch die Geldgeber auch nicht dem Tatbestand des Kreditgeschäfts.[940]

Auch in der Fallgruppe des Crowdfunding zur Einwerbung von Krediten erbringen die Geldgeber daher in der Regel keine aufsichtspflichtigen Kreditgeschäfte.[941]

III. Factoring

Auch für das Marktverhältnis stellt sich die Frage, ob es im Rahmen einer typischen Crowdfunding-Runde zu aufsichtspflichtigem Factoring nach § 1 Abs. 1a S. 2 Nr. 9 KWG kommen kann. Dies setzt den laufenden Ankauf von Forderungen auf der Grundlage von Rahmenverträgen voraus.

Wie bereits aus dem Wortlaut der Norm hervor geht, fußt die Erlaubnispflicht hier auf Forderungsankäufen. Ausgehend von den vorzufindenden Fallgruppen und deren zivilrechtlicher Einordnung findet ein Forderungserwerb lediglich beim Crowdfunding zur Einwerbung von Krediten statt. Hier erwerben die Geldgeber Darlehensforderungen von in den Finanzierungsprozess eingebundenen Kreditinstituten.[942] Adressat der Aufsichtspflicht wäre hierbei der jeweilige Geldgeber.

Damit es sich um ein aufsichtspflichtiges Factoring nach § 1 Abs. 1a S. 2 Nr. 9 KWG handelt, müssten diese Darlehensforderungen laufend und auf Grundlage von Rahmenverträgen erworben werden.[943] Dies wäre dann nicht der Fall, wenn

937 *Kunz*, in: *Bräutigam/Rücker*, 12. Teil Rn. 77; So (zumindest für Nachrangdarlehen) auch *Weitnauer/Parzinger*, GWR 2013, 153, 155.

938 Siehe oben § 9 A).

939 *Schäfer*, in: *Boos/Fischer/Schulte-Mattler*, § 1, Rn. 57. Vgl. auch *Schwennicke*, in: *Schwennicke/Auerbach*, § 1 KWG, Rn. 36.

940 *Hingst/Lösing*, § 19, Rn. 38.

941 *Hingst/Lösing*, § 19, Rn. 38.

942 Siehe oben § 9.

943 *Schäfer*, in: *Boos/Fischer/Schulte-Mattler*, § 1, Rn. 183.

die Rahmenbedingungen bei jedem Ankauf neu vereinbart würden.[944] Eine den laufenden und rahmenvertraglich vereinbarten Ankauf ausschließende Abrede ergibt sich bereits konkludent aus dem typischen Ablauf einer Crowdfunding-Runde im Bereich des Crowdfunding zur Einwerbung von Krediten.[945] Bis zum Erreichen der Zielsumme ist dort zunächst ungewiss, ob es für die Geldgeber überhaupt zum Ankauf einer entsprechenden Forderung kommt. Kann die Kreditsumme erfolgreich finanziert werden, unterscheiden sich sodann die Ankaufskonditionen wie beispielsweise Fremdkapitalzins, Rückzahlungszeitraum oder Forderungshöhe bei jeder Crowdfunding-Runde aufs Neue.

Unabhängig hiervon wird der Tatbestand des Factoring in der Regel auch bereits deshalb nicht erfüllt, weil das Factoring nicht zu Finanzierungszwecken erfolgt.[946] Dies ist nach Sinn und Zweck der Norm erforderlich und wäre nur dann gegeben, wenn beim Verkäufer der Forderung Regress genommen werden könnte, falls der Schuldner mit seiner Forderung ausfällt.[947] Beim Crowdfunding zur Einwerbung von Krediten geht das Ausfallrisiko jedoch typischerweise vollumfänglich auf den Geldgeber als Forderungskäufer über.[948]

Es lässt sich somit festhalten, dass es bei der insoweit einzig relevanten Fallgruppe des Crowdfunding zur Einwerbung von Krediten in der Regel nicht zu erlaubnispflichtigem Factoring durch die Geldgeber kommt.[949]

C) Ergebnis zur aufsichtsrechtlichen Beurteilung nach KWG und WpHG

I. Crowdfunding-Plattform

Crowdfunding-Plattformen erbringen in der Regel weder aufsichtspflichtige Einlagen-, noch Kreditgeschäfte, noch Factoring.

Im Zuge einer typischen Crowdfunding-Runde kann es jedoch im Marktverhältnis, vorrangig bei der Fallgruppe des Crowdfunding zur Unternehmensfinanzierung zu aufsichtspflichtigen Finanzinstrumenten in Form von Vermögensanlagen nach § 1 Abs. 2 VermAnlG kommen. Hieran können Aufsichtspflichten der Crowdfunding-Plattform anknüpfen.

---

944 *Schäfer*, in: *Boos/Fischer/Schulte-Mattler*, § 1, Rn. 183; *Schwennicke*, in: *Schwennicke/Auerbach*, § 1 KWG, Rn. 142; *Weber/Seifert*, in: *Lutz/Neus/Schaber/Scharpf/Schneider/Weber*, § 1 KWG, Rn. 53b.

945 So im Ergebnis auch *Kunz*, in: *Bräutigam/Rücker*, 12. Teil, Rn. 109.

946 *Hingst/Lösing*, § 19, Rn. 39.

947 *Schäfer*, in: *Boos/Fischer/Schulte-Mattler*, § 1, Rn. 185; *Schwennicke*, in: *Schwennicke/Auerbach*, § 1 KWG, Rn. 143.

948 Siehe oben § 9 B).

949 So i. E. auch *Hingst/Lösing*, § 19, Rn. 39; a. A. *Koffke*, in: *Schütt*, S. 4 f., die den Tatbestand des Factoring grundsätzlich bejaht, eine Erlaubnispflicht dann aber an der Grenze zur Gewerblichkeit scheitern lässt.

Von maßgeblicher Relevanz ist hierbei der Tatbestand der Anlagevermittlung nach § 1 Abs. 1a S. 2 Nr. 1 KWG, § 2 Abs. 3 S. 1 Nr. 4 WpHG. Dieser wird jedoch aufgrund der Bereichsausnahme aus § 2 Abs. 6 S. 1 Nr. 8 lit. e) KWG, § 2a Abs. 1 Nr. 7 lit e) WpHG oftmals nicht zur Anwendung kommen.

Hierbei ist festzustellen, dass Crowdfunding-Plattformen, die es vermeiden, mit den vereinnahmten Geldern in Kontakt zu kommen und daher – wie bis dato üblich – mit externen Zahlungsdienstleistern und Kreditinstituten kooperieren, nicht einer Erlaubnispflicht als Kredit- oder Finanzdienstleistungsinstitut unterstehen.

Wie auch im Rahmen der aufsichtsrechtlichen Beurteilung nach ZAG[950] besteht hierbei dennoch eine ausreichende Regulierung, weil der aufsichtsrechtlich relevante Umgang mit den eingeworbenen Geldern auf externe Dritte ausgelagert wird, die ihrerseits über die erforderliche Erlaubnis verfügen.

So ist beispielsweise in der Beschlussempfehlung zur „Erweiterung der Ausnahmetatbestände um § 2 Absatz 6 Nummer 19 KWG und § 2a Absatz 1 Nummer 14 WpHG [für das Platzierungsgeschäft zu lesen], dass einige Dienstleistungen, die im Rahmen der Emission, Platzierung und Verwaltung von Vermögensanlagen i.S.d. § 1 Absatz 2 des Vermögensanlagegesetzes typischerweise durch vom Anbieter oder Emittenten der Vermögensanlagen eingeschaltete Dritte wie etwa Treuhandgesellschaften [...] erbracht werden, nicht zu einer Erlaubnispflicht als Kredit- oder Finanzdienstleistungsinstitut führen. Eine Institutsaufsicht erscheint hier für den Anlegerschutz nicht erforderlich und würde zu einer unverhältnismäßigen Belastung [...] führen [..., da] die verbreitete Einschaltung einer Treuhandgesellschaft in der Regel der Vereinfachung des Verfahrens [dient]."[951] Durch Einbeziehung externer Zahlungsdienstleister und Kreditinstitute bedienen sich Crowdfunding-Plattformen gerade solch einer Verfahrensvereinfachung.

Darüber hinaus sind derartige Geschäftsmodelle nicht gänzlich unreglementiert, sondern unterliegen gegebenenfalls einer Erlaubnispflicht nach der GewO, an die auch Verhaltenspflichten nach der FinVermV anknüpfen können.[952]

II. Parteien des Marktverhältnisses

Auch die Parteien des Marktverhältnisses erbringen in der Regel weder aufsichtspflichtige Einlagen-, noch Kreditgeschäfte, noch Factoring.

Durch entsprechende Vertragsgestaltung können aufsichtsrechtlich relevante Strukturen derart entschärft werden, dass die einzelnen Parteien einer Crowdfunding-Runde keine Erlaubnispflicht trifft. Dies ist immer dann der Fall, wenn sie Finanzierungsverantwortung übernehmen, wie es in Form von Verlustteilnahmeklauseln und qualifizierten Nachrangklauseln regelmäßig der Fall ist.

950 Siehe oben § 14.

951 *BT-Drucks.* 17/7453, S. 74, in: *Assmann/Schneider*, § 2a, Rn. 56; Siehe auch *BT-Drucks.* 17/6051, S. 42.

952 Siehe unten § 16.

Eine aufsichtsrechtliche Regulierung gründet sich folglich auch im Marktverhältnis nicht darauf, dass Einlagen erbracht oder Gelder als Kredit vergeben werden, jedoch auf den Umstand, dass Zahlungsströme generiert werden.

Was dies betrifft, sorgt bereits eine Erlaubnispflicht nach ZAG[953] dafür, dass den kapitalmarktrechtlichen Regelungszielen Genüge getan wird.

953 Siehe oben § 14.

§ 16 Erlaubnis- und Verhaltenspflichten nach GewO und MaBV bzw. FinVermV

Wie die bisherigen Ausführungen zeigen, profitieren Crowdfunding-Plattformen, über die es im Marktverhältnis zu Leistungen nach § 1 Abs. 2 VermAnlG kommt und/oder die nicht in Kontakt mit den vereinnahmten Geldern kommen, vielfach von Bereichsausnahmen.[954] Nicht zwingend aber sind derartige Geschäftsmodelle gänzlich unreguliert. Vielmehr kann sich hier eine Erlaubnispflicht auf Grundlage der GewO einstellen und können hierzu auch besondere Verhaltenspflichten nach Maßgabe der FinVermV bzw. MaBV treten.

Eine besondere gewerberechtliche Erlaubnispflicht kann sich aus § 34c Abs. 1 S. 1 Nr. 2 GewO für solche Geschäftsmodelle ergeben, die eine Darlehensvermittlung zum Gegenstand haben und aus § 34f Abs. 1 S. 1 GewO für solche Geschäftsmodelle, die eine Anlagevermittlung zum Gegenstand haben.

Wie sich bereits dem Wortlaut des § 34c Abs. 1 S. 1 Nr. 2 GewO („Abschluss von Darlehensverträgen [...] vermitteln") und § 34f Abs. 1 S. 1 GewO („Anlagevermittlung") entnehmen lässt, fußt die gewerberechtliche Erlaubnispflicht auf einer Vermittlungstätigkeit. Folglich hat sie Relevanz nur für den Bereich des plattformbasierten Crowdfunding, wenn der Crowdfunding-Plattform die Rolle eines Darlehens- (§ 34c Abs. 1 S. 1 Nr. 2 GewO) oder Anlagevermittlers (§ 34f Abs. 1 S. 1 GewO) zukommt. Die gewerberechtliche Aufsichtspflicht trifft dann die Crowdfunding-Plattform.

A) Erlaubnispflicht nach § 34c Abs. 1 S. 1 Nr. 2 GewO und Verhaltenspflichten nach MaBV

Nach § 34c Abs. 1 S. 1 Nr. 2 GewO bedarf einer Erlaubnis der zuständigen Behörde[955], wer gewerbsmäßig den Abschluss von Darlehensverträgen vermitteln oder die Gelegenheit zum Abschluss solcher Verträge nachweisen will.

Als relevante Tätigkeit kommt hierbei jede auf einen Vertragsabschluss abzielende Vermittlungstätigkeit[956] in Betracht. Die aufsichtsrechtliche Vermittlungstätigkeit beurteilt sich auch hier (im Sinne der GewO) anders als im Zivilrecht und kann

954 Siehe insbesondere oben § 15 A) II. 5.

955 Die zuständigen Behörden werden nach § 155 Abs. 2 GewO durch die Landesregierungen oder von ihnen bestimmten Stellen bestimmt. Dies sind typischerweise die unteren Verwaltungsbehörden (*Marcks*, in: *Landmann/Rohmer*, § 34c GewO, Rn. 72).

956 *Ennuschat*, in: *Tettinger/Wank/Ennuschat*, § 34c, Rn. 16; *Marcks*, in: *Landmann/Rohmer*, § 34c GewO, Rn. 8.

daher auch dann gegeben sein, wenn eine maklervertragliche Vermittlungstätigkeit verneint wird.[957]

Im Rahmen des § 34c Abs. 1 Nr. 2 GewO müsste diese Vermittlungstätigkeit auf einen Darlehensvertrag nach § 488 BGB gerichtet sein.[958] Nach § 34c Abs. 2 GewO dürfte die Erlaubnis hierbei nur dann versagt werden, wenn der Antragsteller die erforderliche Zuverlässigkeit vermissen ließe oder sich in ungeordneten Vermögensverhältnissen befände.[959]

In der Fallgruppe des Crowdfunding zur Finanzierung von Einzelprojekten werden im Marktverhältnis typischerweise keine Darlehensverträge begründet.[960] Eine gewerberechtliche Erlaubnispflicht nach § 34c Abs. 1 Nr. 2 GewO besteht dort folglich nicht.

Beim Crowdfunding zur Unternehmensfinanzierung können unter anderem partiarische Darlehen[961] oder (partiarische) Nachrangdarlehen[962] Leistungsgegenstand im Marktverhältnis sein. Diese stellen zwar ihrer Grundstruktur nach Darlehen im Sinne des § 488 BGB dar, jedoch kommt es dabei nicht zu einer erlaubnispflichtigen Darlehensvermittlung nach § 34c Abs. 1 Nr. 2 GewO.[963] Mit der tatbestandlichen Erweiterung des § 1 Abs. 2 VermAnlG durch das Kleinanlegerschutzgesetz[964] um partiarische Darlehen (§ 1 Abs. 2 Nr. 3 VermAnlG) und Nachrangdarlehen (§ Abs. 2 Nr. 4 VermAnlG) zählen diese zu den Vermögensanlagen nach dem VermAnlG und können insofern nur Vermittlungsgegenstand einer Finanzanlagevermittlung nach § 34f Abs. 1 S. 1 Nr. 3 GewO sein. Im Verhältnis des § 34f Abs. 1 S. 1 Nr. 3 GewO zu § 34c Abs. 1 Nr. 2 GewO stellt die Anlagevermittlung nach § 34f Abs. 1 S. 1 Nr. 3 GewO die speziellere Norm dar, soweit es um die Vermittlung von Vermögensanlagen nach § 1 Abs. 2 VermAnlG geht.[965]

Bei der Fallgruppe des Crowdfunding zur Einwerbung von Krediten werden durch die Crowdfunding-Plattform typischerweise Darlehen zwischen dem Initiator und kooperierenden Kreditinstituten vermittelt.[966] Wenn auch nicht zwischen den

---

957 Siehe oben § 15 A) II. 5.

958 *Marcks*, in: *Landmann/Rohmer*, § 34c GewO, Rn. 24; *Pielow*, in: *Pielow*, § 34c GewO, Rn. 20.

959 *Weitnauer/Parzinger*, GWR 2013, 153, 155.

960 Siehe oben § 7 A) III.

961 Siehe oben § 8 B) II.

962 Siehe oben § 8 B) I.

963 A. A. (noch zur alten Rechtslage, vor der tatbestandlichen Erweiterung des § 1 Abs. 2 VermAnlG) *Dörner*, AssCompact, 10/2012, 170, 171; *Schmitt/Doetsch*, BB 2013, 1451, 1454; *Weitnauer/Parzinger*, GWR 2013, 153, 155.

964 Siehe oben Fn. 7.

965 Vgl. *Riethmüller*, DB 2015, 1451, 1453.

966 Siehe oben § 9 A).

Parteien des Marktverhältnisses, so kommt es folglich jedoch dort zu einer erlaubnispflichtigen Darlehensvermittlung i.S.d. § 34c Abs. 1 S. 1 Nr. 2 GewO.[967]

Auch dürften Plattformen, die als Darlehensvermittler fungieren in der Regel den Tatbestand der Gewerbsmäßigkeit erfüllen. Gewerbsmäßig handelt, wer mit der Absicht Gewinn zu erzielen eine erlaubte selbstständige Tätigkeit ausübt, dies nicht nur gelegentlich tut und es sich dabei auch nicht um die Verwaltung eigenen Vermögens, Urproduktion oder eine freiberufliche Tätigkeit handelt.[968]

Crowdfunding-Plattformen sind konzeptionell auf eine unbestimmte Vielzahl von Crowdfunding-Runden ausgelegt und haben hieran im Regelfall[969] auch ein wirtschaftliches Interesse. Für die Gewinnerzielungsabsicht dürfte es hierbei auch nicht primär auf eine etwaige Provision zu Gunsten der Plattform ankommen. Vielmehr können Crowdfunding-Plattformen auch durch kostenpflichtige Zusatzdienste oder die kommerzielle Verwertung von Nutzerdaten geplante Überschüsse generieren. Entscheidend hierbei ist die objektive Eignung des jeweiligen Geschäftsmodells, Gewinne zu erzielen, was im Regelfall gegeben sein dürfte.[970]

Vornehmlich im Bereich des Crowdfunding zur Einwerbung von Krediten kann es somit zu einer Erlaubnispflicht nach § 34c Abs. 1 S. 1 Nr. 2 GewO kommen.[971]

Nach der Verordnung über die Pflichten der Makler, Darlehensvermittler, Bauträger und Baubetreuer (MaBV) knüpfen an die erlaubnispflichtige Darlehensvermittlung nach § 34c Abs. 1 S. 1 Nr. 2 GewO diverse Verhaltenspflichten an.[972] Insbesondere[973] über die §§ 2 bis 8 MaBV sollen die Parteien des Marktverhältnisses hierbei vor Vermögensschädigungen durch gewerblich tätige Crowdfunding-Plattformen geschützt werden, wenn diese im Rahmen der Vermittlungstätigkeit Vermögenswerte (Fremdgelder) der Parteien zur Weitervermittlung entgegennehmen.[974]

Hierdurch auferlegten Verhaltenspflichten können Crowdfunding-Plattformen dadurch entgehen, dass sie den Zahlungsverkehr auf externe (und ihrerseits akkreditierte) Zahlungsdienstleister auslagern und folglich einen Kontakt mit den

---

967 *Veith*, BKR 2016, 184, 189; *Wilhelmi*, ZVglRWiss 2017, 298, 304; *Kunz*, in: *Bräutigam/Rücker*, 12. Teil, Rn. 106.

968 *Ennuschat*, in: *Tettinger/Wank/Ennuschat*, 34c, Rn. 5 ff.; *Marcks*, in: *Landmann/Rohmer*, § 34c GewO, Rn. 7; *Pielow*, in: *Pielow*, § 1 GewO, Rn. 142 ff. u. 169 ff.

969 Von Plattformen im reinen Spendenbereich abgesehen. Vgl. *Ennuschat*, in: *Tettinger/Wank/Ennuschat*, § 1, Rn. 18; *Pielow*, in: *Pielow*, § 1 GewO, Rn. 152.

970 Vgl. *Ennuschat*, in: *Tettinger/Wank/Ennuschat*, § 1, Rn. 14; *Pielow*, in: *Pielow*, § 1 GewO, Rn. 150.

971 *Hingst-Lösing*, § 19, Rn. 47; *Müller-Schmale*, BaFinJournal, 6/2014, 10, 12

972 Der Anwendungsbereich ergibt sich aus § 1 S. 1 MaBV.

973 Die übrigen Verhaltenspflichten weisen keinerlei crowdfunding-spezifischen Besonderheiten auf.

974 Vgl. *Marcks*, § 2 MaBV, Rn. 1; *Marcks*, in: *Landmann/Rohmer*, Ergänzende Vorschriften – Kommentar, Nr. 250, MaBV § 2, Rn. 1.

vermittelten Geldern vermeiden.[975] Wie bereits oben festgestellt ist dies gängige Praxis und bestehen in dieser Hinsicht keine aufsichtsrechtlichen Bedenken.[976]

B) Erlaubnispflicht nach § 34f GewO und Verhaltenspflichten nach FinVermV

Mit § 34f Abs. 1 S. 1 Nr. 3 GewO[977] wird für den Bereich der Anlagevermittlung eine Regulierungslücke[978] geschlossen, die sich daraus ergibt, dass Crowdfunding-Plattformen, die als Anlagevermittler tätig sind, den Zahlungsverkehr auf externe Finanzdienstleister auslagern und damit einer Erlaubnispflicht als Kredit- oder Finanzdienstleistungsinstitut entgehen (§ 2 Abs. 6 S. 1 Nr. 8 KWG)[979].

Die gewerberechtliche Erlaubnispflicht nach § 34f GewO betrifft hierbei nur den Tatbestand der Anlagevermittlung, der sich nur auf die Fallgruppe des Crowdfunding zur Unternehmensfinanzierung bezieht.[980] Hierbei ist im Regelfall auch von einer gewerbsmäßigen Tätigkeit auszugehen.[981]

Zusätzlich[982] zu den Voraussetzungen nach § 34c Abs. 2 GewO wird durch § 34f Abs. 2 GewO für die Erteilung der Erlaubnis vorausgesetzt, dass der Antragsteller eine Berufshaftpflicht sowie eine Sachkundeprüfung über den Gegenstand seiner Vermittlungstätigkeit nachweisen kann.[983]

Spiegelbildlich zur aufsichtsrechtlichen Bewertung nach KWG und WpHG knüpfen an die gewerberechtliche Erlaubnispflicht nach § 34f Abs. 1 S. 1 Nr. 3 GewO auch Verhaltenspflichten auf Grundlage der FinVermV an.[984] Diese bilden maßgeblich die Vorschriften des 6. Abschnitts des WpHG ab.[985]

---

975 Vgl. *Marcks*, § 2 MaBV, Rn. 1; *Marcks*, in: *Landmann/Rohmer*, Ergänzende Vorschriften – Kommentar, Nr. 250, MaBV § 2, Rn. 1.

976 Siehe oben § 14 C).

977 Zur Erlaubnispflicht nach § 34f GewO siehe auch: *Riethmüller*, DB 2015, 1451, 1453; *Weitnauer*, Teil E, Rn. 97; *Hingst-Lösing*, § 19, Rn. 48; *Dörner*, AssCompact, 10/2012, 170, 171; *Jansen/Pfeifle*, ZIP 2012, 1842, 1851 f.; *Klöhn/Hornuf*, DB 2015, 47, 48; *dies.*, ZBB 2012, 237, 251; *Schmitt/Doetsch*, BB 2013, 1451, 1454; *Weitnauer/Parzinger*, GWR 2013, 153, 156; *Aschbeck-Florange/Drefke*, RdF 2015, 284, 292.

978 *Jansen/Pfeifle*, ZIP 2012, 1842, 1851 f.

979 Siehe oben § 15 A) II. 5.

980 Siehe oben § 15 A) I. 2. u. II. 5.

981 Vgl. oben § 16 A).

982 Siehe hierzu auch GWR 2012, 335, 337.

983 *Riethmüller*, DB 2015, 1451, 1454; *Weitnauer*, Teil E, Rn. 97; *Zingel/Varadinek*, BKR 2012, 177, 183.

984 *Spindler*, ZBB 2017, 129, 134; *Will*, GewArch 2015, 430, 432.

985 GWR 2012, 335, 336.

Von Relevanz für die Betreiber von Crowdfunding-Plattformen dürfte hierbei insbesondere[986] Abschnitt 4 der FinVermV sein, der, so die Abschnittsüberschrift, „Informations-, Beratungs- und Dokumentationspflichten" zum Gegenstand hat.

Nach Maßgabe des § 13 Abs. 1 FinVermV ist die jeweilige Crowdfunding-Plattform verpflichtet, über die Risiken der über sie angebotenen Finanzanlage aufzuklären. Hierbei ist auf einen durchschnittlichen Adressaten abzustellen.[987]

Bei den Geldgebern handelt es sich in aller Regel um Privatpersonen, weshalb im Zuge einer entsprechenden Aufklärung auf eine „sprachlich und inhaltlich verständliche Darstellung"[988] zu achten ist.

Dabei müssen die erforderlichen Informationen gem. § 13 Abs. 6 FinVermV in Textform (§ 126b BGB) zur Verfügung gestellt werden, wofür eine gewöhnliche Internetseite nicht ausreicht. Hierbei soll das Textformerfordernis erst bei Internetseiten erfüllt sein, bei denen „der Verbraucher die Möglichkeit hat, persönlich an ihn gerichtete Informationen so zu speichern, dass er sie für einen angemessenen Zeitraum unverändert und ohne dass der Vermittler sie einseitig abändern kann, abrufen und wiedergeben kann"[989]. Dies kann zum Beispiel dadurch erfolgen, dass die „Internetseite als Download zur Verfügung gestellt wird oder einen nur für den Verbraucher mit Passwort zugänglichen Bereich enthält"[990].

C) Ergebnis zur aufsichtsrechtlichen Beurteilung nach GewO

Werden leistungsgegenständlich Vermögensanlagen nach § 1 Abs. 2 VermAnlG vermittelt und findet die Bereichsausnahme des § 2 Abs. 6 S. 1 Nr. 8 KWG Anwendung, greift eine gewerberechtliche Erlaubnispflicht nach § 34f GewO, an die Verhaltenspflichten auf Grundlage der FinVermV anknüpfen. Diese betrifft in der Regel nur die Fallgruppe des Crowdfunding zur Unternehmensfinanzierung.

Zur erlaubnispflichtigen Darlehensvermittlung nach § 34c Abs. 1 S. 1 Nr. 2 GewO kommt es in der Regel nur in der Fallgruppe des Crowdfunding zur Einwerbung von Krediten.

---

986 Die Abschnitte 1 bis 3 nehmen eine Konkretisierung eher formaler Pflichten vor, bezogen auf den „Sachkundenachweis" (Abschnitt 1), das „Vermittlerregister" (Abschnitt 2) und „Anforderungen an die Berufshaftpflichtversicherung" (Abschnitt 3).

987 *Glückert*, in: *Landmann/Rohmer*, Ergänzende Vorschriften – Kommentar, Nr. 267, FinVermV, § 13, Rn. 2.

988 *Glückert*, in: *Landmann/Rohmer*, Ergänzende Vorschriften – Kommentar, Nr. 267, FinVermV, § 13, Rn. 1.

989 EFTA-Gerichtshof, Urteil vom 27. 1. 2010, E-4/09, in: *Glückert*, in: *Landmann/Rohmer*, Ergänzende Vorschriften – Kommentar, Nr. 267, FinVermV, § 12, Rn. 4.

990 *Glückert*, in: *Landmann/Rohmer*, Ergänzende Vorschriften – Kommentar, Nr. 267, FinVermV, § 12, Rn. 4.

Der Betrieb einer Crowdfunding-Plattform ohne die erforderliche Erlaubnis begründet eine Ordnungswidrigkeit gemäß § 144 Abs. 1 Nr. 1 lit. h) GewO (für den Fall der Darlehensvermittlung) und § 144 Abs. 1 Nr. 1 lit. l) GewO (für den Fall der Anlagevermittlung).

Auch eine Verletzung der jeweils relevanten Verhaltenspflichten kann gemäß § 26 FinVermV, § 18 MaBV eine Ordnungswidrigkeit begründen bzw. den Plattformbetreiber aus Vertrag oder Delikt schadensersatzpflichtig machen. Von Interesse für den Geldgeber dürfte hierbei insbesondere ein vertraglicher Schadenersatzanspruch aus c. i. c. gemäß §§ 280ff. BGB i.V.m. §§ 11 ff. FinVermV bei Verletzung einer relevanten Informationspflicht sein, sowie ein deliktischer Schadensersatzanspruch aus § 823 Abs. 2 BGB mit den §§ 11ff. FinVermV als Schutzgesetz.[991]

991 *Schönleiter*, in: *Landmann/Rohmer*, § 34f GewO, Rn. 172 f.

§ 17 Erlaubnis- und Verhaltenspflichten nach KAGB

Auch das KAGB bestimmt Erlaubnis- (§§ 17 ff. KAGB) und Verhaltenspflichten (§§ 26 ff. KAGB), die im Zuge einer typischen Crowdfunding-Runde von Relevanz sein können. Eine Erlaubnispflicht nach § 20 KAGB bestünde hierbei für sogenannte Kapitalverwaltungsgesellschaften, die dann auch korrelierende Verhaltenspflichten nach §§ 26 ff. KAGB treffen.

Kapitalverwaltungsgesellschaften sind nach § 17 Abs. 1 KAGB Unternehmen, deren Geschäftsbetrieb darauf gerichtet ist, inländische Investmentvermögen i.S.d. § 1 Abs. 1 S. 1 KAGB zu verwalten.

Nach der Legaldefinition des § 1 Abs. 1 S. 1 KAGB ist Investmentvermögen jeder Organismus für gemeinsame Anlagen, der von einer Anzahl von Anlegern Kapital einsammelt, um es gemäß einer festgelegten Anlagestrategie zum Nutzen dieser Anleger zu investieren und der kein operativ tätiges Unternehmen außerhalb des Finanzsektors ist. Damit fallen „grds. sämtliche Formen kollektiver Vermögensanlagen unter die Legaldefinition."[992] Ausschlaggebend ist, dass es sich um ein rechtlich oder wirtschaftlich verselbständigtes Vermögen handelt.[993]

Da die Erlaubnispflicht an die Verwaltung eines Gelder zu einem operativen Zweck einsammelnden Organismus i.S.d. § 1 Abs. 1 S. 1 KAGB anknüpft, betreffen die aufsichtsrechtlichen Anforderungen des KAGB allenfalls Crowdfunding-Plattformen (dann als Kapitalverwaltungsgesellschaften nach § 17 Abs. 1 KAGB).[994] Entscheidend für eine aufsichtsrechtliche Bewertung nach KAGB ist hierbei, ob diese ein Investmentvermögen nach § 1 Abs. 1 S. 1 KAGB verwalten.

Stehen Geldgeber und Initiator in einer direkten Leistungsbeziehung, wie es im Zuge einer typischen Crowdfunding-Runde regelmäßig der Fall ist, werden die Leistungsgegenstände im Marktverhältnis auch direkt zwischen Geldgeber und Initiator ausgetauscht. Mit der direkten Leistung an den Initiator erfolgt die Leistung auch typischerweise an ein operativ tätiges Unternehmen außerhalb des Finanzsektors und damit nicht an einen relevanten Organismus i.S.d. § 1 Abs. 1 S. 1 KAGB.[995] Im Falle einer direkten Leistungsbeziehung zwischen Geldgeber und Initiator ist der Anwendungsbereich des KAGB daher von vornherein nicht eröffnet.[996] Auch fehlt es

992 *Emde/Dreibus*, BKR 2013, 89, 90.
993 *Volhard/Jang*, in: *Weitnauer/Boxberger/Anders*, KAGB § 1, Rn. 5.
994 Vgl. *Weitnauer*, Teil E, Rn. 98.
995 *Weitnauer*, Teil E, Rn. 98.
996 *Weitnauer*, Teil E, Rn. 98; *ders.*, GWR 2015, 309, 311.

hierbei am Merkmal einer festgelegten Anlagestrategie nach § 1 Abs. 1 S. 1 KAGB, da kein Organismus vorliegt, der eine Anlageentscheidung treffen würde.

Im Zuge einer typischen Crowdfunding-Runde dürfte es darüber hinaus in der Regel am Kriterium der gemeinsamen Anlage fehlen. Dazu müssten die Geldgeber nämlich nicht nur gemeinschaftlich an Gewinnen, sondern auch gemeinschaftlich an Verlusten teilhaben.[997] Das Verlustrisiko der Geldgeber ist im allgemeinen jedoch auf die Höhe ihrer finanziellen Teilhabe begrenzt, Nachschusspflichten bestehen in der Regel nicht.[998] Um eine gemeinschaftliche Kapitalanlage soll es sich insbesondere dann nicht handeln, wenn ein qualifizierter Rangrücktritt vereinbart wird.[999] Gerade bei den gängigen Varianten der vertraglichen Ausgestaltung in der Fallgruppe des Crowdfunding zur Unternehmensfinanzierung ist dies aber der Fall.[1000]

Eine Bündelung des finanziellen Engagements und folglich eine Aufsichtspflicht nach KAGB ist daher zumindest bis dato eher die Ausnahme.[1001]

Anders könnte sich die aufsichtsrechtliche Bewertung nach KAGB allenfalls im Zuge eines „Pooling" der Leistungsbeziehungen für die Fallgruppe des Crowdfunding zur Unternehmensfinanzierung darstellen.[1002] Dies kommt in Betracht, wenn die finanzielle Teilhabe der Geldgeber, wie oben unter § 8 C) dargestellt, in einer Zweckgesellschaft gebündelt wird, die in eine eigenständige Leistungsbeziehung zum Initiator tritt.[1003] Ausgehend von der Ausgestaltung der Leistungsbeziehung einer typischen Crowdfunding-Runde hat dies jedoch Ausnahmecharakter.[1004]

Insbesondere gegenüber Privatkunden als Interessenten bzw. Anleger würde eine Aufsichtspflicht nach KAGB relativ strenge Informationspflichten auslösen, die unter anderem wesentliche Anlegerinformationen wie die Vorlage eines Verkaufsprospekts und relevanter Halbjahres-/Jahresberichte sowie laufende Berichtspflichten, aber auch Vertriebsvorschriften betreffen.[1005] Dazu treten neben einer laufenden Kontrolle durch die BaFin auch nach innen gerichtete Anforderungen beispielsweise zur Ausstattung mit Eigenmitteln und

---

997 *Weitnauer*, Teil E, Rn. 98; *Patzner/Schneider-Deters*, in: *Patzner/Döser/Kempf*, § 1 KAGB, Rn. 5; *Aschbeck-Florange/Drefke*, RdF 2015, 284, 291.

998 Siehe oben § 7 E) I. 1.; § 8 A).

999 *Volhard/Jang*, in: *Weitnauer/Boxberger/Anders*, KAGB § 1, Rn. 8.

1000 Siehe oben § 8 B) I. u. II.

1001 *Klöhn/Hornuf*, DB 2015, 47, 47; *Klöhn/Hornuf*, ZBB 2012, 237, 242; *Weitnauer/Parzinger*, GWR 2013, 153, 156.

1002 Siehe oben § 8 C).

1003 *Weitnauer*, Teil E, Rn. 99; *Weitnauer/Parzinger*, GWR 2013, 153, 156; ; Spindler, ZBB 2017, 129, 134; vgl. auch *Bujotzek/Mocker*, BKR 2015, 358, 360.

1004 *Klöhn/Hornuf*, DB 2015, 47, 47.

1005 *Loff/Klebeck*, BKR 2012, 353, 358 f.

Liquidität, zur internen Organisation und Geschäftsführung und zur Vermeidung von Interessenkonflikten, die weit über eine Regulierung nach dem VermAnlG hinausgehen.[1006]

Es ist somit festzuhalten, dass jedenfalls typische Crowdfunding-Modelle nicht einer Aufsichtspflicht nach KAGB unterliegen.[1007]

1006 Aufgrund des Ausnahmecharakters einer nach KAGB aufsichtspflichtigen Strukturierung wird in dieser Untersuchung auf eine tiefergehende Begutachtung etwaiger Verhaltenspflichten verzichtet.

1007 *Klöhn/Hornuf*, DB 2015, 47, 47; *Aschbeck-Florange/Drefke*, RdF 2015, 284, 291.

§ 18 Prospektpflicht

Neben der Frage der aufsichtsrechtlichen Zulässigkeit einer Mitteleinwerbung durch Crowdfunding ist von praktischer Relevanz für die Parteien einer Crowdfunding-Runde vor allem eine etwaige Prospektpflicht. Die Veröffentlichung eines Verkaufsprospekts stellt eine kapitalintensive Verpflichtung[1008] dar und bedeutet für die Initiatoren einer Crowdfunding-Runde somit eine hohe aufsichtsrechtliche Hürde.

Über einen Verkaufsprospekt sollen potentielle Geldgeber die notwendigen Angaben erhalten, die sie benötigen, um Chancen und Risiken einer finanziellen Teilhabe an der Crowdfunding-Runde gebührend abwägen zu können.[1009] Als Prospekthaftung wird dabei „die Haftung für die Vollständigkeit und Richtigkeit der in den Verkehr gebrachten Werbeprospekte verstanden, für die jeder einstehen müsse, der durch von ihm in Anspruch genommenes und ihm auch entgegengebrachtes Vertrauen auf den Willensentschluss des Kapitalanlegers Einfluss genommen habe."[1010] Die Prospektpflicht trifft hierbei den Initiator[1011] als denjenigen, der im Zuge der Crowdfunding-Runde ein prospektpflichtiges Produkt in Aussicht stellt.[1012]

Eine Prospektpflicht des Initiators kann sich aus spezialgesetzlichen kapitalmarktrechtlichen Normen des WpPG und VermAnlG (auch des KAGB[1013]), aber auch aus dem Institut der allgemeinen zivilrechtlichen Prospekthaftung ergeben.

1008 Es wird ein Kostenrahmen von ca. EUR 20.000,- bis 40.000,- genannt (*Dörner*, AssCompact, 10/2012, 170, 170; *Beck*, S. 26). Siehe auch *Bareiß*, ZUM 2012, 456, 463).

1009 Vgl. *Begner*, BaFinJournal 9/2012, 11, 14; *Schmidt*, in: *Meschkowski/Wilhelmi*, BB 2013, 1411, 1415.

1010 *Assmann*, in: *Assmann/Schütze*, § 5, Rn. 23.

1011 Unabhängig hiervon kann eine „normale" Haftung Dritter aus c. i. c. gem. §§ 311 Abs. 2 und 3 BGB („Prospekthaftung im weiteren Sinne") für eine Verletzung vorvertraglicher Aufklärungspflichten greifen (*Assmann*, in: *Assmann/Schütze*, § 5, Rn. 23 f.; MüKoBGB/*Emmerich*, 7. Aufl. 2016, § 311, Rn. 158). Als Verpflichteter Dritter kommt hierbei insbesondere die Crowdfunding-Plattform in Betracht (*Spindler*, ZBB 2017, 129, 135; *Uffmann*, JZ 2016, 929, 934 und 935). Zur Haftung von Crowdfunding-Plattformen vor allem in Zusammenhang mit der Aufklärung über crowdfunding-spezifische Risiken: Siehe bereits oben § 13 A) V.

1012 *Begner*, BaFinJournal 9/2012, 11, 14.

1013 Eine Prospektpflicht nach KAGB kann sich prinzipiell aus den §§ 165 bzw. 268 KAGB ergeben. Aufgrund des Ausnahmecharakters einer Aufsichtspflicht nach KAGB für eine typische Crowdfunding-Runde (siehe oben § 17), wird in der vorliegenden Untersuchung auf deren tiefergehende Begutachtung verzichtet.

A) Nach WpPG

Eine Prospektpflicht des Initiators könnte zunächst nach § 3 Abs. 1 WpPG bestehen.[1014] Dazu müsste es sich bei der vom Initiator in Aussicht gestellten Leistung um Wertpapiere i.S.d. § 2 Nr. 1 WpPG handeln, folglich „übertragbare Wertpapiere, die an einem Markt gehandelt werden können". Maßgebliches Kriterium für den Wertpapierbegriff nach WpPG ist deren „Fungibilität, d.h. die Handelbarkeit der Wertpapiere auf einem Kapitalmarkt "[1015].

Hieran fehlt es jedoch im Zuge einer typischen Crowdfunding-Runde, wo die bis dato vorherrschenden Geschäftsmodelle einen Sekundärmarkt grundsätzlich[1016] nicht vorsehen.[1017]

Insbesondere fällt hierunter nicht eine Strukturierung der Leistungsbeziehung, bei der im Marktverhältnis Genussrechte, stille Beteiligungen oder partiarische Darlehen bzw. (partiarische) Nachrangdarlehen in Aussicht gestellt werden.[1018] In der Regel ist deren Übertragbarkeit ausgeschlossen und sie können auch nicht an einem (Sekundär-)Markt gehandelt werden.[1019]

Es ist daher festzuhalten, dass es im Zuge einer typischen Crowdfunding-Runde nur dann zu einer Prospektpflicht nach § 3 Abs. 1 WpPG kommt, wenn es sich beim Leistungsgegenstand im Marktverhältnis um fungible Wertpapiere handelt und betrifft eine solche dann auch nur die Fallgruppe des Crowdfunding zur Unternehmensfinanzierung.[1020] Ausgehend von den bis dato vorzufindenden Geschäftsmodellen stellt eine Prospektpflicht nach WpPG die absolute Ausnahme dar.

B) Nach VermAnlG

Nach § 6 VermAnlG trifft den Initiator eine spezialgesetzliche Prospektpflicht, wenn durch ihn Vermögensanlagen im Sinne des § 1 Abs. 2 VermAnlG öffentlich angeboten werden.

1014 Siehe hierzu auch *Dörner*, AssCompact, 10/2012, 170, 171; *Klöhn/Hornuf*, ZBB 2012, 237, 248; *Weitnauer/Parzinger*, GWR 2013, 153, 154; *Rauda*, S. 291, Rn. 823.

1015 *Groß*, unter Bezugnahme auf die Regierungsbegründung zum Prospektrichtlinie-Umsetzungsgesetz (*BT-Drucks.* 15/4999, S. 25, 28), in: *Groß*, § 2 WpPG, Rn. 3.

1016 Eine Ausnahme bildet z.B. die Plattform Bergfürst, über die auf einem eigenen Sekundärmarkt handelbare Aktien begeben werden (siehe oben § 9 B) V.). Siehe auch *Weitnauer*, Teil E, Rn. 83 u. *Weitnauer/Parzinger*, in: GWR 2013, 153, 154 als „Aktienhandelsplattform-Modell" sprechen,

1017 Siehe oben § 5 B); *Schenk*, Crowdinvesting II, S. 7; Eine Prospektpflicht nach WpPG ablehnend, im Ergebnis auch *Leuering/Rubner*, NJW-Spezial 2012, 463, 463.

1018 *Weitnauer*, Teil E, Rn. 83; *Weitnauer/Parzinger*, GWR 2013, 153, 154; *Klöhn/Hornuf*, ZBB 2012, 237, 247; *Kunz*, in: *Bräutigam/Rücker*, 12. Teil, Rn. 81.

1019 *Weitnauer*, Teil E, Rn. 83.

1020 Vgl. *Dörner*, AssCompact, 10/2012, 170, 170); *Klöhn/Hornuf*, ZBB 2012, 237, 247; *Weitnauer/Parzinger*, GWR 2013, 153, 154.

Da durch Crowdfunding die Gesamtheit der Internetnutzer zur Teilhabe an einem Finanzierungsvorhaben angesprochen wird, liegt ein öffentliches Angebot vor. Die Prospektpflicht nach § 6 VermAnlG knüpft tatbestandlich daran an, ob es sich beim Leistungsgegenstand im Marktverhältnis um Vermögensanlagen im Sinne des § 1 Abs. 2 VermAnlG handelt.

Vermögensanlagen im Sinne des § 1 Abs. 2 VermAnlG sind nicht in Wertpapieren im Sinne des WpPG verbriefte und nicht als Anteile an Investmentvermögen im Sinne des § 1 Abs. 1 KAGB ausgestaltete 1. Anteile, die eine Beteiligung am Ergebnis eines Unternehmens gewähren, 2. Anteile an einem Vermögen, das der Emittent oder ein Dritter in eigenem Namen für fremde Rechnung hält oder verwaltet (Treuhandvermögen), 3. partiarische Darlehen, 4. Nachrangdarlehen, 5. Genussrechte, 6. Namensschuldverschreibungen und 7. sonstige Anlagen, die eine Verzinsung und Rückzahlung oder einen vermögenswerten Barausgleich im Austausch für die zeitweise Überlassung von Geld gewähren oder in Aussicht stellen, sofern die Annahme der Gelder nicht als Einlagengeschäft im Sinne des § 1 Abs. 1 S. 2 Nr. 1 KWG zu qualifizieren ist.

Die Untersuchung, ob es sich beim Leistungsgegenstand im Marktverhältnis um Vermögensanlagen im Sinne des § 1 Abs. 2 VermAnlG handelt, unterscheidet sich nicht von der bereits oben unter § 15 A) I. behandelten Fragestellung, ob leistungsgegenständlich aufsichtspflichtige Finanzinstrumente i.S.d. § 1 Abs. 11 KWG, § 2 Abs. 2b WpHG vorliegen, die tatbestandlich an den Begriff der Vermögensanlage nach § 1 Abs. 2 VermAnlG anknüpfen.

I. Crowdfunding zur Finanzierung von Einzelprojekten

Leistungsgegenständlich kann es sich nur dann um eine Vermögensanlage im Sinne des § 1 Abs. 2 VermAnlG handeln, wenn eine finanzielle Leistung, jedenfalls also ein irgendwie gearteter Zahlungsstrom in Aussicht gestellt wird. Folglich liegen von vornherein keine Vermögensanlagen vor, wenn Leistungen in Aussicht gestellt werden, die nicht einen Zahlungsstrom zu Gunsten des Geldgebers zum Gegenstand haben. Für die Fallgruppe des Crowdfunding zur Finanzierung von Einzelprojekten kommt als Gegenstand eines nach § 6 VermAnlG prospektpflichtigen Angebots daher allenfalls die Variante der Erlösbeteiligung[1021] in Betracht. Nur bei dieser Variante wird eine Leistung in Aussicht gestellt, die einen Zahlungsstrom zu Gunsten des Geldgebers zum Gegenstand hat.

Wie im Rahmen der zivilrechtlichen Untersuchung festgestellt wurde, handelt es sich beim Leistungsgegenstand der Variante Erlösbeteiligung um einen atypischen Vertrag[1022]. Als solcher fällt er nicht unter die Tatbestandsalternativen der Vermögensanlage nach § 1 Abs. 2 VermAnlG: Weder handelt es sich um eine Beteiligung am Ergebnis eines Unternehmens (§ 1 Abs. 2 Nr. 1 VermAnlG), da die

1021 Siehe oben § 7 E).
1022 Siehe oben § 7 E) II. 5.

Geldgeber weder Gesellschafter einer konkludent begründeten Gesellschaft bürgerlichen Rechts[1023], noch stille Gesellschafter[1024] werden. Auch handelt es sich nicht um ein Genussrecht[1025] (§1 Abs. 2 Nr. 5 VermAnlG), partiarisches Darlehen[1026] (§1 Abs. 2 Nr. 3 VermAnlG), Nachrangdarlehen[1027] (§1 Abs. 2 Nr. 4 VermAnlG) oder eine Schuldverschreibung[1028] (§ 1 Abs. 2 Nr. 6 VermAnlG).

Der Leistungsgegenstand in der Variante Erlösbeteiligung lässt sich auch nicht als sonstige Anlage unter den Auffangtatbestand des § 1 Abs. 2 Nr. 7 VermAnlG subsumieren. Dies würde einen Anspruch auf Verzinsung und Rückzahlung voraussetzen (§ 1 Abs. 2 Nr. 7 Alt. 1 VermAnlG) oder jedenfalls einen vermögenswerten Barausgleich im Austausch für die zeitweise Überlassung von Geld (§ 1 Abs. 2 Nr. 7 Alt. 2 VermAnlG).

Dies ist nicht gegeben, da bei der typischen Variante der Erlösbeteiligung eine Rückzahlung gerade nicht vereinbart wird.[1029] Es handelt sich daher nicht um einen Anspruch auf Verzinsung und Rückzahlung nach § 1 Abs. 2 Nr. 7 Alt. 1 VermAnlG. Auch liegt die Variante nach § 1 Abs. 2 Nr. 7 Alt. 2 VermAnlG nicht vor, da die vereinnahmten Gelder nicht nur zeitweise überlassen werden.[1030]

Es lässt sich daher festhalten, dass in der Fallgruppe des Crowdfunding zur Finanzierung von Einzelprojekten eine spezialgesetzliche Prospektpflicht nach § 6 VermAnlG grundsätzlich nicht begründet wird, da es sich beim Leistungsgegenstand im Marktverhältnis in der Regel nicht um Vermögensanlagen handelt. Dies auch nicht in der Variante der Erlösbeteiligung.[1031]

II. Crowdfunding zur Unternehmensfinanzierung

In der Fallgruppe des Crowdfunding zur Unternehmensfinanzierung richtet sich der Leistungsgegenstand im Marktverhältnis nach dessen formularvertraglicher Ausgestaltung.[1032] Üblicherweise vorzufindende Varianten sind stille Beteiligungen, partiarische (Nachrang-)Darlehen und Genussrechte.[1033] Es handelt sich hierbei um Vermögensanlagen nach § 1 Abs. 2 VermAnlG.[1034]

1023 Siehe oben § 7 A) I.
1024 Siehe oben § 7 A) II.
1025 Siehe oben § 7 E) II. 2.
1026 Siehe oben § 7 A) III. u. E) II. 2.
1027 Siehe oben § 7 A) III. u. E) II. 2.
1028 Siehe oben § 7 E) II. 4.
1029 Siehe oben § 7 A) III. u. E) I. 1.
1030 Siehe oben § 15 A) I. 1.
1031 Siehe oben § 15 A) I. 1.; so im Ergebnis auch *Leuering/Rubner*, NJW-Spezial 2012, 463, 463; eher ergebnisoffen: *Bareiß*, ZUM 2012, 456, 463; *Jansen/Pfeifle*, ZIP 2012, 1842, 1847 f.
1032 Siehe oben § 8 A).
1033 Siehe oben § 8 B).
1034 Siehe oben § 15 A) I. 2.

Stille Beteiligungen[1035] unterfallen dem Begriff der Vermögensanlage nach § 1 Abs. 2 Nr. 1 VermAnlG als Anteile, die eine Beteiligung am Ergebnis eines Unternehmens gewähren.[1036] Mit Inkrafttreten des Kleinanlegerschutzgesetz[1037] wurden auch partiarische Darlehen[1038] als § 1 Abs. 2 Nr. 3 VermAnlG und Nachrangdarlehen[1039] als § 1 Abs. 2 Nr. 4 VermAnlG in den Katalog des § 1 Abs. 2 VermAnlG aufgenommen und qualifizieren nun als Vermögensanlagen. Genussrechte[1040] sind nach § 1 Abs. 2 Nr. 5 VermAnlG Vermögensanlagen.

Einher mit der Verpflichtung zur Veröffentlichung eines Verkaufsprospekts geht die Verpflichtung zur Veröffentlichung eines Vermögensanlagen-Informationsblatts[1041] nach § 13 VermAnlG. Dieses muss die wesentlichen Informationen über die Vermögensanlagen in übersichtlicher und leicht verständlicher Weise enthalten.

Kommt der zur Veröffentlichung verpflichtete Initiator seiner Pflicht nicht oder nur unzureichend nach, so trifft ihn gegenüber den Geldgebern eine spezialgesetzliche Haftung nach Maßgabe der §§ 20 ff. VermAnlG.[1042]

1. Befreiung nach § 2a VermAnlG

§ 2a VermAnlG trägt die Überschrift „Befreiungen für Schwarmfinanzierungen" und wurde mit Wirkung vom 10.07.2015 durch das Kleinanlegerschutzgesetz[1043] neu eingefügt. Die Norm darf als ein erster Ansatz des Gesetzgebers verstanden werden, einen Rechtsrahmen für Crowdfunding zu schaffen.[1044] Sie bezieht sich nur auf die Fallgruppe des Crowdfunding zur Unternehmensfinanzierung.[1045]

Nach § 2a Abs. 1 VermAnlG ist unter anderem der die Prospektpflicht begründende § 6 VermAnlG nicht anzuwenden, wenn bestimmte Voraussetzungen erfüllt sind.

a) Voraussetzungen einer Befreiung nach § 2a VermAnlG

Nach § 2a Abs. 1 VermAnlG muss es sich um Vermögensanlagen im Sinne der § 1 Abs. 2 Nr. 3, Nr. 4 oder Nr. 7 VermAnlG handeln und darf der Verkaufspreis sämtlicher von dem Anbieter angebotener Vermögensanlagen desselben Emittenten (Initiators) EUR 2,5 Millionen nicht übersteigen. Der Befreiungstatbestand

1035 Siehe oben § 8 B) III.
1036 *Schwennicke*, in: *Schwennicke/Auerbach*, § 1 KWG, Rn. 240.
1037 Siehe oben Fn. 7.
1038 Siehe oben § 8 B) II.
1039 Siehe oben § 8 B) I.
1040 Siehe oben § 8 B) IV.
1041 Zu den inhaltlichen Anforderungen des Vermögensanlagen-Informationsblattes: Siehe unten § 18 B) II. 1. b).
1042 *Klöhn/Hornuf*, ZBB 2012, 237, 248.
1043 Siehe oben Fn. 7.
1044 Vgl. *Seiler/Geier*, in: *Schimansky/Bunte/Lwowski*, § 104, Rn. 77.
1045 *Kunz*, in: *Bräutigam/Rücker*, 12. Teil Rn. 83; *Grundmann*, in: *Schimansky/Bunte/Lwowski*, § 112, Rn. 35.

ist somit nur[1046] dann anwendbar, wenn es sich leistungsgegenständlich um Vermögensanlagen in Form eines partiarischen Darlehens (§ 1 Abs. 2 Nr. 3 VermAnlG), eines Nachrangdarlehens (§ 1 Abs. 2 Nr. 4 VermAnlG) oder sonstiger Anlagen (§ 1 Abs. 2 Nr. 7 VermAnlG) handelt, die eine Verzinsung und Rückzahlung oder einen vermögenswerten Barausgleich im Austausch für die zeitweise Überlassung von Geld gewähren oder in Aussicht stellen. Der Befreiungstatbestand setzt nach § 2a Abs. 3 VermAnlG weiter voraus, dass es sich um Vermögensanlagen handelt, die ausschließlich im Wege der Anlageberatung oder Anlagevermittlung über eine Internet-Dienstleistungsplattform vermittelt werden. Der Tatbestand der Anlagevermittlung wird durch Crowdfunding-Plattformen, jedenfalls in der Fallgruppe des Crowdfunding zur Unternehmensfinanzierung, als entsprechende Internet-Dienstleistungsplattformen regelmäßig erfüllt.[1047]

Weiter muss diese Plattform durch Gesetz oder Verordnung verpflichtet sein, zu prüfen, ob der Gesamtbetrag der Vermögensanlagen desselben Emittenten (Initiators), die von einem Anleger (Geldgeber) erworben werden können, der keine Kapitalgesellschaft ist, bestimmte Zeichnungsgrenzen wahrt: Demnach darf der Anlagebetrag eines einzelnen Anlegers nach § 2a Abs. 3 Nr. 1 VermAnlG EUR 1.000,- nicht übersteigen oder nach § 2a Abs. 3 Nr. 2 VermAnlG den höheren Betrag von EUR 10.000,- nicht übersteigen, sofern der Anleger nach einer von ihm zu erteilenden Selbstauskunft über ein frei verfügbares Vermögen in Form von Bankguthaben und Finanzinstrumenten von mindestens EUR 100.000,- verfügt. Alternativ, nach § 2a Abs. 3 Nr. 3 VermAnlG, kann der Anlagebetrag den zweifachen Betrag des durchschnittlichen monatlichen Nettoeinkommens des jeweiligen Anlegers nach einer von ihm zu erteilenden Selbstauskunft betragen, höchstens jedoch EUR 10.000,-.

Die Crowdfunding-Plattform ist durch Gesetz oder Verordnung verpflichtet, diese Zeichnungsgrenzen zu wahren, wenn es sich bei dieser um ein Wertpapierdienstleistungsunternehmen nach dem WpHG handelt oder diese nach § 34c Abs. 1 Nr. 2 GewO oder § 34f GewO der Gewerbeaufsicht unterliegt.[1048]

Eine Aufsichtspflicht nach WpHG[1049] kommt für Crowdfunding-Plattformen in der Regel dann in Betracht, wenn sie als Anlagevermittler fungieren. Oftmals wird sie allerdings deshalb nicht begründet, weil die Crowdfunding-Plattform nicht in Kontakt mit den vereinnahmten Geldern kommt.[1050] In der Fallgruppe des Crowdfunding

---

1046 Hierzu kritisch *Klöhn/Hornuf*, DB 2015, 47, 50; *Bujotzek/Mocker*, BKR 2015, 358, 359; *Nietsch/Eberle*, DB 2014, 2575, 2579; *Danwerth*, ZBB 2016, 20, 25; *Graf zu Solms-Laubach/Mihova*, DStR 2015, 1872, 1876 f.; *Uffmann*, JZ 2016, 928, 929; *Will*, GewArch 2015, 430, 432; *Spindler*, ZBB; 2017, 129, 132.

1047 Siehe oben § 15 A) II. 5.; siehe auch *Danwerth*, ZBB 2016, 20, 29.

1048 *Klöhn/Hornuf*, DB 2015, 47, 48; *Möllers/Kastl*, NZG 2015, 849, 850; a. A. *Gerlach/Köhler*, ZBB 2017, 84–95, die auf den erst zum 07.05.2016 neu eingeführten § 16 Abs. 3a FinVermV abstellen und sich daher für eine temporäre Unanwendbarkeit des § 2a VermAnlG aussprechen (insb. *Gerlach/Köhler*, ZBB 2017, 84, 86 und 87).

1049 Siehe oben § 15.

1050 Siehe oben § 15 A) II. 5.

zur Unternehmensfinanzierung unterliegen Crowdfunding-Plattformen daher typischerweise einer Aufsicht aus § 34f GewO.[1051]

Nach § 2a Abs. 4 VermAnlG kann die Befreiung nicht in Anspruch genommen werden, wenn bereits die Voraussetzungen einer Ausnahme nach § 2 Abs. 1 Nr. 3 VermAnlG gegeben sind.[1052]

b) Folgen einer Befreiung nach § 2a VermAnlG

Sind die Voraussetzungen des § 2a VermAnlG erfüllt, findet eine Reihe von Normen des VermAnlG keine Anwendung. Neben der Prospektpflicht nach § 6 VermAnlG entfällt unter anderem auch das Erfordernis zur Erstellung eines Lageberichts nach § 23 Abs. 2 Nr. 2 VermAnlG, das Erfordernis der Abschlussprüfung nach § 25 VermAnlG und die Pflicht zur Veröffentlichung nachträglich eintretender negativer Umstände nach § 11a VermAnlG.[1053]

Über § 2a Abs. 1 VermAnlG nicht abbedungen ist § 13 VermAnlG, wonach der Initiator verpflichtet ist, ein Vermögensanlagen-Informationsblatt[1054] zu erstellen.

Dieses darf nach § 13 Abs. 2 VermAnlG nicht mehr als drei DIN-A4-Seiten umfassen und muss die wesentlichen Informationen über die Vermögensanlage in übersichtlicher und leicht verständlicher Weise enthalten. Nach § 13 Abs. 2 S. 2 VermAnlG gehören hierzu insbesondere Informationen zu Art, Laufzeit, Risiko, Aussichten für die Kapitalrückzahlung der Vermögensanlage und die mit ihr verbundenen Kosten und Provisionen. Im Rahmen des Vermögensanlagen-Informationsblatts muss daher vor allem auf das für Crowdfunding relevante Risiko eines Totalverlustes[1055] hingewiesen werden, was nach § 13 Abs. 6 VermAnlG in Form eines drucktechnisch hervorgehobenen Warnhinweises auf der ersten Seite zu erfolgen hat. Dieser muss den Wortlaut haben: „Der Erwerb dieser Vermögensanlage ist mit erheblichen Risiken verbunden und kann zum vollständigen Verlust des eingesetzten Vermögens führen."

Weiter muss das Vermögensanlagen-Informationsblatt gem. § 13 Abs. 3a S. 1 VermAnlG – da es vorliegend um eine Befreiung für Schwarmfinanzierungen nach § 2a VermAnlG geht – unter anderem den wörtlichen Hinweis enthalten, dass „Für die Vermögensanlage [...] kein von der Bundesanstalt gebilligter Verkaufsprospekt erstellt [wurde]. Weitergehende Informationen erhält der Anleger unmittelbar vom Anbieter oder Emittenten der Vermögensanlage."

1051 Siehe oben § 16 B).

1052 Siehe hierzu sogleich § 18 B) II. 2.

1053 *Weitnauer*, GWR 2015, 309, 309.

1054 Allgemein zum Vermögensanlageninformationsblatt, insb. beim Crowdfunding zur Unternehmensfinanzierung: *Weitnauer* GWR 2015 309, 310; *Riethmüller* DB 2015, 1451, 1455; *Klohn/Hornuf*, DB 2015, 47, 49; *Danwerth*, ZBB 2016, 20, 34; *Buck-Heeb*, NJW 2016, 2535, 2536 u. 2538; *Spindler*, ZBB 2017, 129, 132.

1055 Siehe oben § 5 D) u. § 8 A).

Fehlt das Vermögensanlagen-Informationsblatt oder genügt es nicht den gesetzlichen Anforderungen, sieht § 22 VermAnlG eine spezialgesetzliche Haftung des Initiators als Emittenten der Vermögensanlage vor.

Gem. § 22 Abs. 1a i.V.m. Abs. 1 VermAnlG hat der Geldgeber als Erwerber der Vermögensanlage hierbei unter anderem einen Anspruch auf Übernahme der Vermögensanlage gegen Erstattung des Erwerbspreises, soweit dieser den ersten Erwerbspreis der Vermögensanlage nicht überschreitet, und der mit dem Erwerb verbundenen üblichen Kosten, wenn die in dem Vermögensanlagen-Informationsblatt enthaltenen Angaben irreführend oder unrichtig sind. Der Anspruch ist zeitlich auf Erwerbsgeschäfte beschränkt, die innerhalb von zwei Jahren nach dem ersten öffentlichen Angebot der Vermögensanlage im Inland, folglich der Freischaltung der Crowdfunding-Runde, abgeschlossen wurden.

Der Anspruch besteht gem. § 15 Abs. 3 VermAnlG nicht, wenn der Emittent nachweisen kann, dass er die Unrichtigkeit des Vermögensanlagen-Informationsblatts nicht gekannt hat und seine Unkenntnis nicht auf grober Fahrlässigkeit beruht.

2. Befreiung nach § 2 Abs. 1 Nr. 3 VermAnlG

Eine umfassende Befreiung von den Pflichten nach dem VermAnlG sieht § 2 Abs. 1 Nr. 3 VermAnlG vor. Demnach entfällt sowohl die Prospektpflicht als auch die Pflicht zur Veröffentlichung eines Vermögensanlagen-Informationsblattes, wenn von der selben Vermögensanlage im Sinne des § 1 Abs. 2 VermAnlG nicht mehr als 20 Anteile angeboten werden (§ 2 Abs. 1 Nr. 3 lit. a) VermAnlG), der Verkaufspreis der im Zeitraum von zwölf Monaten angebotenen Anteile insgesamt EUR 100.000,- nicht übersteigt (§ 2 Abs. 1 Nr. 3 lit. b) VermAnlG) oder der Preis jedes angebotenen Anteils mindestens EUR 200.000,- je Geldgeber beträgt (§ 2 Abs. 1 Nr. 3 lit. c) VermAnlG).

Wie § 2a Abs. 4 VermAnlG zu entnehmen ist, kann die Befreiung nach § 2a VermAnlG nicht mit den Befreiungstatbeständen nach § 2 Abs. 1 Nr. 3 VermAnlG kombiniert werden.[1056] Hierdurch soll „verhindert [werden], dass die festgelegten Einzelbeteiligungsgrenzen durch eine Aufspaltung des Gesamtemissionsbetrags auf mehrere Einzelemissionen unter teilweiser Ausnutzung der Ausnahmetatbestände des § 2 Absatz 1 Satz 1 Nummer 3 umgangen“[1057] werden.

III. Crowdfunding zur Einwerbung von Krediten

Beim Crowdfunding zur Einwerbung von Krediten wird in der Regel keine unmittelbare Leistungsbeziehung im Marktverhältnis begründet.[1058] Unmittelbar zwischen Initiator und Geldgeber kann es daher nicht zu einem Leistungsgegenstand in Form

---

1056 *BT-Drucks.* 18/3994, S. 42; *Nietsch/Eberle*, DB 2014, 2575, 2576; *Aschbeck-Florange/Drefke*, RdF 2015, 284, 289.

1057 *BT-Drucks.* 18/3994, S. 42.

1058 Siehe oben § 9 A).

einer Vermögensanlage nach § 1 Abs. 2 VermAnlG kommen.[1059] Vielmehr erwerben Geldgeber von einem kooperierenden Kreditinstitut (künftige) Teilforderungen aus einem von dem Kreditinstitut an den Initiator zu vergebenden Kredit.[1060] Im Rahmen dieser Leistungsbeziehung wird eine Prospektpflicht auf Grundlage des VermAnlG in der Regel nicht begründet.

Bei der Kreditvergabe durch das kooperierende Kreditinstitut handelt es sich um ein Einlagengeschäft im Sinne des § 1 Abs. 1 S. 2 Nr. 1 KWG. Nach dem Wortlaut des § 1 Abs. 2 a. E. VermAnlG kommen Vermögensanlagen leistungsgegenständlich jedoch nur dann in Betracht, sofern die Annahme der Gelder nicht als Einlagengeschäft im Sinne des § 1 Abs. 1 S. 2 Nr. 1 KWG zu qualifizieren ist. Durch das kooperierende Kreditinstitut werden daher jedenfalls durch die Kreditvergabe hin zum Initiator keine Vermögensanlagen erbracht.

Zwar handelt es sich bei der Veräußerung der so entstehenden Kreditforderung an die Geldgeber um ein öffentliches Anbieten von Vermögensanlagen im Sinne des § 1 Abs. 2 Nr. 7 VermAnlG.[1061] Zwischen Kreditinstitut (als Forderungsverkäufer) und Geldgeber (als Forderungskäufer) besteht daher prinzipiell eine nach VermAnlG prospektpflichtige Leistungsbeziehung. Nach der Begründung zum Regierungsentwurf des Kleinanlegerschutzgesetzes sind „Allerdings [...] solche Veräußerungen dann von einer Prospektpflicht befreit, wenn sie unter die Ausnahme des § 2 Absatz 1 Satz 1 Nummer 7 Buchstabe d [VermAnlG] fallen. Dies wird immer dann der Fall sein, wenn ein Kreditinstitut im Sinne von § 1 Absatz 1 des Kreditwesengesetzes den Erwerb von Teilbeträgen von Kreditforderungen als Vermögensanlagen dauerhaft und wiederholt anbietet."[1062] Bei den bisher vorzufindenden Geschäftsmodellen ist dies regelmäßig gegeben.[1063]

Es ist daher festzuhalten, dass in der Fallgruppe des Crowdfunding zur Einwerbung von Krediten eine Prospektpflicht nach VermAnlG in der Regel nicht besteht.

C) Bürgerlich-rechtliche Prospekthaftung

Abschließend klärungsbedürftig ist die Frage, inwiefern der Initiator einer Crowdfunding-Runde Verpflichteter auf Grundlage der bürgerlich-rechtlichen Prospekthaftung ist.[1064]

Zu Gunsten des Anlegerschutzes im Bereich des Grauen Kapitalmarkts hat die Rechtsprechung mit dieser ein Institut der vorvertraglichen Haftung auf Basis der

1059 Siehe oben § 15 A) I. 3.
1060 Siehe oben § 9 B).
1061 *BT-Drucks.* 18/3994, S. 39; siehe auch oben § 15 A) I. 3.
1062 *BT-Drucks.* 18/3994, S. 39.
1063 Siehe oben § 9 B).
1064 Allgemein hierzu: *Bader*, WM 2014, 2249, 2254; *Nastold*, ZVertriebsR 2014, 366, 367; *Nietsch/Eberle*, DB 2014, 1788, 1794 f.; *Jansen/Pfeifle*, ZIP 2012, 1842, 1848; *Klöhn/Hornuf*, ZBB 2012, 237, 248 f.; *Meschkowski/Wilhelmi*, BB 2013, 1411, 1415 f.

culpa in contrahendo entwickelt.[1065] Über sie soll ein informationsbasiertes Schutzniveau erzeugt werden, das inhaltlich den §§ 21 ff. WpPG, §§ 20 ff. VermAnlG bzw. §§ 297 ff. KAGB entspricht.[1066]

Als Prospekt kommt hierbei jeglicher schriftlich fixierte Erklärungsinhalt in Betracht, der „den Verkauf einer Kapitalanlage anregen soll, einen Marktbezug aufweist, an eine bestimmte oder unbestimmte Zahl potentieller Anleger gerichtet ist und für die Beurteilung der Anlage wesentliche Informationen enthält oder den Eindruck eines solchen Inhalts erweckt“[1067]. Auch elektronische Erklärungen[1068], wie solche auf Internetseiten, fallen hierunter. Die auf Crowdfunding-Seiten enthaltenen Inhalte kommen daher als relevante Werbeschriften im Sinne der bürgerlich-rechtlichen Prospekthaftung in Betracht.

Über den so verkörperten Erklärungsinhalt müssen (potentielle) Geldgeber über alle Umstände, die von Relevanz für ihre Entscheidung zur Hingabe der Geldleistung sein können, richtig und vollständig informiert werden, einschließlich der Nachteile und Risiken, die mit der in Aussicht gestellten Leistung verbunden sein können.[1069] Insbesondere müsste daher auf das für Crowdfunding relevante Risiko eines Totalverlustes[1070] hingewiesen werden.[1071]

Mit Crowdfunding werden in aller Regel Kleinstbeträge eingeworben. Vom Schutzniveau ist daher auf einen Adressatenkreis abzustellen, wie er für Kleinanleger typisch ist und daher „nur auf das Verständnis eines durchschnittlichen, insbesondere wirtschaftlich nicht vorgebildeten Kleinanlegers [...], der nicht in der Lage ist, Bilanzen zutreffend zu lesen.“[1072]

Die Rechtsfolge der bürgerlich-rechtlichen Prospekthaftung ist auf Schadensersatz gerichtet. Dieser setzt ein Verschulden des Verpflichteten voraus und konkretisiert sich vornehmlich in der Aufhebung des Vertrages und Rückzahlung des hingegebenen Geldbetrages nebst Zinsen (§§ 311 Abs. 2 und 3, 241 Abs. 2, 280 Abs. 1 und 249 Abs. 1 BGB).[1073]

Es herrscht weithin Einigkeit, dass der Anwendungsbereich der bürgerlich-rechtlichen Prospekthaftung nicht eröffnet ist, wenn eine spezialgesetzliche

1065 MüKoBGB/*Emmerich*, 7. Aufl. 2016, § 311, Rn. 136 (unter Abschnitt B. Culpa in contrahendo, Rn. 35 ff.); im Kontext Crowdfunding: *Bader*, WM 2014, 2249, 2254; *Nietsch/Eberle*, DB 2014, 1788, 1793; Meschkowski/Wilhelmi, BB 2013, 1411, 1415; *Klöhn/Hornuf*, ZBB 2012, 237, 248.

1066 Vgl. Palandt/*Grüneberg,* § 311, Rn. 67.

1067 *Lenenbach m.w.N.*, § 12, Rn. 12.86; siehe auch *Klöhn*, WM 2012, 97, 101; Staudinger/*Löwisch/Feldmann* (2013), § 311, Rn. 181.

1068 *Klöhn*, WM 2012, 97, 103; *Klöhn/Hornuf*, ZBB 2012, 237, 249.

1069 MüKoBGB/*Emmerich*, 7. Aufl. 2016, § 311, Rn. 149.

1070 Siehe oben § 5 D) u. § 8 A).

1071 Vgl. Palandt/*Grüneberg,* § 311, Rn. 70.

1072 MüKoBGB/*Emmerich*, 7. Aufl. 2016, § 311, Rn. 149.

1073 MüKoBGB/*Emmerich*, 7. Aufl. 2016, § 311, Rn. 154.

Prospekthaftung greift.[1074] Die Grundsätze der bürgerlich-rechtlichen Prospekthaftung kommen daher dann nicht in Betracht, wenn bereits der Anwendungsbereich einer Prospekthaftung nach WpPG, KAGB oder VermAnlG eröffnet ist.

Die Prospektpflicht für solche Vermögensanlagen, die nicht bereits als Wertpapiere dem WpPG unterliegen[1075], richtet sich vornehmlich nach dem VermAnlG und KAGB.[1076] Insbesondere die Regulierungsdichte nach dem VermAnlG hat mit Inkrafttreten des Kleinanlegerschutzgesetzes[1077] für die Mitteleinwerbung durch Crowdfunding deutlich zugenommen. Für Vermögensanlagen im Sinne des § 1 Abs. 2 VermAnlG richtet sich die Prospekthaftung daher abschließend nach §§ 20 ff. VermAnlG bzw. § 22 VermAnlG, wodurch der Anwendungsbereich der bürgerlich-rechtlichen Prospekthaftung verdrängt wird.[1078] Dies gilt auch dann, wenn es sich leistungsgegenständlich zwar um eine prospektpflichtige Vermögensanlage handelt, im konkreten Einzelfall aber ein Ausnahmetatbestand greift.[1079]

I. Crowdfunding zur Finanzierung von Einzelprojekten

Die bürgerlich-rechtliche Prospekthaftung bezieht sich gegenständlich nur auf Kapitalanlagen. In der Fallgruppe des Crowdfunding zur Finanzierung von Einzelprojekten kommt als Untersuchungsgegenstand daher nur die Variante der Erlösbeteiligung[1080] in Betracht, da nur bei dieser eine Leistung in Aussicht gestellt wird, die einen Zahlungsstrom zu Gunsten des Geldgebers zum Gegenstand hat und damit als Kapitalanlage im Sinne der Prospekthaftung qualifizieren kann.

Der Leistungsgegenstand ist hierbei als atypischer Vertrag[1081] einzuordnen und fällt als solcher nicht unter den Begriff der Vermögensanlage nach § 1 Abs. 2 VermAnlG[1082]. Auch besteht weder eine Prospektpflicht nach WpPG[1083] noch KAGB[1084]. Fraglich ist jedoch, ob es sich leistungsgegenständlich um Kapitalanlagen im Sinne der bürgerlich-rechtlichen Prospektpflicht handelt. Hierunter fallen alle Verträge, die den Transfer von Finanzmitteln zum Gegenstand haben und bei denen sich die

---

1074 MüKoBGB/*Emmerich m.w.N.*, 7. Aufl. 2016, § 311, Rn. 135; Vgl. Palandt/*Grüneberg*, § 311, Rn. 68; Staudinger/*Löwisch/Feldmann m.w.N.* (2013), § 311, Rn. 181; *Becker*, in: *Dauner-Lieb/Langen*, § 311 BGB, Rn. 7; *Bader*, WM 2014, 2249, 2254; *Klöhn/Hornuf*, ZBB 2012, 237, 248 *Nastold*, ZVertriebsR 2014, 366, 367; *Nietsch/Eberle*, DB 2014, 1788, 1793; Meschkowski/Wilhelmi, BB 2013, 1411, 1416.

1075 Siehe oben § 18 A).

1076 MüKoBGB/*Emmerich*, 7. Aufl. 2016, § 311, Rn. 135.

1077 Siehe oben Fn. 7.

1078 MüKoBGB/*Emmerich*, 7. Aufl. 2016, § 311, Rn. 135 f.

1079 MüKoBGB/*Emmerich*, 7. Aufl. 2016, § 311, Rn. 136.

1080 Siehe oben § 7 E).

1081 Siehe oben § 7 E) II. 5.

1082 Siehe oben § 18 B) I.

1083 Siehe oben § 18 A).

1084 Siehe oben § 17.

Gegenleistung nach dem unternehmerischen Erfolg des Empfängers der Finanzmittel richtet.[1085]

Die Erlösbeteiligung knüpft typischerweise nicht am unternehmerischen Ergebnis sondern an quantitativen Verkaufszahlen an.[1086] Bei der in Aussicht gestellten Leistung handelt es sich daher nicht um einen Gegenstand, der nach allgemeinem Verständnis als Kapitalanlage einzuordnen wäre. Der Schutzzweck der bürgerlich-rechtlichen Prospekthaftung gebietet es jedoch, diese auch hier zur Anwendung zu bringen, da andernfalls Abgrenzungsschwierigkeiten bestünden.[1087] Die bürgerlich-rechtliche Prospekthaftung hat vor allem den Schutz wirtschaftlich unerfahrener Geldgeber (Kleinanleger) zum Gegenstand. Es ergäben sich daher erhebliche Schutzlücken, wenn die bürgerlich-rechtliche Prospekthaftung ausschließlich dann zur Anwendung käme, wenn sich die in Aussicht gestellte Geldleistung nur auf das unternehmerische Ergebnis stützt, nicht aber auf quantitative Verkaufszahlen, die unmittelbar zu einem unternehmerischen Ergebnis beitragen. Im Sinne des Anlegerschutzes lässt sich nämlich nicht ausschließen, dass bei einzelnen Geldgebern Renditeerwartungen geweckt werden, welche zu einem Anlegerverhalten führen, das eine dem Anforderungsniveau der bürgerlich-rechtlichen Prospekthaftung genügende, vorvertragliche Information und Aufklärung erforderlich macht.

Zwar zeichnet sich eine Mitteleinwerbung durch Crowdfunding gerade auch dadurch aus, dass die Geldgeber in aller Regel mit vielschichtigeren als rein wirtschaftlichen Interessen an einer Crowdfunding-Runde teilhaben. So ist für diese vor allem auch die Realisierung des Projektgegenstandes ausschlaggebend, so dass wirtschaftliche Interessen im Einzelfall auch nur Nebenzweck sein können oder sogar gänzlich zurückstehen.[1088] Für den Anlegerschutz kommt es jedoch auf ein subjektives Element im Sinne einer „Anlageabsicht" nicht an.[1089]

Gerade der Schutzzweck der bürgerlich-rechtlichen Prospekthaftung gebietet es daher, diese auch dann zur Anwendung zu bringen, wenn im Rahmen einer Crowdfunding-Runde eine Erlösbeteiligung in Aussicht gestellt wird.[1090]

II. Crowdfunding zur Unternehmensfinanzierung

In der Fallgruppe des Crowdfunding zur Unternehmensfinanzierung bilden in der Regel[1091] Vermögensanlagen gem. § 1 Abs. 2 VermAnlG den Leistungsgegenstand im

---

1085 *Assmann*, in: *Assmann/Schütze*, §1, Rn. 1.

1086 Siehe oben § 7 E) II. 2.

1087 *Jansen/Pfeifle*, ZIP 2012, 1842, 1848.

1088 Siehe oben § 5 C) II; siehe auch *Roth*, in: GWR 2015, 243, 244, der im Kontext der Prospektpflicht beim Crowdfunding zur Finanzierung von Einzelprojekten von „Liebhaberei" spricht.

1089 *Leuering/Rubner*, NJW-Spezial 2012, 463, 463.

1090 *Jansen/Pfeifle*, ZIP 2012, 1842, 1848.

1091 Werden als Leistungsgegenstand im Marktverhältnis ausnahmsweise Aktien begeben, so richtet sich die Prospektpflicht abschließend nach WpPG (siehe

Marktverhältnis.[1092] In Folge einer Befreiung nach § 2a VermAnlG oder § 2 Abs. 1 Nr. 3 VermAnlG wird eine Prospektpflicht dennoch oftmals nicht begründet.[1093]

Hieraus ist zu folgern, dass in der Fallgruppe des Crowdfunding zur Unternehmensfinanzierung der Anwendungsbereich der bürgerlich-rechtlichen Prospekthaftung nicht eröffnet ist, da mit dem VermAnlG ein abgeschlossener Regelungskanon vorliegt.[1094] Der gesetzgeberische Wille lässt hierbei klar erkennen, wann ein bestimmter Leistungsgegenstand im Marktverhältnis als Vermögensanlage grundsätzlich einer Prospektpflicht nach dem VermAnlG unterworfen wird und in welchen Konstellationen in Folge eines Befreiungstatbestandes eine Privilegierung greifen soll. Es ist folglich „kein Raum und auch keine Notwendigkeit mehr für einen Rückgriff auf die bürgerlich-rechtliche Prospekthaftung“[1095].

III. Crowdfunding zur Einwerbung von Krediten

Auch in der Fallgruppe des Crowdfunding zur Einwerbung von Krediten ist der Anwendungsbereich der bürgerlich-rechtlichen Prospekthaftung nicht eröffnet.

Mit dem abgeschlossenen Regelungskanon des VermAnlG ist auch hier der gesetzgeberische Wille klar erkennbar, wann ein Geschäftsmodell dem Grunde nach einer Prospektpflicht unterliegt, wer durch diese verpflichtet wird und inwiefern hierbei eine Privilegierung greifen kann. Demnach fällt zwar die regelmäßige Veräußerung von Forderungen unter den Tatbestand der prospektpflichtigen Vermögensanlage, zu Gunsten eines die Veräußerung vornehmenden Kreditinstituts ist jedoch eine Privilegierung gegeben.[1096]

D) Ergebnis zur Prospektpflicht

Beim Crowdfunding werden in der Regel keine Wertpapiere angeboten, die auf dem Kapitalmarkt handelbar sind. Eine Prospektpflicht nach dem WpPG wird damit in der Regel nicht begründet.

Eine spezialgesetzliche Prospektpflicht nach § 6 VermAnlG wird in der Fallgruppe des Crowdfunding zur Finanzierung von Einzelprojekten grundsätzlich nicht begründet, da es sich beim Leistungsgegenstand im Marktverhältnis grundsätzlich

---

oben § 18 A)) und ist der Anwendungsbereich der bürgerlich-rechtlichen Prospekthaftung daher ebenfalls nicht eröffnet.

1092 Siehe oben § 18 B) II.

1093 Siehe oben § 18 B) II. 1. u. 2.

1094 *Meschkowski/Wilhelmi*, BB 2013, 1411, 1415 (noch zur Rechtslage vor Inkrafttreten des Kleinanlegerschutzgesetzes); a. A. *Spindler*, ZBB 2017, 129, 133; *Uffmann*, JZ 2016, 929, 933 und 935 f.; ergebnisoffen hingegen *Klöhn/Hornuf*, ZBB 2012, 237, 249.

1095 MüKoBGB/*Emmerich*, 7. Aufl. 2016, § 311, Rn. 137.

1096 Siehe oben § 18 B) III.

nicht um Vermögensanlagen im Sinne des § 1 Abs. 2 VermAnlG handelt. Vermögensanlagen bilden hingegen den typischen Leistungsgegenstand in der Fallgruppe des Crowdfunding zur Unternehmensfinanzierung. Eine spezialgesetzliche Prospektpflicht nach § 6 VermAnlG kommt jedoch auch hier oftmals nicht zur Anwendung, wenn eine Befreiung nach § 2a VermAnlG oder § 2 Abs. 1 Nr. 3 VermAnlG greift. Auch in der Fallgruppe des Crowdfunding zur Einwerbung von Krediten wird eine Prospektpflicht nach VermAnlG in der Regel nicht begründet.

Die Grundsätze der bürgerlich-rechtlichen Prospekthaftung finden nur auf die Fallgruppe des Crowdfunding zur Finanzierung von Einzelprojekten in der Variante der Erlösbeteiligung Anwendung. Sollten im Einzelfall auch Befreiungstatbestände greifen, so ist in den übrigen Fallgruppen jedenfalls der Anwendungsbereich einer spezialgesetzlichen Prospekthaftung eröffnet und daher kein Raum für die bürgerlich-rechtliche Prospekthaftung.

§ 19 Zusammenfassung der Ergebnisse

Zwischen dem Initiator einer Crowdfunding-Runde und den im Zuge derer einen finanziellen Beitrag leistenden Geldgebern wird ein eigenständiges (von einer etwaigen Crowdfunding-Plattform unabhängiges) vertragliches Schuldverhältnis begründet, das unter der Bedingung der erfolgreichen Einwerbung der Zielsumme steht (Marktverhältnis).

Mit dem Anklicken einer Schaltfläche auf der jeweiligen Crowdfunding-Seite gibt der Geldgeber hierbei eine Erklärung ab, die auf Teilhabe an der Crowdfunding-Runde gerichtet ist.

Diese Erklärung kann als auf einen Vertragsschluss gerichtete Annahme verstanden werden, wenn bereits die Freischaltung der Crowdfunding-Runde durch den Initiator ein verbindliches Angebot darstellt. Jedoch kann die Freischaltung der Crowdfunding-Runde auch lediglich die Eigenschaft einer invitatio ad offerendum haben, sodass der Geldgeber das relevante Angebot gegenüber dem Initiator abgäbe.

Welche der Parteien hierbei welche Erklärung abgibt, ist anhand des konkreten Einzelfalls durch Auslegung des Parteiwillens (§§ 133, 157 BGB), ggf. unter Berücksichtigung etwaiger Plattformnutzungsbedingungen, zu ermitteln.

In der Fallgruppe des Crowdfunding zur Finanzierung von Einzelprojekten bestimmt sich der Vertragsinhalt im Marktverhältnis nach dem materiellen Leistungsinhalt.

Werden dabei Gelder eingeworben, ohne dass eine unmittelbare Leistung zu Gunsten des Geldgebers erbracht wird, ist von einer Auflagenschenkung gem. § 525 BGB auszugehen. Über die Auflage wird das Interesse des Geldgebers an der zweckgebundenen Verwendung der Gelder geschützt.

Wird dem Geldgeber eine bestimmte Leistung in Aussicht gestellt, so richtet sich der Vertragsinhalt nach dem Inhalt der in Aussicht gestellten Leistung.

Wird dem Geldgeber als Leistung eine dankende Anerkennung in Aussicht gestellt, die für sich betrachtet keinen Geldwert hat und verbleibt es insofern insgesamt bei einer unentgeltlichen Leistungsbeziehung (so z. B. bei einer Danksagung oder Einladung), so liegt auch dann eine Auflagenschenkung gem. § 525 BGB vor.

Handelt es sich bei der dankenden Anerkennung um eine teilweise entgeltliche Leistung (so z. B. wenn Gegenstände mit Bezug zum Projektgegenstand überlassen werden wie typische Fanartikel, oder auch, wenn ein kommunikatives Ziel im Sinne eines Sponsorings im Vordergrund steht), so ist die vertragliche Leistungsbeziehung zwischen Geldgeber und Initiator teilweise entgeltlich und teilweise unentgeltlich. Es handelt sich dabei um eine gemischten Schenkung, wobei der unentgeltliche Teil unter der Auflage der zweckgebundenen Mittelverwendung steht: Folglich eine gemischte Schenkung unter Auflage.

Wird hingegen der im Projektgegenstand verkörperte Nutzen überlassen, so kann es sich je nach Art und Ausgestaltung der Leistungsbeziehung um einen Kaufvertrag (§ 433 BGB), Mietvertrag (§ 531 BGB) oder Werkvertrag (§ 631 BGB) handeln.

Wird eine Beteiligung an den Erlösen aus der marktseitigen Verwertung des Projektgegenstandes in Aussicht gestellt, so lässt sich der Vertragsgegenstand weder einem typischen Vertrag noch einer bisher bekannten Rechtsfigur zuordnen und ist daher als atypischer Vertrag zu erfassen.

In der Praxis sind vornehmlich Mischformen der aufgezeigten Varianten vorzufinden, im Rahmen derer sich die jeweiligen Leistungsgegenstände aus entgeltlichen und unentgeltlichen Elementen zusammensetzen oder gleichbedeutend nebeneinandertreten.

In der Fallgruppe des Crowdfunding zur Unternehmensfinanzierung wird die Vertragsbeziehung im Marktverhältnis formularvertraglich konkretisiert. Als Leistungsgegenstand findet sich insbesondere der Erwerb von partiarischen (Nachrang-) Darlehen, (typisch) stillen Beteiligungen, Genussrechten oder ausnahmsweise auch Aktien.

Grundsätzlich keine unmittelbare vertragliche Leistungsbeziehung zwischen Initiator und Geldgeber wird in der Fallgruppe des Crowdfunding zur Einwerbung von Krediten begründet. Hier erwerben die Geldgeber in der Regel von kooperierenden Kreditinstituten bestehende oder künftige Darlehensforderungen. Der Inhalt des Vertragsverhältnisses wird auch hier formularvertraglich vorgegeben.

Mit ihrer Teilhabe an einer Crowdfunding-Runde bleiben private Geldgeber in der Regel Verbraucher nach § 13 BGB. Die Durchführung einer Crowdfunding-Runde durch den Initiator kann eine Unternehmereigenschaft i.S.d. § 14 BGB begründen.

Im Falle des plattformbasierten Crowdfunding tritt neben das Marktverhältnis ein zwischen den Parteien des Marktverhältnisses und der Crowdfunding-Plattform jeweils eigenständiges Vertragsverhältnis (Plattformverhältnis).

Im Plattformverhältnis ist zwischen einem allgemeinen und einem besonderen Nutzungsvertrag zu unterscheiden.

Der allgemeine Nutzungsvertrag wird in der Regel unentgeltlich mit Registrierung auf der Crowdfunding-Plattform geschlossen und ist Voraussetzung für die Nutzung der Plattform. Bei diesem handelt es sich um einen Rahmenvertrag sui generis, der durch die jeweiligen Plattformnutzungsbedingungen konkretisiert wird.

Der besondere Nutzungsvertrag ist auf die (technische) Durchführung der Crowdfunding-Runde bzw. Teilhabe an dieser gerichtet. Wird dieser entgeltlich geschlossen, liegt ein Werkvertrag (§ 631 BGB) vor. Andernfalls, wird er unentgeltlich geschlossen, ein Auftrag (§ 662 BGB).

Die durch die Crowdfunding-Plattform vorgegebenen Plattformnutzungsbedingungen können im Einzelfall auch Wirkungen im Marktverhältnis entfalten, insbesondere im Hinblick auf den Vertragsschluss im Marktverhältnis. Hierbei kann ihnen die Funktion einer Auslegungsgrundlage oder eines Rahmenvertrages zukommen.

Crowdfunding-Plattformen trifft aus dem besonderen Nutzungsvertrag eine eigenständige vertragliche Haftung für die technische Durchführung der Crowdfunding-Runde. Für andere Risiken, die sich aus dem Marktverhältnis ergeben, haften sie grundsätzlich nicht und ausnahmsweise nur dann, wenn durch die Crowdfunding-Plattform ein dahingehender Vertrauenstatbestand geschaffen wird.

Gegenüber sonstigen Dritten, die nicht Partei des Marktverhältnisses sind, haften Crowdfunding-Plattformen solange nicht, wie sie sich die auf ihnen dargebotenen Inhalte nicht zu Eigen machen. Erst wenn sie beispielsweise eine Vorauswahl, Prüfung oder Akkreditierung des Finanzierungsvorhabens vornehmen, genießen sie nicht mehr eine Privilegierung nach § 10 TMG. Nach den Grundsätzen der Störerhaftung haften Crowdfunding-Plattformen, sobald sie auf eine klare Rechtsverletzung hingewiesen werden.

Fallgruppenübergreifend kann es nur im Bereich des plattformbasierten Crowdfunding zu zulassungspflichtigen Finanztransfergeschäften i.S.d. § 1 Abs. 2 Nr. 6 ZAG kommen, wodurch die Crowdfunding-Plattform einer Erlaubnispflicht nach § 8 Abs. 1 S. 1 ZAG unterliegt. Im Rahmen der vorzufindenden Geschäftsmodelle wird dies in der Regel dadurch vermieden, dass Crowdfunding-Plattformen entstehende Zahlungsströme auf externe Zahlungsdienstleister bzw. Kreditinstitute auslagern und hierdurch jeglichen Kontakt mit Zahlungsströmen und vereinnahmten Geldern ausschließen.

Crowdfunding-Plattformen erbringen in der Regel kein nach KWG oder WpHG aufsichtspflichtiges Einlagen-, Kreditgeschäft, oder Factoring. Im Zuge einer typischen Crowdfunding-Runde kann es jedoch im Marktverhältnis, vorrangig in der Fallgruppe des Crowdfunding zur Unternehmensfinanzierung, zu aufsichtspflichtigen Finanzinstrumenten in Form von Vermögensanlagen nach § 1 Abs. 2 VermAnlG kommen. Hieran können Aufsichtspflichten der Crowdfunding-Plattform nach KWG bzw. WpHG anknüpfen.

Von maßgeblicher Relevanz ist hierbei der Tatbestand der Anlagevermittlung nach § 1 Abs. 1a S. 2 Nr. 1 KWG, § 2 Abs. 3 S. 1 Nr. 4 WpHG. Dieser kommt jedoch aufgrund der Bereichsausnahme aus § 2 Abs. 6 S. 1 Nr. 8 lit. e) KWG, § 2a Abs. 1 Nr. 7 lit e) WpHG in den weit überwiegenden Fällen nicht zur Anwendung. Demnach unterliegen Crowdfunding-Plattformen, die es vermeiden mit den vereinnahmten Geldern in Kontakt zu kommen, keiner Erlaubnispflicht.

Auch durch die Parteien des Marktverhältnisses werden in der Regel weder aufsichtspflichtige Einlagen-, noch Kreditgeschäfte, noch Factoring erbracht. Die entsprechenden Aufsichtstatbestände greifen in der Regel deshalb nicht, weil die Parteien des Marktverhältnisses in Folge von Verlustteilnahmeklauseln oder qualifizierten Nachrangklauseln Finanzierungsverantwortung übernehmen.

Werden leistungsgegenständlich Vermögensanlagen i.S.d. § 1 Abs. 2 VermAnlG vermittelt und findet auf das jeweilige Geschäftsmodell (Anlagevermittlung) die Bereichsausnahme des § 2 Abs. 6 S. 1 Nr. 8 KWG Anwendung, so greift eine gewerberechtliche Erlaubnispflicht nach § 34f GewO, an die Verhaltenspflichten auf Grundlage der FinVermV anknüpfen. Dies betrifft in der Regel nur die Fallgruppe des Crowdfunding zur Unternehmensfinanzierung.

Zu einer erlaubnispflichtigen Darlehensvermittlung nach § 34c Abs. 1 S. 1 Nr. 2 GewO kommt es in der Regel nur in der Fallgruppe des Crowdfunding zur Einwerbung von Krediten.

Im Zuge einer Crowdfunding-Runde kann es in Ausnahmefällen zu nach KAGB aufsichtspflichtigen Strukturen kommen. Dies jedoch nur dann, wenn sich die

Gesamtheit der Geldgeber lediglich mittelbar über eine zwischengeschaltete Zweckgesellschaft in das Finanzierungsvorhaben einbringt.

Beim Crowdfunding werden in aller Regel keine Wertpapiere angeboten, die auf dem Kapitalmarkt handelbar sind. Eine Prospektpflicht nach dem WpPG wird damit in aller Regel nicht begründet.

Eine spezialgesetzliche Prospektpflicht nach § 6 VermAnlG wird in der Fallgruppe des Crowdfunding zur Finanzierung von Einzelprojekten grundsätzlich nicht begründet, da es sich beim Leistungsgegenstand im Marktverhältnis grundsätzlich nicht um Vermögensanlagen im Sinne des § 1 Abs. 2 VermAnlG handelt. Vermögensanlagen bilden hingegen den typischen Leistungsgegenstand in der Fallgruppe des Crowdfunding zur Unternehmensfinanzierung. Eine spezialgesetzliche Prospektpflicht nach § 6 VermAnlG besteht jedoch auch hier oftmals nicht, wenn eine Befreiung nach § 2a VermAnlG oder § 2 Abs. 1 Nr. 3 VermAnlG greift. Auch in der Fallgruppe des Crowdfunding zur Einwerbung von Krediten wird eine Prospektpflicht nach dem VermAnlG in der Regel nicht begründet.

Die Grundsätze der bürgerlich-rechtlichen Prospekthaftung finden nur auf die Fallgruppe des Crowdfunding zur Finanzierung von Einzelprojekten in der Variante der Erlösbeteiligung Anwendung. Sollten im Einzelfall auch Befreiungstatbestände greifen, so ist in den übrigen Fallgruppen jedenfalls der Anwendungsbereich einer spezialgesetzlichen Prospekthaftung eröffnet und daher kein Raum für die bürgerlich-rechtliche Prospekthaftung.

Anhang

Anlagenverzeichnis

Anlagen: AGB führender Crowdfunding-Plattformen in Deutschland

Anlage 1: AGB Startnext

Stand: Februar 2015
Allgemeine Nutzungsbedingungen von Startnext

Gelten für: startnext.de, startnext.at sowie im Falle einer Erweiterung deiner Mitgliedschaft bzw. des Projekts auf selbige bei nordstarter.org und dresden-durchstarter.de

§ 1 Allgemeines

(1) Wir, die
Startnext Crowdfunding GmbH, Hüblerstraße 1, 01309 Dresden, Bundesrepublik Deutschland (im Folgenden auch als „wir", „Plattformbetreiber" oder „Startnext" bezeichnet)

betreiben das Community Portal „Startnext", über welches natürliche Personen und juristische Personen sowie rechtsfähige Personenmehrheiten Projekte planen, durch Dritte finanzieren lassen, selbst unterstützen sowie der Öffentlichkeit präsentieren können.

(2) Die Nutzung unserer Plattform bestimmt sich ausschließlich nach den vorliegenden Allgemeinen Nutzungsbedingungen, soweit nicht im Einzelfall vertraglich etwas anderes geregelt ist. Abweichenden Allgemeinen Nutzungsbedingungen der Nutzer wird ausdrücklich widersprochen.

(3) Handelst du als Unternehmer (§ 14 BGB), juristische Person des öffentlichen Rechts oder öffentlich- rechtliches Sondervermögen, so gelten die vorliegenden Allgemeinen Nutzungsbedingungen auch für alle künftigen Rechtsgeschäfte auf unserer Plattform, auch wenn sie nicht nochmals ausdrücklich vereinbart werden.

(4) Die Rechtsverhältnisse zwischen Nutzern und Startern richten sich nach den zwischen diesen zu schließenden separaten Verträgen.

§ 2 Definitionen

Im Sinne dieser Allgemeinen Nutzungsbedingungen werden verstanden:

1. „Nutzer" Personen, welche die Internetseiten unserer Plattform aufrufen;
2. „Teilnehmer" registrierte Nutzer;
3. „Starter" Teilnehmer, welche ein Projekt in die Plattform einstellen und hierfür Supporter gewinnen möchten;

4. „Supporter“ Teilnehmer oder Nutzer, welche einzelne oder mehrere Projekte unterstützen;
5. „Account“ das Nutzerkonto des Teilnehmers;
6. „offener Bereich“ die Gesamtheit der allen Nutzern frei zugänglichen Seiten unserer Plattform;
7. „geschlossener Bereich“ die Gesamtheit der nur den Teilnehmern vorbehaltenen Seiten unserer Plattform;
8. „Projekt“, das dargestellte Vorhaben des Starters, unter Darlegung der geplanten Tätigkeiten mit Anfangs- und Endtermin, dem Zeitrahmen, Kosten und Ressourcen sowie einem konkreten Ziel;
9. „Pages“ Seiten, die Startern auf der Plattform eingerichtet werden können und Projektlisten nach einem individuell konfigurierbaren Filter ausgeben;
10. „Funding“, der konkrete Betrag in Euro, welcher seitens des Supporters einem bestimmten Projekt zugewiesen wurde;
11. „Fundingschwelle“, der vom Starter zur Durchführung seines Projekts benötigte und auf den Projektseiten angegebene Geldbetrag;
12. „Fundingziel“, das vom Starter benötige Budget zur optimalen Durchführung seines angegebenen Vorhabens;
13. „Auszahlungsreife“, der Zeitpunkt, in welchem–ein möglicherweise vereinbartes Fundinglimit erreicht wird oder–die Fundingschwelle bis zum Ende der Finanzierungsphase erreicht wird und der Starter die Fundings ausdrücklich annimmt. Im Rahmen einer individuellen Vereinbarung im Rahmen eines konkreten Projekts können weitere Voraussetzungen für den Eintritt der Auszahlungsreife für ein bestimmtes Projekt wie beispielsweise die Eintragung einer Gesellschaft in ein dafür zuständiges Register oder die Förderung durch eine Dritte Partei (z.B. Filmförderung) bzw. die Erlangung behördlicher Genehmigungen zwischen Starter und Supporter vereinbart werden.
14. „Plattform“, vorliegende und – im Falle der jeweiligen Auswahl durch den Nutzer – weitere Websites im Netzwerk der technischen Dienstleisterin Startnext Network GmbH, Ritterstraße 12–14, 10969 Berlin, Deutschland;
15. „Finanzierungsphase“, Zeitraum, in welchem die Supporter dem jeweiligen Projekt Fundings zuweisen können. Die Finanzierungsphase kann im Einzelfall auf Antrag durch den Starter verkürzt oder verlängert werden. Voraussetzung ist die Information und Begründung gegenüber Startnext. Eine Verpflichtung zur Freigabe der Änderung besteht nicht;
16. „Fundinglimit“einoptionaldurchdenStartervorProjektstartbestimmbaresmaximal erreichbares Finanzierungsvolumen eines Projektes, welches oberhalb des Fundingziels liegt. Bei Erreichen eines vorab bestimmten Fundinglimits wird das Projekt automatisch geschlossen. Fundings sind ab diesem Zeitpunkt nicht mehr möglich.

§ 3 Unsere Leistungen

(1) Wir stellen nach Maßgabe der folgenden Bestimmungen und im dort beschriebenen Umfang die technischen Voraussetzungen für die Nutzung unserer Plattform bereit.

(2) Wir stellen dem Teilnehmer einen Account zur Verfügung und betreiben Öffentlichkeitsarbeit für die Plattform im Allgemeinen wie auch – so es uns beliebt – für die jeweiligen Projekte im Besonderen. Art und Umfang der Öffentlichkeitsarbeit für unsere Plattform und/oder die Projekte stehen in unserem freien Ermessen.

(3) Die Datenkommunikation mit unserer Plattform nimmst du durch eigenständigen Onlinezugriff – wie beispielsweise über den Webbrowser oder eine entsprechende App – vor.

(4) Die Einzelheiten hinsichtlich des Ablaufs der Registrierung und Inanspruchnahme sonstiger Leistungen werden jeweils an geeigneter Stelle auf den Internetseiten unserer Plattform beschrieben. Wir sind berechtigt, jederzeit selbständig Updates und Erweiterungen unseres Leistungsspektrums auf unserer Plattform durchzuführen, soweit dies für die Teilnehmer zumutbar ist. (5) Wir sind berechtigt, unsere Leistungen durch Dritte erbringen zu lassen.

(6) Solange die Nutzung unserer Plattform für dich kostenfrei ist (z.B. die Registrierung oder die Bereitstellung von Informationen zu Crowdfunding- Angeboten) und du nicht Starter eines Projekts in der Finanzierungsphase bist, steht dir kein Anspruch gegen uns auf Aufrechterhaltung des Dienstes zu. Wir behalten uns vor, das kostenfreie Angebot gemäß Satz 1 jederzeit ohne Vorankündigung einzustellen, ohne dass es einer Kündigung gemäß § 14 bedarf.

§ 4 Anmeldung als Teilnehmer, Vertragsschluss über die Nutzung der Plattform

(1) Die Nutzung des geschlossenen Bereichs (z. B. für Projektdarstellung, Pinnwand, Selbstdarstellung, Bilder- und/oder Video-Upload) unserer Plattform (z.B. für die Auswahl von Projekten, den Erhalt weitergehender Informationen oder das Einrichten eines Projekts) setzt eine dauerhafte Registrierung deinerseits voraus. Die Registrierung ist für den Teilnehmer kostenfrei. Um dich zu registrieren, gib bitte die erforderlichen Daten in das Registrierungs-Formular im offenen Bereich unserer Website ein. Durch den Abschluss des Registrierungsvorganges gibst du ein verbindliches Angebot zum Abschluss eines Vertrages über die Nutzung der Dienste unserer Plattform ab.

(2) Wurden deine Daten im Rahmen der Registrierung erfolgreich übermittelt, so geht dir unverzüglich eine Bestätigung per E-Mail zu. Diese Zugangsbestätigung

stellt noch keine verbindliche Annahme hinsichtlich deines Registrierungsantrages dar. Vielmehr soll hierdurch zunächst die E-Mail-Adresse verifiziert werden. Wir nehmen dein Angebot hinsichtlich des Accounts regelmäßig – soweit wir die Annahme nicht im Einzelfall ausdrücklich erklären sollten – nur konkludent an, indem wir dich als Teilnehmer für unsere Website freischalten. Du bist an dein Angebot zur Registrierung nicht mehr gebunden, soweit mehr als drei Werktage ohne Annahme durch uns vergehen.

(3) Mit deiner Unterstützung speichern wir – unabhängig davon, ob du über einen Account verfügst oder nicht – deinen Namen und E-Mail Adresse im Zusammenhang mit dem jeweils unterstützten Projekt. Solange du keinen Account anlegst, erhältst du in den E-Mails unserer Plattform, einen Link um dich zu registrieren. Registrierst du dich mit deiner E-Mail Adresse, mit der du bereits Unterstützungen durchgeführt hast, so kannst du diese früheren Unterstützungen abrufen und nach Aktivierung deines Accounts in deiner Unterstützungs-Übersicht innerhalb deines Nutzer-Profils ansehen.

(4) Nutzungsberechtigt sind nur voll geschäftsfähige Nutzer und solche, die mit Zustimmung ihrer gesetzlichen Vertreter handeln. Das Mindestalter der Nutzer beträgt jedoch in jedem Fall 14 Jahre.

(5) Bist du bereits Teilnehmer, kannst du nicht nochmals Teilnehmer werden (Ausschluss der „Doppelmitgliedschaft“).

(6) Wir behalten uns selbst dann, wenn deinerseits alle Voraussetzungen für die Aufnahme als Teilnehmer vorliegen sollten, das Recht vor, deine Registrierung ohne Angabe von Gründen abzulehnen.

(7) Wir weisen ausdrücklich darauf hin, dass jedes Funding zum Abschluss eines separaten Vertrages mit der jeweiligen Starter führt und hierfür ein eigenständiger Vertrag gilt.

§ 5 Verpflichtung zur Belehrung über Gesetzliche Widerrufsrechte

Hinsichtlich des Abschlusses der einzelnen Verträge über Fundings (z.B. je nach Vertragsart hinsichtlich der Beauftragung oder des Erwerbs der Dankeschöns) oder Investments ist im jeweiligen Einzelfall allein vom Starter des Projekts über etwaige Widerrufsrechte, deren gesetzliche Voraussetzungen und Ausübung zu informieren. Wir sind insoweit rechtlich Dritter.

§ 6 Vertragsverhältnisse der Starter zu den Supportern, Vertragsschluss zwischen Starter und Supporter, Dankeschöns

(1) Starter können dem Supporter im Rahmen der Vertragsanbahnung für die Zuweisung von Fundings sog. Dankeschöns (z. B. Nennung im Booklet einer CD, im Abspann eines Films oder sonstige Leistungen des Starters) in Aussicht stellen.

(2) Der Supporter gibt durch ein Funding ein Angebot gegenüber dem Starter auf Abschluss eines von uns unabhängigen Vertragsverhältnisses (z. B. bei Funding ohne Dankeschön, Kaufvertrag oder Dienstleistungsvertrag) ab.

1. Als Supporter wählst du zum Funding zunächst ein Projekt auf unserer Plattform sowie ggf. das gewünschte Dankeschön aus und wählst dann den gewünschten Betrag. Durch Betätigung des Buttons „Jetzt unterstützen" auf der Projektseite öffnet sich eine Übersicht, auf der du dich nochmals vergewissern kannst, ob die von dir eingegebenen Daten richtig sind und auf dieser Übersichtsseite die Zahlungsmodalitäten auswählen.
2. Durch abschließende Betätigung des Buttons „Jetzt zahlungspflichtig unterstützen" wird der vorher angegebene Betrag dem Projekt verbindlich zugewiesen.

Der Starter nimmt dein Angebot durch ausdrückliche Erklärung bzw. Abruf des Geldes nach erfolgreichem Abschluss der Finanzierungsphase stillschweigend an, wenn die weiteren Voraussetzungen der Auszahlungsreife vorliegen.

(3) Jegliche Vereinbarungen zwischen Starter und Supporter i.S.d. Absätze 1 und 2 sind aufschiebend bedingt durch das Erreichen der Auszahlungsreife.

(4) Im Falle erfolgreichen Endes der Finanzierungsphase werden wir den Beteiligten die notwendigen Daten zur Durchführung der zwischen ihnen bestehenden Vereinbarungen zur Verfügung stellen. Supporter und Starter stimmen durch das Funding bzw. Einstellung des Projekts einer etwaigen Datenweitergabe zu.

§ 7 Wahl der Bezahlmethoden und Durchführung von Fundings auf unserer Plattform

(1) Dir stehen als Supporter die auf unseren Internetseiten im Rahmen des jeweiligen Projekts näher beschriebenen Bezahlmethoden (z. B. Lastschrift, Kreditkarte) hinsichtlich deines Fundings zur Verfügung. Wird die jeweilige Fundingschwelle innerhalb der Finanzierungsphase des Projekts nicht erreicht, werden dir bereits geleistete Zahlungen zurückerstattet. Der Ablauf der Rückzahlung sind der Paymentübersicht zu entnehmen.

(2) Hinsichtlich der zur Verfügung gestellten Zahlungsmethoden (Bsp: Lastschrift, Kreditkarte) gelten die jeweiligen Geschäftsbedingungen und Gebühren der Anbieter. Die Fundings werden bei den Zahlungmethoden per Sofortüberweisung,

Vorkasse und FidorPay direkt auf ein Konto der Fidor Bank AG gezahlt, auf dem die Zahlungen durch die Startnext Network GmbH, Ritterstraße 12–14, 10969 Berlin, Deutschland – auf deren ordnungsgemäßen Eingang geprüft werden. Wählt der Supporter als Zahlungsmethode PayPal, Lastschrift, Kreditkarte, so wird die Zahlung des Supporters bei Erreichen der Auszahlungsreife direkt auf das verknüpfte Konto des Starters überwiesen.

§ 8 Erreichen der Auszahlungsreife, Auszahlung der Fundingsumme an den Starter, Optionales Funding-Limit

(1) Wird die Fundingschwelle vor Ablauf der Finanzierungsphase erreicht, so kann der Starter bei Erhalt weiterer Fundings eine Überfinanzierung erreichen. Hat der Starter ein Funding-Limit bestimmt, so endet das Projekt spätestens mit Erreichen des Funding-Limits. Das Annahmeerfordernis bleibt hiervon unberührt.

(2) Wird innerhalb der Finanzierungsphase mindestens die Fundingschwelle erreicht und sind etwaige weiteren Bedingungen der Auszahlungsreife (z. B. Annahme durch den Starter) gewährleistet, so erhält der Starter nach Eintritt der Auszahlungsreife Zugriff auf die Fundingsumme. Je nach Art des Zahlungsdiensteanbieters (Fidor, Secupay und/oder PayPal) kann es sein, dass der Gesamtbetrag in Teilzahlungen und/oder erst nach einer Wartefrist für den Starter verfügbar wird. Bei Lastschrift und Kreditkarte werden 80% binnen 7 Tagen und weitere 20 % binnen 45 Tagen nach Auszahlungsreife an den Starter ausgezahlt.

§ 9 Deine Nebenpflichten als Nutzer

(1) Zur Gewährleistung eines ordnungsgemäßen Ablaufs der Nutzung triffst du nachfolgende Verhaltenspflichten, deren Nichtbefolgung für dich zu Nachteilen – insbesondere zur Kündigung und Geltendmachung von Schadensersatzansprüchen unsererseits – führen kann.

(2) Du bist verpflichtet:

1. bei erforderlichen Registrierungen und sonstigen zur Erreichung des Vertragszwecks erforderlichen Abfragen (z. B. im Rahmen der Einstellung eines Projekts oder des Fundings) vollständige und wahrheitsgemäße Angaben zu machen,
2. es zu unterlassen, sich ein zweites Mal zu registrieren,
3. bei einer nachträglichen Änderung der abgefragten Daten diese unverzüglich in der dafür vorgesehenen Verwaltungsfunktion zu berichtigen,
4. sicherzustellen, dass dein Benutzername sowie das dazugehörige Passwort keinem Dritten zugänglich gemacht wird,
5. jede Nutzung unserer Leistungen unter dem eigenen Account durch Dritte zu unterbinden,

6. die Nutzung automatischer Voreinstellungsfunktionen für das Passwort zu unterlassen,
7. uns unverzüglich unter daten (at) startnext.de mitzuteilen, wenn eine missbräuchliche Benutzung des Passworts bzw. des Accounts vorliegt oder Anhaltspunkte für eine bevorstehende missbräuchliche Nutzung bestehen.

(3) Als Nutzer darfst du nicht rechtsmissbräuchlich, in sittenwidriger Weise oder zuwider bestehender Gesetze sowie der Rechte Dritter handeln. Dies beinhaltet die folgenden Pflichten:

1. Du stellst sicher, dass die von dir in das Netzwerk/Internet eingespeisten Daten nicht gegen gesetzliche Bestimmungen über den Jugendschutz, die das Allgemeine Persönlichkeitsrecht oder das Recht am eigenen Bild sowie Schutzrechte, wie Marken-, Firmen- und Urheberrechte, Dritter verstoßen. Du musst daher vor jedem Texteintrag sowie vor dem Hochladen von Dateien prüfen, ob dir die erforderlichen Rechte hieran (z.B. an einem Text, Fotografie, Bild, Grafik, Video, Musikstück, Sample) zustehen. Bei Fotografien und Videos musst du zudem prüfen, ob von den abgebildeten Personen die erforderliche Einwilligung vorliegt.
2. Du unterlässt das Einspeisen von Daten mit sittenwidrigem, diskriminierendem, rassistischem, rechtsextremem oder religiöse Gefühle verletzendem Inhalt.
3. Du beachtest deinerseits die gesetzlichen Vorgaben des Datenschutzes und der Datensicherheit.

(4) Solltest du gegen eine deiner Nebenpflichten aus den Absätzen 2 und/oder 3 verstoßen, so sind wir berechtigt, nach unserer Wahl betroffene Inhalte mit sofortiger Wirkung vorübergehend zu sperren und/oder zu löschen und/oder dich vorübergehend oder dauernd vom Angebot auszuschließen und/oder dir fristlos zu kündigen. Das gleiche gilt, wenn wir von Dritten darauf hingewiesen werden, dass ein Verstoß deinerseits gegen die in Absatz 3 enthaltenen Pflichten vorliegen würde, sofern die Behauptung des Dritten nicht offensichtlich unrichtig ist.

(5) Die innerhalb der Plattform enthaltenen Inhalte unterliegen urheberrechtlichem Schutz. Es ist dir daher nicht gestattet, diese Inhalte über die von uns oder dem jeweiligen Rechteinhaber im Einzelfall gewährte Nutzung hinaus zu kopieren, zu bearbeiten und/oder zu verbreiten.

(6) Verletzt du vorstehende Pflichten, musst du uns den ggf. daraus resultierenden Schaden ersetzen bzw. ggf. von Ansprüchen Dritter freistellen, es sei denn, du hast die Pflichtverletzung nicht zu vertreten.

§ 10 Urheberrechte und sonstige Schutzrechte hinsichtlich nutzergenerierter Inhalte innerhalb unserer Plattform

(1) Für den Fall, dass du selbst über deinen Account Inhalte in unsere Seite einpflegst, an denen dir Urheber- oder sonstige Schutzrechte zustehen, sind wir für die Dauer der Leistungserbringung zu denjenigen Verwertungshandlungen berechtigt, welche dem Zweck der einzelnen Leistungen im Rahmen des Portals entsprechen.

(2) Entsprechend dem Zweck unserer Plattform, eine stetig wachsende Sammlung von Informationen bereitzustellen, können deine Beiträge an Pinnwänden, auf Seiten des öffentlichen Bereichs sowie auf Seiten des geschlossenen Bereichs mit Ausnahme der Projektseiten des Starters auch nach Beendigung der Mitgliedschaft nicht gelöscht werden. Du überträgst an diesen Informationen unwiderruflich alle notwendigen Rechte auch über die Dauer der Registrierung als Teilnehmer hinaus.

(3) Die im Internetangebot von Startnext enthaltenen Daten unterliegen urheberrechtlichem Schutz. Dem Nutzer ist es daher nicht gestattet, diese Daten über die vom Rechtsinhaber im Einzelfall gewährte Nutzung hinaus zu kopieren, zu bearbeiten und/oder zu verbreiten. Dies gilt insbesondere auch für die Rechte von Startnext als Datenbankhersteller gemäß der §§ 87c ff. UrhG. Die wiederholte und systematische Vervielfältigung, Verbreitung oder öffentliche Wiedergabe von Inhalten unserer Website läuft einer normalen Auswertung unserer Datenbank zuwider und beeinträchtigt die berechtigten Interessen von Startnext.

§ 11 Vertraulichkeit und Datenschutz

Deine Daten werden von uns ausschließlich zu den sich aus der Registrierung ergebenden Zwecken unter Beachtung der einschlägigen gesetzlichen Bestimmungen des Datenschutzes gespeichert und verarbeitet (siehe auch unsere Datenschutzerklärung).

§ 12 Haftungsklausel

(1) Wir leisten Schadenersatz oder Ersatz vergeblicher Aufwendungen, gleich aus welchem Rechtsgrund (z. B. aus rechtsgeschäftlichen und rechtsgeschäftsähnlichen Schuldverhältnissen, Pflichtverletzung oder unerlaubter Handlung), nur in folgendem Umfang:

1. Die Haftung bei Vorsatz oder aus Garantie bleibt unbeschränkt.
2. Im Falle grober oder einfacher Fahrlässigkeit haften wir gegenüber Unternehmern (§14 BGB) in Höhe des typischen und bei Vertragsabschluss vorhersehbaren Schadens soweit es sich nicht um Verletzung einer so wesentlichen Pflicht handelt, deren Erfüllung die ordnungsgemäße Durchführung des Vertragszwecks überhaupt erst ermöglicht und auf deren Einhaltung der Unternehmer daher regelmäßig vertrauen darf (sog. Kardinalpflicht).

3. Befinden wir uns jedoch mit unserer Leistung in Verzug, so haften wir auch für Zufall, es sei denn, der Schaden wäre auch bei rechtzeitiger Leistung eingetreten.
4. Im Übrigen ist eine Haftung durch uns für einfache Fahrlässigkeit ausgeschlossen.

(2) Wir behalten uns den Einwand des Mitverschuldens vor. Du hast die Pflicht zur Datensicherung nach dem aktuellen Stand der Technik.

(3) Soweit unsere Haftung ausgeschlossen oder beschränkt ist, gilt dies auch für die persönliche Haftung unserer Mitarbeiter, Vertreter und Erfüllungsgehilfen.

(4) Die vorstehenden Absätze des § 12 (Haftung) gelten nicht im Falle der Verletzung von Leben, des Körpers, der Gesundheit und bei Ansprüchen aus dem Produkthaftungsgesetz.

§ 13 Löschung des Accounts durch den Teilnehmer

Du kannst deinen Account jederzeit und ohne Angabe von Gründen löschen. Dies gilt nicht, soweit du Starter bist und sich dein Projekt in der Finanzierungsphase befindet zugleich etwaiger Zeiten, welche für die Abwicklung des Projekts nach dessen Ende notwendig sind.

§ 14 Vertragsdauer und Kündigung

(1) Der Vertrag über die Nutzung unserer Plattform wird auf unbestimmte Zeit geschlossen. Er ist beiderseits mit Frist von einem Monat zum Ende des Kalendermonats kündbar. Ist im Einzelfall – zum Beispiel bei der Buchung von Zusatzleistungen – eine längere Kündigungsfrist vereinbart, so gilt hinsichtlich der Zusatzleistung diese Frist.

(2) Befindet sich ein Projekt in der Finanzierungsphase, so verlängert sich die Monatsfrist für ordentliche Kündigungen des Starters um die Dauer der Finanzierungsphase zuzüglich etwaiger Zeiten, welche für die Abwicklung des Projekts notwendig sind, aber auf welche wir keinen Einfluss haben.

(3) Das Recht zur Kündigung aus wichtigem Grund bleibt unberührt. (4) Kündigungen sind schriftlich oder per Telefax zu erklären.

§ 15 Änderungen unserer Allgemeinen Nutzungsbedingungen

(1) Wir sind berechtigt, den Inhalt dieser Allgemeinen Nutzungsbedingungen zu ändern.

(2) In diesem Fall werden wir dem Teilnehmer den Änderungsvorschlag unter Benennung des Grundes und des konkreten Umfangs in Textform (z. B. per E-Mail) mitteilen. Die Änderungen gelten als genehmigt, wenn der Teilnehmer diesen nicht in mindestens Textform widerspricht. Wir werden den Teilnehmer auf diese Folge im Mitteilungsschreiben besonders hinweisen. Der Widerspruch muss innerhalb von sechs Wochen nach Zugang der Mitteilung bei uns eingegangen sein. Übt der Teilnehmer sein Widerspruchsrecht aus, gilt der Änderungswunsch als abgelehnt. Der Vertrag wird dann ohne die vorgeschlagenen Änderungen fortgesetzt, kann jedoch von beiden Parteien jederzeit fristlos gekündigt werden.

§ 16 Schlussbestimmungen

(1) Es gilt das Recht der Bundesrepublik Deutschland unter Ausschluss des UN-Kaufrechts. Zwingende Bestimmungen des Staates, in dem der Teilnehmer seinen gewöhnlichen Aufenthalt hat, bleiben unberührt.

(2) Erfüllungsort und Gerichtsstand für alle Streitigkeiten aus diesem Vertrag ist bei Verträgen mit Kaufleuten, juristischen Personen des öffentlichen Rechts oder öffentlich-rechtlichen Sondervermögen Dresden, Deutschland. Im Fall von Klagen oder Anträgen durch uns gilt zudem jeder weitere Gerichtsstand.

Anlage 2: AGB Seedmatch

Stand: März 2016

ALLGEMEINE GESCHÄFTSBEDINGUNGEN DER SEEDMATCH GMBH

1. Allgemeines

1.1 Die Seedmatch GmbH, Käthe-Kollwitz-Ufer 79, 01309 Dresden („Seedmatch“) betreibt unter www.seedmatch.de eine Crowdfunding-Plattform („Internetplattform“), auf der junge Unternehmen („Startups“) die Möglichkeit erhalten, sich zu präsentieren und Kapitalgeber zu gewinnen. Auf der Internetplattform registrierte Nutzer und Investoren („Investor“) können sich über die Startups informieren und direkt online in von diesen angebotene Vermögensanlagen investieren.

1.2 Seedmatch ermöglicht es den Startups, in eigener Verantwortung erstellte Informationen auf der Internetplattform bereitzustellen. Investoren können die von Startups angebotenen Vermögensanlagen unter Nutzung der Internetplattform erwerben. Seedmatch vermittelt die Vermögensanlagen der Startups als Internet-Dienstleistungsplattform im Sinne des § 2a Abs. 3 VermAnlG und übernimmt den Abwicklungsvorgang.

2. Geltungsbereich

2.1 Diese Allgemeinen Geschäftsbedingungen gelten für die gesamte Geschäftsverbindung zwischen dem Investor und Seedmatch als Betreiberin der Internetplattform, sofern nicht ausdrücklich etwas anderes vereinbart ist.

2.2 Hinsichtlich des Vertragsverhältnisses zwischen einem Investor und einem Startup gilt der gesondert abzuschließende Vertrag über den Erwerb der jeweiligen Vermögensanlage. Dieser Vertrag kommt allein zwischen dem Investor und dem Startup zustande.

2.3 Geschäftsbedingungen des Investors finden keine Anwendung, auch wenn Seedmatch ihrer Geltung im Einzelfall nicht gesondert widersprochen hat.

3. Seedmatch als Internet-Dienstleistungsplattform

3.1 Seedmatch vermittelt über die Internetplattform lediglich Vermögensanlagen, für die die Befreiungen für Schwarmfinanzierungen im Sinne des § 2a VermAnlG gelten. Seedmatch ist bei der Vermittlung dieser Vermögensanlagen ausschließlich als Internet-Dienstleistungsplattform im Sinne des § 2a Abs. 3 VermAnlG tätig.

3.2 Seedmatch verfügt über die Erlaubnis zur Vermittlung von partiarischen Darlehen und Nachrangdarlehen und wird durch die Landeshauptstadt Dresden, Ordnungsamt, beaufsichtigt.

4. Änderung der Allgemeinen Geschäftsbedingungen

4.1 Änderungen dieser Allgemeinen Geschäftsbedingungen werden dem Investor spätestens vier Wochen vor dem vorgeschlagenen Zeitpunkt ihres Wirksamwerdens auf der Internetplattform bekannt gegeben und über die von ihm mitgeteilte E-Mail-Adresse angeboten.

4.2 Der Investor kann die Änderungen in lesbarer Form speichern oder auszudrucken. Die dem Investor angebotenen Änderungen gelten jeweils als genehmigt, wenn der Investor nicht fristgerecht im Sinne der Ziff. 4.3 per E-Mail Widerspruch erhebt. Auf diese Genehmigungswirkung wird Seedmatch den Investor bei der Bekanntgabe besonders hinweisen.

4.3 Will der Investor einer ihm angebotenen Änderung nicht zustimmen, muss er den Widerspruch hinsichtlich der Allgemeinen Geschäftsbedingungen innerhalb von vier Wochen, nachdem ihm die Änderung per E-Mail angeboten worden ist, per E-Mail an Seedmatch absenden. Erfolgt binnen der vorgenannten Fristen kein Widerspruch des Investors, gelten die Änderungen als durch den Investor akzeptiert.

5. Rechtliche Voraussetzungen für die Nutzung der Internetplattform

5.1 Das Angebot von Seedmatch richtet sich ausschließlich an den gut informierten, erfahrenen und selbstbestimmten Investor. Auf der Internetplattform sind natürliche und juristische Personen zugelassen. Die Möglichkeit des Investors, bestimmte Vermögensanlagen zu erwerben, richtet sich nach den jeweiligen rechtlichen Bestimmungen der Vermögensanlage. Ein öffentliches Angebot außerhalb der im jeweiligen Angebot des Startups genannten Staaten findet nicht statt und ist auch nicht vorgesehen.

5.2 Das Angebot von Seedmatch richtet sich nicht an Personen, die US-Bürger oder andere Personen, die in den USA oder einem ihrer Bundesstaaten oder Hoheitsgebiete körperschafts- oder einkommensteuerpflichtig sind.

5.3 Die auf den nachfolgenden Internetseiten enthaltenen Informationen sind nicht zur Weitergabe in die bzw. innerhalb der USA, Kanada, Australien, Japan oder anderer Jurisdiktionen, in denen ein solches Angebot bzw. eine solche Aufforderung nicht erlaubt ist, vorgesehen. Jede Verletzung dieser Beschränkung kann einen Verstoß gegen rechtliche Bestimmungen dieser Länder begründen. Das Kopieren, Weiterleiten oder sonstige Übermitteln der auf den nachfolgenden Internetseiten enthaltenen Informationen ist nicht gestattet.

5.4 Das Angebot von Seedmatch richtet sich schließlich nicht an Investoren, die ihren Wohnsitz in einem Land haben, in dem die Vermittlung von Vermögensanlagen nicht zugelassen ist oder einer Erlaubnis bedarf, über die Seedmatch in dem Land, in dem der Investor seinen Wohnsitz hat, nicht verfügt.

6. Technische Voraussetzungen für die Nutzung der Internetplattform

6.1 Der Zugang zur Internetplattform ist nur über einen Browser, der auf einem Computer oder mobilem Endgerät mit Internetverbindung läuft, möglich. Andere Zugangsverfahren werden nicht unterstützt.

6.2 Mit der Registrierung des Investors auf der Internetplattform findet jegliche Kommunikation zwischen Seedmatch und dem Investor in Zusammenhang mit dem Erwerb von Vermögensanlagen ausschließlich in elektronischer Form über die Internetplattform und per E-Mail statt, soweit sich nicht ausdrücklich aus diesen Allgemeinen Geschäftsbedingungen etwas anderes ergibt.

Erklärungen werden dem Investor nicht zusätzlich in Papierform zugesandt, sofern nicht hierzu eine gesetzliche Verpflichtung besteht.

6.3 Der Investor nimmt zur Kenntnis, dass die Anzeige und Ausdrucke der auf der Internetseite angezeigten Daten aufgrund individueller Hardware- oder Softwarekonfigurationen von der Bildschirmanzeige abweichen können. Seedmatch hat keinen Einfluss auf die Funktionsfähigkeit und Konfiguration der Geräte des Investors oder auf die Verfügbarkeit und Zuverlässigkeit seiner Internetverbindung mit dem Server von Seedmatch. Seedmatch haftet daher nicht für Schäden, die sich hieraus ergeben.

7. Risikohinweise, keine Anlageberatung

7.1 Die auf der Internetplattform angebotenen Vermögensanlagen sind mit wirtschaftlichen, rechtlichen und steuerlichen Risiken verbunden. Der Erwerb dieser Vermögensanlagen ist mit erheblichen Risiken verbunden und kann zum vollständigen Verlust des eingesetzten Vermögens führen. Der Investor sollte daher nur Gelder investieren, deren eventuellen Verlust er sich leisten kann. Seedmatch richtet sich ausschließlich an Investoren, die ausreichend Erfahrung und Kompetenz haben, um die Risiken dieser Vermögensanlagen zu verstehen und eigenverantwortlich Investmententscheidungen zu treffen. Seedmatch verweist für weitere Informationen zusätzlich auf die Allgemeinen Investorenhinweise.

7.2 Durch Seedmatch erfolgt keinerlei Anlageberatung oder sonstige Beratung. Ein Auskunfts- oder Beratungsvertrag kommt nicht zustande. Es obliegt allein dem Investor, zu entscheiden, ob er unter Nutzung der Internetplattform Vermögensanlagen erwerben möchte. Die auf der Plattform verfügbaren Informationen stellen keine Beratungsleistung von Seedmatch dar und ersetzen keine fachkundige Beratung. Das jeweilige Startup stellt die für die Anlageentscheidung relevanten Informationen, Dokumente und Dateien auf der Internetplattform zur Verfügung und nimmt deren Auswahl allein vor. Für die Richtigkeit, Vollständigkeit und Aktualität der Informationen, auch während der Laufzeit der Vermögensanlage, ist allein das Startup verantwortlich. Seedmatch empfiehlt dem Investor, sich vor seiner Entscheidung über den Erwerb von Vermögensanlagen und über die rechtlichen, wirtschaftlichen und steuerlichen Folgen des Erwerbs dieser Vermögensanlagen zu informieren.

7.3 Der Investor erkennt mit den Allgemeinen Geschäftsbedingungen auch die im Absatz 1 aufgeführten Risiken an. Der Investor nutzt die Internetplattform auf eigenes Risiko.

8. Registrierung

8.1 Für die Nutzung der Internetplattform ist eine Registrierung als Investor erforderlich. Natürlichen Personen ist die Registrierung nur gestattet, wenn sie das 18. Lebensjahr vollendet haben und unbeschränkt geschäftsfähig sind. Mehrfachregistrierungen einer Person sind nicht gestattet. Die Anmeldung unter Angabe unrichtiger Daten ist unzulässig und führt zum Ausschluss von der Internetplattform.

8.2 Die Registrierung erfolgt in mehreren Schritten. Zunächst erfolgt die Angabe eines Vor- und Nachnamens und einer gültigen E-Mail-Adresse. Erfolgt die Registrierung für eine juristische Person, ist zusätzlich die Firma und die Rechtsform anzugeben. Zum Zwecke der Registrierung sendet der Investor diese Daten an Seedmatch. Durch den Aufruf des Links aus der dem Investor zugesandten Bestätigungs-E-Mail bestätigt der Investor die Identität seiner E-Mail-Adresse. Mit der Bestätigung seiner Registrierung akzeptiert der Investor die hier aufgeführten Allgemeinen Geschäftsbedingungen und nimmt die statusbezogenen Informationen von Seedmatch zur Kenntnis. Mit Eingang der Bestätigung bei Seedmatch kommt ein Nutzungsvertrag zwischen Seedmatch und dem Investor zustande. Anschließend kann der Investor selbstständig ein Passwort vergeben. Um anschließend Vermögensanlagen von Startups erwerben zu können, ist in einem weiteren Schritt die Angabe weiterer Daten des Investors erforderlich Bei juristischen Personen gilt dies entsprechend. Der registrierte Investor ist verpflichtet, während der Dauer der Registrierung sämtliche Angaben stets aktuell zu halten und etwaige Änderungen seiner Daten unverzüglich mitzuteilen. Sollte der Investor dieser Verpflichtung nicht nachkommen, führt dies zum Ausschluss von der Internetplattform.

9. Nutzung der Plattform, Vertragsschluss mit dem Startup

9.1 Seedmatch bietet dem Investor die Möglichkeit, auf der Internetplattform Vermögensanlagen von Startups zu erwerben. Hierfür stellt Seedmatch einen digitalen Investmentprozess zur Verfügung.

9.2 Das Startup gibt auf der Internetplattform ein öffentliches Angebot zum Erwerb von Vermögensanlagen basierend auf einem Investmentangebot, dem darin enthaltenen Investmentvertrag und dem Vermögensanlagen-Informationsblatt ab. Der Investor muss sich vor dem Erwerb mit den Angaben und zur Verfügung gestellten Informationen des Startups eingehend befassen und sich die Gegebenheiten und Risiken der Vermögensanlage vergegenwärtigen. Für die Richtigkeit, Vollständigkeit und Aktualität der Angaben und Informationen ist allein das Startup verantwortlich. Der Investor kann sich anhand der vom Startup in eigener Verantwortung zur Verfügung gestellten Informationen über das Angebot informieren und durch Anklicken des Buttons „Jetzt investieren“ den digitalen Investmentprozess starten.

9.3 Möchte der an dem Angebot interessierte Investor dieses annehmen, wählt er zunächst aus, welchen Betrag er in das Startup investieren möchte. Nach Eingabe aller weiteren im Investmentprozess erforderlichen Angaben erklärt der Investor durch das Klicken auf den Button „Jetzt kostenpflichtig Investmentvertrag abschließen” die Annahme des Angebots. Der Investor erhält unmittelbar nach Annahme des Angebots am Bildschirm eine Bestätigung, die ihm anschließend auch per E-Mail zugesandt wird.

10. Zahlungsbedingungen

10.1 Seedmatch ist nicht berechtigt, sich Eigentum oder Besitz an Geldern oder Wertpapieren von Investoren zu verschaffen.

10.2 Die Zahlung erfolgt per Lastschrift über den Zahlungsdienstleister secupay AG, Goethestr. 6, 01896 Pulsnitz („secupay"). Im Rahmen seines Crowdfundings bei Seedmatch tritt das Startup seine Entgeltforderung gegenüber dem Investor in vollem Umfang und unwiderruflich an secupay ab. Secupay zieht in der Folge das Entgelt per Lastschrift von dem vom Investor angegebenen Konto ein.

11. Vermittlungsprovision

11.1 Die Registrierung auf der Internetplattform und deren Nutzung sind für den Investor kostenlos.

11.2 Beim Zustandekommen eines Investmentvertrages zwischen Investor und Startup fällt eine Vermittlungsprovision zugunsten von Seedmatch an, die das Startup zu zahlen hat. Die Höhe der Provision kann dem jeweiligen Vermögensanlagen-Informationsblatt des Startups entnommen werden.

11.3 Der Investor erklärt sich damit einverstanden, dass Seedmatch die von einem Startup an Seedmatch geleistete Vermittlungsprovision – vorbehaltlich der gesetzlichen Zulässigkeit – einbehält. Insoweit treffen der Investor und Seedmatch die von der gesetzlichen Regelung des Rechts der Geschäftsbesorgung (§§ 675, 667 BGB, 384 HGB) abweichende Vereinbarung, dass ein Anspruch des Investors gegen Seedmatch auf Herausgabe der Vermittlungsprovision nicht entsteht, sofern für die von Seedmatch gegenüber dem Investor erbrachten Leistungen die Anwendbarkeit des Rechts der Geschäftsbesorgung in Betracht kommt.

12. Datenschutz, Einwilligungserklärung des Investors

12.1 Seedmatch wird im Rahmen der mit dem Investor geführten Geschäftsbeziehungen personenbezogene / firmenbezogenen Daten erheben, verarbeiten und nutzen. Seedmatch beachtet die Bestimmungen des Bundesdatenschutzgesetzes (BDSG), des Telemediengesetzes (TMG) sowie aller anderen datenschutzrechtlichen Vorschriften.

12.2 Eine Verarbeitung oder sonstige Nutzung von Daten durch Seedmatch oder eine Weitergabe von Daten an Dritte kann lediglich erfolgen, wenn Seedmatch nach Maßgabe des Bundesdatenschutzgesetzes (BDSG) oder anderer Gesetze dazu berechtigt oder verpflichtet ist oder dies in diesen Geschäftsbedingungen ausdrücklich geregelt ist. Ansonsten werden die Daten ohne ausdrückliche Zustimmung der Investoren weder an Dritte weitergegeben noch von Seedmatch verarbeitet oder auf sonstige Weise genutzt.

12.3 Die Datenverarbeitung umfasst auch die Übermittlung der Daten an das Startup, secupay und sonstige mit der Zeichnung und Abwicklung sowie mit der Durchführung von Marketingaktivitäten mit Bezug zu Produkten von Seedmatch und der Startups befasste Dienstleister bzw. Dritte, die in der Datenschutzerklärung im Einzelnen aufgelistet sind. Als registrierter Investor unserer Schwesterplattformen www.econeers.de und / oder www.mezzany.com können die dort in dem Account des Investors hinterlegten Nutzerdaten für die Registrierung, Anmeldung und Nutzung der Plattform auf www.seedmatch.

de verwendet werden. Zum Zweck der Zusammenführung und erforderlichen Aktualisierung der Daten werden diese an die Econeers GmbH, Käthe-Kollwitz-Ufer 79, 01309 Dresden, und / oder die Mezzany GmbH, Käthe-Kollwitz-Ufer 79, 01309 Dresden, übermittelt. Gegen die Verarbeitung oder Nutzung dieser Daten für Werbe-, Meinungsforschungs- oder Marktforschungszwecke steht dem Investor ein jederzeitiges und kostenloses Widerspruchsrecht zu (§ 28 Abs. 4 BDSG). Auf Wunsch erhält der Investor jederzeit Auskunft über die von ihm gespeicherten Daten.

12.4 Der Investor ermächtigt Seedmatch ausdrücklich, die in 12.1 und 12.3 bezeichneten Informationen zu speichern, zu bearbeiten, zu benutzen und in den dort genannten Fällen an Dritte weiterzuleiten.

12.5 Der Investor willigt ein, dass seine persönlichen Daten zum Zwecke der Identitätsprüfung an die SCHUFA (SCHUFA Holding AG, Kormoranweg 5, 65201 Wiesbaden) übermittelt werden und die SCHUFA daraufhin den Grad der Übereinstimmung der bei ihr gespeicherten Personalien mit den vom Investor angegebenen Personalien in Prozentwerten sowie ggf. einen Hinweis auf eine zurückliegend bei der SCHUFA oder einem anderen Geschäftspartner durchgeführte ausweisgestützte Legitimationsprüfung an die Seedmatch GmbH zurück übermittelt. Die Seedmatch GmbH kann somit anhand der übermittelten Übereinstimmungsraten erkennen, ob eine Person unter der vom Investor angegebenen Anschrift im Datenbestand der SCHUFA gespeichert ist. Ein weiterer Datenaustausch oder eine Übermittlung abweichender Anschriften sowie eine Speicherung der Daten des Investors im SCHUFA-Datenbestand findet nicht statt. Es wird aus Nachweisgründen allein die Tatsache der Überprüfung der Adresse bei der SCHUFA gespeichert. Nähere Informationen finden Sie unter www.meineSchufa.de.

12.6 Der Investor willigt ein, dass die Seedmatch GmbH seine Personalien sowie seine Angaben zur Bankverbindung (insbesondere IBAN bzw. Bankleitzahl und Kontonummer) zum Zwecke der Kontonummernprüfung an die SCHUFA Holding AG, Kormoranweg 5, 65201 Wiesbaden, übermittelt und die SCHUFA anhand dieser Daten zunächst prüft, ob die vom Investor gemachten Angaben zur Bankverbindung plausibel sind. Ferner willigt der Investor ein, dass sie diese Daten zur Prüfung verwendet, ob diese ggf. in ihrem Datenbestand gespeichert sind und sodann das Ergebnis der Überprüfung an die Seedmatch GmbH zurück übermittelt. Ein weiterer Datenaustausch wie die Bekanntgabe von Bonitätsinformationen oder eine Übermittlung abweichender Bankverbindungsdaten sowie eine Speicherung der Daten des Investors im SCHUFA-Datenbestand finden im Rahmen der Kontonummernprüfung nicht statt. Es wird aus Nachweisgründen allein die Tatsache der Überprüfung der Bankverbindungsdaten bei der SCHUFA gespeichert. Nähere Informationen finden Sie unter www.meineSchufa.de.

12.7 Der Investor hat nach erteilter Einwilligung das jederzeitige und kostenlose Recht, die Seedmatch erteilte Einwilligung zur Datenerfassung oder Datennutzung mit Wirkung für die Zukunft per E-Mail an Seedmatch zu widerrufen.

13. Haftung von Seedmatch

13.1 Seedmatch ist bestrebt, einen kontinuierlichen Zugriff auf die Internetplattform zu ermöglichen, kann jedoch keine ständige Verfügbarkeit der Internetplattform gewährleisten. Insbesondere Wartung, Sicherheits- oder Kapazitätsgründe sowie Ereignisse außerhalb des Herrschaftsbereiches von Seedmatch können zur vorübergehenden Einstellung der Leistungen von Seedmatch und der Erreichbarkeit der Internetplattform führen. Seedmatch behält sich vor, den Zugang zur Internetplattform jederzeit vorübergehend einzuschränken, wenn dies im Hinblick auf Kapazitätsgrenzen, die Sicherheit der Systeme von Seedmatch oder zur Durchführung technischer Maßnahmen erforderlich ist.

13.2 Die auf der Website bereitgestellten Inhalte erheben keinen Anspruch auf Vollständigkeit, Korrektheit und Aktualität. Die Nutzung der Inhalte erfolgt auf eigenes Risiko.

13.3 Seedmatch haftet nicht für Schäden, die dem Investor durch die Nutzung der Internetplattform angebotenen Dienstleistungen bzw. der dort veröffentlichten Inhalte entstehen. Dieser Haftungsausschluss gilt jedoch nicht bei vorsätzlichem oder grob fahrlässigem Verschulden von Seedmatch oder eines Erfüllungsgehilfen. Der Haftungsausschluss gilt auch nicht für Schäden aus der Verletzung des Lebens, des Körpers oder der Gesundheit, die auf einer Pflichtverletzung von Seedmatch oder eines Erfüllungsgehilfen beruhen. Unberührt bleibt ferner die Haftung von Seedmatch für die Verletzung von Pflichten, deren Erfüllung die ordnungsgemäße Durchführung des Vertrages überhaupt erst ermöglicht und auf deren Einhaltung der Investor regelmäßig vertrauen darf.

14. Vertraulichkeit

14.1 Der Investor ist verpflichtet, die ihm über die Plattform zugänglich gemachten Unternehmensinformationen über Startups sowie die ihnen zur Verfügung gestellten Verträge und Dokumente geheim zu halten und Dritten nicht zugänglich zu machen. Derartige Informationen dürfen nur für die mit der Internetplattform verfolgten und in diesen Allgemeinen Geschäftsbedingungen genannten Ziele des Investments in Startups genutzt werden.

14.2 Das betrifft insbesondere die in den Businessplänen, in den (Unternehmens-) Reportings und in den Investor-Relations-Bereichen der Startups bereitgestellten Informationen. Ausgenommen von dieser Vertraulichkeitsverpflichtung sind Informationen, die (i) zum Zeitpunkt der Registrierung dem Investor und/ oder allgemein bekannt sind und/oder (ii) durch eine Social-Sharing-Funktion bei Seedmatch gekennzeichnet sind und/oder (iii) dem Investor später ohne Verletzung der vorstehenden Geheimhaltungspflicht bekannt werden; die Beweislast für das Vorliegen dieser Ausnahmen trägt der Investor.

14.3 Verstöße gegen diese Vorschrift können zu einer Schadensersatzverpflichtung des Investors und/oder zum sofortigen Ausschluss des Investors von der weiteren Nutzung der Internetplattform führen (Ziff. 16.3).

15. Kündigung des Nutzungsvertrages durch den Investor

15.1 Der Investor kann die gesamte Geschäftsverbindung mit Seedmatch, soweit weder eine Laufzeit noch eine abweichende Kündigungsregelung vereinbart sind, jederzeit ohne Einhaltung einer Kündigungsfrist kündigen.

15.2 Der Investor kann seinen Account auf der Internetplattform jederzeit ohne Angabe von Gründen durch Senden einer E-Mail an invest@seedmatch.de deaktivieren und damit die Geschäftsverbindung mit Seedmatch kündigen. Gesetzliche Kündigungsrechte des Investors bleiben unberührt.

16. Kündigung des Nutzungsvertrages durch Seedmatch

16.1 Seedmatch kann die Geschäftsbeziehung mit dem Investor jederzeit unter Einhaltung einer angemessenen Kündigungsfrist, die den berechtigten Belangen des Investors Rechnung trägt, ordentlich kündigen. Seedmatch wird dabei eine Kündigungsfrist von zwei Wochen nicht unterschreiten.

16.2 Seedmatch wird von ihrem Recht zur Kündigung insbesondere dann Gebrauch machen, wenn der Investor einer ihm von Seedmatch angebotenen Änderung der Allgemeinen Geschäftsbedingungen gemäß Ziff. 4.3 dieser Allgemeinen Geschäftsbedingungen widerspricht. Liegt der in Satz 1 aufgeführte Kündigungsgrund vor, behält sich Seedmatch das Recht vor, unter Berücksichtigung der berechtigten Belange des Investors auch mit einer kürzeren Frist als der in Abs. 1 Satz 2 genannten Zweiwochenfrist zu kündigen.

16.3 Seedmatch kann die Geschäftsbeziehung ohne Einhaltung einer Kündigungsfrist kündigen, wenn ein wichtiger Grund vorliegt, der Seedmatch, auch unter Berücksichtigung der berechtigten Belange des Investors, eine Fortsetzung der Geschäftsbeziehung unzumutbar werden lässt. Ein wichtiger Grund liegt insbesondere vor bei einem wiederholten Verstoß gegen diese Allgemeinen Geschäftsbedingungen. Ein wichtiger Grund kann auch schon bei einem einmaligen schwerwiegenden Verstoß gegen diese Allgemeinen Geschäftsbedingungen gegeben sein, etwa bei Täuschung oder versuchter Täuschung von Seedmatch durch vorsätzliche falsche Angaben eines Investors. Ein wichtiger Grund liegt auch vor, wenn der Investor die Seedmatch erteilte Einwilligung zur Datenerfassung oder Datennutzung widerruft, da Seedmatch die angebotene Dienstleistung ohne die Speicherung und Nutzung der Daten des Investors nicht mehr erbringen kann.

16.4 Eine Kündigung gemäß Abs. 1 oder Abs. 2 erfolgt durch E-Mail an die von dem Investor angegebene E-Mail-Adresse.

17. Anwendbares Recht, Gerichtsstand, salvatorische Klausel, Schriftform

17.1 Für die Vertragsbeziehungen zwischen dem Investor und Seedmatch gilt deutsches Recht unter Ausschluss des UN-Kaufrechtes.

17.2 Der allgemeine Gerichtsstand von Seedmatch wird durch den Sitz (Dresden) bestimmt. Ist der Investor ein Kaufmann oder übt er im Ausland eine vergleichbare gewerbliche Tätigkeit aus und ist die Geschäftsbeziehung dem Betrieb seines Handelsgewerbes zuzurechnen, so kann Seedmatch den Investor an dem Gericht des allgemeinen Gerichtsstands von Seedmatch oder bei einem anderen zuständigen Gericht verklagen. Seedmatch selbst kann von den in Satz 2 genannten Investoren nur an dem Gericht ihres allgemeinen Gerichtsstands verklagt werden.

17.3 Ist eine Bestimmung dieser Allgemeinen Geschäftsbedingungen ganz oder teilweise unwirksam, so bleibt die Wirksamkeit der übrigen Bestimmungen hiervon unberührt. Das Gleiche gilt, wenn diese Vereinbarung eine Lücke aufweisen sollte. Die Parteien werden die Lücke oder die unwirksame oder nichtige Bestimmung in diesem Falle durch eine Regelung ersetzen, die dem wirtschaftlichen Zweck der Vereinbarung entspricht und dem von den Parteien Gewollten möglichst nahe kommt.

17.4 Änderungen und Ergänzungen dieser Vereinbarung bedürfen zu Ihrer Wirksamkeit der Schriftform. Dies gilt auch für dieses Schriftformerfordernis selbst.

Anlage 3: AGB betterplace.org

Stand: März 2016
AGB für Nutzer und Spender (steuerlich absetzbar)

1. Regelungsbereich

Die Internetplattform betterplace.org wird von der gut.org gemeinnützige Aktiengesellschaft (gut.org gAG, Schlesische Straße 26, D-10997 Berlin) betrieben. Die gut.org gAG ist ein Sozialunternehmen und eine steuerlich anerkannte Förderkörperschaft. Alle Mittel werden ausschließlich für die satzungsgemäßen, gemeinnützigen, mildtätigen und kirchlichen Zwecke im Sinne der deutschen Abgabenordnung (AO) verwendet.

Diese Nutzungsbedingungen gelten für alle auf betterplace.org registrierten Nutzer und Plattformbesucher. Sie regeln die Rechte und Pflichten der Nutzer/Besucher beim Besuch der Plattform betterplace.org und bei Nutzung der vorhandenen Funktionalitäten.

Soweit im Folgenden einheitlich die Bezeichnung betterplace.org verwendet wird, besteht das Rechtsverhältnis zur gut.org gAG als Betreiberin der Plattform. Der Begriff Spendenbedingungen/ AGB für Spender ist unabhängig vom steuerlichen Status der unterstützten Projekte und deren Trägerorganisationen zu verstehen. Soweit im Folgenden die Bezeichnung „gemeinnützig“ verwendet wird, sind damit neben gemeinnützigen Zwecken im Sinne der deutschen Abgabenordnung (AO) auch mildtätige und kirchliche Zwecke im Sinne der AO gemeint.

Ergänzend zu diesen Nutzungsbedingungen sind die Datenschutzregelungen zu beachten. Im Falle der Registrierung eines Projekts, einer Zeitspenden-Suche oder einer Organisation gelten zusätzliche Bedingungen. Im Falle der Registrierung eines Unternehmens gelten zusätzlich die Nutzungsbedingungen für Unternehmen.

2. Registrierung als Nutzer

2.1. Die Registrierung als Nutzer ist kostenfrei. Bestimmte Funktionalitäten von betterplace.org stehen nur registrierten Nutzern zur Verfügung:

Insbesondere

- das Anlegen einer „Organisation“,
- das Anlegen eines „Projekts“,
- das Anlegen einer „Zeitspenden-Suche“,
- das Anlegen einer „Spendenaktion“ sowie
- das Anlegen eines „Unternehmens“

sind an eine vorherige Registrierung als Nutzer gebunden.

Einzelheiten zu den Begrifflichkeiten und den Einstellungsbedingungen finden sich in den AGB für Zeitspenden, steuerbegünstigte Organisationen und Projekte und den Nutzungsbedingungen für Unternehmen.

2.2. Nutzungsberechtigt sind nur voll geschäftsfähige Nutzer und solche, die mit Zustimmung ihrer gesetzlichen Vertreter handeln. Das Mindestalter der Nutzer beträgt jedoch in jedem Fall 14 Jahre.

2.3. Der Nutzer ist eine natürliche Person und hat bei der Registrierung ausschließlich wahre Angaben, insbesondere zur Identität und zum Alter, zu machen.

3. Obliegenheiten und Nebenpflichten des Nutzers

3.1. Der Nutzer ist für sein Verhalten auf betterplace.org und für alle von ihm eingestellten Inhalte und deren Richtigkeit uneingeschränkt verantwortlich. Vor der konkreten Teilnahme oder dem Einstellen von Inhalten hat sich der Nutzer zu vergewissern, dass sein Verhalten oder seine Inhalte nicht gegen gesetzliche Vorschriften, die guten Sitten oder Rechte Dritter verstoßen können (z.B. Marken-, Namens-, Urheber- und Datenschutzrecht, jugendschutzrechtliche Bestimmungen). Insbesondere verpflichtet sich der Nutzer, vor dem Einstellen von Texten oder Bildern die erforderlichen Einwilligungen der Beteiligten/Betroffenen/Berechtigten, beispielsweise der Fotografen oder der abgebildeten oder genannten Personen, einzuholen und betterplace.org auf Verlangen jederzeit nachzuweisen. Der Nutzer stellt betterplace.org von etwaigen Ansprüchen Dritter, die aus einem Verstoß gegen diese Verpflichtung hervorgehen, frei.

3.2. Der Nutzer berücksichtigt bei seinem Verhalten auf betterplace.org, dass die betterplace-Community (also die Gemeinschaft aller Nutzer und der Betreiber von betterplace.org) von gegenseitiger Rücksichtnahme und einem fairen und angemessenen Umgang miteinander lebt. Bei Themen der Weltanschauung und der religiösen oder politischen Überzeugung ist äußerste Zurückhaltung und Respekt gegenüber Andersdenkenden geboten.

3.3. Es ist auf betterplace.org unzulässig, folgende Inhalte unmittelbar einzustellen, darauf zu verlinken oder sonst den Zugang dazu zu erleichtern:

- Jugend- oder entwicklungsgefährdendes oder -beeinträchtigendes Material, insbesondere gewaltverherrlichende, pornografische oder sonst sittenwidrige Inhalte
- Inhalte, die Hass, Gewalt oder jegliche Form der Diskriminierung fördern oder verherrlichen
- Unwahre Tatsachenbehauptungen oder Beleidigungen
- Vulgäre oder obszöne Ausdrücke, despektierlicher, provokativer und aggressiver Umgang mit anderen Nutzern
- Irreführende Inhalte
- Aufrufe zu Boykotten oder unfriedlichen bzw. sonst rechtswidrigen Handlungen

3.4. Sofern der Nutzer Inhalte auf betterplace.org findet, die seiner Ansicht nach gegen bestehende Gesetze oder die Nutzungsbedingungen verstoßen, wird er gebeten, betterplace.org darauf hinzuweisen, z. B. per E-Mail support@betterplace.org oder per Post (gut.org gemeinnützige AG, Schlesische Straße 26, D-10997 Berlin).

3.5. Sofern betterplace.org Kenntnis von unzulässigen Inhalten erlangt oder der Verdacht solcher Inhalte besteht, ist betterplace.org jederzeit berechtigt, diese Inhalte von der Plattform zu entfernen.

3.6. Eine übermäßige Belastung von betterplace.org ist zu vermeiden. Insbesondere sind Maßnahmen untersagt, die die Integrität, Stabilität oder Verfügbarkeit der IT-Systeme von betterplace.org gefährden können.

3.7. Passwörter oder andere Zugangsdaten zu betterplace.org sind vom Nutzer gemäß den allgemeinen Grundsätzen zur Passwortsicherheit zu wählen und streng geheim zu halten. betterplace.org ist unverzüglich zu informieren, sofern der Nutzer Hinweise darauf hat, dass die Sicherheit von betterplace.org oder seines Zugangs gefährdet ist.

4. Nutzungsrechte

Soweit der Nutzer Texte, Bilder oder sonstige Inhalte auf betterplace.org einstellt, so räumt er hiermit betterplace.org das Recht ein, diese Inhalte auf betterplace.org, in Werbematerialien für die Plattform betterplace.org bzw. die gut.org gemeinnützige AG sowie über die API-Schnittstelle auf Webseiten von betterplace.org-Partnern on- und offline zu verwenden. Insbesondere erhält betterplace.org das Recht, die Inhalte zu kürzen, zu speichern und öffentlich über die Plattform oder die API-Schnittstelle zugänglich zu machen unter Berücksichtigung des ursprünglichen Sinns. Unberührt bleiben beim Einstellen der Inhalte deutlich und klar angebrachte anderweitige Hinweise.

5. Bereitstellung von betterplace.org

betterplace.org wird sich bemühen, die Plattform möglichst unterbrechungsfrei verfugbar zu halten. Angestrebt wird eine Verfügbarkeit von 97 Prozent im Jahr. Eine bestimmte Verfügbarkeit wird nicht zugesagt. Insbesondere ist betterplace.org regelmäßig und außerplanmäßig berechtigt, die Plattform für Wartungsarbeiten aus dem Netz zu nehmen. betterplace.org ist berechtigt, Funktionalitäten, Aussehen oder andere Features der Plattform nach eigenem Belieben zu ändern. Zugang besteht nur zur Plattform in der jeweils aktuellen Version. Zur Aufbewahrung oder Speicherung von Versionen oder Inhalten ist betterplace.org gegenüber Nutzern nicht verpflichtet.

6. Kündigung, Sperrung des Zugangs, Löschen von Inhalten

6.1. Das Nutzungsverhältnis als registrierter Nutzer kann von betterplace.org oder dem Nutzer jederzeit durch Mitteilung in Textform zum Ablauf des auf die Kündigung folgenden Monats beendet werden.

6.2. Das Recht zur außerordentlichen Kündigung bei Vorliegen eines wichtigen Grunds bleibt unberührt. Ein wichtiger Grund für eine Kündigung durch betterplace.org liegt insbesondere vor, sofern der Nutzer erheblich oder mehrfach gegen seine Obliegenheiten der Ziffer 3 dieser Vereinbarung verstoßen hat oder bei Angabe falscher Registrierungsdaten.

6.3. betterplace.org ist berechtigt, unabhängig vom Recht zur außerordentlichen Kündigung den Nutzer hinsichtlich einzelner oder aller Funktionalitäten von betterplace.org zu sperren. Insbesondere betrifft die Sperrung die Möglichkeit, Inhalte auf betterplace.org einzustellen oder zu ändern. Weiterhin ist betterplace.org berechtigt, alle auf betterplace.org eingestellten Inhalte – auch anlassunabhängig – zu überprüfen, zu sperren oder zu löschen. Von diesem Recht wird betterplace.org insbesondere dann Gebrauch machen, wenn Dritte gegenüber betterplace.org die Verletzung von Gesetzen, Rechten Dritter oder Regeln von betterplace.org durch bestimmte Inhalte oder Nutzer anzeigen.

6.4. Vor der Kündigung aus wichtigem Grund oder der Sperrung eines Nutzers oder von Inhalten soll dem Nutzer Gelegenheit zur Stellungnahme gegeben werden.

6.5. Nach Beendigung des Nutzungsverhältnisses wird das Nutzerprofil auf der Plattform anonymisiert. Näheres entnehmen Sie bitte unseren Datenschutzregelungen.

7. Haftung

Die Haftung von betterplace.org wird für alle Schadenersatzansprüche und Haftungsfälle unabhängig von ihrem Rechtsgrund (beispielsweise Gewährleistung, Verzug, Unmöglichkeit, Pflichtverletzung, unerlaubte Handlung) ausgeschlossen, außer für Ansprüche

- wegen der Verletzung von Leben, Körper und Gesundheit,
- wegen Arglist oder aus Garantie,
- aus vorsätzlichem oder grob fahrlässigem Verhalten von betterplace.org oder ihrer gesetzlichen Vertreter,
- nach dem Produkthaftungsgesetz.

Für diese Ausnahmen verbleibt es bei der gesetzlichen Regelung.

8. Spendenprozess

Spendenprozess meint im Rahmen dieser Nutzungsbedingungen die Zuwendung an betterplace.org, gegebenenfalls unter Angabe eines gewünschten „Spendenziels". Unter einem Spendenziel versteht betterplace.org ein Projekt oder eine Organisation oder eine Spendenaktion für ein Projekt, die auf betterplace.org um Förderung werben und die betterplace.org im Rahmen ihrer Spendenentscheidung als Förderkörperschaft begünstigen kann. Die Förderung kann in Form einer Geldzuwendung oder der Vermittlung einer freiwilligen, unentgeltlichen Mitarbeit erfolgen.

betterplace.org strebt an, das vom Unterstützer gewünschte Spendenziel bei der Mittelverwendung zu berücksichtigen; einen Rechtsanspruch auf die Weiterleitung der Geldzuwendung an das vom Unterstützer benannte Ziel hat dieser jedoch ausdrücklich nicht. Bei der Mittelverwendung berücksichtigt betterplace.org neben dem Wunsch des Unterstützers ihre satzungsgemäßen gemeinnützigen Zwecke sowie die gültigen Nutzungsbedingungen und berichtet regelmäßig über die Mittelverwendung auf betterplace.org.

8.1. Rolle von betterplace.org

8.1.1. betterplace.org prüft die Projekte vor ihrer Veröffentlichung auf den sozialen Zweck ihrer beabsichtigten Umsetzung. betterplace.org lässt sich zudem durch Vorlage eines aktuell gültigen Freistellungsbescheids nachweisen, dass die projekttragende Organisation im Sinne des deutschen Steuerrechts als gemeinnützig anerkannt ist.

8.1.2. betterplace.org empfiehlt, ein Spendenziel nur zu unterstützen, falls der Unterstützer die Organisation bzw. den Verantwortlichen kennt oder ihm das Spendenziel von einer vertrauensvollen Person empfohlen wurde und er es auf Grund der Beschreibungen als sinnvoll erachtet. Jeder Unterstützer ist selbst dafür verantwortlich, alle Informationen einzuholen, die er gegebenenfalls für die Angabe eines gewünschten Spendenziels benötigt.

8.2. Geldzuwendungen

8.2.1. Geld kann in Form von Einmalzahlungen oder regelmäßig wiederkehrenden Zahlungen („Dauerspenden") gespendet werden. Dauerspenden können jederzeit unter dauerspende-kuendigen.betterplace.org mit sofortiger Wirkung beendet werden.

Bei der Geldspende ist im Normalfall das gewünschte Spendenziel auf betterplace.org ein „Projekt". In der „Projektbeschreibung" wird die Verwendung einer Zuwendung definiert. Jedes Projekt enthält dafür jeweils einen oder mehrere „Projektbedarfe", in denen der „Projektverantwortliche" angibt, was für die Umsetzung des entsprechenden Projekts voraussichtlich benötigt werden wird.

Darüber hinaus kann ein gewünschtes Spendenziel auch eine übergeordnete Instanz wie „Organisation“ oder „Spendenaktion“ sein. Diese leiten die Zuwendung anschließend an ein oder mehrere Projekte weiter, wo auch sie schlussendlich zur Umsetzung des entsprechend in der Projektbeschreibung definierten Verwendungszwecks benutzt werden.

Einzelheiten zu den Begrifflichkeiten und den Einstellungsbedingungen finden sich in den Bedingungen für Organisationen, Projekte und Zeitspenden .

8.2.2. Auszahlungsentscheidung – betterplace.org entscheidet nach Beantragung einer Auszahlung durch den Projektverantwortlichen über das Weiterspenden der gesammelten Zuwendungen. betterplace.org berücksichtigt bei ihrer Auszahlungsentscheidung in der Regel folgende Kriterien:

1. Die Organisation und das Projekt erfüllen die formellen Voraussetzungen (nachgewiesene Gemeinnützigkeit, Verfolgen satzungsgemäßer Zwecke).
2. Der Projektverantwortliche muss zum Auszahlungszeitpunkt die geplante Verwendung mit einer aussagekräftigen Projektneuigkeit dokumentieren.
3. betterplace.org hält das Projekt weiterhin für förderungswürdig.

Die Auszahlung erfolgt spätestens sechs Wochen nach einem durch betterplace.org positiv beschiedenen Auszahlungswunsch des Projektverantwortlichen. betterplace.org behält sich dennoch vor, bei vollständiger Finanzierung eines Bedarfs auch unaufgefordert auszuzahlen. Die Überweisung erfolgt an die projekttragende Organisation.

8.2.3. Anonyme Zuwendungen – Der Unterstützer hat sowohl als registrierter als auch als nicht registrierter Nutzer die Möglichkeit einer gewissermaßen anonymen Zuwendung.

Der Unterstützer gibt im Spendenprozess seinen Namen, seine E-Mail-Adresse, seine Postadresse und Kontodaten an. Diese Daten dienen seiner Authentifizierung im Zahlungsprozess.

Im Rahmen der Kommentarfunktion kann der Unterstützer wählen, ob seine Unterstützung mit oder ohne Geldbetrag und ob sie mit Namen und Bild (soweit ein Bild vorhanden) oder ohne Namen und Bild auf der Plattform angezeigt wird. Entscheidet sich der Unterstützer dafür, dass seine Unterstützung ohne Namen und Bild angezeigt wird, wird dieser als und „anonymer Unterstützer“ angezeigt. Die Voreinstellung jeweiligen Anzeige ergibt sich aus den Datenschutzregelungen unter „Geldspendenprozess“.

8.2.4. Spenden zur Unterstützung von betterplace.org – Im Falle einer Geldzuwendung besteht die Möglichkeit, bezüglich eines Teils der gespendeten Summe oder der ganzen gespendeten Summe als gewünschtes Spendenziel den Verbleib der angegebenen Summe bei betterplace.org für die Verfolgung ihrer satzungsgemäßen

Zwecke anzugeben. Auf diese Möglichkeit wird im Spendenprozess hingewiesen. Der vorgeschlagene Betrag kann vom Unterstützer geändert oder ganz entfernt werden.

8.2.5. Spendenaktionen – betterplace.org bietet Nutzern die Möglichkeit, Spendenaktionen auf der Plattform einzurichten. In einer Spendenaktion ruft der Aktionsmacher (registrierter Nutzer) anlassbezogen (z. B. an seinem Geburtstag oder einem Marathonlauf) dazu auf, gemeinsam eines oder mehrere Projekte auf betterplace.org mit Geldzuwendungen zu unterstützen. Die Zuwendungsbestätigung im Sinne von Ziffer 8.2.9 erhalten die Unterstützer, nicht der Aktionsmacher. Der Aktionsmacher sorgt für die Angabe der in der Spendenaktion ausgewählten Projekte als gewünschte Spendenziele. Er ist aufgefordert, die in seiner Spendenaktion gesammelten Zuwendungen möglichst zeitnah den ausgewählten Projekten zuzuordnen.

Unterbleibt eine zeitnahe Zuordnung der Zuwendungen, sendet betterplace.org zehn Monate nach dem letzten Spendeneingang eine Erinnerungs-E-Mail an den Aktionsmacher. In dieser Erinnerung wird er aufgefordert, die Spenden den gewünschten Spendenzielen zuzuordnen. Sollte der Aktionsmacher dieser Aufforderung nicht nachkommen, kann betterplace.org zwei Monate nach dieser Aufforderung die Spendenaktion beenden. betterplace.org wird dann unter Berücksichtigung der gewünschten Spendenziele entweder selbst eine Zuordnung vornehmen oder aber der Zuwendungsbetrag verbleibt bei betterplace.org, die den Zuwendungsbetrag für die Verfolgung ihrer satzungsgemäßen Zwecke einsetzt.

Letzteres ist zum Beispiel immer dann der Fall, wenn eine Zuwendung an keines der ausgewählten Projekte möglich ist, da das Projekt beispielsweise inzwischen voll finanziert oder nach Ziffer 8.3. beendet oder abgebrochen ist.

8.2.6. Rechtsverbindlichkeit – Der Unterstützer verpflichtet sich, den von ihm angegebenen Geldbetrag ohne Abzüge für etwaige Kosten des Geldtransfers endgültig für seine gewünschte Spendenziel-Unterstützung zur Verfügung zu stellen. Die Rückzahlung einer Zuwendung an den Unterstützer ist ausgeschlossen

8.2.7. Zahlung und Sicherheit – Zahlungen können über die verschiedenen auf der Plattform angebotenen Wege erfolgen (z. B. Kreditkarte, Bankeinzug, PayPal). Es gelten insoweit ergänzend die besonderen Bedingungen des jeweiligen Anbieters. Der Spendenprozess auf betterplace.org ist sicher. Die Daten werden über eine verschlüsselte Verbindung (SSL) übertragen und von betterplace.org nur im Zusammenhang mit der Spende verarbeitet.

Sofern der Unterstützer am SEPA-Lastschriftverfahren teilnimmt, wird betterplace.org dem Unterstützer vor jeder SEPA-Lastschrift (bei Dauerspenden vor der ersten SEPA-Lastschrift im Rahmen des Dauerauftrags) eine Vorabinformation (Pre-Notification) zuleiten, die den Lastschriftbetrag und den Fälligkeitstag enthält. Der Unterstützer erhält die Vorabinformation mindestens einen Tag vor Fälligkeit der

SEPA-Lastschrift. Die Vorabinformation kann gesondert oder als Teil anderer Nachrichten versandt werden.
8.2.8. Veröffentlichung/Prüfung von Zuwendungen – Ein wichtiger Aspekt von betterplace.org ist Transparenz bezüglich der Durchführung von Projekten. Für die Veröffentlichung von Zuwendungen gelten die Datenschutzregelungen, die in der jeweils gültigen Fassung auf betterplace.org veröffentlicht werden. Ergänzend ermächtigt der Unterstützer betterplace.org, beim Empfänger und/oder dem Zahlungsvermittler („Payment Service Provider") die Information zu überprüfen, ob und in welcher Höhe eine versprochene Zuwendung gezahlt worden ist. betterplace.org ist außerdem berechtigt, diese Informationen für Zwecke gesetzlich vorgeschriebener Auskünfte gegenüber Behörden und sonstigen Dritten für die gesetzlich vorgesehene Dauer zu speichern.

8.2.9. Zuwendungsbestätigung – Eine Zuwendungsbestätigung wird von betterplace.org nur ausgestellt, wenn betterplace.org die für die Ausstellung der Zuwendungsbestätigung erforderlichen Informationen, insbesondere Name und Adressdaten, vorliegen. Zuwendungen, für die eine Zuwendungsbestätigung erteilt werden kann, sind als solche auf betterplace.org gekennzeichnet.

Zuwendungsbestätigungen werden in der Regel nach Ablauf eines Kalenderjahres jährlich rückwirkend erteilt. Ein Anspruch auf Zwischenbescheinigung besteht nicht.

8.3. Beenden und Abbruch eines Geldspendenprojekts

8.3.1. Beenden eines Geldspendenprojekts durch den Projektverantwortlichen

1. a) Zu 100% finanzierte Projekte – Zu 100% finanzierte Projekte kann der Projektverantwortliche entweder selbst beenden oder sie werden automatisch von betterplace.org beendet.
2. b) Vorzeitige Beendigung von noch nicht zu 100% finanzierten Projekten – Der Projektverantwortliche hat sein Projekt zu beenden, wenn er sein Projekt auf der Plattform nicht zu Ende führen möchte, er die bereits gesammelten aber noch nicht ausgezahlten Zuwendungen aber für die in der Projektbeschreibung angegebenen und der Satzung der projekttragenden Organisation entsprechenden gemeinnützigen Zwecke verwenden kann. Der Projektverantwortliche muss den Grund der Beendigung seines Projekts sowie die zweckmäßige Verwendung der bisher gesammelten Zuwendungen auf der Plattform kommunizieren und kann die Auszahlung der bis zum Zeitpunkt der Beendigung des Projekts gesammelten Zuwendungen beantragen. Sodann entscheidet betterplace.org nach Ziffer 8.2.2., ob sie die gesammelten Zuwendungen an die projekttragende Organisation weiterspendet, wobei die in Ziffer 8.2.2. geregelte Mindestzuwendungshöhe hier ausnahmsweise nicht gilt. Entscheidet betterplace.org, dass keine Auszahlung erfolgen soll, verbleibt der bisher

eingeworbene Zuwendungsbetrag bei betterplace.org, die diese für die Verfolgung ihrer satzungsgemäßen Zwecke einsetzt.

8.3.2. Abbruch eines Geldspendenprojekts durch den Projektverantwortlichen – Ist das Erreichen des Projektziels wie in der Projektbeschreibung angegeben nicht mehr möglich oder besteht hierfür die ernsthafte Gefahr, so hat der Verantwortliche das Projekt abzubrechen und dies entsprechend auf der Plattform zu kommunizieren. In diesem Fall verbleibt der bisher eingeworbene Zuwendungsbetrag bei betterplace.org, die diesen für die Verfolgung ihrer satzungsgemäßen Zwecke einsetzt.

Wurden bis zum Zeitpunkt des Projektabbruchs keine Zuwendungen eingeworben, kann der Projektverantwortliche das Projekt löschen.

8.3.3. Abbruch eines Geldspendenprojekts durch betterplace.org – Darüber hinaus ist betterplace.org berechtigt, ein Projekt abzubrechen wegen

1. schwerer Verstöße gegen die AGB für Zeitspenden, steuerbegünstigte Organisationen und Projekte.

In diesem Fall verbleibt der bisher eingeworbene aber noch nicht ausgezahlte Zuwendungsbetrag bei betterplace.org, die diesen für die Verfolgung ihrer satzungsgemäßen Zwecke einsetzt.

2. der Unterlassung einer zeitnahen Beantragung einer Auszahlung der gesammelten Zuwendungen.

betterplace.org sendet den Projektverantwortlichen regelmäßig Erinnerungs-E-Mails, in denen über auszahlbares Spendenvolumen informiert wird. Projektverantwortliche sind verpflichtet, zeitnah innerhalb von zehn Monaten nach Eingang der letzten Zuwendung die Auszahlung zu beantragen. Spenden, die 12 Monate nach der letzten Zuwendung nicht ausgezahlt sind, verbleiben bei betterplace.org, die diese für die Verfolgung ihrer satzungsgemäßen Zwecke einsetzt.

3. des Nichterreichens der Mindestzuwendungshöhe, die zur Auszahlung berechtigt (siehe Ziffer 8.2.2.).

Wenn ein als gewünschtes Spendenziel angegebenes Projekt über 12 Monate hinweg nicht eine Zuwendungshöhe erreicht, die zur Auszahlung berechtigt, verbleibt der Zuwendungsbetrag bei betterplace.org, die diesen für die Verfolgung ihrer satzungsgemäßen Zwecke einsetzt.

8.4. Zeitspenden-Suche

8.4.1. Die Suche nach unentgeltlicher, freiwilliger Mitarbeit wird auf betterplace.org in einer „Zeitspenden-Suche" aufgeführt. „Zeitspenden-Suchen" können von natürlichen (Einzelpersonen) oder juristischen Personen (Organisationen) auf betterplace.org angemeldet werden. Für eine Zeitspenden-Suche gibt es jeweils einen Verantwortlichen der „Zeitspenden-Suche".

Bei einer Zeitspenden-Suche stellt betterplace.org nur den Kontakt zwischen potentiellen Unterstützern und dem Verantwortlichen oder dessen benannter Kontaktmöglichkeit her und unterstützt lediglich die Kommunikation. Die Abstimmung und Durchführung einer freiwilligen, unentgeltlichen Mitarbeit findet allein zwischen Unterstützer und Empfänger statt.

8.4.2. Die Erteilung einer Zuwendungsbestätigung von betterplace.org ist bei Zeitspenden ausgeschlossen.

8.5. Abschluss oder Abbruch einer Zeitspenden-Suche

8.5.1. Abschluss – Ist eine Zeitspenden-Suche abgeschlossen (zum Beispiel weil ein ehrenamtlicher Mitarbeiter gefunden wurde), so hat der Verantwortliche das Gesuch auf der Plattform zu deaktivieren.

Die Deaktivierung des Gesuchs auf der Plattform durch den Verantwortlichen hat zur Folge, dass das Gesuch auf der Plattform nicht mehr sichtbar ist. Der Verantwortliche für das Gesuch hat die Möglichkeit, das Gesuch bei Bedarf erneut zu aktivieren und damit auf der Plattform wieder sichtbar zu machen.

betterplace.org behält sich vor, Zeitspenden-Suchen mit einer zeitlichen Beschränkung zu versehen, nach deren Ablauf eine automatische Deaktivierung erfolgt, wenn der Verantwortliche der Aufforderung durch betterplace.org, das Gesuch aktiv zu bestätigen, nicht nachkommt.

8.5.2. Abbruch – Darüber hinaus ist betterplace.org auch berechtigt, wegen schwerer Verstöße gegen die AGB für Zeitspenden, steuerbegünstigte Organisationen und Projekte ein Gesuch auf der Plattform abzubrechen.

9. Änderungen von Bedingungen

Diese AGB sind vom März 2016 und aktuell gültig.

Wir behalten uns vor, unsere AGB jederzeit uneingeschränkt zu ändern, insbesondere um sie an gesetzliche oder technische Änderungen anzupassen. Die Aktualisierungen werden jeweils 30 Tage vor ihrem Inkrafttreten auf unserer Webseite bekannt gegeben. Registrierte Nutzer werden zum gleichen Zeitpunkt per E-Mail über anstehende Änderungen in Kenntnis gesetzt. Wir bitten Dich daher, die jeweils aktuelle Version auf unserer Webseite regelmäßig zu beachten.

Für Anregungen und Fragen zu den AGB von betterplace.org kannst Du Dich jederzeit an unseren Community-Manager wenden:

gut.org gemeinnützige AG
– Support –
Schlesische Straße 26

D-10997 Berlin
support@betterplace.org

10. Anwendbares Recht und Gerichtsstand

Es gilt das Recht der Bundesrepublik Deutschland unter Ausschluss des UN-Kaufrechts (CISG). Als Gerichtsstand wird der Sitz der gut.org gemeinnützige AG vereinbart.

Anlage 4: AGB Auxmoney

Stand: März 2016
Nutzungsbedingungen des auxmoney Online-Kreditmarktplatzes für Kreditsuchende.

Die Nutzung des auxmoney Online-Kreditmarktplatzes auf der Internetseite www.auxmoney.de (bzw. www.auxmoney.com) und der damit verbundenen Angebote unterliegen für Kreditsuchende den folgenden Allgemeinen Geschäftsbedingungen (AGB für Kreditsuchende).

Präambel:

Wir, die auxmoney GmbH (nachfolgend: „wir", „uns"), Königsallee 60F, 40212 Düsseldorf, Amtsgericht Düsseldorf, HRB 56768, Telefon: 0211–54243220, Telefax: 0211–54243298, info@auxmoney.com, gesetzlich vertreten durch die Geschäftsführer Raffael Johnen, Philipp Kriependorf und Manuel Nothelfer mit gleicher Anschrift, betreiben unter der Internetseite www.auxmoney.de (bzw. www.auxmoney.com) einen Online-Kreditmarktplatz (nachfolgend: „Marktplatz"). Unser Marktplatz steht Personen zur Verfügung, die für eigene Rechnung Verbraucherdarlehen im Sinne von § 491 BGB aufnehmen möchten (nachfolgend: „Kreditsuchende" oder „Darlehensnehmer") und die hierfür Geldgeber suchen sowie Personen, die Geld anlegen möchten (nachfolgend: „Anleger"). Anleger können natürliche Personen sein, die Geld überwiegend zu Zwecken anlegen möchten, die entsprechend § 13 BGB weder ihrer gewerblichen noch beruflichen Tätigkeit zugerechnet werden können (nachfolgend: „private Anleger"), sowie natürliche oder juristische Personen, die Geld ausschließlich zu gewerblichen oder beruflichen Zwecken anlegen möchten (nachfolgend: „professionelle Anleger").

Diese Nutzungsbedingungen gelten ausschließlich für Kreditsuchende. (Für den Fall, dass Sie den Marktplatz als privater Anleger nutzen möchten, finden Sie die für Sie geltenden Nutzungsbedingungen hier.)

Die Funktionsweise des Marktplatzes lässt sich vereinfacht wie folgt beschreiben:

> Auf dem Marktplatz können Kreditsuchende, die ein Darlehen wünschen und hierfür Geldgeber über den Marktplatz suchen, Kreditgesuche (nachfolgend: „Kreditprojekte") einstellen. Anleger können Finanzierungsgebote zur vollständigen Finanzierung der Kreditprojekte abgeben. Liegen ausreichende Finanzierungsgebote zur vollständigen Finanzierung eines Kreditprojektes vor, kommt das Kreditprojekt zustande. Reichen die Finanzierungsgebote nicht zur vollständigen Finanzierung des Kreditprojektes aus, kommt das Kreditprojekt nicht zustande.

Wir gewähren selbst keine Darlehen. Darlehen auf Basis zustande gekommener Kreditprojekte können ausschließlich von einer Bank gewährt werden. Um ein Darlehen zu erhalten, schließt ein Kreditsuchender nach Zustandekommen seines Kreditprojekts mit uns einen entgeltlichen Darlehensvermittlungsvertrag, auf dessen Basis wir uns als Darlehensvermittler um die Vermittlung eines den Konditionen des Kreditprojektes (insbesondere Darlehenshöhe, Darlehenslaufzeit, Darlehenszinssatz) entsprechenden Darlehensvertrages bei einer mit uns kooperierenden Bank bemühen. Kommt ein Darlehensvertrag zwischen dem Kreditsuchenden und einer Bank zustande, erwirbt ein am Kreditprojekt beteiligter Anleger die Darlehensrückzahlungs- und Zinsforderung (nachfolgend: „Darlehensforderung") der kreditgebenden Bank aus dem Darlehensvertrag jeweils in Höhe seines berücksichtigten Finanzierungsgebotes von der Bank. Die Verwaltung der Darlehensforderung für den jeweiligen Erwerber erfolgt durch unser Partnerunternehmen CreditConnect GmbH (nachfolgend: „CreditConnect").

Wie der Marktplatz im Einzelnen funktioniert, zu welchen Bedingungen der Marktplatz von Kreditsuchenden genutzt werden kann und welche Regeln hierbei gelten, ergibt sich ausschließlich aus den nachfolgenden Nutzungsbedingungen (nachfolgend: „Nutzungsbedingungen"), soweit diese nicht durch zwingendes abweichendes Recht (z. B. gesetzlich zwingende Vorschriften oder Individualabreden nach § 305b BGB) überlagert werden.

Vorab weisen wir auf die Regelungen zum Vertragsschluss in § 3, zum Widerrufsrecht in § 4 und zur Kündigung in § 11 hin und empfehlen, diese besonders aufmerksam zu lesen.

§1 Vertragsgegenstand, Geltungsbereich der Nutzungsbedingungen, Vertragssprache, Änderung der Nutzungsbedingungen und -entgelte

(1) Wenn Sie unseren Marktplatz als Kreditsuchender nutzen möchten, müssen Sie zu jeder Zeit unsere Nutzungsvoraussetzungen nach Maßgabe von § 2 dieser Nutzungsbedingungen vollständig erfüllen und mit uns nach Maßgabe von § 3 Absatz (1) dieser Nutzungsbedingungen einen unentgeltlichen Nutzungsvertrag über die Nutzung des Marktplatzes (nachfolgend: „Nutzungsvertrag") schließen. Inhalt des Nutzungsvertrags sind diese Nutzungsbedingungen sowie unsere gesonderten Regelungen zum Datenschutz (nachfolgend: „Regelungen zum Datenschutz"; siehe § 3 Absatz (2) dieser Nutzungsbedingungen). Auf Grundlage des Nutzungsvertrages kann der Kreditsuchende bei der Nutzung des Marktplatzes nach Maßgabe dieser Nutzungsbedingungen und unserer Regelungen zum Datenschutz unentgeltlich alle angebotenen Leistungen im Sinne von § 5 Absatz (1), § 6 und § 7 in Anspruch nehmen (alle innerhalb

dieser Nutzungsbedingungen angebotenen Leistungen werden nachfolgend als „Leistungen“ bezeichnet).

(2) Unser im Rahmen des Nutzungsvertrags geschuldetes Leistungsangebot beschränkt sich ausschließlich auf die in diesen Nutzungsbedingungen beschriebenen Leistungen unsererseits. Für die Erbringung und den geschuldeten Leistungsinhalt unserer Leistungen sind für uns und Kreditsuchende ausschließlich der Inhalt des Nutzungsvertrages und der Inhalt dieser Nutzungsbedingungen maßgeblich, soweit im Einzelnen nicht ausdrücklich etwas anderes mit einem Kreditsuchenden vereinbart ist. Für die Erhebung, Verarbeitung und Nutzung von Daten gelten unsere Regelungen zum Datenschutz einschließlich von Kreditsuchenden erteilter Einwilligungen. Andere oder entgegenstehende Bedingungen gelten – mit Ausnahme gesetzlich zwingender Regelungen – auch dann nicht, wenn wir ihnen nicht ausdrücklich widersprechen.

(3) Der Nutzungsvertrag, die Nutzungsbedingungen, unsere Regelungen zum Datenschutz und sonstige Informationen für Kreditsuchende stehen nur in deutscher Sprache zur Verfügung. Vertrags- und Kommunikationssprache ist ausschließlich Deutsch.

(4) Wir behalten uns vor, die Nutzungsbedingungen und unsere Regelungen zum Datenschutz sowie die von uns angebotenen Leistungen einseitig zu ändern. Die Änderungen werden den Kreditsuchenden per E-Mail mitgeteilt und treten mit dem Zu- gang der Mitteilung in Kraft unter der Bedingung, dass ein Kreditsuchender nicht innerhalb von sechs Wochen seit Zugang der Mitteilung der Änderung ganz oder teilweise schriftlich oder per E-Mail widersprochen hat, soweit wir in der Änderungsmitteilung auf diesen Umstand nochmals ausdrücklich hingewiesen haben. Änderungen entfalten keine Rückwirkung auf vor ihrem Inkrafttreten in Anspruch genommene Leistungen. Aus diesem Grund empfehlen wir, dass Sie die Ihnen bei der Registrierung zur Verfügung gestellte Version der Nutzungsbedingungen und der Regelungen zum Datenschutz speichern, weil eine personenbezogene Speicherung bei uns für Sie nicht erfolgt. Mit Zugang der Änderungsmitteilung steht Kreditsuchenden ein außerordentliches Kündigungsrecht für den geschlossenen Nutzungsvertrag zu. Widerspricht ein Kreditsuchender den mit- geteilten Änderungen der Nutzungsbedingungen und/oder Regelungen zum Datenschutz fristgerecht, bleibt es bei den bisherigen Nutzungsbedingungen und/oder Regelungen zum Datenschutz. Die Rechte zur Kündigung des Nutzungsvertrages nach § 11 Absatz (1) und Absatz (2) dieser Nutzungsbedingungen bleiben hiervon unberührt.

§ 2 Voraussetzungen für die Nutzung des Marktplatzes

Voraussetzung für die Marktplatznutzung durch Kreditsuchende ist, dass ein Kreditsuchender zuvor die persönlichen Nutzungsvoraussetzungen nach Maßgabe von § 2 Absatz (1) erfüllt, sich nach Maßgabe von § 2 Absatz (2) registriert, uns die erforderlichen Einwilligungen zur Ermittlung von Kreditausfallrisiken nach Maßgabe von § 2 Absatz (3) erteilt und die ihm obliegenden besonderen Verpflichtungen nach Maßgabe von § 2 Absatz (4) erfüllt.

(1) Persönliche Nutzungsvoraussetzungen
Zur Nutzung des Marktplatzes als Kreditsuchender ist nur zugelassen, wer:
- ein Verbraucherdarlehen im Sinne von § 491 BGB aufnehmen möchte,
- unbeschränkt geschäftsfähig ist,
- mindestens das 18. Lebensjahr vollendet hat,
- für eigene Rechnung und nicht in der Verfolgung überwiegend gewerblicher oder beruflicher Zwecke im Sinne des § 14 BGB handelt,
- seinen ständigen Wohnsitz und seine Zustelladresse in der Bundesrepublik Deutschland hat.

(2) Registrierung
Die Nutzung des Marktplatzes nach Maßgabe dieser Nutzungsbedingungen ist einem Kreditsuchenden nur möglich, wenn er sich vor dem Abschluss des Nutzungsvertrages und vor der ersten Nutzung des Marktplatzes bei uns registriert. Ein Kreditsuchender kann sich bei uns zur Nutzung des Marktplatzes registrieren, indem er das von uns zu diesem Zweck auf dem Markt- platz zur Verfügung gestellte Registrierungsformulars (nachfolgend „Registrierungsformular") vollständig und wahrheitsgemäß ausfüllt und uns nach Maßgabe von § 3 Absatz (1) dieser Nutzungsbedingungen übermittelt. Eventuelle Eingabefehler kann der Kreditsuchende bei der Registrierung korrigieren, indem er die von ihm in das Registrierungsformular eingegebenen und dort angezeigten Daten löscht und andere Daten eingibt. Jeder auf dem Marktplatz registrierte Kreditsuchende erhält von uns eine Identifikationsnummer („ID-Nummer"), die uns eine Zuordnung des einzelnen Kreditsuchenden zu seinen Persönlichen Daten ermöglicht. Jeder Kreditsuchende verpflichtet sich, die ID-Nummer Dritten nicht zugänglich zu machen. Entsprechendes gilt für sein Passwort. Jeder Kreditsuchende haftet uns gegenüber und/oder dem jeweiligen Anleger gegenüber als echter Vertrag zu Gunsten Dritter (§ 328 Absatz 1 BGB) bei einem schuldhaften Verstoß gegen die jeweilige, vorgenannte Unterlassungspflicht auf Schadensersatz. Bei der Registrierung muss ein Kreditsuchender uns neben einem von ihm nach Maßgabe der Verfügbarkeit zu bestimmenden Passwort mindestens die folgenden Daten zur Verfügung stellen:

a) Vor- und Nachname, Geburtsdatum, Staatsangehörigkeit, Familienstand, Beruf, Anschrift, Telefon, E-Mail-Adresse, Angaben zu den monatlichen Gesamteinnahmen und -ausgaben, Angaben zum Vorhandensein einer auf den Kreditsuchenden ausgestellten EC-Karte und/oder Kreditkarte sowie zum Vorhandensein von Wohneigentum des Kreditsuchenden (nachfolgend: „Persönliche Daten").
b) Angabe des gewünschten Darlehensbetrags; Angabe eines Verwendungszwecks des Darlehens aus einer auf dem Marktplatz vorgegebenen Auswahl; Angaben dazu, ob eine Restkreditversicherung gewünscht ist; detaillierte Darstellung des monatlichen Nettoeinkommens und sonstiger monatlicher

Einnahmen (Kindergeld, Mieteinahmen etc.) des Kreditsuchenden, detaillierte Darstellung der monatlichen Ausgaben (Versicherungen, Miete, Unterhalt etc.) sowie Angaben zu Grundbesitz des Kreditsuchenden (nachfolgend: zusammen „Finanzbericht" genannt); Angabe, ob der Kreditsuchende über ein in seinem Eigentum stehendes oder im Eigentum eines Dritten stehendes Kraftfahrzeug (nachfolgend: „Kfz") verfügt. Von Kreditsuchenden, deren Kreditprojekt der Scoreklasse „X" zugeordnet ist (siehe nachfolgend Absatz (3) b)) bedarf es zusätzlich zu den vorgenannten Angaben der Angabe eines Projekttitels, einer Beschreibung ihres Kreditprojektes und eines Fotos. Zur Veröffentlichung von Kreditprojekten auf dem Marktplatz müssen Kreditsuchende zusätzlich einen Benutzernamen angeben.

Die in diesem Unterabsatz b) genannten Daten werden nachfolgend als „Kreditprojektdaten" bezeichnet.

c) Sofern wir Kreditsuchenden gestatten, für den Fall des zukünftigen Zustandekommens eines Darlehensvertrages ein Kfz als Sicherheit zu stellen („Kfz als Sicherheit"), muss der Kreditsuchende uns zusätzlich den Aufbewahrungsort des Fahrzeugbriefes (Zulassungsbescheinigung Teil II), die Fahrzeugbriefnummer, das Erstzulassungsdatum des Kfz, die Hersteller- und Typenschlüsselnummer sowie den aktuellen Kilometerstand des Kfz vor Veröffentlichung des Kreditprojektes angeben. Die vorstehenden Daten zum Kfz sind im Fall von Kfz als Sicherheit ebenfalls Bestandteil der Kreditprojektdaten im Sinne von vorstehendem Unterabsatz b).

Im Fall Kfz als Sicherheit sind wir nach Maßgabe unserer Regelungen zum Datenschutz berechtigt, aber nicht verpflichtet, den Wert des Kfz durch Dritte ermitteln zu lassen. Der Kreditsuchende wird hierfür soweit erforderlich unentgeltlich mitwirken. Ein Beschaffungsrisiko übernehmen wir ebenso wenig, wie die Schuld eines Leistungserfolgs. Lassen wir den Wert des Kfz ermitteln, erfolgt die Wertermittlung für den Kreditsuchenden unentgeltlich.

d) Verpflichtung von Kreditsuchenden zur Datenaktualisierung und Auskunft

aa) Kreditsuchende sind verpflichtet, ihre Persönlichen Daten und Kreditprojektdaten auf Aktualität zu pflegen und uns eingetretene Änderungen hinsichtlich dieser Daten unverzüglich mitzuteilen sowie Korrekturen dieser Daten (soweit nach § 7 Absatz (5) möglich) entsprechend eingetretener Änderungen unverzüglich durchzuführen. Dies gilt insbesondere bei Änderung ihrer Kontodaten und/oder bei Kreditsuchenden mit laufenden Kreditprojekten oder durch uns vermittelten Darlehensverträgen für Änderungen ihrer persönlichen Verhältnisse. Verstößt ein Kreditsuchender gegen die vorstehenden Verpflichtungen zur Pflege, Mitteilung und/oder Datenkorrektur, haften wir nicht für daraus entstehende Schäden. Im Übrigen verweisen wir auf § 2 Absatz (4).

bb) Für den Fall, dass unsererseits Zweifel an der Richtigkeit oder Vollständigkeit von Angaben bestehen, die ein Kreditsuchender uns gegenüber in Vollzug der Regelungen aus § 2 dieser Nutzungsbedingungen gemacht hat, behalten wir uns zur Durchführung des Nutzungsvertrages mit dem Kreditsuchenden – jedoch ohne Schutzwirkung für Anleger oder andere Nutzer unserer Plattform

– sowie hinsichtlich der nach erfolgreichem Zustandekommen eines Kreditprojektes bestehenden Möglichkeit des Abschlusses eines Darlehensvermittlungsvertrages das Recht vor, vom Kreditsuchenden ergänzende Informationen und geeignete Nachweise für die Richtigkeit der uns gegenüber gemachten Angaben zu verlangen. Dies gilt auch, sofern ein Kreditprojekt des Kreditsuchenden bereits nach Maßgabe von § 7 Absatz (3) c) oder § 7 Absatz (4) b) zustande gekommen ist. Eine Verpflichtung zur Prüfung der Richtigkeit von Angaben des Kreditsuchenden oder von Nachweisen des Kreditsuchenden übernehmen wir jedoch nicht. Wir verweisen auf § 5 Absatz (2) dieser Nutzungsbedingungen.

cc) Kreditsuchende, können Kreditprojekte nur auf dem Marktplatz veröffentlichen, wenn uns vor Veröffentlichung eine Bestätigung über ihre Identität (nachfolgend: „Ident") vorliegt. Kreditsuchende sind verpflichtet, uns vor der Veröffentlichung ihres Kreditprojektes auf dem Marktplatz ein Ident, nach ihrer Wahl, entweder der Deutsche Post AG, Charles-de-Gaulle-Straße 20, 53113 Bonn, oder eines anderen auf dem Marktplatz genannten Ident-Anbieters(gemeinsam nachfolgend auch: „Dienstleister" genannt), zur Verfügung zu stellen. Um ein Ident von einem Dienstleister zu erhalten, müssen Kreditsuchende auf dem Marktplatz das Identifizierungsverfahren eines Dienstleisters (z. B. Deutsche Post AG: Post-Ident-Verfahren) auswählen und das ausgewählte Identifizierungsverfahren erfolgreich durchführen. Die Durchführung eines Identifizierungsverfahrens ist bei uns für Kreditsuchende unentgeltlich. Die in Satz 2 dieses Unterabsatzes cc) genannte Verpflichtung gilt als erfüllt, wenn uns ein Ident eines Dienstleisters durch den vom jeweiligen Kreditsuchenden für die Identifizierung ausgewählten Dienstleister zugeht. Ein Ident ist gerechnet ab Zugang bei uns 3 Jahre lang gültig und kann in dieser Zeit vom jeweiligen Kreditsuchenden für Kreditprojekte genutzt werden. Nach Ablauf des 3-Jahres-Zeitraums müssen Kreditsuchende uns erneut ein Ident eines Dienstleisters zur Verfügung stellen, bevor sie erneut ein Kreditprojekt auf dem Marktplatz veröffentlichen können.

(3) Erteilung von Einwilligungen zur Ermittlung von Kreditausfallrisiken Voraussetzung für die Marktplatznutzung durch Kreditsuchende ist die Erteilung folgender Einwilligungen durch den Kreditsuchenden:

a) Der Kreditsuchende willigt ein, dass wir nach Maßgabe unserer Regelungen zum Datenschutz zur Durchführung des Nutzungsvertrages mit dem Kreditsuchenden – jedoch ohne Schutzwirkung für andere Marktplatznutzer – sowie hinsichtlich der nach erfolgreichem Zustandekommen eines Kreditprojektes bestehenden Möglichkeit des Abschlusses eines Darlehensvermittlungsvertrages jederzeit berechtigt, aber nicht verpflichtet sind, im Hinblick auf den Kreditsuchenden Anfragen bei einer oder mehrerer der in unseren Regelungen zum Datenschutz unter Kapitel 2 Absatz (2) genannten Auskunfteien (nachfolgend: „Auskunfteien"; z. B. SCHUFA Holding AG) über die Bonität des Kreditsuchenden und darüber zu tätigen, ob bei der/den Auskunftei(en) über den Kreditsuchenden Negativmerkmale bekannt sind. Die Bonität von

Kreditsuchenden wird von den Auskunfteien in Form von Scorewerten ermittelt und dargestellt. Negativmerkmale sind Merkmale, die üblicherweise einer Kreditvergabe entgegenstehen oder diese umfänglich einschränken (z. B. laufende Inkassoverfahren, Insolvenz, eidesstattliche Versicherung, überdurchschnittliches Forderungsausfallrisiko oder Vergleichbares, nachfolgend: „Negativmerkmale").

Wir behalten uns vor, für einen Kreditsuchenden keinen Finanzierungsvorschlag im Sinne von § 7 Absatz (2) a) und b) zu ermitteln oder anzuzeigen, die Höhe des Darlehensbetrages eines Kreditprojektes zu beschränken, Kreditsuchende von der Platzierung und/oder Veröffentlichung von Kreditprojekten auszuschließen oder die Platzierung und/oder Veröffentlichung eines Kreditprojektes zu verweigern, wenn uns von mindestens einer der vorgenannten Auskunfteien keine Auskünfte über den jeweiligen Kreditsuchenden erteilt werden oder wenn eine Auskunftsanfrage ergibt, dass dort zu dem jeweiligen Kreditsuchenden ein oder mehrere Negativmerkmale vorliegen. Gleiches gilt, sofern ein Kreditsuchender auf unsere Nachfrage nach § 2 Absatz (2) d) bb) keine oder keine ausreichende Auskunft erteilt oder Nachweise zur Verfügung stellt. Die Nichtanzeige eines Finanzierungsvorschlags, die Beschränkung der Höhe des Darlehensbetrages eines Kreditprojektes, der Ausschluss von Kreditsuchenden von der Platzierung von Kreditprojekten oder die Verweigerung der Veröffentlichung eines Kreditprojektes erfolgt ausschließlich in unserem eigenen Interesse und mit Schutzwirkung ausschließlich für uns, um einen möglichst reibungslosen Betrieb des Marktplatzes und einer etwaigen Darlehensvermittlung zu ermöglichen. Wir verweisen auf § 5 Absatz (2) dieser Nutzungsbedingungen.

b) Der Kreditsuchende willigt ein, dass wir nach Maßgabe unserer Regelungen zum Datenschutz zur Durchführung des Nutzungsvertrages mit dem Kreditsuchenden – jedoch ohne Schutzwirkung für andere Marktplatznutzer – sowie hinsichtlich der nach erfolgreichem Zustandekommen eines Kreditprojektes bestehenden Möglichkeit des Abschlusses eines Darlehensvermittlungsvertrages jederzeit berechtigt, aber nicht verpflichtet sind, vor der Ermittlung oder Anzeige eines Finanzierungsvorschlages im Sinne von § 7 Absatz (2) a) und b) im Hinblick auf den Kreditsuchenden unter Zugrundelegung eines wissenschaftlich anerkannten mathematisch-statistischen Verfahrens einen Wahrscheinlichkeitswert dafür zu ermitteln, ob der jeweilige Kreditsuchende bei Zustandekommen seines Kreditprojektes in der Lage ist, ein ihm gewährtes Darlehen Zurückzahlen oder nicht (nachfolgend „Kreditausfallrisiko").

Die Ermittlung des Wahrscheinlichkeitswerts erfolgt auf Basis der in den Regelungen zum Datenschutz unter Kapitel 2 Absatz (3) genannten Daten des Kreditsuchenden. Ausgehend von den von uns jeweils berechneten Wahrscheinlichkeitswerten und ggf. auf Basis von Informationen und/oder Nachweisen des Kreditsuchenden auf zusätzlich von uns vom Kreditsuchenden erbetener Auskünften sind wir jederzeit berechtigt, aber nicht verpflichtet, den Kreditsuchenden jeweils einer von 8 verschiedenen Scoreklassen („AAA",

„AA“, „A“, „B“, „C“, „D“, „E“ und „X“) zuzuordnen. Jede Scoreklasse wird nachfolgend jeweils auch als „auxmoney-Score“ bezeichnet. Die Scoreklassen drücken jeweils ein in alphabetischer Reihenfolge (von „AAA“, „AA“, „A“, „B“, „C“, „D“, „E“ sowie „X“) ansteigendes Kreditausfallrisiko aus. Das Kreditausfallrisiko ist daher nach unserer subjektiven Risikoeinschätzung in der Scoreklasse „X“ am höchsten. Die Ermittlung des auxmoney-Scores erfolgt ausschließlich in unserem eigenen Interesse und ohne Schutzwirkung für Dritte, um einen möglichst reibungslosen Betrieb des Marktplatzes und eine Darlehensvermittlung zu ermöglichen, und wird von uns weder Kreditsuchenden, noch Anlegern geschuldet oder geleistet. Wir verweisen auf § 5 Absatz (2).

c) Unter der Voraussetzung, dass ein Kreditsuchender einen Finanzierungsvorschlag nach Maßgabe von § 7 Absatz (2) a) und b) auswählt, sind wir berechtigt, aber nicht verpflichtet, das Kreditprojekt des Kreditsuchenden, seine Kreditprojektdaten ein- schließlich der ggf. von ihm gemachten Angaben zum Finanzbericht i.S.v. § 2 Absatz (2) b) – jedoch nur als Differenzbetrag aus der Summe des monatlichen Einkommens abzüglich der Summe der monatlichen Ausgaben – sowie die folgenden, zusammen auch als „Bonitätsinformationen“ bezeichneten Daten: Ident, das Ergebnis der Wertermittlung im Fall „Kfz als Sicherheit“, die Ergebnisse der von der/den Auskunftei(en) mitgeteilten Auskünfte über die Bonität von Kreditsuchenden (SCHUFA-Score, CEG-Score, AIS-Score, Bürgel-Score), auxmoney-Score des jeweiligen Kreditsuchenden, auf dem Marktplatz für die Allgemeinheit und für Anleger sichtbar zu veröffentlichen. Die Löschung des Benutzernamens des Kreditsuchenden, der Kreditprojektdaten, der ggf. von ihm gemachten Angaben zum Finanzbericht (nach Maßgabe dieses Unterabsatzes c)) oder der Bonitätsinformationen aus einem auf dem Marktplatz platzierten oder veröffentlichten Kreditprojekt durch den Kreditsuchenden ist nicht möglich. Wir verweisen auf § 7 Absatz (5).

(4) Besondere Pflichten von Kreditsuchenden, Folgen von Verstößen gegen Nutzungsvoraussetzungen

a) Kreditsuchende sind verpflichtet, den Marktplatz nur bestimmungsgemäß und nur im Rahmen gesetzlich zulässiger Zwecke zu nutzen. Sie sind verpflichtet, keine rechtswidrigen Inhalte, insbesondere nicht solche, die gegen strafrechtliche, persönlichkeitsrechtliche, markenrechtliche, wettbewerbsrechtliche, lizenz- oder urheberrechtliche Bestimmungen verstoßen, auf dem Marktplatz anzeigen zu lassen, anzubieten oder zu verbreiten, auf Angebote mit solchen Inhalten hinzuweisen oder Verknüpfungen (nachfolgend: „Links“ oder „Link“) zu solchen Seiten bereitzustellen. Wir prüfen die von Kreditsuchenden veröffentlichten Inhalte nicht. Wird uns ein Verstoß gegen die in diesem Absatz (4) a) vereinbarten Regelungen mitgeteilt, entfernen wir solche etwaigen rechts- oder sittenwidrigen Inhalte, Hinweise oder Links auf Basis einer Plausibilitätsprüfung bei objektiven Anhaltspunkten ohne weitere Prüfung unverzüglich. Kreditsuchende sind verpflichtet, uns von allen etwaigen Ansprüchen Dritter, die aus der schuldhaften Verletzung dieser Nutzungsvoraussetzungen durch sie resultieren bzw. mit dieser im Zusammenhang stehen, freizustellen. Dies gilt insbesondere für den Fall, dass Kreditsuchende schuldhaft Inhalte wettbewerbswidriger Art und/oder solche Inhalte, an denen sie nicht über die zur Nutzung und/oder Veröffentlichung erforderlichen Rechte verfügen, auf dem Marktplatz, z.B. unter Verstoß gegen das Gesetz gegen den unlauteren Wettbewerb, gegen das Markengesetz, gegen das Urheberrechtsgesetz oder gegen das Kunsturheberrechtsgesetz, einstellen, veröffentlichen oder auf andere Weise nutzen.

b) Sofern ein Kreditsuchender gegen die in diesem § 2 genannten Nutzungsvoraussetzungen verstößt oder darin vereinbarte Verpflichtungen nicht erfüllt, steht es uns ohne vorherige Ankündigung und nach eigenem Ermessen frei, vom Kreditsuchen- den nicht richtig, nicht vollständig oder rechtswidrig auf dem Marktplatz eingestellte Inhalte zu entfernen und/oder das Kreditprojekt eines solchen Kreditsuchenden vor Platzierung und/oder Veröffentlichung von der Platzierung und/oder Veröffentlichung auf dem Marktplatz auszuschließen und es zu sperren, es nach Platzierung/Veröffentlichung unverzüglich zu löschen und/oder einem solchen Kreditsuchenden auch nach Zustandekommen seines Kreditprojektes kein Angebot auf Abschluss eines Darlehensvermittlungsvertrages zu unterbreiten. In den beiden letztgenannten Fällen verfallen die von Anlegern auf das Kreditprojekt eines solchen Kreditsuchenden abgegebenen Finanzierungsgebote ersatzlos.

§ 3 Abschluss des Nutzungsvertrags, Regelungen zum Datenschutz

(1) Abschluss des Nutzungsvertrags
Einen Nutzungsvertrag als Kreditsuchender kann mit uns nur abschließen, wer die Nutzungsvoraussetzungen gemäß § 2 dieser Nutzungsbedingungen erfüllt. Für den Abschluss des Nutzungsvertrages ist es erforderlich, dass uns ein Kreditsuchender ein ordnungsgemäß ausgefülltes Registrierungsformular übermittelt, indem er die hierfür auf dem Marktplatz zur Verfügung stehende Schaltfläche anklickt und uns das ausgefüllte Registrierungsformular zugeht. Nach Zugang des Registrierungsformulars bei uns übersenden wir dem Kreditsuchenden an die jeweils von ihm angegebene E-Mail-Adresse per E-Mail unser Angebot zum Abschluss des Nutzungsvertrages über die Nutzung des Marktplatzes auf Grundlage und unter Einbeziehung dieser Nutzungsbedingungen und unserer Regelungen zum Datenschutz. Zusammen mit unserem Vertragsangebot erhält der Kreditsuchende diese Nutzungsbedingungen und unsere Regelungen zum Datenschutz in Textform. Die Annahme unseres Angebots zum Abschluss des Nutzungsvertrags erfolgt durch den Kreditsuchenden, indem er den hierfür in unserer vorgenannten E-Mail enthaltenen Link anklickt. Erst wenn ein Kreditsuchender unser Vertragsangebot durch das Anklicken dieses Links angenommen hat, kommt der Nutzungsvertrag zustande. Durch das Anklicken des Links gelangt der Kreditsuchende automatisch wieder auf den Marktplatz und kann dann ab diesem Zeitpunkt im Rahmen

der Verfügbarkeit des Marktplatzes nach Maßgabe von § 6 unsere nach diesen Nutzungsbedingungen geschuldeten Leistungen in Anspruch nehmen.

(2) Regelungen zum Datenschutz
Nach Zustandekommen und während der Laufzeit des Nutzungsvertrags kann der Kreditsuchende nach Anmeldung auf dem Marktplatz mittels seiner E-Mailadresse bzw. seines Benutzernamens und seines Passwortes seine Persönlichen Daten – mit Ausnahme der E-Mailadresse – im Rahmen der Verfügbarkeit nach § 6 auf dem Marktplatz einsehen und jederzeit ändern. Die Erhebung, Verarbeitung und Nutzung von Daten der Kreditsuchenden im Zusammenhang mit dem Nutzungsvertrag er- folgt nach Maßgabe unserer Regelungen zum Datenschutz unter strikter Einhaltung der gesetzlichen Vorschriften zum Datenschutz.

(3) Ausdruck bzw. Anforderung der Nutzungsbedingungen und Regelungen zum Datenschutz Der Kreditsuchende kann jederzeit im Rahmen der Verfügbarkeit des Marktplatzes nach diesen Nutzungsbedingungen auf dem Marktplatz jeweils unter www.auxmoney.de (bzw. www. auxmoney.com) die aktuellen Nutzungsbedingungen unter dem Link „AGB" und unsere Regelungen zum Datenschutz unter dem Link „Datenschutz" (beide Links befinden sich am Ende jeder Marktplatzseite) einsehen, herunterladen und ausdrucken oder diese jederzeit unentgeltlich bei uns zur Zusendung anfordern.

§ 4 Widerrufsbelehrung

Widerrufsbelehrung

Widerrufsrecht
Sie können Ihre Vertragserklärung innerhalb von 14 Tagen ohne Angabe von Gründen mittels einer eindeutigen Erklärung widerrufen. Die Frist beginnt nach Erhalt dieser Belehrung auf einem dauerhaften Datenträger, jedoch nicht vor Vertragsschluss und auch nicht vor Erfüllung unserer Informationspflichten gemäß Artikel 246b § 2 Absatz 1 in Verbindung mit Artikel 246b § 1 Absatz 1 EGBGB. Zur Wahrung der Widerrufsfrist genügt die rechtzeitige Absendung des Widerrufs, wenn die Erklärung auf einem dauerhaften Datenträger (z.B. Brief, Telefax, E-Mail) erfolgt. Der Widerruf ist zur richten an:

auxmoney GmbH, Königsallee 60F, 40212 Düsseldorf, Telefax: 0211 512 432 98,
E-Mail: info@auxmoney.com

Widerrufsfolgen
Im Falle eines wirksamen Widerrufs sind die beiderseits empfangenen Leistungen zurückzugewähren. Sie sind zur Zahlung von Wertersatz für die bis zum Widerruf erbrachte Dienstleistung verpflichtet, wenn Sie vor Abgabe Ihrer Vertragserklärung auf diese Rechtsfolge hingewiesen wurden und ausdrücklich zugestimmt haben, dass wir vor dem Ende der Widerrufsfrist mit der Ausführung der Gegenleistung beginnen. Besteht eine Verpflichtung zur Zahlung von Wertersatz, kann dies dazu führen, dass Sie die vertraglichen Zahlungsverpflichtungen für den Zeitraum bis

zum Widerruf dennoch erfüllen müssen. Ihr Widerrufsrecht erlischt vorzeitig, wenn der Vertrag von beiden Seiten auf Ihren ausdrücklichen Wunsch vollständig erfüllt ist, bevor Sie Ihr Widerrufsrecht ausgeübt haben. Verpflichtungen zur Erstattung von Zahlungen müssen innerhalb von 30 Tagen erfüllt werden. Die Frist beginnt für Sie mit der Absendung Ihrer Widerrufserklärung, für uns mit deren Empfang.

Ende der Widerrufsbelehrung

§ 5 Leistungen von auxmoney

(1) Wir erbringen gegenüber Kreditsuchenden auf Grundlage eines mit uns geschlossenen Nutzungsvertrages und nach Maßgabe dieser Nutzungsbedingungen ausschließlich folgende, abschließend aufgeführte Leistungen, soweit diese nicht nach nachfolgendem § 5 Absatz (2) ausgeschlossen oder eingeschränkt sind:

- Zurverfügungstellung des Marktplatzes gemäß § 6 der Nutzungsbedingungen;
- Kreditprojektbezogene Leistungen gemäß § 7 der Nutzungsbedingungen.

(2) Insbesondere folgende Leistungen werden von uns nicht auf Grundlage des Nutzungsvertrages nach Maßgabe dieser Nutzungsbedingungen erbracht oder geschuldet:

- Vermittlung von Darlehen (für eine Darlehensvermittlung durch uns ist der vorherige schriftliche Abschluss eines gesonderten Darlehensvermittlungsvertrages erforderlich);
- Berechnung des Kreditausfallrisikos von Kreditsuchenden, Zuordnung von Kreditausfallrisiken zu Scoreklassen als auxmoney-Score, Mitteilung eines auxmoney-Score an Kreditsuchende;
- Beratungsleistungen, Rat- oder Auskunftserteilung, Finanzdienstleistungen oder Bankgeschäfte;
- Prüfung der Echtheit und Richtigkeit von Unterlagen, Angaben und/oder Daten Kreditsuchender oder Dritter;
- Prüfung der Bonität oder Identität von Kreditsuchenden;
- Prüfung der Werthaltigkeit oder der Rechtswirksamkeit der Bestellung oder des Bestands oder der Durchsetzbarkeit
- von Sicherheiten, die von Kreditsuchenden oder Dritten gestellt werden;
- Verkauf und/oder Abtretung von Darlehensforderungen an Anleger;
- Zustandebringen des/der Vertragsverhältnisse zwischen Kreditsuchenden und der kreditgebenden Bank und/oder
- zwischen Anlegern und der kreditgebenden Bank oder CreditConnect.

§ 6 Zurverfügungstellung des Marktplatzes

(1) Die Marktplatznutzung durch Kreditsuchende setzt neben der Erfüllung der in § 2 genannten Nutzungsvoraussetzungen voraus, dass ein Kreditsuchender

jeweils über die für den Zugriff auf www.auxmoney.de (bzw. www.auxmoney.com) über das Internet erforderlichen und geeigneten technischen Mittel (z. B. Computer, Internetzugang, E-Mailadresse) verfügt. Im Rahmen des geschlossenen Nutzungsvertrages stellen wir dem Kreditsuchenden den Marktplatz lediglich nach Maßgabe unserer Nutzungsbedingungen, mit der nachfolgend in § 6 Absätze (2) bis (4) abschließend aufgeführten Verfügbarkeit und der von uns tatsächlich jeweils geleisteten (frei wählbaren) Vorhaltung zur Verfügung.

(2) Mit Inanspruchnahme der ersten Leistung verpflichten wir uns im nachfolgend dargestellten Rahmen des § 6 Absätze (2) bis (4), den Zugang zum Marktplatz mit einer durchschnittlichen jährlichen Verfügbarkeit in Höhe von 95 % sicher zu stellen. Eine jederzeitige Verfügbarkeit ist jedoch nicht geschuldeter Leistungsgegenstand. Insbesondere notwendige Wartungsarbeiten, zwingende Sicherheitsgründe sowie Ereignisse, die außerhalb unseres Herrschaftsbereich stehen (z. B. Störungen von öffentlichen Kommunikationsnetzen, Stromausfälle oder ähnliche Ereignisse), können zu Störungen oder zur vorübergehenden Ein-stellung unserer Leistungen und der Erreichbarkeit des Marktplatzes auch unterhalb der durchschnittlichen Verfügbarkeit in Höhe von durchschnittlich 95 % führen, ohne dass dies eine vertragliche Pflichtverletzung unsererseits darstellt, soweit wir eine solche Vertragspflichtverletzung nicht schuldhaft herbeigeführt haben. Der Zugang zum Marktplatz und dessen Verfügbarkeit für den Kreditsuchenden hängt insbesondere auch von der eigenen technischen Ausstattung der Kreditsuchenden sowie von der Datenübertragung im Internet durch Dritte ab.

(3) Wir erbringen unsere Leistungen ausschließlich auf Grundlage des technischen Standes des Marktplatzes bei Abschluss des Nutzungsvertrages und des zu diesem Zeitpunkt und zu dem Zeitpunkt der konkreten Leistungsinanspruchnahme bestehen- den technischen Standes des Marktplatzes und des Internets und der jeweiligen, rechtlichen und kommerziellen Rahmenbedingungen für dessen Nutzung innerhalb der Bundesrepublik Deutschland.

(4) Wir können den Zugang zum Marktplatz unter Einschränkung der grundsätzlich geschuldeten Verfügbarkeit nach vorstehen- dem Absatz (2) jederzeit vorübergehend einschränken oder einstellen, wenn dies im Hinblick auf die Sicherheit oder Integrität unserer Server oder zur Durchführung zwingender technischer Maßnahmen zur Aufrechterhaltung der vertraglichen Leistung auch gegenüber anderen Kreditsuchenden zwingend erforderlich ist. Die Einschränkung des Marktplatzzugangs kann insbesondere zum Schutz gegen Angriffe aus dem Internet (z. B. bei sog. „Denial of Service“-Attacken) erforderlich sein und ist in diesem Fall zulässig, auch wenn hierdurch die jährlich durchschnittliche Verfügbarkeit nach vorstehendem Absatz (2) abgesenkt wird. Wir weisen hierbei darauf hin, dass wir unsere Systeme gegen den unbefugten Zugriff Dritter auf die von uns gespeicherten Daten ausschließlich mit den jeweils bei uns vorhandenen Sicherheitssystemen sichern und dass ein absoluter Schutz gegen Angriffe Dritter nach dem gegenwärtigen Stand der Technik nicht möglich ist und von uns nicht geschuldet ist.

§ 7 Kreditprojektbezogene Leistungen

Unsere Verpflichtung zur Erbringung der in diesem § 7 in den Absätzen (1) bis (7) jeweils genannten kreditprojektbezogenen Leistungen gegenüber Kreditsuchenden steht unter dem Vorbehalt der vollständigen Erfüllung der sämtlichen Nutzungsvoraussetzungen durch den Kreditsuchenden nach Maßgabe von § 2 dieser Nutzungsbedingungen.

(1) Anlage von Kreditprojekten

a) Kreditsuchende können auf dem Marktplatz nach Maßgabe dieser Nutzungsbedingungen Kreditprojekte nach von uns vor- gegebenen, standardisierten Parametern, z. B. nach vorgegebenen Textbausteinen, Eingabe- oder Einstellungsmöglichkeiten, unter Berücksichtigung der von ihnen angegebenen Kreditprojektdaten gemäß § 2 Absatz (2) b) (etwa gewünschter Darlehensbetrag, Verwendungszweck des Darlehens) anlegen (nachfolgend: „Kreditprojekt“). Die Anlage eines Kreditprojektes erfolgt für den Kreditsuchenden automatisch durch uns nach Zugang des Registrierungsformulars bei uns. Für jedes Kreditprojekt vergeben wir eine gesonderte, nicht veränderbare Kreditprojekt-Identifikationsnummer („Kreditprojekt-ID“). Der Inhalt des Kreditprojektes kann sich vor einer Platzierung oder Veröffentlichung im Sinne der nachfolgenden Absätze (3) und (4) noch ändern, wenn der Kreditsuchende einen von seinen ursprünglichen Angaben abweichenden Finanzierungsvorschlag zum Inhalt seines Kreditprojektes macht (siehe nachfolgend Absatz (2) b) und c).

   Kreditsuchende können sich im Rahmen der von uns vorgegebenen Parameter und nach Maßgabe dieser Nutzungsbedingungen mit eigenen Inhalten in ihrem Kreditprojekt präsentieren. Die Gestaltung der Kreditprojekte obliegt den Kreditsuchen- den, jedoch ausschließlich nach Maßgabe dieser Nutzungsbedingungen und im Rahmen der von uns jeweils vorgegebenen Parameter, allein. Hinsichtlich der durch Kreditsuchende auf dem Marktplatz veröffentlichten Inhalte erfolgt keine Überprüfung durch uns. Die Präsentation von erotischen, rassistischen, diskriminierenden, fremdenfeindlichen, politischen oder gesetzeswidrigen Inhalten ist unzulässig. Soweit einzelne Inhalte Rechte Dritter verletzen oder aus anderen Gründen rechtswidrige Inhalte enthalten sollten, ist für den Rechtsverstoß allein der Kreditsuchende verantwortlich. Wir übernehmen keine Verantwortung für von Kreditsuchenden eingestellte Inhalte. Eine dahingehende Prüfungspflichtig trifft uns deshalb nicht. Wegen der Einstellung von nach diesen Nutzungsbedingungen pflichtverletzenden Inhalten durch den Kreditsuchenden stellt uns der Kreditsuchende von Ansprüchen Dritter frei. Wir verweisen auf § 2 Absatz (4).

b) Bei der Bemessung des gewünschten Darlehensbetrages ist vom Kreditsuchenden zu berücksichtigen, dass die Provision für eine erfolgreiche Darlehensvermittlung und die Kosten einer ggf. vom Kreditsuchenden gewünschten Restkreditversicherung vom Darlehensbetrag einbehalten werden. D.h. der Kreditsuchende bekommt bei Auszahlung eines Darlehens nicht den vollen

Darlehensbetrag, sondern den Darlehensbetrag abzüglich Darlehensvermittlungsprovision und abzüglich der Kosten einer ggf. vom Kreditsuchenden gewünschten Restkreditversicherung ausgezahlt (nachfolgend: „Auszahlungsbetrag“). Der Kredit- suchende kann daher bereits bei der Registrierung den gewünschten Auszahlungsbetrag angeben und bekommt dann gesondert den für den Auszahlungsbetrag unter Berücksichtigung einer Darlehensvermittlungsprovision und der Kosten einer ggf. von ihm gewünschten Restkreditversicherung benötigten Darlehensbetrag angezeigt. Der gewünschte Auszahlungsbetrag muss dabei stets glatt durch volle EUR 100,00 teilbar sein.

(2) Ermittlung von Finanzierungsvorschlägen für Kreditsuchende

a) Nach der Anlage eines Kreditprojektes ermitteln wir in den Fällen, in denen wir im Hinblick auf das jeweilige Kreditprojekt nach Maßgabe von §2 Absatz (3) b) einen Wahrscheinlichkeitswert („Kreditausfallrisiko“) berechnet und diesem einen auxmoney-Score zugeordnet haben, vorbehaltlich der Regelungen im nachfolgenden §7 Absatz (2) c), für das Kreditprojekt des jeweiligen Kreditsuchenden einen oder mehrere verschiedene Finanzierungsvorschläge. Jeder Finanzierungsvorschlag bein- haltet jeweils einen Vorschlag über die Höhe einer zu zahlenden monatlichen Darlehensrate in Euro, die Darlehenslaufzeit in Monaten, die Höhe des Darlehenssollzinssatzes in Prozent p.a. sowie die Höhe des effektiven Jahreszinses in Prozent (z. B. monatliche Darlehensrate: € 750,00 bei einer Darlehenslaufzeit von 48 Monaten, einem Darlehenssollzins von 8,3% p.a. und einem effektiven Jahreszins von 8,5%), (nachfolgend: „Finanzierungsvorschlag“). Ein Finanzierungsvorschlag wird von uns im Hinblick auf jedes Kreditprojekt individuell unter Berücksichtigung des auxmoney-Scores des jeweiligen Kreditsuchenden i.S.v. § 2 Absatz (3) b) und unter Berücksichtigung weiterer Parameter ermittelt. Liegt der auxmoney-Score eines Kreditsuchenden z. B. in der Scoreklasse „AAA“ wird ein Finanzierungsvorschlag aus Sicht des Kreditsuchenden für ihn wahrscheinlich günstiger ausfallen (z. B. niedrigerer Darlehenssollzins p.a.), als wenn der auxmoney-Score des Kreditsuchenden in einer der übrigen Scoreklassen („AA“, „A“, „B“, „C“, „D“, „E“ oder „X“) liegt.

b) Auswahl eines Finanzierungsvorschlages durch Kreditsuchende
Der oder die für einen Kreditsuchenden ermittelten Finanzierungsvorschläge wird bzw. werden dem jeweiligen Kreditsuchen- den vorbehaltlich der Regelungen im nachfolgenden § 7 Absatz (2) c) auf dem Marktplatz angezeigt. Ein Kreditsuchender kann unter dem bzw. den ihm angezeigten Finanzierungsvorschlägen einen Vorschlag durch das Anklicken der auf dem Marktplatz hierfür vorgehaltenen Schaltfläche auswählen. Mit der Auswahl eines Finanzierungsvorschlages macht der Kreditsuchende die Konditionen des Finanzierungsvorschlages (insbesondere Darlehenshöhe, Darlehenslaufzeit, Darlehenszinssatz) voll- umfänglich zum Inhalt seines Kreditprojektes. Das Zustandekommen eines Kreditprojektes ist sodann von der Erfüllung der weiteren Schritte gemäß nachfolgender Absätze (3) und (4) abhängig.

c) Hinweise zu möglichen Ausschlüssen/Beschränkungen von Finanzierungsvorschlägen

aa) Die Möglichkeit, Konditionen, die von einem von uns angezeigten Finanzierungsvorschlag abweichen, zum Inhalt eines Kreditprojektes zu machen, besteht für Kreditsuchende nicht und wird Kreditsuchenden nicht von uns geschuldet.

bb) Wir behalten uns nach Maßgabe von § 2 Absatz (3) a) Unterabsatz 2 vor, einem Kreditsuchenden einen Finanzierungsvor- schlag lediglich zu einem geringeren als zu dem vom Kreditsuchenden bei Anlage seines Kreditprojektes gewünschten Darlehensbetrag anzuzeigen, d.h. die Höhe des Darlehensbetrages eines Kreditprojektes nach unserem Ermessen zu beschränken. Nach Auswahl eines Finanzierungsvorschlags gemäß vorstehendem § 7 Absatz (2) b) ist eine Platzierung und /oder Veröffentlichung des Kreditprojektes nach Maßgabe von § 7 Absätze (3) oder (4) in diesem Fall nur in Höhe des beschränkten Darlehensbetrages möglich.

cc) Bei Vorliegen eines der in § 2 Absatz (3) a) Unterabsatz 2 genannten Gründe, sind wir dem jeweiligen Kreditsuchenden gegenüber nicht verpflichtet, einen Finanzierungsvorschlag anzuzeigen. Gleiches gilt, sofern nach unserer Einschätzung eine fehlende Kapitaldienstfähigkeit des Kreditsuchenden zu erwarten ist oder uns die Berechnung des Kreditausfallrisikos eines Kreditsuchenden und/oder die Zuordnung des Kreditausfallrisikos zu einer Scoreklasse als auxmoney-Score aus Gründen, die der Kreditsuchende zu vertreten hat, nicht möglich ist. Ferner sind wir nicht verpflichtet, einem Kreditsuchenden einen Finanzierungsvorschlag anzuzeigen, wenn ein von uns, ausgehend vom auxmoney-Score und weiteren Parametern (z.B. Kfz als Sicherheit) des jeweiligen Kreditsuchenden, ermittelter effektiver Jahreszins für das Kreditprojekt des Kreditsuchenden den Prozentsatz von 17,95 % p.a. übersteigen würde. In jedem der in diesem Unterabsatz cc) Sätze 1, 2 und 3 genannten Fällen ist zudem keine Platzierung oder Veröffentlichung des Kreditprojektes des Kreditsuchenden nach Maßgabe von § 7 Absätze (3) oder (4) möglich. In den in diesem Unterabsatz cc) Sätze 1, 2 und 3 genannten Fällen erhält der Kreditsuchende von uns auf dem Marktplatz eine Mitteilung darüber, dass die Ermittlung oder Anzeige eines Finanzierungsvorschlages und die Platzierung oder Veröffentlichung eines Kreditprojektes auf dem Marktplatz nicht möglich ist. Dem Kreditsuchenden steht es jedoch frei, zu einem späteren Zeitpunkt erneut ein Kreditprojekt i.S.v. § 7 Absatz (1) anzulegen.

dd) Bei Vorliegen eines der in § 2 Absatz (4) a) Unterabsatz 2 genannten Gründe in der Person eines Kreditsuchenden, sind wir dem jeweiligen Kreditsuchenden gegenüber nicht verpflichtet, ein Kreditprojekt auf dem Marktplatz zu platzieren und/oder zu veröffentlichen.

ee) Wir behalten uns ausschließlich in unserem eigenen Interesse vor, ein platziertes und/oder veröffentlichtes Kreditprojekt aus wichtigem Grund, den der Kreditsuchende zu vertreten hat (z.B. bei Einstellung täuschender oder unstimmiger Angaben), jederzeit von dem Marktplatz zu entfernen oder den Zugang zu diesen Kreditprojekten für andere Marktplatznutzer bis zur Beseitigung des wichtigen Grundes zu sperren, um einen möglichst reibungslosen Betrieb des Marktplatzes zu ermöglichen. Gleiches gilt, wenn uns über den Kreditsuchenden nach Veröffentlichung auf dem Marktplatz Negativmerkmale im Sinne von § 2 Absatz (3) a) bekannt werden. Auf § 5 Absatz (2) dieser Nutzungsbedingungen wird verwiesen.

(3) Kreditprojekte von Kreditsuchenden mit einem auxmoney-Score von „AAA", „AA", „A", „B", „C", „D" oder „E"

a) Hat ein Kreditsuchender, dem von uns ein auxmoney-Score von „AAA", „AA", „A", „B", „C", „D" oder „E" zugeordnet wurde, einen Finanzierungsvorschlag nach Maßgabe des vorstehenden § 7 Absatz (2) b) ausgewählt, sind wir berechtigt, ihm die Antragsunterlagen zu übersenden, die wir aus unserer Sicht benötigen, um uns nach einem Zustandekommen des Kreditprojektes für den Kreditsuchenden um die Vermittlung eines Verbraucherdarlehensvertrages zu den Konditionen des vom Kreditsuchenden ausgewählten Finanzierungsvorschlages (insbesondere Darlehenshöhe, Darlehenslaufzeit, Darlehenszinssatz) bemühen zu können (nachfolgend: „Finanzierungsdokumentation"; z. B. Antrag auf Abschluss eines entgeltlichen Darlehens- vermittlungsvertrag, Antrag auf Abschluss eines Sicherungsübereignungsvertrages etc.). Auf den Vorbehalt in § 7 Absatz (7) wird verwiesen. Erhält der Kreditsuchende von uns die Finanzierungsdokumentation und möchte er sein Kreditprojekt fort- setzen, muss er die für uns bestimmten Exemplare der Finanzierungsdokumentation an allen dazu vorgesehenen Stellen ausfüllen, unterzeichnen und uns vollständig zurücksenden. Das Risiko der Rücksendung und des Zugangs bei uns trägt der Kreditsuchende.

b) Nach Zugang, der vollständigen, vom Kreditsuchenden ordnungsgemäß ausgefüllten und unterzeichneten Finanzierungsdokumentation bei uns und unter der Voraussetzung, dass unserseits gegenüber dem Kreditsuchenden keine offenen Fragen zu von dem Kreditsuchenden uns gegenüber gemachten Angaben, zum Kreditprojekt oder zur Finanzierungsdokumentation bestehen, platzieren wir das Kreditprojekt des Kreditsuchenden für eine Dauer von maximal 20 Tagen nach Zugang der Finanzierungsdokumentation bei uns (nachfolgend: „Platzierungszeitraum") zur Einholung von Finanzierungsgeboten von Anlegern auf dem Marktplatz.

Platzieren bedeutet, dass wir für einen Kreditsuchenden innerhalb des Platzierungszeitraums einen Abgleich der Konditionen seines Kreditprojektes unter Berücksichtigung des von ihm ausgewählten Finanzierungsvorschlages mit

- von Anlegern nach einer ganz oder teilweisen Veröffentlichung des Kreditprojektes des Kreditsuchenden durch uns (d.h. vorbehaltlich eines Ident nach der Sichtbarmachung des Kreditprojektes auf dem Marktplatz für Nutzer des Marktplatzes durch uns zum Zwecke der Finanzierungsgebotsabgabe durch Anleger) manuell abgegebenen Finanzierungsgeboten, und/oder

- mit bereits zuvor oder zeitgleich von Anlegern durch Nutzung der automatischen Anlagefunktion „Portfolio Builder“ auf dem Marktplatz eingestellten Finanzierungsgeboten (nachfolgend: „Portfolio Builder-Geboten)

vornehmen (nachfolgend: „Finanzierungsabgleich“).

Ob wir ein in den Anwendungsbereich dieses Absatzes (3) fallendes Kreditprojekt ganz oder teilweise veröffentlichen so- wie, ob und – bei Veröffentlichung eines Kreditprojektes – in welchem Verhältnis zum vom Kreditsuchenden gewünschten Darlehensbetrag durch uns ein Finanzierungsabgleich mit manuellen Finanzierungsgeboten und/oder mit Portfolio Builder-Geboten von Anlegern erfolgt, liegt in unserem freien Ermessen, solange wir innerhalb des Platzierungszeitraums unserer Verpflichtung zur Platzierung mit der im Geschäftsverkehr üblichen Sorgfalt eines ordentlichen Kaufmanns nachkommen und einen Finanzierungsabgleich für den Kreditsuchenden vornehmen. Eine Veröffentlichung eines Kreditprojektes ist von uns nicht geschuldet. Wir übernehmen auch keine Garantie oder ein Beschaffungsrisiko für die Finanzierung des Kreditprojektes im Sinne von § 276 Absatz 1 BGB. Während des Platzierungszeitraumes kann für einen Kreditsuchenden neben dem platzierten Kreditprojekt kein weiteres Kreditprojekt auf dem Marktplatz platziert werden.

c) Ein Kreditprojekt von einem Kreditsuchenden, dem ein auxmoney-Score von „AAA“, „AA“, „A“, „B“, „C“, „D“ oder „E“ zugeordnet ist, kommt in dem Zeitpunkt zustande, in dem nach Platzierung ausreichende Finanzierungsgebote von Anlegern zur vollständigen Finanzierung des Kreditprojektes vorliegen. Hinweis: Anleger können sowohl private als auch professionelle Anleger sein. Das Ergebnis eines Finanzierungsabgleichs kann daher auch sein, dass sich an der Finanzierung eines Kreditprojektes nicht oder nicht ausschließlich private Anleger, sondern nur ein einziger professioneller Anleger beteiligt. Liegen mit Ende des Platzierungszeitraums nicht ausreichende Finanzierungsgebote von Anlegern zur vollständigen Finanzierung vor, kommt das Kreditprojekt nicht zustande. Das Kreditprojekt erlischt, Finanzierungsgebote von Anlegern auf dieses Kreditprojekt verfallen ersatzlos.

(4) Kreditprojekte von Kreditsuchenden mit einem auxmoney-Score von „X“
Für Kreditprojekte, denen von uns ein auxmoney-Score von „X“ zugeordnet wurde, gilt in Abweichung von den Regelungen in vorstehendem Absatz (3) Folgendes:

a) Hat ein Kreditsuchender dem von uns ein auxmoney-Score von „X“ zugeordnet wurde, einen Finanzierungsvorschlag nach Maßgabe des vorstehenden § 7 Absatzes (2) b) durch das Anklicken der auf dem Marktplatz hierzu vorgehaltenen Schaltfläche ausgewählt, so veröffentlicht er – vorbehaltlich des Vorliegens eines Ident – gleichzeitig sein Kreditprojekt zu den Konditionen des von ihm ausgewählten Finanzierungsvorschlags auf dem Marktplatz. Anders als Kreditsuchende, denen von uns – vorbehaltlich von nachfolgendem § 7 Absatz (7) ein auxmoney-Score von „AAA“, „AA“, „A“, „B“, „C“, „D“ oder „E“ zugeordnet wurde, erhalten Kreditsuchende, denen ein auxmoney-Score von „X“ zugeordnet wurde, zu diesem Zeitpunkt noch keine Finanzierungsdokumentation übersandt.

Eine Veröffentlichung auf dem Marktplatz erfolgt nach Freischaltung durch den Kreditsuchenden jedoch nur, wenn keine anderen Ausschlussgründe nach diesen Nutzungsbedingungen vorliegen. Solange für einen Kreditsuchenden bereits ein Kreditprojekt veröffentlicht ist, kann dieser kein weiteres Kreditprojekt auf dem Marktplatz veröffentlichen.

b) Ab dem Zeitpunkt, ab dem das Kreditprojekt auf dem Marktplatz nach Maßgabe von vorstehendem Unterabschnitt a) veröffentlicht ist, steht das Kreditprojekt unter dem Benutzernamen des Kreditsuchenden zusammen mit seinen Kreditprojektdaten i.S.v. § 2 Absatz (2) b), den Bonitätsinformationen i.S.v. § 2 Absatz (3) c) und – sofern der Kreditsuchende hierzu Angaben gemacht hat – mit seinem Finanzbericht i.S.v. § 2 Absatz (2) b) für die Dauer von maximal 20 Kalendertagen (nachfolgend: „Angebotsfrist“) auf dem Marktplatz zum Abruf durch Dritte und zur Abgabe von Finanzierungsgeboten durch Anleger bereit.

Sobald sich innerhalb der Angebotsfrist ausreichende Finanzierungsgebote von Anlegern zur vollständigen Finanzierung des Kreditprojektes finden, kommt das Kreditprojekt zustande. In diesem Fall gilt das vorstehend unter § 7 Absatz (3) Unterabsätze a) und b) zur Übersendung der Finanzierungsdokumentation, zur Klärung offener Fragen und zur möglichen Ablehnung der Übersendung Ausgeführte entsprechend. Auf § 7 Absatz (7) wird verwiesen. Finden sich bis zum Ablauf der

Angebotsfrist nicht ausreichende Finanzierungsgebote von Anlegern zur vollständigen Finanzierung des Kreditprojektes kommt das Kreditprojekt nicht zustande. Finanzierungsgebote von Anlegern verfallen in diesem Fall ersatzlos.

(5) Der Inhalt eines Kreditprojektes kann vor dessen Platzierung und/oder Veröffentlichung jederzeit unter Berücksichtigung der Regelungen dieser Nutzungsbedingungen geändert werden. Nach der Platzierung und/oder Veröffentlichung eines Kreditprojektes auf dem Marktplatz und bei Vorliegen zumindest eines Finanzierungsgebotes eines Anlegers, sind Änderungen des Inhaltes eines Kreditprojektes – bei Kreditprojekten mit einem auxmoney-Score von „X“ mit Ausnahme der Auswechslung eines dem Kreditprojekt vom Kreditsuchenden zugeordneten Bildes sowie der Angabe zur Stellung eines „Kfz als Sicherheit“ – durch den Kreditsuchenden nicht mehr möglich. Allerdings kann der Kreditsuchende sein auf dem Marktplatz platziertes und/oder veröffentlichtes Kreditprojekt jederzeit vor Ende des Platzierungszeitraums oder Ablauf der Angebotsfrist löschen. In diesem Fall verfallen von Anlegern bereits abgegebene Finanzierungsgebote.

(6) Ein Unterbieten von bereits auf ein Kreditprojekt abgegebenen Finanzierungsgeboten durch Anleger, das zu einer Vergünstigung späterer Darlehenskonditionen in Form eines niedrigeren Darlehenszinses führen könnte, findet weder im Fall von § 7 Absatz (3) noch im Fall von § 7 Absatz (4) statt.

(7) Wir sind berechtigt, die Übersendung der Finanzierungsdokumentation im Einzelfall von der vorherigen Beantwortung aus unserer Sicht noch offener Fragen oder der Zurverfügungstellung von angeforderten Nachweisen durch den Kreditsuchen- den zu uns gegenüber gemachten Angaben zum Kreditprojekt abhängig zu machen. Die Übersendung der Finanzierungsdokumentation kann von uns abgelehnt werden, wenn ein wichtiger Grund im Sinne von § 2 Absatz (3) a) Unterabsatz 2 vorliegt.

(8) Nach Zustandekommen eines Kreditprojektes gemäß § 7 Absatz (3) c) oder gemäß § 7 Absatz (4) b) ist eine Darlehens- vergabe durch eine mit uns kooperierende Bank sodann von der Erfüllung der weiteren Schritte gemäß § 8 Absatz (3) dieser Nutzungsbedingungen abhängig.

§ 8 Darlehensvergabe, Forderungsverkauf/-abtretung, Forderungsverwaltung

(1) Wir sind keine Bank, also kein Kreditinstitut und kein Finanzdienstleister nach § 1 des Kreditwesengesetzes. Wir erbringen insofern weder Bankgeschäfte noch Finanzdienstleistungen. Auf Grundlage des Nutzungsvertrages beschränken wir uns auf den Betrieb des Marktplatzes nach Maßgabe dieser Nutzungsbedingungen unter Beachtung unserer Regelungen zum Datenschutz.

(2) Kommt ein Kreditprojekt gemäß § 7 Absatz (3) c) oder § 7 Absatz (4) b) zustande, sind wir – insbesondere vorbehaltlich der Regelung in § 2 Absatz (4) b) dieser Nutzungsbedingungen – berechtigt, mit dem Kreditsuchenden, einen Darlehensvermittlungsvertrag mit dem Inhalt zu schließen, dass wir uns um die Vermittlung eines den Konditionen des zustande gekommenen Kreditprojektes (insbesondere Darlehenshöhe, Darlehenslaufzeit, Darlehenszinssatz) entsprechenden Verbraucherdarlehensvertrages an den Kreditsuchenden mit einer mit uns kooperierenden Bank bemühen. Im Rahmen eines solchen Darlehensvermittlungsvertrags übernehmen wir keine Beibringungs- oder Vermittlungs- oder Nachweispflicht oder ein Beschaffungsrisiko im Sinne von § 276 Absatz 1 BGB für einen Darlehensvertrag oder die Auszahlung der Darlehensvaluta. Ferner übermitteln wir nach Zustandekommen eines Kreditprojektes der kreditgebenden Bank sowie CreditConnect – soweit von CreditConnect zur Erstellung von Vertragsdokumentation benötigt – die uns bekanntgegebenen Persönlichen Daten des Kreditsuchenden und der Anleger (mit Ausnahme des Passworts) und die Kreditprojektdaten, um den Anlegern den Abschluss eines Vertrags über den Verkauf und die Abtretung einer zukünftigen Verbraucherdarlehensforderung mit der kreditgeben- den Bank und den Abschluss eines Servicingvertrages mit CreditConnect zu ermöglichen.

(3) Hinweis: Zur Erlangung eines Verbraucherdarlehens durch den Kreditsuchenden auf Basis seines Kreditprojektes und für den (anteiligen) Erwerb einer Darlehensforderung hieraus durch Anleger sind nach Zustandekommen eines Kreditprojektes gemäß § 7 Absatz (3) c) oder nach § 7 Absatz (4) b) zusätzlich

zwingend folgende Schritte und Vertragsschlüsse außer- halb des Marktplatzes erforderlich:

- Abschluss und Vollzug eines gesonderten, entgeltlichen Darlehensvermittlungsvertrages durch den Kreditsuchenden mit uns als Darlehensvermittler und Unterzeichnung eines Kreditantrages an die von uns kontaktierte Bank (ein Muster für den Darlehensvermittlungsvertrag findet sich als Anlage A zu diesen Nutzungsbedingungen);
- Abschluss und Vollzug eines entgeltlichen Darlehensvertrages mit der eingeschalteten Bank durch den Kreditsuchen- den (ein Muster des von einer mit uns kooperierenden Bank verwendeten Darlehensvertrages finden sich als Anlage B zu diesen Nutzungsbedingungen);
- Abschluss und Vollzug eines entgeltlichen Vertrags über den Verkauf und die Abtretung einer zukünftigen Verbraucherdarlehensforderung zwischen dem Anleger und der kreditgebenden Bank;
- Abschluss und Vollzug eines entgeltlichen Servicingvertrages zwischen dem Anleger und CreditConnect;
- soweit kreditprojektgegenständlich, Abschluss eines Kfz-Sicherungsübereignungsvertrages zwischen CreditConnect und dem Eigentümer bzw. Käufer des zur Sicherheit angebotenen Kfz. Ein Muster für den Kfz-Sicherungsübereignungsvertrag findet sich als Anlage C zu diesen Nutzungsbedingungen.

Der weitere Ablauf richtet sich ausschließlich nach dem Inhalt und den Regelungen der vorgenannten Verträge.

Um Darlehensvergabe und Verkauf von Darlehensforderungen zu vereinfachen, sind mit Ausnahme der Namen der Kunden, der Darlehenssumme und des Zinssatzes alle Darlehensverträge und alle Verträge über den Verkauf und die Abtretung einer zukünftigen Verbraucherdarlehensforderung und Servicingverträge standardisiert. Mit uns kooperierende Banken vergeben nach ihrem eigenen Ermessen sog. annuitätische Ratenkredite. Dies bedeutet, dass sich die von den Darlehensnehmern zu zahlenden monatlichen Raten aus Zins und Tilgung (Summe beider Werte = Annuität) zusammensetzen und dass die Raten über die gesamte Laufzeit des Darlehensvertrages (mit Ausnahme von Rundungsdifferenzen) jeden Monat gleich hoch sind. Durch die laufende Tilgung wird der Zinsanteil einer Rate während der Laufzeit kleiner, während der Tilgungsanteil ansteigt. Somit ist am Laufzeitende bei vereinbarter Bedienung des Darlehens, also im Fall der vertragsgemäßen monatlichen Zahlung der fälligen Raten durch den Darlehensnehmer, das Darlehen einschließlich der zu zahlenden Zinsen vom Darlehensnehmer vollständig zurückgezahlt.

§ 9 Besondere Hinweise

(1) Es obliegt allein dem Kreditsuchenden, die Entscheidung zu treffen, ob und mit wem er einen Vertrag unter Nutzung des Marktplatzes eingehen möchte. Aus

dem Abschluss des Nutzungsvertrages über die Leistungen des Marktplatzes und/oder der Durchführung eines Kreditprojekt ergeben sich für Kreditsuchende keine Rechte gegenüber uns oder gegenüber mit uns kooperierenden Banken oder CreditConnect auf Abschluss eines Darlehensvermittlungsvertrages und/oder eines Darlehensvertrages und/oder eines Vertrags über den Verkauf und die Abtretung einer zukünftigen Verbraucherdarlehensforderung und/oder eines Servicingvertrages und/oder eines Sicherungsübereignungsvertrages. Hierfür sind allein die gegebenenfalls gesondert abzuschließenden Verträge mit uns bzw. den vorgenannten Dritten maßgeblich.

(2) Wir schulden weder die Wirksamkeit der zwischen Kreditsuchenden oder Anlegern und kreditgebender Bank und/oder zwischen Anlegern und CreditConnect geschlossenen Verträge, noch die Durchführung oder Erfüllung solcher Verträge durch die Bank und/oder CreditConnect und übernehmen hierfür auch keinerlei Haftung.

(3) Wir arbeiten im Hinblick auf eine Identifizierung von Kreditsuchenden des Marktplatzes sowie bei der Einholung von Bonitätsauskünften im Sinne von § 2 Absatz (3) a) mit von uns als zuverlässig eingestuften Anbietern, z.B. mit der SCHUFA Holding AG zusammen. Wir schulden jedoch nicht die Richtigkeit der Informationen, die wir von Dritten über Kreditsuchende er- halten und übernehmen insoweit keinerlei Haftung. Wir weisen Kreditsuchende ausdrücklich darauf hin, dass diese Informationen von Dritten zwar eine Indikation für ihre Bonität oder das von ihnen ausgehende Kreditausfallrisiko insbesondere i.S.v. § 2 Absatz (3) b) sein kann, dass die tatsächlichen Umstände jedoch möglicherweise hiervon abweichen.

(4) Im Übrigen verweisen wir auf § 5 Absatz (2) der Nutzungsbedingungen.

§ 10 Haftungsbeschränkung

(1) Unsere vertragliche und gesetzliche Haftung für Schadensersatz und Aufwendungsersatz, gleich aus welchem Rechtsgrund, sowie die Haftung unserer gesetzlichen Vertreter und Erfüllungsgehilfen wird wie folgt ausgeschlossen beziehungsweise beschränkt:

a) Für die leicht fahrlässige Verletzung wesentlicher Pflichten aus dem Schuldverhältnis haften wir der Höhe nach begrenzt auf den bei Vertragsschluss vorhersehbaren, vertragstypischen Schaden.

„Wesentliche Vertragspflichten“ sind solche Verpflichtungen, die vertragswesentliche Rechtspositionen des Kreditsuchenden schützen, die ihm der Vertrag nach seinem Inhalt und Zweck gerade zu gewähren hat; wesentlich sind ferner solche Vertrags- pflichten, deren Erfüllung die ordnungsgemäße Durchführung des Vertrags überhaupt erst ermöglicht und auf deren Einhaltung der Kreditsuchende regelmäßig vertraut hat und vertrauen darf.

b) Für die leichte fahrlässige Verletzung nicht wesentlicher Pflichten aus dem Schuldverhältnis sowie für höhere Gewalt (d.h. von uns nicht zu vertretende leistungshindernde Ereignisse mit einer Mindestdauer von mehr als 12 Kalendertagen) haften wir nicht.

(2) Die vorgenannte Haftungsbeschränkung gilt nicht in den Fällen zwingender gesetzlicher Haftung (insbesondere nach dem Produkthaftungsgesetz), wenn und soweit wir eine Garantie oder ein Beschaffungsrisiko (§ 276 Absatz 1 BGB) übernommen haben und für schuldhaft verursachte Körperschäden (Verletzung von Leben, Körper, Gesundheit) auch durch Vertreter und Erfüllungsgehilfen sowie im Falle des Verzuges bei einem fixen Leistungstermin.

(3) Der Kreditsuchende ist verpflichtet, angemessene Maßnahmen zur Schadensabwehr und Schadensminderung zu treffen.

(4) Eine Umkehr der Beweislast ist mit den vorstehenden Regelungen nicht verbunden.

§ 11 Kündigung des Nutzungsvertrages, Kündigungsfolgen

(1) Der Nutzungsvertrag über die Nutzung des Marktplatzes hat eine unbegrenzte Laufzeit. Er kann von Kreditsuchenden oder von uns ordentlich mit einer Kündigungsfrist von zwei Wochen zum Monatsende beendet werden. Die unter § 8 Absatz (3) genannten, zusätzlichen Verträge sind bei Abschluss vom Bestand dieses Nutzungsvertrages unabhängig.

(2) Das Recht zur Kündigung aus wichtigem Grund bleibt unberührt.

(3) Jede Kündigung bedarf zu ihrer Wirksamkeit der Schrift- oder Textform (z. B. E-Mail, Telefax oder Brief).

§ 12 Rechtswahl, Aufsichtsbehörde, Schlussbestimmungen

(1) Die vorvertraglichen Beziehungen zwischen uns und Kreditsuchenden, Nutzungsverträge sowie diese Nutzungsbedingungen und unsere Regelungen zum Datenschutz unterliegen dem Recht der Bundesrepublik Deutschland unter Ausschluss des UN- Kaufrechts (CSIG). Kommunikations- – und Vertragssprache ist Deutsch.

(2) Bei Streitigkeiten können sich die Beteiligten unbeschadet ihres Rechts, die Gerichte anzurufen, mit ihrer Beschwerde auch an die Schlichtungsstelle der Deutschen Bundesbank, Postfach 11 12 32, 60047 Frankfurt am Main, Tel.: +49 69 2388–1907, Fax: +49 69 2388–1919, E-Mail: schlichtung@bundesbank.de wenden. Einzelheiten sind im Internet unter: www.bundes-bank.de abrufbar. Zuständige Aufsichtsbehörde ist die Stadt Düsseldorf, Ordnungsamt, Abteilung Gewerberechtliche Angelegenheiten, 40200 Düsseldorf.

(3) Online-Streitbeilegung gemäß Art. 14 Abs. 1 ODR-VO: Die Europäische Kommission stellt eine Plattform zur Online-Streitbeilegung (OS) bereit, die Sie unter http://ec.europa.eu/consumers/odr/ finden.

(4) Soweit hierin nicht ausdrücklich abweichend vereinbart oder dargestellt, stellen diese Nutzungsbedingungen, unsere Regelungen zum Datenschutz und der Nutzungsvertrag die gesamte Übereinkunft der Parteien dar. Alle vorherigen

Vereinbarungen und Absprachen zwischen uns in Bezug auf den Vertragsgegenstand werden hiermit aufgehoben und ersetzt. § 305b BGB (Vorrang der Individualabrede) bleibt für Individualabreden in jeglicher Form unberührt.

(5) Öffentliche Äußerungen hinsichtlich des Marktplatzes werden nur dann Bestandteil der Leistungen, wenn wir sie im Einzelfall ausdrücklich als geschuldete Leistungen des Marktplatzes bezeichnet haben und dies in Textform bestätigen.

(6) Änderungen und/oder Ergänzungen dieser Nutzungsbedingungen oder der Regelungen über den Datenschutz bedürfen zu ihrer Wirksamkeit der Schrift- oder Textform. § 305 b BGB (Vorrang der Individualabrede) bleibt sowohl für mündliche als auch für schriftliche Individualabreden unberührt.

Anlagen zu den Nutzungsbedingungen

Anlage A: Muster Darlehensvermittlungsvertrag
Anlage B: Muster Darlehensvertrag SWK-Bank
Anlage C: Muster Kfz-Sicherungsübereignungsvertrag

Literaturverzeichnis

Angerer, H.-Peter: Genußrechte bzw. Genußscheine als Finanzierungsinstrument, in: DStR 1994, 41–45, München.

Armbrüster, Christian: Kapitalanleger als Verbraucher? Zur Reichweite des europäischen Verbraucherschutzrechts, in: ZIP 2006, 406–415, Köln.

Aschbeck-Florange / Drefke, Thorge: Neueste Entwicklungen der Crowdfunding-Regulierung und aufsichtsrechtliche Anforderungen an Crowdfunding in Deutschland, in: RdF 2015, 284–293, Frankfurt am Main.

Assmann, Heinz-Dieter / Schlitt, Michael / von Kopp-Colomb, Wolf (Herausgeber): Wertpapierprospektgesetz / Vermögensanlagengesetz Kommentar, 3. Aufl.2017, Köln (zitiert: *Bearbeiter*, in: *Assmann/Schlitt/von Kopp-Colomb*).

Assmann, Heinz-Dieter / Schütze, Rolf A. (Herausgeber): Handbuch des Kapitalanlagerechts, 4. Aufl. 2015, München (zitiert: *Bearbeiter*, in: *Assmann/Schütze*).

Assmann, Heinz-Dieter / Schneider, Uwe H. (Herausgeber): Wertpapierhandelsgesetz: WpHG, Kommentar, 6. Aufl. 2012, Köln (zitiert: *Bearbeiter*, in: *Assmann/Schneider*).

Bader, Hermann Georg: Dringender Reformbedarf beim Crowdinvesting!, in: WM 2014, 2249–2257, Frankfurt a. M..

Ballerstedt, Kurt: Der gemeinsame Zweck als Grundbegriff des Rechts der Personengesellschaften, in: JuS 1963, 253–263, München.

Bamberger, Heinz Georg / Roth, Herbert (Herausgeber): Kommentar zum Bürgerlichen Gesetzbuch, 3. Aufl. 2012, München (zitiert: Bamberger/Roth/*Bearbeiter*).

Band 1 §§ 1–610, CISG.
Band 2 §§ 611–1296, AGG, ErbbauRG, WEG.

Bartling, Hartwig / Luzius, Franz: Grundzüge der Volkswirtschaftslehre Einführung in die Wirtschaftstheorie und Wirtschaftspolitik, 17. Aufl. 2014, München.

Baumbach, Adolf / Hopt, Klaus J.: Handelsgesetzbuch mit GmbH & Co., Handelsklauseln, Bank- und Börsenrecht Transportrecht (ohne Seerecht), 37. Aufl. 2016, München (zitiert: Baumbach/Hopt/*Bearbeiter*).

Baums, Theodor: Recht der Unternehmensfinanzierung, 2017, München.

Bareiß, Andreas: Filmfinanzierung 2.0: Funktionsweise und Rechtsfragen des Crowdfunding, in: ZUM 2012, 456–465, München.

Beck, Crowdinvesting – Die Investition der vielen –, 2012, Düsseldorf.

Becker, Rolf / Fröhlisch, Carsten: Von Quelle bis eBay: Reformaufarbeitung im Versandhandelsrecht, in: NJW 2005, 3377–3383, München.

Begner, Jörg: Crowdfunding im Licht des Aufsichtsrechts, in: BaFinJournal 9/2012, 11–15, Bonn.

Belleflamme, Paul / Lambert, Thomas / Schwienbacher, Armin: Tapping the Right Crowd, 2012, Version vom 9. Juli 2013, in: Journal of Business Venturing, 2014, 29(5), 585–609, abrufbar unter: http://ssrn.com/abstract=1836873 (zuletzt abgerufen: 14.10.2017).

–: Individual Crowdfunding Practices, Version vom 27. März 2013, in: Venture Capital: An International Journal of Entrepreneurial Finance, 2013, 15(4), 313–333, abrufbar unter: http://ssrn.com/abstract=2151179 (zuletzt abgerufen: 14.10.2017).

Blaurock, Uwe: Handbuch Stille Gesellschaft, 8. Aufl. 2016, Köln.

Bödeker, Vinzenz: Anlegerschutz und „Grauer Kapitalmarkt" – Ein Überblick über die jüngsten Aktivitäten des Gesetzgebers, in: GWR 2011, 278–282, München.

Bofinger, Peter: Grundzüge der Volkswirtschaftslehre Eine Einführung in die Wissenschaft von Märkten, 3. Aufl. 2015.

Böhmer, Martin: Die Vereinbarung eines gemeinsamen Zwecks bei der Gesellschaft bürgerlichen Rechts, in: JZ 1994, 982–990, Tübingen.

Boos, Karl-Heinz / Fischer, Reinfried / Schulte-Mattler, Hermann (Herausgeber): KWG CRR-VO Kommentar zu Kreditwesengesetz, VO (EU) Nr. 575/2013 (CRR) und Ausführungsvorschriften Band 1, 5. Aufl. 2016, München (zitiert: *Bearbeiter*, in: *Boos/Fischer/Schulte-Mattler*).

Borges, Georg: Verträge im elektronischen Geschäftsverkehr: Vertragsabschluß, Beweis, Form, Lokalisierung, anwendbares Recht, 2003, München.

–: Rechtsfragen der Haftung im Zusammenhang mit dem elektronischen Identitätsnachweis, 1. Aufl. 2011, Baden-Baden (zitiert: *Borges*, Identitätsnachweis).

–: *(Herausgeber)*: Rechtsfragen der Internet-Auktion, 2. Aufl. 2014, Baden-Baden (zitiert: *Bearbeiter*, in: *Borges (Hrsg.)*, Internet-Auktion).

–: Das Widerrufsrecht in der Internet-Auktion – Zugleich Besprechung des BGH-Urteils vom 3. 11. 2004 – VIII ZR 375/03, DB 2004 S. 2635 –, in: DB 2005, 319–327, Düsseldorf.

–: Die Inhaltskontrolle von Verbraucherverträgen, 1999, Berlin (zitiert: *Borges*, Verbraucherverträge).

–: Verbraucherschutz beim Internet-Shopping, ZIP 1999, 130–136, Köln.

Bradford, C. Steven: Crowdfunding and the Federal Securities Law, Version vom 9. März 2012, in: CBLR 2012, 1–150, New York, abrufbar unter: http://ssrn.com/abstract=1916184, zuletzt abgerufen: 14.10.2017.

Bräutigam, Peter / Leupold, Andreas: Online-Handel: Betriebswirtschaftliche und rechtliche Grundlagen, Einzelne Erscheinungsformen des E-Commerce, 2003, München (zitiert: *Bearbeiter*, in: *Bräutigam/Leupold*).

Bräutigam, Peter / Rücker, Daniel (Herausgeber): E-Commerce Rechtshandbuch, 2017, München (zitiert: *Bearbeiter*, in: *Bräutigam/Rücker*).

Bremer, Jan: Neuere Entwicklungen aus Brüssel, in: NZG 2013, 481–419, München.

Brocker, Till /Lohmann, Oliver: Die Aufsicht über Vermögensanlagen nach dem Vermögensanlagengesetz und der Gewerbeordnung, in: GWR 2012, 335–339, München.

Buck-Heeb, Petra: Das Kleinanlegerschutzgesetz, in: NJW 2015, 2535–2541, München.

Bücheler, Thierry Alain André: Crowds and Swarms: Essays on Crowdsourcing and Open Innovation as Instances of Collectice Intelligence and Distributed Problem Solving in Science and Business, 2012, Konstanz.

Bürgers, Tobias / Körber, Torsten (Herausgeber): Aktiengesetz, 4. Aufl. 2017, Heidelberg (zitiert: *Bearbeiter*, in: *Bürgers/Körber*).

Bujotzek, Peter / Mocker, Felix: Kleinanlegerschutzgesetz – Offene Fragen beim Crowdinvesting, in: BKR 2015, 358–361, München.

Bundesverband Deutscher Banken (Herausgeber): Zahlen, Daten, Fakten der Kreditwirtschaft, Stand Dezember 2015, Berlin, https://bankenverband.de/media/publi kationen/08122015_Zahlen_und_Fakten_V2.pdf, zuletzt abgerufen: 14.10.2017.

Burgard, Ulrich: Online-Marktordnung und Inhaltskontrolle, in: WM 2001, 2102–2112, Frankfurt a. M..

von Campenhausen, Axel / Kronke, Herbert / Werner, Olaf (Herausgeber), Stiftungen in Deutschland und Europa, 1998, Düsseldorf (zitiert: *Bearbeiter*, in: *von Campenhausen/Kronke/Werner*).

Coester-Waltjen, Dagmar: Der Darlehensvertrag, in: JURA 2002, 675–678, Berlin.

Coing, Helmut: Die Treuhand kraft privaten Rechtsgeschäfts, 1973, München.

Danwerth, Christopher: Crowdinvesting – Ist das Kleinanlegerschutzgesetz das junge Ende einer innovativen Finanzierungsform?, in: ZBB 2016, 20–39.

–: Widerrufsjoker 2.0? – Das Last-minute-Widerrufsrecht des § 2d VermAnlG beim Crowdinvesting, in: WM 2016, 1212–1218, Frankfurt am Main.

Dauner-Lieb, Barbara / Dötsch, Wolfgang: Ein „Kaufmann" als „Verbraucher"? – Zur Verbrauchereigenschaft des Personengesellschafters, in: DB 2003, 1666–1669, Düsseldorf.

Dauner-Lieb, Barbara / Langen, Werner (Herausgeber): BGB Schuldrecht, 3. Aufl. 2016, München (zitiert: *Bearbeiter*, in: *Dauner-Lieb/Langen*)

Band 2, 1. Schuldrecht, §§ 241–610.

Demgensky, Sascha / Erm, Andreas: Der Begriff der Einlagen nach der 6. KWG-Novelle, in: WM 2001, 1445–1454, Frankfurt am Main.

Derleder, Peter: Beschaffungsrisiko, Lieferengpass und Leistungsfrist Vom Smartphone zum Solarmodul, in: NJW 2011, 113–117, München.

Dörner, Barbara: Aufsichtsrechtliche Fragen bei Crowd-Finanzierungen, in: Ass-Compact Fachmagazin für Risiko- und Kapitalmanagement, 10/2012, 170–171, Bayreuth.

Ebert, Tim: Stille Gesellschaft, Genussrecht und partiarisches Darlehen als mezzanine Kapitaltitel zur Finanzierung einer GmbH: Eine Analyse der historischen Entwicklung und Abgrenzung dieser Finanzierungsinstrumente sowie der mit diesen verbundenen Kompetenz- und Eigenkapitalersatzfragen im GmbH-Recht, 2010, Frankfurt am Main.

Ehlers, André: Wertpapierhandel über Neue Medien: Zum Wandel der Rollen der Marktteilnehmer, Baden-Baden.

Eilers, Stephan / Koffka, Matthias / Mackensen, Marcus: Private Equity: Unternehmenskauf – Finanzierung Restrukturierung – Exitstrategien, 2. Aufl. 2012, München (zitiert: *Bearbeiter*, in: *Eilers/Koffka/Mackensen*).

Eilers, Stephan / Rödding, Adalbert / Schmalenbach, Dirk (Herausgeber): Unternehmensfinanzierung, 2. Aufl. 2014, München (zitiert: *Bearbeiter*, in: *Eilers/Rödding/Schmalenbach*).

Eisfeld-Reschke, Jörg / Wenzlaff, Karsten: Crowd Funding Studie 2010 / 2011: Untersuchung des plattformbasierten Crowdfunding im deutschsprachigen Raum (Juni 2010 bis Mai 2011), Berlin.

Ellenberger, Jürgen / Findeisen, Michael / Nobbe, Gerd (Herausgeber): Kommentar zum Zahlungsverkehrsrecht Praxiskommentar zum Zivil- und Aufsichtsrecht des Zahlungsverkehrs, Gesamtredaktion: Burghardt, Wolfgang / Dietze, Doris / Dippel, Roger, 2. Aufl. 2013, Heidelberg (zitiert: *Bearbeiter*, in: *Ellenberger/Findeisen/Nobbe*).

Emde, Thomas / Dreibus, Alexandra: Der Regierungsentwurf für ein Kapitalanlagegesetzbuch, in: BKR 2013, 89–102, München.

Esser, Josef / Schmidt, Eike: Schuldrecht: Band I Allgemeiner Teil Teilband 1 Entstehung, Inhalt und Beendigung von Schuldverhältnissen, 8. Aufl. 1995, Heidelberg.

Fischer, Michael: Die Unentgeltlichkeit im Zivilrecht, 2002, Köln/Berlin/Bonn/München.

Fischer, Peer: Zur Abgrenzung von privatem und unternehmerischem Handeln auf Auktionsplattformen im Internet, in: WRP 2008, 193–200, Frankfurt am Main.

Gaida, Klemens: Gründen 2.0: Erfolgreiche Business-Inkubation mit neuen Internet-Tools, 1. Auflage, 2011, Wiesbaden.

Gassmann, Oliver: Crowdsourcing Innovationsmanagement mit Schwarmintelligenz, 2. Auflage, 2012, München.

Graf zu Solms-Laubach, Georg / Mihova, Stanislava: Übersicht über die aufsichtsrechtliche Regulierung von alternativen Finanzierungen nach Inkrafttreten des KAGB und des Kleinanlegerschutzgesetzes, in: DStR 2015, 1872–1877, München.

Gramlich, Ludwig / Kröger, Detlef / Schreibauer, Marcus: Rechtshandbuch B2B Plattformen: Rahmenbedingungen elektronischer Marktplätze, 2003, München (zitiert: *Bearbeiter*, in: *Gramlich/Kröger/Schreibauer*).

Gramlich, Ludwig / Gluchowski, Peter / Horsch, Andreas / Schäfer, Klaus / Waschbusch, Gerd (Herausgeber): Gabler Banklexikon Bank – Börse – Finanzierung, 14. Auflage, Wiesbaden (zitiert: *Bearbeiter*, in: *Gramlich/Gluchowski/Horsch/Schäfer/Waschbusch*).

Groß, Wolfgang: Kapitalmarktrecht Kommentar zum Börsengesetz, zur Börsenzulassungs-Verordnung und zum Wertpapierprospektgesetz, 6. Aufl. 2016, München.

Gounalakis, Georgios (Herausgeber): Rechtshandbuch Electronic Business, 2003, München (zitiert: *Bearbeiter*, in: *Gounalakis*).

Günther, Ute / Kirchhof, Roland (Herausgeber): Leitfaden für Business Angels, 2012, München (zitiert: *Bearbeiter*, in: *Günther/Kirchhof*).

Härting, Niko: Internetrecht, 5. Aufl. 2014, Köln.

Haisch, Martin L. / Helios, Marcus (Herausgeber): Rechtshandbuch Finanzinstrumente, 2011, München (zitiert: *Bearbeiter*, in: *Haisch/Helios*).

Heertje, Arnold / Wenzel, Heinz-Dieter: Grundlagen der Volkswirtschaftslehre, 7. Aufl. 2008, Berlin Heidelberg.

Heimlich, Benjamin: Crowd, Crowd, Hurra! Wie nachhaltig ist der Boom der Schwarmfinanzierung?, in: VC-Magazin 3/2013, 12–17, München.

Heisterhagen, Christoph / Conreder, Christian: Die Regulierung des grauen Kapitalmarkts durch das Kleinanlegerschutzgesetz – ein Überblick, in: DStR 2015, 1929–1934, München.

Hemer, Joachim / Schneider, Uta / Dornbusch, Friedrich / Frey, Silvio: Crowdfunding und andere Formen informeller Mikrofinanzierung in der Projekt- und Informationsfinanzierung, 2011, Stuttgart.

Hennsler, Martin / Strohn, Lutz (Herausgeber): Gesellschaftsrecht BGB HGB PartGG GmbHG AktG GenG UmwG InsO AnfG IntGesR, 3. Aufl. 2016, München.

Herberger, Maximilian / Martinek, Michael / Rüßmann, Helmut / Weth, Stephan (Herausgeber): juris Praxiskommentar BGB, Saarbrücken (zitiert: *Bearbeiter*, in: *Herberger/Martinek/Rüßmann u.a.*, jurisPK-BGB)
Band 2 – Schuldrecht, 8. Aufl. 2017.

Herr, Sascha / Bantleon, Ulrich: Crowdinvesting als alternative Unternehmensfinanzierung – Grundlagen und Marktdaten in Deutschland, in: DStR 2015, 532–538, München.

von Hiller, Christian / Nestler, Franz: Die Internetfinanzierer schwärmen aus (Artikel), FAZ vom 06.07.2012, http://www.faz.net/-gvf-716mi, zuletzt abgerufen: 05.09.207, Frankfurt am Main (zitiert: *von Hiller/Nestler*, FAZ v. 18.07.2012).

Hingst, Kai-Michael / Lösing, Carsten: Zahlungsdiensteaufsichtsrecht Praxishandbuch für innovative Karten-, Internet- und mobile Zahlungsdienste, 2015, München.

–: Zur Erlaubnispflichtigkeit von Finanztransfergeschäften nach dem Zahlungsdiensteaufsichtsgesetz: Hohe Anforderungen an die Betreiber von Internetplattformen mit Bezahlsystemen – zugleich Anmerkung zum Urteil des LG Köln vom 29. 9. 2011, in: BKR 2012, 334–338, München.

Hirte, Heribert: Stellungnahme zum Regierungsentwurf eines Gesetzes zur Verkürzung des Restschuldbefreiungsverfahrens und zur Stärkung der Gläubigerrechte (BT-Drucks. 17/11268) für den Deutschen Bundestag Sitzung des Rechtsausschusses am 14.2.1013, in: ZInsO 2013, 171–177, Köln.

Hoeren, Thomas / Sieber, Ulrich / Holznagel, Gerd (Herausgeber): Handbuch Multimedia-Recht: Rechtsfragen des elektronischen Geschäftsverkehrs, 44. Ergänzungslieferung Stand Januar 2017, München (zitiert: *Bearbeiter*, in: *Hoeren/Sieber/Holznagel*).

Hofert, Sebastian / Arends, Volker: Intelligente Rechtliche Gestaltung von Mezzanine-Finanzierungen, in: ZIP 2005, 1297–1305, Köln.

Hofmann, Gottfried: Gemeinsame Entwicklungshilfe: Erfolgreiches Crowdfunding für Open-Source-Projekte, in: c't 2012/23, 78–81, Hannover.

Hohloch, Gerhard: Sponsoring-Vertrag – zur Struktur eines „atypischen Vertrags" (Beitrag), Festschrift für Harm Peter Westermann zum 70. Geburtstag, S. 299–313, 2008, Köln (zitiert: *Hohloch*, in: FS *Westermann*).

Hornuf, Lars: Braucht Deutschland ein Crowdinvesting-Gesetz?, in: VC-Magazin 4/2014, 58–59, München.

Hornuf, Lars / Schwienbacher, Armin: Market Mechanisms and Funding Dynamics in Equity Crowdfunding, Version vom 03. Augist 2017, abrufbar unter: http://ssrn.com/abstract=2612998 (zuletzt abgerufen: 14.10.2017).

Hüthig, Stefanie (Herausgeberin): Banking 2.0 Finanzdienstleistungen heute und morgen, 2. Auflage, 2013, Wiesbaden (zitiert: *Bearbeiter*, in: *Hüthig*).

Institut für Kommunikation in sozialen Medien (Herausgeber): Crowdfunding Handbuch (Veröffentlichung anlässlich der co:funding Konferenz 2011), 2011, Berlin (zitiert: *Ikosom (Hrsg.)*, Crowdfunding Hdb.).

Jansen, Jean David / Pfeifle, Theresa: Rechtliche Probleme des Crowdfunding, in: ZIP 2012, 1842–1852, Köln.

Jesch, Thomas A. / Striegel, Andreas / Boxberger, Lutz (Herausgeber): Rechtshandbuch Private Equity, 2010, München (zitiert: *Bearbeiter*, in: *Jesch/Striegel/Boxberger*).

Joost, Detlev / Strohn, Lutz (Herausgereber): Ebenroth/Boujong/Joost/Strohn Handelsgesetzbuch, 3. Aufl. 2014, München (zitiert: *Bearbeiter*, in: *Ebenroth/Boujong/Joost/Strohn*).
Band 1 §§ 1–342e.

Kaltenbeck, Julia: Crowdfunding und Social Payments im Anwendungskontext von Open Educational Ressources, 2011, Berlin.

Kaminski, Bert / Henßler, Thomas / Kolaschnik, Helge F. / Papathoma-Baetge, Anastasia (Herausgeber): Rechtshandbuch E-Business: Rechtliche Rahmenbedingungen für

Geschäfte im Internet, 2002, Neuwied, Kriftel (zitiert: *Bearbeiter*, in: *Kaminski/Henßler/Kolaschnik/Papathoma-Baetge*).

Kleinschmidt, Jens: Anmerkung zu BGH, Urteil v. 28. 5. 2009 – Xa ZR 9/08 (LG Potsdam), in: JZ 2009, 1121–1124, Tübingen.

Klöhn, Lars: Die Ausweitung der bürgerlich-rechtlichen Prospekthaftung durch das „Rupert Scholz"-Urteil des BGH – Zugleich Besprechung von BGH WM 2012, 19 –, in: WM 2012, 97–106, Frankfurt am Main.

Klöhn, Lars / Hornuf, Lars / Schilling, Tobias: Crowdinvesting-Verträge – Inhalt, Entwicklung und praktische Bedeutung, in ZBB 2016, 142–178, Köln.

–: The Regulation of Crowdfunding in the German Small Investor Protection Act: Content, Consequences, Critique, Suggestions, in: ECL 2016, 56–66, Alplphen aan den Rijn.

Klöhn, Lars / Hornuf, Lars: Die Regelung des Crowdfunding im RegE des Kleinanlegerschutzgesetzes – Inhalt, Auswirkungen, Kritik, Änderungsvorschläge -, in: DB 2015, 47–53, Düsseldorf.

–: Ein sicherer Rechtsrahmen für das Crowdinvesting, in: DB 2014, M01, Düsseldorf.

–: Crowdinvesting und Portfoliodiversifizierung, in: VC-Magazin 3/2013, 34–35, München.

–: Crowdinvesting in Deutschland: Markt, Rechtslage und Regulierungsperspektiven, in: ZBB 2012, 237–266, Köln.

Koch, Robert: Crowdinvesting und peer-to-peer-lending – Genossenschaftsbanking 2.0 als neue Strategie der Unternehmensfinanzierung, in: *Wenzlaff, Karsten / Eisfeld-Reschke, Jörg (Herausgeber)*: Crowdfunding-Studienreihe, 2012, Berlin.

Koffke, Sarah: Smava.de – Analyse eines neuen Finanzierungsmodells, in: *Schütt, Henrik (Herausgeber)*, Deutsches Institut für Bankwirtschaft – Schriftenreihe, Band 4 (06/2010), abrufbar unter: http://www.deutsches-institut-bankwirtschaft.de/Koffke%20Smava.pdf, zuletzt abgerufen: 14.10.2017,
(zitiert: *Koffke*, in: *Schütt*).

Koller, Ingo / Kindler, Peter / Roth, Wulf-Henning / Morck, Winfried: Handelsgesetzbuch Kommentar, 8. Aufl. 2015, München (zitiert: *Bearbeiter*, in: *Koller/Kindler/Roth/Morck*).

Kühner, Anja: Geld von Twiggeldy, in: WiWo Nr. 23 aus 2012, S. 98–100, Düsseldorf (zitiert: *Kühner*, WiWo 23/2012, 98).

Kümpel, Siegfried / Wittig, Arne (Herausgeber): Bank- und Kapitalmarktrecht, 4. Aufl. 2011, Köln (zitiert: *Bearbeiter*, in: *Kümpel/Wittig*).

Larenz, Karl: Lehrbuch des Schuldrechts: Zweiter Band Besonderer Teil 1. Halbband, 13. Aufl. 1986, München (zitiert: *Larenz*, Schuldrecht II/1).

–: Methodenlehre der Rechtswissenschaft, 6. Aufl. 1991, Berlin, Heidelberg, New York.

Larenz, Karl / Canaris, Claus-Wilhelm: Lehrbuch des Schuldrechts: Zweiter Band Besonderer Teil 2. Halbband, 13. Aufl. 1994, München.

Lawton, Kevin / Marom, Dan: The Crowdfunding Revolution: How to Raise Venture Capital Using Social Media, 2013, New York, Chicago, San Francisco, Lissabon, London, Madrid, Mexico City, Mailand, Neu Delhi, San Juan, Singapur, Sydney, Toronto.

Lehmann, Matthias: Finanzinstrumente: Vom Wertpapier- und Sachenrecht zum Recht der unkörperlichen Vermögensgegenstände, 2010, Tübingen (zitiert: *Lehmann*, Finanzinstrumente).

Leible, Stefan / Sosnitza, Olaf (Herausgeber): Online-Recht 2.0: Alte Fragen – neue Antworten? Cloud Computing – Datenschutz – Urheberrecht – Haftung, 2011, Stuttgart (zitiert: *Bearbeiter*, in: *Leible/Sosnitza*, Online-Recht 2.0).

–: Versteigerungen im Internet, 2004, Heidelberg (zitiert: *Leible/Sosnitza*, Internet-Versteigerungen).

Leible, Stefan / Wildemann, Andree: Von Powersellern, Spaßbietern und einem Widerrufsrecht bei Internetauktionen, Zugleich eine Besprechung vom BGH, 3. 11. 2004 – VIII ZR 375/03, K&R 2005, 33, in: K&R 2005, 26–30, Frankfurt am Main.

Lenenbach, Markus: Kapitalmarktrecht und kapitalmarktrelevantes Gesellschaftsrecht, 2. Auflage, 2010, Köln.

Leuering, Dieter / Rubner, Daniel: Prospektpflicht des Crowdfunding, in: NJW-Spezial 2012, 463–464, München.

Leupold, Andreas / Glossner, Silke (Herausgeber): Münchener Anwaltshandbuch IT-Recht, 3. Aufl. 2013, München (*Bearbeiter*, in: *Leupold/Glossner*).

Littmann, Saskia: Herdentrieb folgen, in: WiWo Nr. 50 aus 2011, S. 112–113, Düsseldorf (zitiert: *Littmann*, WiWo 50/2011, 112).

Loff, Detmar / Klebeck, Ulf: Fundraising nach der AIFM-Richtlinie und Umsetzung in Deutschland durch das KAGB, in: BKR 2012, 353–359, München.

Lüke, Falk: Klingelbeutel im Netz: Crowdfunding Über Internet-Anbieter können Anleger in soziale Projekte investieren – und das Risiko mit anderen teilen, in: WiWo Nr. 10 aus 2011, Dossier Green Economy (WiWo-Beilage), S. D24, Düsseldorf (zitiert: *Lüke*, WiWo 10/2011, D24).

Mankowski, Peter: Online-Auktionen, Versteigerungsbegriff und fernabsatzrechtliches Widerrufsrecht, in: JZ 2005, 444–453, Tübingen.

Marcks, Peter: Makler- und Bauträgerverordnung mit § 34c GewO, sonstigen einschlägigen Vorschriften und MaBVwV Kommentar, 9. Aufl. 2014, München.

Marcks, Peter / Neumann, Dirk / Bleutge, Peter / Fuchs, Bärbel / Kahl, Georg / Salewski, Ernst-Martin / Schönleiter, Ulrich (Herausgeber): Landmann/Rohmer, Gewerbeordnung und ergänzende Vorschriften, Band I Gewerbeordnung Kommentar, Stand März 2017, 75. EL, München (zitiert: *Bearbeiter*, in: *Landmann/Rohmer*).

von Mayr, Robert: Die Auslobung: Eine zivilistische Untersuchung, 1905, Wien.

Meller-Hannich, Caroline: Zu einigen rechtlichen Aspekten der „Share-Economy", in: WM 2014, 2337–2345.

Meschkowski, Alexander/Wilhelmi, Frederike: Investorenschutz im Crowdfunding, in: BB 2013, 1411–1418, Frankfurt am Main.

Meier, Patrick / Baudach, Niklas: Vorbestellung und Preisgarantie im Online-Handel, in: VuR 2012, 294–300, Baden-Baden.

Metzler, Tobias: Venture Financing by Crowdfunding, 2011, München.

Möllers, Thomas M. J. / Kastl, Stephanie: Das Kleinanlegerschutzgesetz, in: NZG 2015, 849–855, München.

Möslein, Florian: Finanzinnovation als Rechtsproblem Einordnung Bewertung und Regulierung, in ZBB 2013, 1–16, Köln.

Mülbert, Peter O.: Das verzinsliche Darlehen, in: AcP 192. Band, 1992, Tübingen.

Müller-Schmale: Crowdfunding Aufsichtsrechtliche Pflichten und Verantwortung des Anlegers, in: BaFinJournal 6/2014, 10–14, Bonn.

Nastold, Ulrich: Crowdfunding im Lichte des Kleinanleger-Schutzgesetzentwurfes, in: ZVertriebsR 2014, 366–369, München.

Nietsch, Michael / Eberle, Nicolas: Bankaufsichts- und Prospektrechtliche Fragen typischer Crowdfunding-Modelle, in: DB 2014, 1788–1795, Düsseldorf.

–: Crowdinvesting – Welche Auswirkungen hat das geplante Kleinanlegerschutzgesetz?, in: DB 2014, 2575–2580, Düsseldorf.

Obergfell, Eva Inés: Die Onlineauktion als Chimäre des deutschen Vertragsrechts: Kritische Anmerkungen zur Ausweitung des Verbraucherschutzes auf spekulative Geschäfte, in: MMR 2005, 495–500, München.

Oetker, Hartmut (Herausgeber): Kommentar zum Handelsgesetzbuch, 4. Aufl. 2015, München (zitiert: *Oetker*/Bearbeiter).

Olfert, Klaus: Finanzierung, 16. Auflage, 2013, Herne.

Palandt, Otto (Herausgeber): Bürgerliches Gesetzbuch mit Nebengesetzen (Kommentar), 76. Aufl. 2017, München (zitiert: Palandt/*Bearbeiter)*.

Patzner, Andreas / Döser, Achim / Kempf, Ludger J: Investmentrecht Kapitalanlagesetzbuch Investmentsteuergesetz Handkommentar, 3. Aufl. 2017, München (zitiert: *Bearbeiter*, in: *Patzner/Döser/Kempf*).

Pielow, Johann-Christian (Herausgeber): Beck'scher Online-Kommentar Gewerberecht, Stand: 01.05.2017, 38. Edition, München (zitiert: *Bearbeiter*, in: *Pielow*).

Rauda, Christian: Recht der Computerspiele, 2013, München.

Rawert, Peter: Charitable Correctness – Das OLG Dresden zu Spenden und Pflichtteilsergänzung, in: NJW 2002, 3151–3153, München.

Redeker, Helmut (Herausgeber): Handbuch der IT-Verträge, 29. Ergänzungslieferung (Stand: November 2015), Köln (zitiert: *Bearbeiter*, in: *Redeker*).

–: IT-Recht, 6. Aufl. 2017, München (zitiert: *Redeker*, IT-Recht).

Reißmann, Ole: Schwarmfinanzierung: Krautfunder warten auf den Kickstarter-Effekt, http://www.spiegel.de/netzwelt/web/crowdfunding-warten-auf-das-deutsche-kickstarter-a-839546.html vom 23.06.2012, Hamburg, zuletzt abgerufen: 14.10.2017 (zitiert: *Reißmann*, Spiegel Online v. 18.07.2016).

Renner, Tobias: „Banking Without Banks?" Rechtliche Rahmenbedingungen des Peer-to-Peer Lending, in: ZBB 2014, 261–273, Köln.

Riethmüller, Tobias: Auswirkungen des Kleinanlegerschutzgesetzes auf die Praxis der bankenunabhängigen Finanzierung, das Crowdinvesting und Crowdlending, in: DB 2015, 1451–1457.

Rogge, Stefan: Überblick über die Besteuerung von Crowd Investments, in: BB 2017, 31–34, Frankfurt am Main.

Ronsdorf, Marvin: Crowdfunding, in: *Schütt, Henrik (Herausgeber)*, Deutsches Institut für Bankwirtschaft – Schriftenreihe, Band 11 (c) (11/2014), abrufbar unter: http://www.deutsches-institut-bankwirtschaft.de/wp-content/uploads/2016/12/Ronsdorf-Crowdfunding.pdf, zuletzt abgerufen: 14.10.2017 (zitiert: *Ronsdorf*, in: *Schütt*).

Roth, Hans-Peter: Aktuelle Entwicklungen des Kapitalmarktrechts – ein Überblick, in: GWR 2016, 67–71.

–: Das neue Kleinanlegerschutzgesetz, in: GWR 2015, 241–246, München.

Saenger, Ingo / Aderhold, Lutz / Lenkaitis, Karlheinz / Speckmann, Gerhard (Herausgeber): Handels- und Gesellschaftsrecht Praxishandbuch, 2. Aufl. 2011, Baden-Baden (zitiert: *Bearbeiter*, in: *Saenger/Aderholz/Lenkaitis/Speckmann*).

Salje, Peter: Zur Rückforderung von verdeckten privaten Parteispenden, NJW 1985, 998–1004, München.

Säcker, Franz Jürgen / Rixecker, Roland / Oetker, Hartmut / Limperg, Bettina (Herausgeber): Münchener Kommentar zum Bürgerlichen Gesetzbuch, München (zitiert: MüKoBGB-*Bearbeiter*),
Band 1, Allgemeiner Teil, §§ 1–240, AGG, 7. Aufl. 2015.
Band 2, Schuldrecht Allgemeiner Teil, §§ 241–432 BGB, 2012. 7. Aufl. 2016.
Band 3, Schuldrecht Besonderer Teil I, §§ 433–534 BGB, Finanzierungsleasing, CISG, 7. Aufl. 2016.
Band 4, Schuldrecht Besonderer Teil II, §§ 611–704 BGB, EFZG, TzBfG, KSchG, 6. Aufl. 2012.
Band 5/2, Schuldrecht Besonderer Teil III/2, §§ 651a-704 BGB, 7. Aufl. 2017.
Band 6, Schuldrecht Besonderer Teil IV, §§ 705–853, PartGG, ProdHaftG, 7. Aufl. 2017.

Schaub, Renate: Sponsoring und andere Verträge zur Förderung überindividueller Zwecke, 2008, Tübingen.

Schanz, Kay-Michael: Börseneinführung: Recht und Praxis des Börsengangs, 4. Aufl. 2012, München.

Schauhoff, Stephan: Handbuch der Gemeinnützigkeit: Verein, Stiftung, GmbH. Recht, Steuern, Personal, 3. Aufl. 2010, München (zitiert: *Bearbeiter*, in: *Schauhoff*).

Schenk, Rainer: Crowdinvesting – Die Weiterentwicklung des Crowdfunding zur modernen und unkonventionellen Finanzierungsform für kleine und mittelständische Unternehmen, 2012, München (zitiert: *Schenk*, Crowdinvesting I).

–: Rechtliche Aspekte des Crowdinvesting in Deutschland, 2012, München (zitiert: *Schenk*, Crowdinvesting II).

Schimansky, Herbert / Bunte, Hermann-Josef / Lwowski, Hans-Jürgen (Herausgeber): Bankrechts-Handbuch, 5. Aufl. 2017, München (zitiert: *Bearbeiter*, in: *Schimansky/Bunte/Lwowski*)

Schmidt, Karsten (Herausgeber): Münchener Kommentar zum Handelsgesetzbuch, München (zitiert: MüKoHGB-*Bearbeiter*),
Band 2, Zweites Buch. Handelsgesellschaften und stille Gesellschaft, Erster Abschnitt. Offene Handelsgesellschaft, §§ 105–160, 4. Aufl. 2016.
Band 3, Zweites Buch. Handelsgesellschaften und stille Gesellschaft, Zweiter Abschnitt. Kommanditgesellschaft, Dritter Abschnitt. Stille Gesellschaft, Konzernrecht der Personengesellschaften, §§ 161–237, 3. Aufl. 2012.
Band 6, Bankvertragsrecht Recht des Zahlungsverkehrs Emissionsgeschäft Anlageberatung Effektengeschäft Depotgeschäft Ottawa Übereinkommen über internationales Factoring, 3. Aufl. 2014.

Schmidt, Karsten / Lutter, Marcus (Herausgeber): Aktiengesetz Kommentar, II. Band §§ 150–410 SpruchG, 3. Aufl. 2015, Köln (zitiert: *Bearbeiter*, in: *Schmidt/Lutter*).

Schmitt, Christoph / Doetsch, Matthias: Crowdfunding: neue Finanzierungsmöglichkeit für die Frühphase innovativer Geschäftsmodelle, in: BB 2013, 1451–1454, Frankfurt am Main.

Schneider, Marc Patrick / Winter, Philipp: „Fussball meets BaFin“ – Regulatorische Hürden alternativer Finanzierungskonzepte im Fußballsport am Beispiel Crowdfunding und Genusschein, in: SpuRt 2015, 197–202.

Schön, Wolfgang: Gibt es das partiarische Darlehen?, in: NZG 1993, 210–244, Berlin, New York.

Schulze, Reiner / Dörner, Heinrich / Ebert, Ina / Hoeren, Thomas / Kemper, Rainer / Saenger, Ingo / Scheuch, Alexander / Schreiber, Klaus / Schulte-Nölke, Hans / Staudinger, Ansgar / Wiese, Volker: Bürgerliches Gesetzbuch Handkommentar, 9. Aufl. 2017, München (zitiert: *Bearbeiter*, in: Hk-BGB).

Schulze zur Wiesche, Dieter: Gemischte Schenkung und Schenkung unter Auflage aus steuerlicher Sicht, in: NJW 1975, 2089–2093.

Schwark, Eberhard / Zimmer, Daniel (Herausgeber): Kapitalmarktrechts-Kommentar Börsengesetz mit Börsenzulassungsverordnung, Wertpapierprospektgesetz,

Verkaufsprospektgesetz mit Vermögensanlagen-Verkaufsprospektordnung, Wertpapierhandelsgesetz, Wertpapiererwerbs- und Übernahmegesetz, 4. Aufl. 2010, München (zitiert: *Bearbeiter*, in: *Schwark/Zimmer*).

Schwennicke, Andreas / Auerbach, Dirk (Herausgeber): Kreditwesengesetz (KWG) mit Zahlungsdiensteaufsichtsgesetz (ZAG) Finanzkonglomerate-Aufsichtsgesetz (FKAG) Kommentar, 3. Aufl. 2016, München (zitiert: *Bearbeiter*, in: *Schwennicke/ Auerbach*).

Schwerdtfeger, Armin (Herausgeber): Fachanwaltskommentar Gesellschaftsrecht, 2. Aufl. 2010, Köln (zitiert: *Bearbeiter*, in: *Schwerdtfeger*).

Schwienbacher, Armin / Larralde, Benjamin: Crowdfunding of Small Entrepreneurial Ventures, Version vom 28. September 2010, in: HANDBOOK OF ENTREPRENEURIAL FINANCE, Oxford University Press, abrufbar unter: http://ssrn.com/abstract=1699183, zuletzt abgerufen: 14.10.2017.

Siebert, W. / Baur Jürgen F. (Herausgeber): Soergel Bürgerliches Gesetzbuch mit Einführungsgesetzen und Nebengesetzen Kohlhammer-Kommentar, Stuttgart (abgekürzt: Soergel/*Bearbeiter*),
Band 2, Allgemeiner Teil 1, §§ 104–240, 13. Auflage, 1999.

Spindler, Gerald (Herausgeber): Vertragsrecht der Internet-Provider, 2. Aufl. 2004, Köln (zitiert: *Bearbeiter*, in: *Spindler*).

–: *Emissionen* im Internet: Kapitalmarktrecht und Kollisionsrecht, in: NZG 2000, 1058–1064, München.

–: Crowdfunding und Crowdinvesting – Sach- und kollisionsrechtliche Einordnung sowie Überlagerung durch die E-Commerce-Richtlinie, in: ZBB 2017, 129–145, Köln.

Spindler, Gerald / Schuster, Fabian (Herausgeber): Recht der Elektronischen Medien, 3. Aufl. 2015, München (zitiert: *Bearbeiter*, in: *Spindler/Schuster*).

Spindler, Gerald / Wiebe, Andreas: Internet-Auktionen und Elektronische Marktplätze, 2. Aufl. 2005, Köln (zitiert: *Bearbeiter*, in: *Spindler/Wiebe*).

Statistisches Bundesamt (Herausgeber): Statistisches Jahrbuch Deutschland und Internationales 2016, 2016, Wiesbaden.

Staudinger, Julius von: J. von Staudingers Kommentar zum Bürgerlichen Gesetzbuch mit Einführungsgesetzen und Nebengesetzen, Berlin (zitiert: Staudinger/ *Bearbeiter* (Jahr der Neubearbeitung))
Einleitung zum BGB und Allgemeiner Teil 1, §§ 1–14; Verschollenheitsgesetz, Redaktor: Herbert Roth, Neubearbeitung 2013.
Allgemeiner Teil 2, §§ 21–79, Neubearbeitung 2005.
Allgemeiner Teil 3, §§ 90–124; 130–133, Redaktor: Norbert Habermann, Neubearbeitung 2012.
Allgemeiner Teil 4b, §§ 139–163, Redaktor: Sebastian Herrler, Neubearbeitung 2015.

Treu und Glauben, Einleitung zum Schuldrecht; §§ 241–243 BGB, Neubearbeitung 2015.
Vertragsschluss, §§ 311, 311a, 312, 312a-i, Redaktor: Heinz-Peter Mansel, Neubearbeitung 2013.
Vertrag zu Gunsten Dritter, Draufgabe, Vertragsstrafe, §§ 328–345, Redaktor: Manfred Löwisch, Neubearbeitung 2009.
Vertrag zu Gunsten Dritter, Draufgabe, Vertragsstrafe, §§ 328–345, Redaktor: Manfred Löwisch, Neubearbeitung 2015.
Kaufrecht, §§ 433–480; Leasing, Redaktor: Michael Martinek, Neubearbeitung 2014.
Darlehensrecht, §§ 488–490; 607–609, Redaktor: Heinz-Peter Mansel, Neubearbeitung 2015.
Schenkungsrecht, §§ 516–534; Redaktor: Michael Martinek, Neubearbeitung 2005
Schenkungsrecht, §§ 516–534; Redaktor: Michael Martinek, Neubearbeitung 2013
Pacht, Landpacht, Leihe, §§ 581–606, Redaktor: Dieter Reuter, Neubearbeitung 2013.
Werkvertragsrecht, §§ 631–651, Redaktor: Michael Martinek, Neubearbeitung 2014.
Maklerrecht; Auslobung §§ 652–661a, Redaktor: Sebastian Herrler, Neubearbeitung 2016.
Geschäftsbesorgung, §§ 657–704, Redaktor: Dieter Reuter, Neubearbeitung 2006.

Strehle, Christopher: Meilenstein basierte Venture Capital Finanzierungen: Eine rechtliche Analyse schuldrechtlicher Zuzahlungsvereinbarungen bei der Kapitalerhöhung einer Aktiengesellschaft, 1. Aufl. 2007, München.

Stanoevska-Slabeva, Katarina / Meckel, Miriam (Herausgeber): Web 2.0: Die nächste Generation Internet, 2008, Baden-Baden (zitiert: *Bearbeiter*, in: *Stanoevska-Slabeva/Meckel*).

Surowiecki, James: The Wisdom of Crowds, 2005, New York.

Szczesny, Michael / Holthusen, Christoph: Zur Unternehmereigenschaft und ihren zivilrechtlichen Folgen im Rahmen von Internetauktionen, in: K&R 2005, 302–308, Frankfurt am Main.

Tettinger, Peter J. / Wank, Rolf / Ennuschat, Jörg: Gewerbeordnung Kommentar, 8. Aufl. 2011, München (zitiert: *Bearbeiter*, in: *Tettinger/Wank/Ennuschat*).

tyclipso media evolution UG (Herausgeber): Das co:funding Handbuch (Veröffentlichung anlässlich der co:funding Konferenz 2012), 2. Aufl. 2012, Dresden (zitiert: *tyclipso*, co. Hdb.).

Uffmann, Katharina: „Der Schwarm im Bürgerlichen Recht“ – Rechtsbeziehungen zwischen Crowdfunding-Plattform und Investor, in: JZ 2016, 928–937.

Uhlenbruck, Wilhelm / Hirte, Heribert / Vallender, Heimz (Herausgeber): Insolvenzordnung Kommentar, 14. Aufl. 2015, München (zitiert: *Bearbeiter*, in: *Uhlenbruck*, InsO).

Veith, Julian: Crowdlending – Anforderungen an die rechtskonforme Umsetzung der darlehensweisen Schwarmfinanzierung, in: BKR 2016, 184–193.

Volkmann, Torsten / Wittke, Simon: NPO 2.0 – Internetportale, virtuelle Marktplätze und Online-Fördernetzwerke auf dem Prüfstand des Gemeinnützigkeitsrechts, in: BB 2010, 859–854, Frankfurt a. M..

Wacke, Andreas: „Fünfzig Farbfernsehgeräte umsonst für Italiens Fußball-Sieg" Zum Leistungsvollzug bei bedingter Kombination von Kauf und Schenkung, in: MDR 1983, 4–6, Köln.

Wagner, Klaus-R.: Anlegerschutzverbesserung und „Grauer Kapitalmarkt", in: NZG 2011, 609–613, München.

Warner, Ansgar: Krautfunding: Deutschland entdeckt die Dankeschön-Ökonomie, 2. Auflage, 2012, Berlin.

Waschbusch, Gerd / Knoll, Jessica / Staub-Ney, Nadine / Salfeld, Irina: Die Masse macht's – Crowdfunding als Finanzierungsmöglichkeit für Existenzgründer, in: StB 2016, 206–213, Frankfurt am Main.

Weber, Martin: Internet-Emissionen, in: MMR 2000, 385–390, München.

Weiand, Neil George: Wirtschaftliche und rechtliche Grundlagen des Kommunikationsinstruments Sponsoring, in: DStR 1996, 1897–1902, München.

Weigert, Martin: Crowdfunding: Eine schleichende Revolution, Artikel vom 10.02.2012, http://www.foerderland.de/digitale-wirtschaft/netzwertig/news/artikel/crowdfunding-eine-schleichende-revolution/, Kissing, zuletzt abgerufen: 05.09.20 (zitiert: *Weigert*, foerderland.de v. 10.02.2012).

Weitnauer, Wolfgang: Handbuch Venture Capital – Von der Innovation zum Börsengang, 5. Aufl. 2016, München.

–: „Crowdinvesting 2.0" nach dem Kleinanlegerschutzgesetz, in: GWR 2015, 309–313.

Weitnauer, Wolfgang / Parzinger, Josef: Das Crowdinvesting als neue Form der Unternehmensfinanzierung, in: GWR 2013, 153–1558, München.

Weitnauer, Wolfgang / Boxberger, Lutz / Anders, Dietmar (Herausgeber): KAGB Kommentar zum Kapitalanlagegesetzbuch und zur Verordnung über Europäische Risikokapitalfonds mit Bezügen zum AIFM-StAnpG, 2. Aufl. 2017, München (zitiert: *Bearbeiter*, in: *Weitnauer/Boxberger/Anders*, KAGB).

Westermann, Harm Peter: Gesellschaftsrechtliche Risiken bei der bankmäßigen Projektfinanzierung, in: Festschrift für Walter Odersky zum 65. Geburtstag am 17. Juli 1996, 1996, 897–923, Berlin, New York (zitiert: *Westermann*, in: FS *Odersky*).

Wilhelmi, Rüdiger: Anlegerschutz im Kapitalmarkt ohne Banken Ein Vergleich des Bank-, und Kapitalmarktrechts angesichts der Kapitalmarktunion, in: ZVglRWiss 116 (2017), 298–312, Frankfurt am Main.

Will, Martin: Kleinanlegerschutzgesetz und Gewerbeordnung – Auswirkungen auf die Finanzanlagevermittlung (34f GewO) und Honorar-Finanzanlageberatung (§ 34h GewO), in: GewArch, 2015, 430–435, Alfeld.

Witte, Andreas: Grundlagen des Crowdsourcing und Crowdfunding Rechtsfragen bei der Ressourcenbeschaffung über die Internetöffentlichkeit, in: ITRB 2012, 130–133, Köln.

Wolf, Manfred / Neuner, Jörg: Allgemeiner Teil des Bürgerlichen Rechts, 11. Aufl. 2016, München.

Worthmann, Jenna: Instand Internet Heroes: Success of Crowdfunding Puts Pressure on Tech Entrepreneurs, in: The New York Times vom 18.09.2012, B1-B2, New York City (zitiert: *Worthmann*, NYT v. 18.09.2012).

Wöhe, Günter / Bilstein, Jürgen / Ernst, Dietmar / Häcker / Joachim: Grundzüge der Unternehmensfinanzierung, 11. Aufl. 2013, München.

Zerey, Jean-Claude (Hrsg.): Finanzderivate Rechtshandbuch, 4. Aufl. 2016, Baden-Baden.

Zingel, Frank / Varadinek, Brigitta: Vertrieb von Vermögensanlagen nach dem Gesetz zur Novellierung des Finanzanlagevermittler und Vermögensanlagenrechts, in: BKR 2012, 177–185, München.

Saarbrücker Studien zum Privat- und Wirtschaftsrecht

herausgegeben von
Prof. em. Dr. Johann Paul Bauer
Prof. Dr. Dr. Dr. h.c. mult. Michael Martinek
Prof. Dr. Dr. h.c. Helmut Rüßmann

Die Schriftenreihe "Saarbrücker Studien zum Privat- und Wirtschaftsrecht" bildet in erster Linie ein Forum für rechtswissenschaftliche Doktorarbeiten der Universität des Saarlandes auf zwei juristischen Schwerpunktgebieten. Zum einen sollen Dissertationen im klassischen Privatrecht, vor allem im bürgerlichen Vermögensrecht der ersten drei Bücher des BGB und ihrer Nebengesetze vorgestellt werden. Zum anderen findet das Wirtschaftsrecht im Sinne des Wirtschaftsprivatrechts besondere Berücksichtigung, womit namentlich die Gebiete des Handelsrechts einschließlich des Bilanzrechts, des Personen- und Kapitalgesellschaftsrechts einschließlich des Konzernrechts, des Gewerblichen Rechtsschutzes sowie des Wettbewerbs- und Kartellrechts bezeichnet sind. Es versteht sich, dass nicht nur rechtsdogmatische Studien, sondern auch rechtstatsächlich, rechtspolitisch oder interdisziplinär angelegte Arbeiten in die Schriftenreihe Aufnahme finden. Denn die Rechts- und Wirtschaftswissenschaftliche Fakultät der Universität des Saarlandes vereinigt unter *einem* Dach die Fachbereiche Rechtswissenschaft und Wirtschaftswissenschaft und regt damit Studenten und Hochschullehrer in besonderer Weise zu fachübergreifender Lehre und Forschung an. Die Schriftenreihe steht aber nicht nur sehr guten und ausgezeichneten Dissertationen, sondern auch anderen "Studien" zu privat- und wirtschaftsrechtlichen Themen offen, bis hin zu Materialien und Skripten des akademischen Unterrichts. Die drei Herausgeber, die zugleich stellvertretend für ihre anderen Saarbrücker Fakultätskollegen des Privat- und Wirtschaftsrechts handeln, verbinden mit den "Saarbrücker Studien zum Privat- und Wirtschaftsrecht" den Wunsch, dass die hier veröffentlichten Arbeiten die verdiente Resonanz in der breiteren juristischen Fachöffentlichkeit finden.

Saarbrücker Studien zum Privat- und Wirtschaftsrecht

Herausgeber:
Johann Paul Bauer, Michael Martinek und Helmut Rüßmann

Band 1 Susanne Jaschinski: Die Haftung von Schwestergesellschaften im GmbH-Unterordnungskonzern. Ein Beitrag zum Konzernverfassungsrecht. 1997.

Band 2 Roman Sascha Ahnert: Die *actio individualis*. Ein Beitrag zur verfassungsrechtlichen Fundierung der Aktionärsklage bei sogenannten Aktien-Interessenverbänden. 1997.

Band 3 Torsten Peters: Der Cateringvertrag. Rechtstatsachen, Rechtsnatur und Rechtsprobleme eines modernen Dienstleistungsvertrags. 1998.

Band 4 Michael Meissner: Persönlichkeitsschutz juristischer Personen im deutschen und US-amerikanischen Recht. Eine rechtsvergleichende Untersuchung des allgemeinen Persönlichkeitsrechts juristischer Personen. 1998.

Band 5 Thomas Tegen: Joint Venture-Vertrag und Projektträgergesellschaft im amerikanischen und deutschen Recht. 1998.

Band 6 Gerhard Wolter: Treuhandrecht im Umbruch? Ein Blick nach Frankreich, Luxemburg, in die Schweiz und in den Libanon sowie auf das Haager Trust-Übereinkommen. 1999.

Band 7 Thomas Dehlfing: Das Recht der irreführenden Werbung in Deutschland, Großbritannien und Frankreich. 1999.

Band 8 Hanno Dornseifer: Börsentermingeschäfte und Börsentermingeschäftsfähigkeit. Zur börsengesetzlichen Behandlung von finanzwirtschaftlichen Festgeschäften, Options- und Optionsscheingeschäften. 1999.

Band 9 Patrick Lenz: Absatzförderung durch *zinssubventionierte* Darlehen. Eine wettbewerbs- und kartellrechtliche Studie zur Zulässigkeit von Niedrigzins-Kreditangeboten unter besonderer Berücksichtigung des Automobilmarktes. 1999.

Band 10 Mansur Pour Rafsendjani: Der Goodwill-Ausgleichsanspruch des Franchisenehmers. Ein Vergleich des deutschen, französischen und US-amerikanischen Franchiserechts. 1999.

Band 11 Jörg Hartmann: Juristische und ökonomische Regelungsprobleme des Insiderhandels. Eine rechtsvergleichende Darstellung USA – Deutschland. 1999.

Band 12 David Altmeier: Rückstellungsbilanzierung in Deutschland und Frankreich. Eine vergleichende Untersuchung der französischen Rückstellungsbilanzierung aus der Perspektive des deutschen Bilanzrechts. 1999.

Band 13 Barbara Günther: Aktivische Bilanzierungshilfen im deutschen und französischen Bilanzrecht. 1999.

Band 14 Bernhard Glasow: Vertikale Preisbindung, Wettbewerbstheorie und Wettbewerbsrecht in den USA, Deutschland und Europa. Bestandsaufnahmen, Kritik und Zukunftsperspektiven. 2000.

Band 15 Dorota Nowak-James: Der Börsenzugang für Anleger in Deutschland und Polen. Eine rechtsvergleichende Untersuchung zum deutschen Finanzkommissionsgeschäft und zum polnischen Brokerauftragsvertrag. 2000.

Band 16 Mathias Queck: Der Nießbrauch am Anteil einer offenen Handelsgesellschaft. Eine Form der (un-)mittelbaren Unternehmensbeteiligung. 2000.

Band 17 Ina Roth: Umweltbezogene Unternehmenskommunikation im deutschen und europäischen Wettbewerbsrecht. 2000.

Band 18 Jörg Preiss: Die Anwendung des markenrechtlichen Erschöpfungsgrundsatzes auf Dienstleistungsmarken. 2000.

Band 19 Kevin M. McDonald: Der Begriff der Dienstleistung im europäischen Binnenmarkt und WTO-System (GATS). 2001.

Band 20 Carolin Opgenhoff: Die europäische Fusionskontrolle zwischen Wettbewerbsrecht und Industriepolitik. 2001.

Band 21 Susanne Schäfer: Die Deliktsfähigkeit juristischer Personen. Eine rechtsvergleichende Untersuchung zur Übertragbarkeit des englischen Modells. 2001.

Band 22 Kay Diedrich: Die Interventionswirkung – Ausprägung eines einheitlichen Konzepts zivilprozessualer Bindungswirkung. 2001.

Band 23 Michael Fröhlich: Zentrale Institutionen des deutschen Urheberrechts und des französischen Droit d'auteur auf dem Prüfstand der elektronischen Netzwerke. 2001.

Band 24 Joël Benjamin Münch: Abtretungsverbote im deutschen und französischen Recht. Rechtsvergleichende Untersuchung der Übertragungshindernisse im deutschen und französischen Forderungsverkehr als Beitrag zu einer weiteren Schuldrechtsvereinheitlichung in Europa. 2001.

Band 25 Monika Prieß: Der Begriff des Sachmangels im deutschen und englischen Kaufrecht. Reformbedarf aufgrund der Verbrauchsgüterkauf-Richtlinie 1999/44/EG. 2001.

Band 26 Katharina Siegel: Produkthaftung im polnischen, tschechischen und slowenischen Recht. 2001.

Band 27 Carolin Kühne: Die gesetzliche Form der Rechtsgeschäfte im deutschen und italienischen Recht. Eine rechtsvergleichende Untersuchung. 2002.

Band 28 Nina Scherf: Die Nachschußpflicht im Gesellschaftsrecht. Eine rechtsformübergreifende Bestandsaufnahme, Analyse und Kritik. 2002.

Band 29 Marc Laukemann: Fernsehwerbung im Programm. Die zunehmende Kommerzialisierung des Fernsehprogramms im Zeitalter einer Ökonomisierung der Aufmerksamkeit als verfassungs-, wettbewerbs- und rundfunkrechtliches Problem. 2002.

Band 30 Michael Bo Jaspers: Nachträgliche Rechtswahl im internationalen Schuldvertragsrecht. Unter besonderer Berücksichtigung der Rechtspraxis in England, Frankreich, Dänemark und Deutschland. 2002.

Band 31 Christina Pernice: Die Insolvenzverschleppung durch das Geschäftsführungsorgan der kleinen Kapitalgesellschaft im deutschen, französischen und englischen Recht. Eine rechtsvergleichende Untersuchung zur Entwicklung eines europäischen Lösungsansatzes. 2002.

Band 32 Anne Christine Janert: Der sachliche und persönliche Anwendungsbereich des deutschen Verbraucherkreditrechts und des britischen Consumer Credit Act 1974. Ein Beitrag zu den Möglichkeiten und Grenzen verbraucherrechtlicher Harmonisierung in Europa. 2002.

Band 33 Annette Trost: Faktische Sitzverlegung unter Sitz- und Gründungstheorie im Vergleich. Unter besonderer Berücksichtigung ihrer gesellschafts- und zivilrechtlichen Folgewirkungen. 2003.

Band 34 Esther Cordula Hilpert: Die Gründerhaftung in der Gesellschaft mit beschränkter Haftung in Deutschland, Frankreich und England. 2003.

Band 35 Wei-ming Liao: Die Schiedsgerichtsbarkeit in Taiwan. Unter besonderer Berücksichtigung der internationalen Handelsschiedsgerichtsbarkeit und mit Hinweisen zu der Entwicklung in Deutschland. 2003.

Band 36 Stefan Stork: Sitzverlegung von Kapitalgesellschaften in der Europäischen Union. Zur Reichweite der Niederlassungsfreiheit unter Berücksichtigung der positiven und der negativen Integration. 2003.

Band 37 Marc Pfeffer: Interbrand-Kartellverbot und Intrabrand-Vereinbarungen. Die Ablösung horizontaler und vertikaler Eingriffsmerkmale im GWB zu Gunsten einer Betrachtung produktexterner und -interner Wettbewerbsfaktoren. 2003.

Band 38 Nicole Burkardt: Der arbeitsrechtliche Aufhebungsvertrag. Einvernehmliche Beendigung von Arbeitsverhältnissen unter Berücksichtigung der Rechtslage nach der Schuldrechtsreform. 2004.

Band 39 Christian Schmeling: Die Entlastung von Mitgliedern geschäftsführender Organe im Recht der Kapitalgesellschaften. Eine rechtsvergleichende Studie zum deutschen, schweizerischen und französischen Recht. 2004.

Band 40 Andreas Wolf: Wege zur virtuellen Haupt- und Gesellschafterversammlung. Eine vergleichende Untersuchung über die Einbeziehung elektronischer Medien in die Hauptversammlung einer Aktiengesellschaft und die Gesellschafterversammlung einer GmbH. 2004.

Band 41 Bianca Natalie Baldus: Der elektronisch geschlossene Vertrag mit Schiedsabrede. Zulässigkeit und anwendbares Recht in nationalen und internationalen Schiedsverfahren. 2004.

Band 42 Vania Dilek: Der Wettbewerbsschutz in Bulgarien und in der Russischen Föderation während des Übergangs vom Dirigismus zur Privatautonomie. 2004.

Band 43 Rudolf Lenders: Treuhand am Gesellschaftsanteil. Die Einbindung des Treugebers in das gesellschaftsrechtliche Organisationsgefüge. 2004.

Band 44 Weizuo Chen: Rück- und Weiterverweisung (Renvoi) in staatsvertraglichen Kollisionsnormen. 2004.

Band 45 Stefan Hahn: Neue Ansätze im Anlegerschutz durch die Ad-hoc-Publizität des § 15 WpHG. 2004.

Band 46 Pietro Graf Fringuelli: Internet TV. Filmurheberrecht im Internet. 2004.

Band 47 Caspar Frhr. v. Schnurbein: Missbrauch von Minderheitsrechten im deutschen und italienischen Aktienrecht. 2005.

Band 48 David Kereselidze: Der allgemeine Teil des Georgischen Zivilgesetzbuches von 1997. Eine rechtsvergleichende Untersuchung. 2005.

Band 49 Miguel A. García Mateos: Das neue Recht der Namensaktie. Bestandsaufnahme, Analyse und Kritik. 2005.

Band 50 Christine Eckstein-Puhl: Prozessbetrug im Schiedsverfahren. Eine Studie zu den vom erschlichenen Schiedsspruch aufgeworfenen Fragen des Aufhebungsverfahrens gemäß § 1059 ZPO. 2005.

Band 51 Steffen Paulmann: Wirksamkeit von Haftungsausschlüssen und -begrenzungen im deutsch-französischen Warengeschäftsverkehr. Unter besonderer Berücksichtigung der UNIDROIT-Principles und der Principles of European Contract Law. 2005.

Band 52 Ina Krischek: Wirtschaftsmediation als alternatives Streitbeilegungsverfahren. Gerichtsverfahren, Schiedsverfahren und Mediation im Vergleich. 2005.

Band 53 Olaf Pick: Verkehrspflichten und Handlungsfreiheit des „Schädigers“. 2005.

Band 54 Thomas Paul: Die Gesellschafterfähigkeit von Gesamthandsgemeinschaften. 2005.

Band 55 Dieter Friedrich Unger: Das Recht der Kapitalaufbringung und -erhaltung bei der Aktiengesellschaft im Rechtsvergleich Deutschland, Österreich und Schweiz. Eine Analyse des Kapitalsicherungsrechts in Deutschland, Österreich und der Schweiz. 2006.

Band 56 Nicole Schröder: Perspektiven der Europäisierung des GmbH-Rechts und der Europäischen Privatgesellschaft vor dem Hintergrund der Europäischen Aktiengesellschaft. 2007.

Band 57 Ivo du Mont: Die Kombination von Rücktritt und Schadensersatz im neuen Schuldrecht. Eine ökonomische und rechtsvergleichende Analyse am Beispiel des Kaufvertrags. 2007.

Band 58 Matthias Kühn: Umweltschutz durch Privatrecht. Eine Studie zur ökologischen Analyse der privatrechtlichen Schutzrechte und des Vertragsrechts in Deutschland und England. 2007.

Band 59 Komninos Komnios: Die elektronische Signatur im deutschen und griechischen Recht. 2007.

Band 60 Matthias Kühl: Die Gewinnzusage nach § 661a BGB. Dogmatische Einordnung und rechtsvergleichende Untersuchung. 2007.

Band 61 Barbara Jeanne Attinger: Der Mittelpunkt der hauptsächlichen Interessen nach der EuInsVO – erfolgreiches Konzept oder Quelle der Rechtsunsicherheit? Eine Auseinandersetzung mit dem Zuständigkeitskriterium der Europäischen Insolvenzverordnung unter Heranziehung der Erkenntnisse der ökonomischen Analyse des Rechts. 2008.

Band 62 Dorothee Stober: Der deutsch-schweizerische Erbfall. Eine rechtsvergleichende und international-privatrechtliche Analyse. 2009.

Band 63 Daniel Marc Protz: Das zivilrechtliche Anforderungsprofil mezzaniner Strukturen der Unternehmensfinanzierung. 2009.

Band 64 Manuela Schäfer: Die Verträge zur Durchführung des Schiedsverfahrens. Analyse und Vergleich zweier Lösungsmodelle am Beispiel des deutschen und US-amerikanischen Rechtsraums. Teil I und Teil II. 2010.

Band 65 Ionut Raduletu: Der Schutz von Minderheitsaktionären nach rumänischem und deutschem Aktienrecht unter Berücksichtigung des EU-Acquis. 2010.

Band 66 Christoph Köhler: Lastschriftverfahren in der Insolvenz des Schuldners. Im Lichte der neuen BGH-Rechtsprechung. 2010.

Band 67 Stefan Weiland: *Par condicio creditorum*. Der insolvenzrechtliche Gleichbehandlungsgrundsatz und seine Durchbrechungen zugunsten öffentlich-rechtlicher Gläubiger. 2010.

Band 68 Philipp Ehring: Die Due Diligence im Spannungsverhältnis zwischen kaufrechtlichem Haftungssystem und vertraglicher Gestaltung. 2010.

Band 69 Jochen Hell: GmbH-Mantelverwendung. Haftung und Verantwortlichkeit jenseits der „wirtschaftlichen Neugründung“. 2010.

Band 70 Ge Jiang: Das GmbH-Recht in China aus rechtsvergleichender Sicht. Analyse, Kritik und Verbesserungsvorschläge. 2011.

Band 71 Michael Helmut Wildscheck: Das Recht des Unternehmenskaufs in Deutschland und Frankreich unter besonderer Berücksichtigung von Garantieklauseln. Eine rechtsvergleichende Studie zur deutschen und französischen Kautelarpraxis. 2011.

Band 72 Britta Wagner: Haftungsrisiken aus Liquiditätszusagen und Patronatserklärungen in der Unternehmenskrise. 2011.

Band 73 Manuel Karb: Energiepreiskontrolle. Eine Untersuchung der Entgeltkontrolle auf den verschiedenen Energiemärkten nach Energiewirtschaftsrecht, deutschem und europäischem Wettbewerbsbeschränkungsrecht und allgemeinem Zivilrecht. 2011.

Band 74 Bernd Steffen Bertelmann: Das BGB-Zahlungsdiensterecht im Kontext der Single Euro Payments Area. Leitlinien zur richtlinienkonformen Auslegung unter vergleichender Berücksichtigung des britischen und französischen Rechts. 2011.

Band 75 Susanne Niesse: Die leistungsstörungsrechtlichen Grundstrukturen des deutschen, französischen und englischen Unternehmenskaufrechts im Vergleich. 2012.

Band 76 Zhong Ren: Wahrheitspflicht und Kooperationsmaxime im Zivilprozess in Deutschland, Japan und China. 2013.

Band 77 Giga Gabrichidze: Der Prozess der Angleichung des georgischen Wettbewerbsrechts an das Recht der Europäischen Union. 2013.

Band 78 Stephan Wachs: Flucht aus der kartellrechtlichen Bußgeldverantwortung? Unternehmensrestrukturierung und Haftungsnachfolge im deutschen und europäischen Bußgeldrecht. 2013.

Band 79 Max Jakob Rösch: Gesellschafterfremdfinanzierung, Gläubigerschutz und Gläubigerrisikoverantwortung. Die insolvenzrechtliche Sonderbehandlung der Gesellschafterfremdfinanzierung als Ausdruck von Gläubigerschutz und Gläubigerrisikoverantwortung der Gesellschafter. 2013.

Band 80 Sinan Okur: Eine kritische Untersuchung zu den Rechtsbehelfen des Käufers im alten und im neuen türkischen Warenkaufrecht. Zugleich ein Beitrag zu der Harmonisierung des türkischen Warenkaufrechts im Lichte des CISG, BGB und der europäischen Vertragsrechtsharmonisierung. 2013.

Band 81 Dagmar Julia Mathieu: Der Kampf des Rechts gegen erpresserische Aktionäre. Bestandsaufnahme, Kritik und Perspektiven. 2014.

Band 82 Matthias Michael Kappel: Der Grundschuldsicherungsvertrag als Wandlung eines Treuhandverhältnisses. Ein Beitrag zur Überwindung der Dichotomie von Sicherung und Treuhand. 2014.

Band 83 Norman Konecny: Der Verordnungsentwurf über ein Gemeinsames Europäisches Kaufrecht. Meilenstein der europäischen Integration oder Irrlicht der europäischen Politik? 2014.

Band 84 Anna Feilen: Verträge über die Lieferung herzustellender beweglicher Sachen und deren rechtliche Einordnung – eine rechtsvergleichende Untersuchung. 2015.

Band 85 Zeynep Dönmez: Das Widerrufsrecht bei Fernabsatzverträgen. Online-Verträge im türkischen und deutschen Recht. 2015.

Band 86 Martin Kienzler: Die Partnerschaftsgesellschaft mit beschränkter Berufshaftung (PartG mbB) als gesetzgeberische Zwischenstation der Liberalisierung des Gesellschaftsrechts Freier Berufe. 2015.

Band 87 Philipp J. Gergen: Rechtsfragen der Regulierung außerbörslicher derivativer Finanzinstrumente. Zur neuen Marktinfrastruktur in der Europäischen Union, den Vereinigten Staaten von Amerika und Singapur. 2015.

Band 88 Birgit Schmeyer: Franchising als wettbewerbs- und verbraucherrechtliche Regelungsaufgabe in Europa und Südafrika. 2016.

Band 89 Julia Lorenz: Die Abgrenzung von Marken. Eine Untersuchung zur Wirksamkeit und Gestaltung markenrechtlicher Abgrenzungsvereinbarungen. 2016.

Band 90 Sven C. Stumm: Die Kapitalverfassung der Unternehmergesellschaft (haftungsbeschränkt). 2016.

Band 91 Hanno Gorius: Kollektive Kartelldeliktsrechtsdurchsetzung in den USA, Frankreich und Deutschland. 2016.

Band 92 Daniel Schrembs: Die Haftung des Kunstexperten. 2017.

Band 93 Hans-Joachim Berner: Die Pflicht des Aufsichtsrats zur Offenlegung von Interessenkonflikten. Betrachtet im Lichte der allgemeinen Dogmatik des Interessenkonflikts im Privatrecht. 2017.

Band 94 Michael Josef Braun: Rechtsfragen des Crowdfunding. 2018.

www.peterlang.com

www.ingramcontent.com/pod-product-compliance
Ingram Content Group UK Ltd.
Pitfield, Milton Keynes, MK11 3LW, UK
UKHW021840290926
8980IPUK00005B/566

9 783631 744154